北京高等教育精品教材
高等学校经济与工商管理系列教材
中国大学出版社图书奖第二届优秀教材奖一等奖

企业文化

（第3版）

黎群 王莉 编著

清华大学出版社
北京交通大学出版社
·北京·

内容简介

本书共十二章,内容包括:企业文化概述、企业理念文化、企业文化调研、企业新文化的导入、企业社会责任、品牌文化、企业并购重组中的文化整合、跨文化管理、企业文化变革、学习型组织、领导者与企业文化、企业文化建设评价。

本书可作为高等院校本科生、研究生和 MBA 的专用教材或参考用书,也可供企事业单位中高层管理人员、管理学者、政府公务员和其他对企业文化感兴趣的人士阅读参考。

本书封面贴有清华大学出版社防伪标签,无标签者不得销售。
版权所有,侵权必究。侵权举报电话:010-62782989 13501256678 13801310933

图书在版编目(CIP)数据

企业文化 / 黎群,王莉编著. —3 版. —北京:北京交通大学出版社 :清华大学出版社,2018.8

ISBN 978-7-5121-3636-6

Ⅰ. ① 企⋯ Ⅱ. ① 黎⋯ ② 王⋯ Ⅲ. ① 企业文化 Ⅳ. ① F272-05

中国版本图书馆 CIP 数据核字(2018)第 173899 号

企业文化
QIYE WENHUA

责任编辑:黎 丹

出版发行:清 华 大 学 出 版 社   邮编:100084   电话:010-62776969   http://www.tup.com.cn
         北京交通大学出版社   邮编:100044   电话:010-51686414   http://www.bjtup.com.cn
印 刷 者:北京时代华都印刷有限公司
经   销:全国新华书店
开   本:185 mm×260 mm 印张:23 字数:574 千字
版   次:2018 年 8 月第 3 版 2018 年 8 月第 1 次印刷
书   号:ISBN 978-7-5121-3636-6 /F • 1785
印   数:1~3 000 册 定价:49.00 元

本书如有质量问题,请向北京交通大学出版社质监组反映。对您的意见和批评,我们表示欢迎和感谢。
投诉电话:010-51686043,51686008;传真:010-62225406;E-mail:press@bjtu.edu.cn

前　言

几乎每天我们都在与企业文化打着交道。企业文化是指现阶段企业员工所普遍认同并自觉遵循的一系列理念和行为方式的总和，通常表现为企业的使命、愿景、价值观、管理模式、行为准则、道德规范和沿袭的传统与习惯等。

企业文化客观地存在于每一个企业之中，理论和实践证明，优秀的企业文化将极大地促进企业的长远发展，反之则将削弱企业的组织功能。企业文化管理是指通过文化建设，形成一套适应企业发展战略的文化体系，并使广大员工普遍认同进而自觉遵循企业所倡导的文化体系，从而有效发挥文化的导向、激励、凝聚、约束等功能，以最大程度实现企业多层面自主管理的一种现代管理方式。

我国企业文化建设的发展历程大致可以划分为以下四个大的阶段。

20世纪80年代属于介绍引入期。80年代源于美国的企业文化理论传到中国，并很快得到了中国企业界和管理学界的认同和响应，掀起了第一次企业文化热潮。有没有优良的企业精神当时被作为企业达标升级的条件之一。

20世纪90年代属于初步探索期。进入90年代后，我国已逐步告别短缺经济，市场竞争日趋激烈，产品同质化现象十分普遍，企业开始寻求差异化的策略。一时间，许多企业纷纷模仿外资企业文化的一些形式，如热衷于喊口号、统一服装、统一标识，大多数企业还直接聘请策划公司进行CI形象设计，积极导入CIS等。

21世纪以来，2000—2010年属于蓬勃发展期。市场经济的深入发展和经济全球化背景下竞争格局的变化，使得加强企业文化建设受到我国越来越多企业的重视。一大批企业开始自觉进行企业文化建设，纷纷成立企业文化领导机构，并设立企业文化职能部门，开始致力于构建企业文化体系，全面系统地推进企业文化建设。

2011年以来属于逐步深入期。许多企业开始深入到专项文化建设、基层文化建设和新型载体与机制建设，尝试企业文化测评，践行企业社会责任，培育品牌文化，创建学习型组织，并探索企业文化建设评价等。

企业在实践过程中常常面临新文化如何有效导入、并购重组中如何进行文化整合、经济全球化过程中如何实施跨文化管理、企业的文化变革如何着手，以及企业文化建设如何评价等诸多新的问题。由此可见，21世纪以来国内企业文化建设的实践发展很快，企业界迫切需要得到相关理论的指导。

为满足企业实践的热切需要，国内部分高校在陆续面向本科生、研究生和MBA开设企业文化的课程。作为一门新兴的交叉学科，目前国内这方面高质量的教材并不多见。

本书第1版于2008年出版，第2版于2012出版，被国内许多高校选定为授课教材，多次重印，受到广大读者的欢迎。此次修订后的第3版力求继续体现如下三个特点。

（1）反映学科前沿。企业文化是企业管理领域的一门新兴学科，本书注重跟踪学科前沿理论发展，反映出企业文化的新理论、新知识。本书同时吸收了许多近年来作者发表在期刊论文上的学术观点与科研项目研究的新成果。

（2）跟踪实践动态。本书结合新阶段企业文化管理实践的需要，编入了企业文化测评、企业新文化的导入、企业社会责任、品牌文化、并购重组中的文化整合、跨文化管理、企业文化变革、行动学习、企业文化建设评价等许多新的内容。

（3）注重案例教学。本书选用了许多国内外企业文化的案例，便于学习参考。全书附有12个研讨案例，便于进行课堂案例讨论。此外每章附有复习思考题，有助于理解课程知识和掌握课程的重点和难点。

随着企业文化理论与实践的发展，在保持前两版特点的基础上，第3版对全书内容进行了修订，主要修订内容如下。

① 第一章第二节补充了霍夫斯坦德等学者关于文化分层的洋葱模型。

② 考虑到企业精神本质上属于西方企业文化理论中核心价值观的范畴，因此第3版的第二章企业理念文化略去了原第2版该章的第五节企业精神的内容。

③ 第四章第二节补充了领导者培育企业文化的机制模型；第四章第四节补充了ABC态度模型与企业文化导入的内容。

④ 第八章第一节在跨文化冲突的原因分析中增加了关于法律制度差异导致跨文化冲突的阐述；第八章第五节补充了体验学习圈理论。

⑤ 第十二章（原第2版）的第三节企业文化建设评价举例分解为新版企业文化建设整体评价举例与专项文化建设评价举例两节。

⑥ 对第2版的大部分案例进行了更新或替换，并补充了许多新近的案例。

全书共分十二章，其中黎群编写了第一、二、三、四、五、六、七、九、十、十二章；王莉编写了第八、十一章。全书由黎群统稿。

本书在编写过程中得到了北京交通大学经济管理学院研究生陈洪涛、唐艳、李海燕、刘邦根、石中和、李林波、张海瑞、刘海燕、戴航、时璐、曹晓妍等同学的参与和协助，在此一并向他们表示衷心的感谢！

本书配有教学课件和相关的教学资源，有需要的读者可以从网站 http://www.bjtup.com.cn 下载，或者与 cbsld@jg.bjtu.edu.cn 联系。

本书在写作过程中参考了大量国内外学者的文献，在此谨向这些作者们深表谢意！

黎 群

2018年6月于北京交通大学红果园

目　录

第一章　企业文化概述······1
第一节　企业文化理论的产生与我国的实践······1
第二节　企业文化的概念与基本结构······4
第三节　企业文化形成的影响因素······17
第四节　企业文化的基本特征······19
第五节　企业文化的主要功能······21
第六节　企业文化管理的重要性······23
复习思考题······28
案例讨论：迪士尼的魔力······29

第二章　企业理念文化······34
第一节　企业理念文化体系······34
第二节　企业使命······38
第三节　企业愿景······43
第四节　企业价值观······46
复习思考题······53
案例讨论：腾讯公司的理念文化······53

第三章　企业文化调研······56
第一节　企业文化调研概述······56
第二节　企业文化调研的基本方法······58
第三节　企业文化测评······60
复习思考题······75
案例讨论：华能澜沧江水电有限公司小湾水电厂企业文化调研······75

第四章　企业新文化的导入······80
第一节　企业文化形成的内在动因······80
第二节　企业文化形成的机制······83
第三节　企业文化与企业制度······92
第四节　员工对新文化形成积极态度的过程······95
第五节　企业文化管理的主要环节······98
复习思考题······105
案例讨论：上饶移动契合新生代员工需求特点的诸多激励招数······105

第五章　企业社会责任······113
第一节　企业社会责任的兴起······113
第二节　企业伦理······120
第三节　企业营销伦理······125

第四节　社会责任标准 …………………………………………………132
　　复习思考题 ………………………………………………………………134
　　案例讨论：苹果中国代工厂工人度日艰难 ……………………………135

第六章　品牌文化 ……………………………………………………………137
　　第一节　品牌文化概述 …………………………………………………137
　　第二节　品牌文化的结构 ………………………………………………142
　　第三节　品牌价值观 ……………………………………………………149
　　第四节　品牌文化与消费者行为的相互作用 …………………………156
　　复习思考题 ………………………………………………………………161
　　案例讨论：百事可乐，新一代的选择 …………………………………162

第七章　企业并购重组中的文化整合 ………………………………………166
　　第一节　并购重组企业的文化重构 ……………………………………166
　　第二节　企业在并购重组过程中文化整合的模式 ……………………170
　　第三节　企业在并购重组过程中文化整合的策略 ……………………171
　　复习思考题 ………………………………………………………………175
　　案例讨论：中国通用技术集团的文化融合 ……………………………175

第八章　跨文化管理 …………………………………………………………179
　　第一节　跨文化整合 ……………………………………………………179
　　第二节　跨文化管理的相关理论 ………………………………………183
　　第三节　中外文化的差异 ………………………………………………189
　　第四节　跨国并购中企业文化整合的主要模式 ………………………197
　　第五节　跨文化管理实践 ………………………………………………199
　　复习思考题 ………………………………………………………………210
　　案例讨论：联想集团的跨文化管理 ……………………………………210

第九章　企业文化变革 ………………………………………………………216
　　第一节　企业文化变革概述 ……………………………………………216
　　第二节　企业文化变革的一般模式 ……………………………………220
　　第三节　企业文化变革的方向 …………………………………………224
　　第四节　企业文化变革的推进 …………………………………………234
　　第五节　企业价值观管理 ………………………………………………238
　　复习思考题 ………………………………………………………………245
　　案例讨论：IBM公司的战略转型与文化变革 …………………………246

第十章　学习型组织 …………………………………………………………254
　　第一节　学习型组织的含义 ……………………………………………254
　　第二节　学习型组织的特点 ……………………………………………258
　　第三节　行动学习的兴起 ………………………………………………262
　　第四节　行动学习的过程 ………………………………………………266
　　第五节　行动学习的方法 ………………………………………………268
　　复习思考题 ………………………………………………………………279

案例讨论：华润置地（北京）股份有限公司的行动学习实践 …………………… 280
第十一章　领导者与企业文化 ………………………………………………………… 285
　第一节　领导者在企业文化管理中的角色 …………………………………………… 285
　第二节　领导者与人本管理 …………………………………………………………… 292
　第三节　变革型领导者 ………………………………………………………………… 300
　复习思考题 ……………………………………………………………………………… 309
　案例讨论：阿里巴巴创始人马云和他的魔咒 ………………………………………… 309
第十二章　企业文化建设评价 ………………………………………………………… 315
　第一节　企业文化建设评价的意义与目的 …………………………………………… 315
　第二节　企业文化建设评价的内容 …………………………………………………… 316
　第三节　企业文化建设整体评价举例 ………………………………………………… 319
　第四节　专项文化建设评价举例 ……………………………………………………… 333
　复习思考题 ……………………………………………………………………………… 349
　案例讨论：红宝丽集团股份有限公司的年度文化评审 ……………………………… 349

参考文献 ………………………………………………………………………………… 356

第一章

企业文化概述

"企业文化"(corporate culture)和"组织文化"(organizational culture)这两个名词均来源于西方管理学界。西方学者倾向于使用"组织文化",国内的学者倾向于使用"企业文化"。通常来说,"组织文化"和"企业文化"基本上是可以混用的概念,因为多数组织文化研究的对象都是企业。本书主要使用"企业文化"的概念,有时为了保证引文的准确性也会少量使用"组织文化"的概念。

第一节 企业文化理论的产生与我国的实践

有企业和企业管理存在,就有企业文化存在。一般来说,这种企业文化属于自发形成的文化。真正把企业文化当成一门科学来对待,有意识地对它进行研究并运用于企业管理实践,是20世纪80年代以后的事情。

一、企业文化兴起的背景

理性主义一直是西方企业管理的基本准则。然而,这种理性主义管理在第二次世界大战后(尤其是在20世纪六七十年代)遇到了严峻的挑战。

首先,从当代西方学术思想发展来看,第二次世界大战以后,西方学术界的主要特征之一是注重人的主体性研究,致力于探求人的精神世界和行为表现,以弘扬人的价值和尊严。因此,以人为中心,强调研究人的精神、人的文化的企业文化理论正是现代西方人本主义学术思潮的一种表现。

其次,从世界经济范围来看,20世纪70年代末,日本经济实力的强大对美国乃至西欧经济形成了挑战。面对日本的汽车、录像机和其他许多产品压倒美国货,美国人感到非常困惑,美国大量的专家、学者和企业家纷纷到日本考察,探索日本成功的奥秘。经过认真研究,他们发现成功的企业管理是日本经济迅速崛起的重要原因。日本企业的管理注重目标、信念、价值观这类软性因素,美国企业则强调技术、设备、方法、规章、组织结构和财务分析等硬性因素;日本企业强调团体的作用,美国企业强调高层经理的作用;日本企业强调部门之间的协作,美国企业强调部门的专业化和分工;日本企业强调员工的稳定性和终身雇用,美国企业强调流动性和解雇;日本企业强调工资与工龄成正比,美国企业强调工资与贡献成正比;日本企业强调对员工进行缓慢的评价和升迁,美国企业强调对员工进行快速的评价和提升,等等。

最后,从管理实践角度看,当代企业管理实践在许多方面都发生了巨大的变化,主要表现为:第一,人们在精神方面的需求不断增长,单纯依赖物质刺激已经不足以调动员工的积极性，需要一种新的管理理论和管理方式；第二，在西方国家，体力劳动者比例在减小，脑力劳动者比例在增大，过去这种"胡萝卜加大棒"（即重奖重罚）式的管理方法遭到广大脑力劳动者的激烈反对；第三，现代社会生活节奏越来越快，人们的业余文化生活变得相对较少，因此往往会期待工作本身能给人们提供精神补偿；第四，企业中管理人员的数量在下降，对"知识型员工"的管理更为宽松。"知识型员工"偏好软性约束，并要求积极参与企业管理。

综上所述，企业文化的兴起是西方学术思潮发展的一种表现，是美日经济竞争引起的管理模式比较的产物，更是适应现代企业管理实践新动向的一种反映。

二、企业文化理论的产生

组织文化这一概念正式面世，是 20 世纪七八十年代的事情。1970 年，美国波士顿大学组织行为学教授戴维斯在其《比较管理——组织文化展望》一书中，率先提出组织文化这一概念。

美国企业文化研究的热潮，大体经历了以下三个阶段。

第一阶段的代表作是哈佛大学伏格尔教授的《日本名列第一》，影响很大。1980 年 7 月，美国国家广播公司播出电视节目"日本能，为什么我们不能？"在美国引起强烈反响。这一阶段起到了动员和准备的作用。

第二阶段是两国管理模式的比较研究，发表的论著较多，具有代表性的有 1981 年 2 月出版的斯坦福大学教授帕斯卡尔和哈佛大学教授阿索斯的著作《日本企业的管理艺术》，以及 1981 年 4 月出版的美国加利福尼亚大学美籍日裔教授威廉·大内的著作《Z 理论——美国企业如何迎接日本的挑战》。《日本企业的管理艺术》一书中提出了"7S"模式，即战略（strategy）、结构（structure）、制度（system）、人员（staff）、风格（style）、技能（skills）、共有的价值观（shared values）。在 7 个 S 中，战略、结构、制度是硬性因素，其余 4 个是软性因素，7 个 S 构成一个有骨骼、有血肉的有机系统。日本企业对一些软性因素，如人员、风格、共有的价值观相当重视，这是日本组织文化的独到之处。作者强调，必须把硬性因素和软性因素结合起来，把硬性因素置于软性因素的控制之下。《Z 理论——美国企业如何迎接日本的挑战》一书中提出，必须把企业建设成为一种"Z 型组织"，同时造就一种"Z 型文化"。作者认为"Z 型文化"就是"信任、微妙性和人与人之间的亲密性"。"这种组织文化的发展，可能部分地代替发布命令和对员工严密监督的官僚方法，从而既能提高劳动生产率，又能发展工作中的支持关系。"

第三阶段是深入改革的研究，主要目标是重建与美国文化相匹配的经营哲学和工作组织，以恢复美国企业的经济活力和对日本企业的竞争力。这一阶段主要代表作有 1982 年 7 月由哈佛大学教授迪尔（Deal）和麦肯锡咨询公司顾问肯尼迪（Kennedy）合著的《公司文化》，以及 1982 年 10 月由麦肯锡咨询公司顾问彼得斯和沃特曼合著的《追求卓越》。在《公司文化》一书中，作者把公司文化的构成归纳为五大要素，即价值观、英雄人物、文化礼仪、文化网络及公司环境，其中价值观是核心要素。该书认为，正是这些非技术性、非经济的因素，对企业成功与否起着一种主要作用。《追求卓越》的作者认为，纯粹以理性主义为指南，会使企业变得片面狭隘、僵化呆滞，无法适应市场竞争需要。为此，他们总结了成功企业的八项管理原则：行动迅速、接近顾客、创业精神、扬长避短、发挥员工积极性、依靠价值观的精神力量、精简机构、宽严相济。他们研究的美国许多家优秀创新型企业彻底实施了上述原则，因而取得了惊人的成就。

上述第二阶段和第三阶段出版的四本畅销著作，通常被称为企业文化的"新潮四重奏"。这四本著作的出版，标志着企业文化理论的诞生。

三、我国企业文化建设实践的发展

20世纪80年代，美国提出的企业文化理论传入到我国，很快得到了我国管理学界的认同和企业界的响应，并掀起了一次企业文化的热潮。

纵观我国企业文化建设三十几年来的历程，大致可以划分为以下4个发展阶段。

1. 介绍引入期

20世纪80年代属于介绍引入期。有没有优良的企业文化当时被作为国有企业达标升级的条件之一。

2. 初步探索期

20世纪90年代属于初步探索期。进入20世纪90年代后，我国已逐步告别短缺经济，市场竞争日趋激烈，产品同质化现象十分普遍，企业开始寻求差异化策略。一时间，许多企业纷纷模仿外资企业文化的一些形式，如热衷于喊口号、统一服装、统一标识，大多数企业还聘请广告公司等做CI形象设计，并积极导入CIS等。

3. 蓬勃发展期

2000—2010年属于蓬勃发展期。市场经济的深入发展和经济全球化背景下竞争格局的变化，使得加强企业文化建设受到我国越来越多企业的重视。一大批企业开始自觉进行文化建设，纷纷成立企业文化领导机构，并建立了企业文化职能部门，着手构建企业文化体系，全面系统地推进企业文化建设。

此阶段我国企业文化建设取得了一系列可喜的成绩，主要表现在以下几个方面。

① 企业文化建设的广度显著增大。越来越多的企业开始认识到企业文化是企业持续发展的重要力量源泉，众多的企业家开始重视企业文化建设，各地区、各行业、不同所有制、不同规模的企业纷纷着手加强企业文化建设，制定企业文化战略，实施企业文化工程。

② 企业文化建设开始由表及里向前推进。许多企业开始从战略高度认识到转变企业经营理念的重要性，把企业文化建设与企业改革和加强管理相结合，努力改变计划经济体制下形成的思维模式和经营方式，逐步树立与市场经济体制相适应的价值观，提炼和培育出具有时代气息和自身特色的价值理念。

③ 涌现出一批企业文化示范企业。如海尔、联想、同仁堂、西安杨森等企业在自身发展过程中逐步培育和积淀了各具特色的企业文化，这些先进企业的文化具有很好的辐射作用，有效带动了其他企业的文化建设。

4. 逐步深入期

2011年以来属于逐步深入期。此阶段的特征主要如下。

① 从企业文化体系整体构建深入到专项文化建设。如中国航天科工集团公司为建设具有航天特色的企业文化，集团公司紧扣型号科研生产等中心任务开展了丰富多彩的专项文化建设。结合型号质量工作实际深入开展了质量文化建设活动，率先颁布了《质量文化建设纲要》；结合集团公司创建创新型企业需要，开展了创新文化建设；结合规范管理并有效推广集团公司所属品牌需要，开展了品牌文化建设。

② 从企业文化的顶层设计深入到基层文化建设。如中国中铁股份有限公司大力推进项目文化建设,制定了《项目文化建设指导意见》和《项目文化建设操作手册》,推动项目文化上桥头、进洞口、下工班、到宿舍。

③ 从表层活动的氛围营造深入到制度载体与机制建设。如中粮集团有限公司在对经理人的管理上提出了"一高一低"的要求,"一高"即高境界,是中粮集团给经理人提出的八点要求,给中粮经理人指明了方向和目标;"一低"是经理人廉洁自律十四条,是对经理人的基本要求,是行为底线。

④ 从企业文化体系的规划与实施深入到文化管理的评价与提升。近年来一部分企业结合自身特点开展了企业文化建设考核评价体系的研究与应用。

第二节 企业文化的概念与基本结构

一、企业文化的概念

1. 企业文化现象无处不在

每时每刻,我们都在与企业文化打着交道。当我们接触到其他企业时,这些企业中最明显、最不同寻常的特质常常会引起我们的关注和兴趣,如索尼公司、松下公司员工对公司和企业产品的热忱,微软公司异乎于传统的经营方式等。索尼公司的前身东京通信工业株式会社成立之初,创始人井深大就说:"我们要凭着别的公司都无法超越的决心,创造我们自己独一无二的产品。"后来盛田昭夫回忆说:"建立公司之初,我们并没有写一首公司之歌,但是我们确实有一个我们信奉的纲领,称为'索尼精神'。首先,我们说索尼是开拓者,它决不跟在人后,随波逐流。公司将'始终是一个未知世界的开拓者'。"

不管你是否注意,文化其实就在你的身边。不同的企业有着不同的文化。例如,当你进入不同的企业,你就能"感觉到"该企业的氛围,人们是如何彼此打招呼的,或他们是如何看待你的。人们谈论的事,或人们保持沉默的事,办公室的设备、布告栏及许许多多不出声的暗示都能向你展示该企业的文化。

2. 企业被文化所围绕但文化常会被忽略

当我们身居其中,企业文化现象又往往会时隐时现,难以觉察。只有当我们有意实施一些与企业文化的核心价值理念和标准相抵触的新策略时,才可能真切感受到企业文化那实实在在的力量。

我们经常由于一些原因而忽略了文化的存在。第一,我们往往不会觉察到文化,这是由于文化已经如此深地扎根于人们日常的工作与生活之中。我们的信念、价值观和行为方式已经变得极其内在,以至于文化过程也变得令我们毫无察觉。

第二,文化的组成部分难以捉摸。假定我们要求人们对其企业文化进行描述,即便是从那些来自相同文化氛围的人,你获得的回答也可能相去甚远,因为人们关注的方面各不相同。

第三,往往只有在我们所习惯的事物发生变化时,当我们遇到了不同于我们所习惯的事物时,才会深刻地注意到文化的存在。事实上,我们常常期望其他人也有与我们相似的文化意识和风俗习惯,而当他们并不具备这些东西时,我们会感到奇怪。如果你在一家企业工作了一段时间,然后调往另一家企业,或者如果你们的公司有了一次并购经历,你对其间的文化差异就会有深刻的体验。

3. 目前企业文化尚无统一定义

企业文化又称公司文化，这个名词的出现始于20世纪80年代初。一种新的概念在形成过程中，往往会发生众说纷纭的现象，企业文化也不例外。

迪尔和肯尼迪在《公司文化》一书中指出，企业文化是由5个因素组成的系统，其中，价值观、英雄人物、习俗仪式和文化网络，是它的4个必要的因素，而企业环境则是形成企业文化的影响因素。

威廉·大内认为，企业的传统和氛围产生一个企业的文化。企业文化表明企业的风格，如激进、保守、迅速等，这些风格是企业中行为、言论、活动的固定模式。管理人员以自己为榜样将这些固定模式传输给一代又一代的企业员工。

埃德加·沙因（Edgar H. Schein）认为，文化就是根本的思维方式——企业在适应外部环境和内部整合过程中独创、发现和发展而来的思维方式，这种思维方式被证明是行之有效的，因而被作为正确的思维方式传输给新的成员，以使其在适应外部环境和内部整合过程中自觉运用这种思维方式去观察问题、思考问题、感受事物。沙因把文化分为3个层面，如图1-1所示。

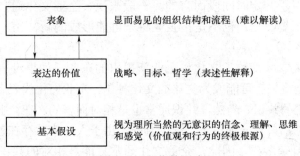

图1-1　文化的层次

约翰·科特和詹姆斯·赫斯克特在其《企业文化与经营业绩》一书中指出，企业文化通常代表一系列相互依存的价值观念和行为方式的总和。这些价值观念、行为方式往往为企业全体员工所共有，通常是通过较长的时间积淀、存留下来的。

迈克尔·茨威尔在其著作《创造基于能力的企业文化》中谈到，从经营活动的角度来说，企业文化是组织的生活方式，它由员工"世代"相传。通常包含以下内容：我们是谁，我们的信念是什么，我们应该做什么，如何去做。大多数人并不会意识到企业文化的存在，只有当我们接触到不同的文化，才能感受到自己文化的存在。企业文化可以被定义为在组织的各个层次得到传播和体现，并被传递至下一代员工的组织的运作方式，其中包括组织成员共同拥有的一整套信念、价值观、目标、行为方式等。

杰克琳·谢瑞顿和詹姆斯·斯特恩在《企业文化：排除企业成功的潜在障碍》一书中指出，企业文化通常指的是企业的环境或个性，以及它所有的方方面面。它是"我们在这儿的办事方式"，连同其自身的特征，它很像一个人的个性。更确切地说，我们可将企业文化分成4个方面：企业员工所共有的观念、价值取向及行为方式；由管理观念和管理作风（管理者说的话、做的事、奖励的行为）构成的管理氛围；由现存的管理制度和管理程序构成的管理氛围；书面和非书面形式的标准和程序。

查尔斯·希尔和盖洛斯·琼斯认为，企业文化是企业中人们共同拥有的价值观和行为准则的聚合，这些价值观和行为准则构成企业中人们之间和他们与企业外各利益方之间交往的方式。

清华大学张德教授认为，企业文化是指企业全体员工在长期的创业和发展过程中培育形成，并共同遵守的最高目标、价值标准、基本信念及行为规范。

4. 正确理解企业文化

那么究竟应如何理解企业文化呢？我们认为，企业通过自身生产经营的产品及服务，不仅反映出企业的生产经营特点、组织特点和管理特点等，更反映出企业在生产经营活动中的战略目标、群体意识、价值观念和行为规范。因此，在国内外学者观点的基础上我们可以对企业文化作如下定义。

企业文化是指现阶段企业员工所普遍认同并自觉遵循的一系列理念和行为方式的总和，通常表现为企业的使命、愿景、价值观、管理模式、行为准则、道德规范和沿袭的传统与习惯等。

我们认为，企业文化具有4个重要的特性。

（1）时段性

企业文化总是相对于一定时间段而言的。一般来说，企业文化通常是指现阶段的文化，而不是指企业过去的历史文化，也不是指企业将来可能形成的新文化。

（2）共识性

只有达成共识的要素才能称为文化，企业新提出的东西，如果没有达成共识，目前就不能称为文化，只能说是将来有可能成为文化的文化种子。企业文化代表企业共同的价值取向和价值判断，即多数员工的共识。当然，共识通常也是相对而言的。在企业实践中，通常很难想象一个企业的所有员工都只有一种思想、一个判断。由于人的素质存在差异，人的追求呈现多元化，人的观念更是复杂多样，因此，企业文化通常只能是相对的共识，即多数人的共识。

（3）范围性

文化总是相对于一定范围而言的，我们所指的企业文化通常是企业员工所普遍认同的部分。如果只是企业领导层认同，那么它就只能称为领导文化；如果只是企业中某个部门的员工认同，那么它就只能称为该部门的文化。依据认同的范围不同，企业中的文化通常可以划分为企业文化、领导文化、中层管理者文化、基层管理者文化，或部门文化、分公司文化、子公司文化等。

（4）内在性

企业文化必定具有内在性。企业所倡导的理念和行为方式一旦得到员工的普遍认同，并形成为企业的文化，就必将得到广大员工的自觉遵循。

二、企业文化管理的概念

2000年以来，国内一些学者先后提出企业文化管理的新名词。黎永泰认为，企业文化管理的思想，产生于以人为中心的新经济时代。在这之前，现代管理的思想，体现了以机器为中心的工业经济的要求。

尚玉钒、席酉民认为，企业文化管理是一种行之有效的人本管理方式。

范广垠认为，与企业文化概念相应，企业文化管理的关键就是如何使一定的理念转化为相应的稳定的行为方式。

代兴军认为，企业文化管理就是企业为提升自身价值，立足企业经营管理总体目标，根据企业文化的内在规律和特点，系统、主动地对企业文化实施管理的过程。

李宝生、卢德湖认为，企业文化管理指的是对"企业文化"这一组织资源进行的 PDCA 管理，它是企业管理的一个子系统，它既包括了"对文化的管理"，也包括了"基于文化的管理"，前者是企业文化管理的前提和基础，后者是企业文化管理的目的和归宿。

目前企业文化管理并无统一的定义。我们认为，企业文化管理是指通过文化建设，形成一套适应企业发展战略的文化体系，并使广大员工普遍认同进而自觉遵循企业所倡导的文化体系，从而有效发挥文化的导向、激励、凝聚、约束等功能，以最大程度实现企业多层面自主管理的一种现代管理方式。

企业文化管理主张尽可能通过文化来对企业的生产经营活动进行管理，从过去强调命令和服从的传统企业管理，上升到注重企业文化的驱动性、影响性和激励性的现代企业管理。企业文化管理是一种行之有效的人本管理模式，它把人放在企业文化的背景中，在尊重人的自主意识的前提下，强调只有企业员工认同组织所倡导的价值理念和行为方式时，才能更多依靠员工的自我指导、自我控制，并通过员工的自律行为来发挥人力资本的最大作用，从而降低企业内部不必要的管理成本。

企业文化管理旨在建立一套适应企业发展战略的文化体系，以这一套文化体系贯穿、整理、提升和完善企业的管理制度和行为规范，使之体现出文化体系的要求。同时必须运用这套文化体系塑造员工的思想和行为，使他们遵从这种文化所指引，深刻认同这种文化，成为这种文化的自觉执行者和推动者，从而使企业的市场行为一致化、自觉化，从而整体上提高企业的竞争力。

迈向新经济时代企业文化管理势在必行。新经济将成为 21 世纪的主导型经济形态，新经济的发展依赖于智力资源潜能的发挥。新经济所依赖的知识和智慧不同于传统经济所依赖的土地、劳工与资本等资源，它们是深藏在人们头脑中的资源。知识和智慧的分享都是无法捉摸的活动，上级无法有效监督，也无法强迫，只有让员工自愿合作，他们才会贡献知识和智慧。优秀企业文化的重要特点即是重视人的价值，正确认识员工在企业中的地位和作用，注重激发员工的整体意识，从根本上调动员工的积极性和创造性。通过企业文化建设所营造的积极向上的价值理念及行为准则，可以形成强烈的使命感和持久的驱动力。因此，企业文化管理能够充分挖掘智力资源的潜能。

大规模公司和服务行业更需要文化管理。金字塔式的垂直管理是 20 世纪大部分公司管理的主要方法，它解决了公司的控制问题。由于垂直管理对大规模公司的失效，后来出现了管理扁平化的趋势，但是控制力却随之相应减弱，这表明传统的管理方法已经不能适应大规模公司的管理要求。若依靠垂直管理系统进行控制性管理，控制的目的达到了，但是员工的积极性、主动性和创造性得不到充分发挥，公司对市场的灵活应变能力也会逐渐丧失；采用扁平化管理，又显得管理幅度过大，运营效率降低。日本松下公司的创始人松下幸之助管理企业的方略为：员工百人，我身先士卒；员工千人，我督察管理；员工万人，我唯有祈祷。事实上松下幸之助对于大规模公司是用文化来实施管理，他制定了文化规则，并结合各种管理力量促使广大员工将这些规则变成为自己内在的自觉，因此庞大的公司就被有效地管理起来了。

文化管理不仅可以有效运用于大规模公司的经营管理，还可以满足服务行业通常所面临的空间大、流动性高、以单体服务为主（员工与客户往往一对一服务）等独特的要求。因为第一，文化规则提供了一整套价值理念系统，弥补了公司制度管理很难完备的不足；第二，文化的导入和形成过程就是员工对文化规则变不自觉为自觉的过程。通过文化建设，员工清楚地知道了工作的价值和意义，知道了自己的使命，知道了应该追求什么和以什么为满足。广大员工不仅明了为什么这么干，怎么干，而且还愿意干和乐意好好干，这就有效解决了服务行业分散作业难以监督控制的问题。

案例　　　　　　　　诺世全公司的文化

"好，你为什么想到诺世全公司工作？"面试官问。

"因为我的朋友罗拉告诉我说，这里是她工作过的最好的地方。"罗伯特回答说，"她滔滔不绝地谈论和最优秀的人共事，成为精英中的精英，真是乐趣无穷。她几乎像是替你们传道的传教士。她骄傲地自称是诺世全的员工。而且，她得到很好的报酬。她8年前从库房做起，现在升为商店经理。她才29岁。她告诉我，大家在这里赚的钱，比其他商店的销售员多多了。她说在商场工作最优秀的店员，一年可以赚到8万美元以上。"

"对，你在这里工作，的确会比在其他百货公司赚更多的钱。我们的销售人员赚的钱，通常是全美国零售业员工平均薪资的两倍，很多人赚得更多。但是，当然不是每个人都具有成为诺世全企业家庭成员所需要的真正素质。"面试官解释说，"我们会精挑细选，很多人过不了关，你必须在每一个层次都证明自己够资格，不然就得离开。"

"是，我听说有一半新进人员一年后就离开了。"

"差不多是这样。不喜欢有压力、不喜欢勤奋工作、不相信我们的制度和价值观的人，都会离开的。但是，如果你有驱动力、首创精神，还有最重要的是，有成效，有服务顾客的能力，你就会做得很好。问题的关键是诺世全是否适合你，如果不适合，你很可能会痛恨这里，输得很惨，然后离开。"

"我有资格应征什么职位？"

"和其他新进人员一样，你要从最底层做起，在库房和商场工作。"

"可是我有学士学位，是学生会优秀会员，华盛顿大学的毕业生，其他公司会让我从见习经理开始干起的。"

"在这里可不行。每一个人都得从底层工作做起。布鲁斯、吉姆、约翰三位先生——这三位升到董事长的诺氏三兄弟——全都从卖场干起。布鲁斯先生喜欢提醒我们，说他和他的兄弟们都是在鞋子部门，从坐在顾客前面的小板凳上卖鞋子往上爬的。这是我们牢记在心的事实和象征性的职位。你在这里有很多作业上的自由，没有人会指导你的每一个动作，你唯一的限制是自己的表现能力（当然，要在诺世全风范的限制范围内）。但是，如果你不愿意尽一切方法让顾客满意，例如，亲自送一套西装到他的旅馆客房去、跪着试鞋子合不合顾客的脚、在顾客故意搞蛋时强迫自己微笑，那么你就不属于这儿。没有人告诉你要成为顾客服务英雄，这只是一种期望而已。"

罗伯特接受了诺世全的工作。他对于加入一个特殊团体、对于他要工作的地方，都深感兴奋。收到个人化的名片，使他深感骄傲。公司发的资料把诺世全的"公司结构"画成倒金字塔形（见图1-2），使他感觉自己越发的重要。

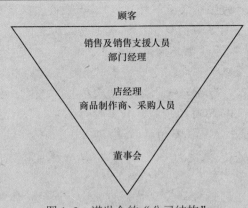

图 1-2 诺世全的"公司结构"

他也收到了一份诺世全公司的员工手册,手册只是一张 5 英寸×8 英寸的卡片(见图 1-3)。

开头几个月,罗伯特全心投入,成为很多员工自称的"诺家帮"的忠贞成员。他发现自己花很多时间在店里工作,参加诺家帮的聚会,或是与诺家帮的其他成员交往,这些人成为他的支持团体。他听到数十个有关服务顾客的英雄事迹:有一个诺家帮的人,替一位当天下午要开会的顾客熨烫新买的衬衫;一位诺家帮的人高兴地帮助一个顾客,把在梅西百货买的东西做好礼品包装;有个诺家帮的人在冬天里,在顾客快买好东西时,帮顾客先去热车;有个诺家帮的人,替一位年长的顾客亲手织一条围巾;有一位诺家帮的人在最后一刻,把宴会服送到心急如焚的女主人手里;甚至有一个诺家帮的人,为了一组轮胎防滑链退钱给顾客,事实上,诺世全并不卖轮胎防滑链。诺世全的店员彼此会写便条给别人,罗伯特也知道这种便条叫做"表扬信",表扬信加上顾客的来信和员工写给顾客的道谢函,会决定哪家店能得到当月最佳服务奖。

欢迎加入诺世全公司

我们很高兴你加入我们的公司,
我们的第一要务是提供
杰出的顾客服务
请你定出高标准的个人和事业目标,
我们对你达成目标的能力深具信心。
诺世全的规定
运用你良好的
判断力应付所有状况。
除此之外无其他规定。
有任何问题,请勿迟疑,
随时问你的部门经理、
店经理或分区总经理。

图 1-3 诺世全的员工手册

顾客来信至关重要。他的经理向他解释说："顾客来信在这家公司里真的非常重要。你无论如何绝对不希望收到一封不好的信,那样就是真正的罪过了。但是,道谢函会协助你成为'顾客服务之星',你以为学生会优秀会员很了不得,但是,成为顾客服务之星,呀,那才是真的了不起。诺世全三兄弟之一会亲自和你握手,你的照片会挂在墙上。你也会得到奖金和折扣,成为人上人,而且如果你赢得生产力竞赛,你会成为'百胜冠军',公司会发给你特制的名片,给你33%的商品折扣,只有绝对优秀的人才能成为百胜冠军的。"

"怎样才能成为百胜冠军呢?"罗伯特问道。

她解释说:"很简单,你定下很高的销售目标,然后超目标就行了。"然后她问道:"对了,你今天的销售目标是多少?"

大家谈来谈去,总是谈到销售目标、成效和成就。罗伯特注意到在员工办公室的墙上贴了不少"警语",例如,"列出每天必须做的事情!""列出目标,定出先后次序!"或者"别让我失望!""力争上游,做个百胜冠军,追求高难度目标!"

他很快就知道计算每小时销售额是多么重要!他的经理解释说:"要是超过自定的每小时销售额目标,你可以得到净销售额10%的佣金,如果没有超过,你只能得到基本的每小时薪资,而且,如果你的每小时销售额很高,就能在比较好的时段上班,有比较好的升迁机会。你可以在后面办公室计算机列印的报表上查对你的每小时销售额。我们依据金额高低列出所有员工的每小时销售额,这样你就可以比较、确定自己是不是落后了。你的每小时销售额也会印在你的薪水单上。"

罗伯特的第一次发薪日到了之后,员工聚集在后面办公室里一块布告板旁,上面列出员工每小时销售额的排名,有几位落在纸上画的红线下面。罗伯特很快就知道,自己应该尽力避免落后。一天夜里,他做了一个噩梦,梦见自己走进后面的办公室,看到自己的名字掉到最后一个,他惊醒过来,冒着冷汗。梦境记得清清楚楚,于是他白天疯狂地工作,以免落在同事后面。

第一次发薪日之后不久,他注意到同一区的一位店员很早就下班了。"约翰到哪里去了?"他问。

"今天提早下班……惩罚他对一位顾客生气。"比尔说。比尔和他一样是店员,最近刚在微笑竞赛里获胜,所以照片能够挂在墙上。"这就像不让你吃晚餐就叫你回房间一样,他明天会回来上班,但是,他们会密切注意他几个星期。"

比尔才26岁,已经在诺世全公司做了5年,已经是百胜冠军和顾客服务之星。他显然拥有能够在诺世全力争上游的特有素质。他解释说:"大家在诺世全购物时,应该得到我们最好的服务。对任何人我脸上都挂着微笑。"比尔几乎只穿诺世全的衣服,而且除了赢得微笑竞赛外,前一年他还赢得了"谁最像诺世全员工竞赛"。有一天,店经理朗诵一位满意的顾客写来谈到比尔的信,同事鼓掌欢呼,比尔沉醉在大家赞美的荣耀中。

比尔喜爱诺世全的工作,总是迫不及待地指出:"我到哪里可以找到待遇这么好、又有这么多自主权的地方?诺世全最先让我觉得自己真正属于与众不同的公司。不错,我的确很辛苦地工作,但是,我喜欢努力工作。没有人告诉我该做什么,我觉得只要我有心奉献,我可以尽我所能地去做事。我觉得自己像是一个企业家。"

比尔先前曾经和一百多位其他同事被公司从西海岸的诺世全商场调到东海岸新开张的商店。"我们不希望让'诺家帮'以外的人来开新店,即使要派人横贯美国大陆,也要派'诺家帮'过去。"他解释道。他描述开幕日热闹非凡的情形说:"员工们都在拍手,顾客走进来,也拍着手,到处流露着活力和兴奋之情,这种气氛令人感动,让你有一种'我自己也是其中一部分'的感觉,让你觉得自己真正与众不同。"

对罗伯特来说,比尔是杰出的模范。比尔告诉罗伯特,说他参加公司举办的加强动力的研讨会,学会怎样写鼓励自己向上的"肯定语",并且一再对自己说:"我对于身为百胜冠军深感骄傲。"比尔的目标是成为店经理,所以他经常朗诵肯定自己的话:"我乐于当诺世全的店经理……我乐于当诺世全的店经理。"

比尔解释说,当诺世全的店经理很辛苦、很吃力。他描述店经理必须在每季一次的会议上公开宣布自己的销售目标。比尔说:"约翰先生有时候会穿着胸前印着大写N字母的T恤,在会议上鼓舞大家,接着有些人会说出一个秘密委员会替每一家店所定的销售目标,我听说定的目标比秘密委员会定得低的经理会被人嘲笑,定得比委员会高的人大家会欢呼。"

对罗伯特而言,比尔也是诺世全风范的指导员和消息来源。比尔警告罗伯特说:"你和外人谈话要很注意,公司对自己的隐私很在意,喜欢严格控制流到外界的消息,这一点是从高层指示下来的。我们在公司里的所作所为,与外人毫不相干。"

"对了",一天晚上很晚了,他们合力做打烊的工作,比尔问道,"你知道今天有一位'秘密买主'来过吗?"

"一位什么?"

"一位秘密买主,就是公司员工假扮成顾客——当然是秘密的——来检查你的举止和服务。她今天走过你身边,我想你做得很好,但是你要注意皱眉的习惯。你努力工作时,好像常常皱眉。一定要记住:要微笑,不要皱眉。皱一下眉可能成为你档案里的一个污点。"

"第二条规定,"罗伯特心想,"别皱眉,要快乐。"

随后的6个月里,罗伯特发现自己在诺世全愈来愈不舒服。早上7点和诺家帮一起开会,喊着"我们是第一流的!""我们要替诺世全把事情做好"时,他回想到《美国最适宜就业的100家公司》这本书里,谈到诺世全时,开宗明义就说:"如果不喜欢在狂热的气氛里工作,不喜欢和总是奋发向上的人共事,那么这个地方就不适合你。"他知道自己的表现不错,从来没有落到每小时销售额排名的下方,但是,他显然也不是很杰出,从来没有得到机会和诺世全三兄弟之一握手,没有成为百胜冠军或顾客服务之星,而且害怕会对一位秘密买主皱眉,或是接到一封顾客不满的来函;而且最糟的是,有些人就是远比他更符合诺世全的标准,那些人已经把他抛在后面了,他们拥有成为诺世全人的适当素质。他没有,他就是不合适。

罗伯特进入诺世全公司11个月后离开了。一年后,他在另一家店里当上部门经理,意气风发。"诺世全的经验非常好,但是,那里不适合我。"他解释说:"我知道有些朋友在那里快乐得不得了,他们真的喜欢那里,而且毫无疑问,诺世全确实是一家杰出的公司,不过,我和这里比较合得来。"

(选编自:柯林斯,波勒斯.基业长青.真如,译.北京:中信出版社,2002.)

三、企业文化的基本结构

关于企业文化的结构，有洋葱结构、冰山结构等多个模型。下面以洋葱结构模型对企业文化的基本结构予以简单说明。

荷兰组织人类学和国际管理学教授 G.霍夫斯坦德在其著作《跨越合作的障碍——多元文化与管理》中开篇即论述：尽管不同时代、不同民族的文化各具特色，但其结构形式大体是一致的，即由各不相同的物质生活文化、制度管理文化、行为习俗文化、精神意识文化等四个层级构成。霍夫斯坦德将文化象征为洋葱，他认为文化和洋葱一样具有很多层面。斯宾塞–奥蒂在霍夫斯坦德的基础上进一步深化研究了文化分层的洋葱模型。在这一模型中，斯宾塞将价值观与基本假定放在了同一个层次，并将该层次作为民族文化的核心部分，该层次包括态度与信仰等内容，与该层邻接着的是体制与制度层，此后，再紧接着是仪式与行为层，而文化模型的最外层为人工制品与产品层。

因此，参照洋葱结构模型，可以认为企业文化是由企业理念文化、企业制度文化、企业行为文化和企业物质文化等四个层次所构成（见图1–4）。

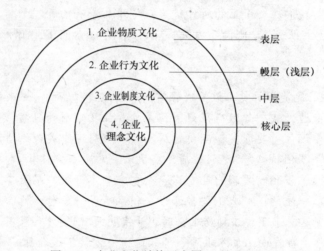

图1–4 企业文化结构示意图

1. 企业理念文化

企业理念文化是指企业在长期的生产经营过程中形成的理想、信念、价值观念等群体意识，是一种深层次的文化现象，在整个企业文化系统中，它处于核心的地位。

企业理念文化通常包括企业使命、企业愿景、企业核心价值观、企业精神、企业伦理道德等内容，是企业意识形态的总和。此处我们重点谈谈理念文化中的企业精神，其他企业理念文化的主要内容可参见本书后续的相关论述。

企业精神是企业组织个性与现代意识相结合的一种群体意识，它往往以简洁而富有哲理的语言形式加以概括，也常常通过司训、司歌等形式形象地表现出来。企业精神更多地属于东方国家一些企业所注重的一条文化理念，可归入西方企业文化理论中核心价值观的范畴。

企业精神是企业广大员工在长期的生产经营活动中逐步形成的，并经过企业家有意识地总结、提炼而得到确立的思想成果，它是企业优良传统的结晶，是维系企业生存发展的重要理念。本来只有人才具有精神，企业精神这一概念将企业人格化了，它是由企业的传统、经历和企业领导人的管理哲学共同孕育而形成的，集中体现了一个企业独特的、鲜明的经营管理思想和个性风格，反映着企业的信念和追求。

日本索尼公司创立于 1946 年，索尼公司的创始人是几位具有大学学历且从事科研工作多年的工程技术人员。索尼公司创始人之一盛田昭夫在其《日本造》一书中写道：我们确实有信奉的纲领，即索尼精神。首先，索尼是未知世界的开拓者。通过进步，索尼为全世界服务。索尼的理想是通过它独创的技术和国际共同协作，向要求严格的市场提供高质量的产品，通过这些为世界做出贡献。

2. 企业制度文化

企业制度文化是指得到企业广大员工认同并自觉遵从的由企业的领导体制、组织形态和经营管理形态所构成的外显文化，是一种引导约束企业和员工行为的规范性文化。它是企业文化的中坚和桥梁，将企业文化中的行为文化、物质文化与理念文化有机地结合成一个整体。

企业制度文化一般包括企业领导体制、企业组织机构、企业经营制度、企业管理制度和一些其他特殊制度。

① 企业领导体制是企业领导方式、领导结构和领导制度的总称。不同的企业领导体制，反映着不同的企业文化。领导体制影响着组织机构的设置，制约着企业管理的各个方面。

② 企业组织机构是指企业为了有效实现企业目标而建立的企业内部各组成部分及其相互关系。如果把企业视为一个生物有机体，那么组织机构就是这个有机体的骨骼。

③ 企业经营制度是指通过划分生产权和经营权，在不改变所有权的情况下，强化企业的经营责任，促进竞争，以提高企业经济效益的一种经营责任制度。

④ 企业管理制度是企业在管理实践活动中制定的各种带有强制性的规定或条例。没有规矩，无以成方圆。一般来说，基于行业特点与企业差异的企业管理制度促使不同企业的企业文化朝着个性化的方向发展。

⑤ 企业特殊制度主要是指企业的非日常性活动的制度，如员工评议干部制度、干部员工平等对话制度、总结表彰会制度等。与一般制度相比，特殊制度往往更能够反映一个企业的管理特点和文化特色。

企业的制度与企业的理念有着相互影响、相互促进的作用。合理的制度必然会促进正确的企业经营理念和员工价值观念的形成；而正确的经营理念和价值观念又会促进制度的有效贯彻，使员工形成良好的行为习惯。

曾经有一位记者向海尔的张瑞敏提出一个问题：如果公司更换了新的领导人，海尔的企业文化会不会随之改变呢？张瑞敏回答："美国人讲企业就像一堵砖墙一样，如果抽掉一块砖这堵墙不会塌。我们想先做到这个程度，然后考虑这堵墙怎么不断长高。"怎样做呢？这就涉及张瑞敏所说的"制度文化"。尤其对于现阶段处于由人治向法治转换过程中的大多数国内公司而言，健康的制度将削弱甚至取代个人影响力在企业中的过分存在，为企业的平稳发展创造条件。当海尔规模不断扩大时，张瑞敏总是设法利用企业的规章制度来保证和强化企业文化。他将公司的主要价值观念通过规则或职责规范予以公布，敦促公司所有人遵从这些规定。这样，即使企业变换了新的领导人，强力型企业文化也不会随之改变，因为它已逐渐扎根于企业之中。

3. 企业行为文化

企业行为文化是指企业员工在生产经营、学习娱乐等活动中产生的外显文化。它包括在企业经营、宣传教育、人际交往、文娱体育等活动中产生的文化现象。它是企业精神面貌、经营作风、人际关系的动态体现，也是企业理念的折射。

从人员结构上划分，企业行为包括企业领导者的行为，企业模范人物的行为，企业员工的行为等。企业的经营决策方式和决策行为主要来自企业领导者，企业领导者是企业经营的主角。在企业中，最受人敬重的是那些集中体现了企业价值观的企业模范人物。这些模范人物使企业的价值观"人格化"，他们成为企业员工学习的榜样，他们的行为常常为企业员工所仿效。企业员工是企业的主体，企业员工的群体行为决定企业整体的精神风貌和企业文明的程度。

IBM公司在经营中形成了一种良好服务的行为文化。IBM公司的历届领导者都认为，良好的服务是开发市场的关键，IBM就是要为顾客提供全世界最好的服务。IBM公司的创始人老托马斯·J.沃森从公司建立的那一天起就十分注重销售部门的服务质量，他要求对每一个用户的服务都要周密安排。IBM公司还免费为用户提供基本软件、保养维修、业务咨询及培训程序设计人员和操作人员。如果用户对IBM机器的业务性能质量不满意，可以不付租金，将机器退回。正因为IBM公司从上到下竭尽全力为顾客提供尽可能完善的服务，才赢得了用户的广泛好评。

4. 企业物质文化

企业文化以物质为载体，企业物质文化是企业文化的外部表现形式。优秀的企业文化总是通过重视产品的开发、服务的质量、产品的信誉和企业生产环境、办公环境、文化设施等物质现象来体现的。企业物质文化是企业文化系统的表层文化，它是指由企业员工创造的产品和各种物质设施等构成的文化现象。它主要包括以下8个方面。

① 企业名称、标识、标准字、标准色。这是企业物质文化最集中的外在体现。

② 企业外貌、建筑风格、办公室和车间的设计和布置方式等。办公与生产环境的好坏直接影响员工的情绪与心理。企业如果绿化好、厂容美、环境清洁整齐，不仅可以激发员工的自豪感和凝聚力，而且可以直接影响员工的工作效率。因此，优秀的企业特别注重为员工创造优美的工作环境，并把它作为企业文化建设的重要内容，同时作为调动员工积极性的重要手段。

③ 产品的特色、样式、外观和包装。

④ 技术工艺设备特性。

⑤ 企业旗帜、歌曲、服装、吉祥物等。

⑥ 企业的文化体育生活设施。人有多种需要，不仅仅是物质需要，更重要的是精神文化需要。在物质生活水平不断提高的今天，人们对精神文化需要的追求愈加强烈，求知、求美、求乐等心理迅速发展，构成企业文化建设中重要的课题。建立和完善员工的文化体育设施，成为许多优秀企业的重要物质文化内容。

⑦ 企业纪念性建筑，如雕塑、纪念碑、英模塑像等。

⑧ 企业的文化传播网络，如企业的展馆、微信公众号、手机报、企业官网、自办的报纸、刊物、有线广播、闭路电视、宣传栏等。

企业文化的以上四个层次是紧密联系的。物质文化是企业文化的外在表现和载体，是行为文化、制度文化和理念文化的物质基础；制度文化是理念文化的重要载体，制度文化又引导规范着行为文化；理念文化是形成制度文化、行为文化和物质文化的思想基础，也是企业文化的核心和灵魂。

四、企业中的亚文化

亚文化（subculture）是相对于主文化而言的。企业主文化，就是企业在一定时期内所形成的占主导地位的企业文化。从文化体系层次角度看，企业亚文化是企业总体主文化的次级文化，包括部门文化、子系统文化、车间班组文化等。企业主文化和企业亚文化这两种文化可能同步生成，也可能不同步生成，各类具体的企业亚文化都是在特定的文化背景下和适宜的文化气候下形成的。

杰克琳·谢瑞顿和詹姆斯·斯特恩在其《企业文化：排除企业成功的潜在障碍》一书中谈到，当我们提到企业文化，我们是把整个企业作为一个整体。亚文化是较大组织中的一个子集合，或一个组成部分，连同它自身的一套外在表现形式、管理风格、制度和管理方法。在一幅企业结构图的每个相连的层面——各个不同的分公司、部门、小组和工作场所—都有着各自的亚文化。同处一个企业中的各职能部门也有着其自身的亚文化。假如你将研究开发部、市场销售部和制造部的部门文化作一比较，你就能发现明显的差异。假如你是来自于人力资源部、财务部和法律事务部等不同部门的人同处一室，你就会听到他们在词汇的使用、谈论的事物及谈话风格上的差异。亚文化将受到总体企业文化的极大影响。在某些情形中，亚文化是由企业总体管理理念、组织机构和政策所控制的。然而，一家企业之中众多的亚文化是永远不会彼此完全一致的，也不会与总体文化完全一致，每一种亚文化都会有其各自的特性。

杰克琳·谢瑞顿和詹姆斯·斯特恩还指出，整个企业的最高领导者主导着企业文化。依照企业的组织结构，这可能是董事长、总裁或总经理。企业中次级单位的最高领导者主导着亚文化。这可能是一位管理者或几位管理者，如分公司总经理、副总经理或部门经理。当企业的总体文化改变时，它会对亚文化带来明显的影响，然而亚文化还依然会保留其个性。更为重要的是，亚文化可能会脱离总体文化而自行改变，而且亚文化的变革要灵活得多，也自由得多。假如个性明显的亚文化已经在一个总体文化的参照环境中发生了演变，那么它们还可以继续演变，而不会妨碍总体文化，这就为保证团队的成功造就了许多文化变革的可能性和机会。

企业亚文化绝不只是企业文化主脉、主流的永恒不变的支脉、支流。在企业文化发展过程中，企业亚文化通常是企业主文化的从属、补充、体现和完善，各种创新小组、质量管理小组、试验小组等形成的亚文化一方面渗透着、体现着企业主文化的核心思想，而另一方面，各具特色的企业亚文化可能因其本身所代表的新文化潮流，作为某种潜在的、超前的企业文化的代表，在一定条件下可能成长为企业主文化。

在一些大型企业，特别是一些大型企业集团，有许多二级单位、三级单位，这些单位可能分散在全国和全球范围内。在长期的发展过程中，它们各自形成了自己的文化。在企业文化建设中，它们面临一个共同的问题：主文化和亚文化如何协调？这实际上是一致性与灵活性、主旋律与变奏曲之间的关系问题。一个企业应该建立共同的文化，树立共同的形象。因此，保持内部主体文化的一致性是完全必要的。但是，企业还应尊重各个下属单位文化之间的差异性。企业可以要求各所属单位在企业使命、企业愿景、企业核心价值观、企业标识等方面保持一致，这样企业才能形成统一的主体价值理念，塑造统一的对外形象。在这个前提下，各个下属单位可以保留独特的理念、规范和习惯，在核心文化一致的基础上，发展自身丰富多彩的亚文化。

案例　中粮包装控股有限公司的行为文化准则

中粮包装控股有限公司是中粮集团有限公司的子公司。根据企业实际，中粮包装提出了"欢迎问题、立即行动、一次做对、没有借口"的工作态度和行为准则，并在中粮包装范围内通过多种途径宣贯和推广。中粮包装行为文化准则示意图如图1-5所示。

　欢迎问题　　　立即行动　　　一次做对　　　没有借口

图1-5　中粮包装行为文化准则示意图

1. 欢迎问题

"欢迎问题"，是指关键在于对待问题的态度，然后要把"问题"控制并解决在萌芽阶段。

问题=财富，中粮包装视问题为财富。企业只有在发现和解决问题中才能得到不断进步和成长，世界上不存在完美的企业，企业的发展过程中也总是伴随着冲突和矛盾。对企业而言，永不休止的改善和改进才是永续经营之道。倡导欢迎问题，就是要营造求真务实的文化，客观地正视企业，以开放的心态发现并解决问题，回避态度只会将问题扩大化和复杂化，所谓千里之堤溃于蚁穴，而通过"欢迎问题"则把"问题"控制并解决在萌芽阶段。

很多口号听起来抽象，但是如果结合具体的标准，那么它就不是空洞的，而是可以量化，是切实可行的。事实上，一个方法如果不能有效地落实，不能转化为现实的结果，那所谓的方法就不是方法，我们其实还没有找到方法，只有真正能把思路和想法转变为现实的方法，才叫方法，才是既"想到位"，又"做到位"。可见，要有欢迎问题的态度和肚量，对问题想也不想，何谈"做到位"呢。所以，欢迎问题，应该从每一个员工开始，从身边开始思考和寻找，如果人人都这样认真细致地不放过任何一个小瑕疵，那么企业这个大机器就会在日常持续的保养中良好运转。在中粮包装，领导者积极地发现问题，我们的员工也不甘落后，各个公司的一线员工积极地开展了"一点课"和"一点改善"，从小处入手，从身边的机器和环境入手，日日改善和保养。比如，在补涂的输送皮带上方增加一个压条，有效地避免了卡罐；在裁剪机的料槽边加装挡条，有效地控制了小片的滑出；给全喷头下加个简单的抽风机，有效改善了全喷室的空气质量；给涂料桶下放置不锈钢槽，很好地维护了环境的整洁……既提高了效率和安全性，又改善了环境，行动细微，收效巨大。

2. 立即行动

"立即行动"，是指讲效率与执行，是生产力的最大体现。

中粮包装倡导高执行力，面对问题，做出决策后要立刻行动，因为想法本身不能带来成功，行动是实现目标的唯一途径。而以什么速度行动、是快还是慢直接决定了企业决策的成与败、业务的得与失，任何拖延都会造成更大的损失和消耗。

立即行动，既是时间准则，也是效率准则，任何事情在接受考验的标准中，态度成为了首要关键。立即行动符合效能的最佳需求。企业规模的大小，产能的高低，都依赖于一种看不见的力量，这种力量叫做执行力，而立即行动，正是这种执行力的体现。立即行动，没有任何迟缓，执行力发挥到最佳，企业内部的潜力才能得到最大限度的发挥。

3. 一次做对

"一次做对"，是指注重追求科学方法，找到最好最佳行动方案，实现成本最低，收获最大效益。

在确定做正确的事情后，关键是如何把正确的事情做对。如果没有计划和步骤的盲目去做，可能是无效的，甚至是有害的，使正确的事情变错误。这就需要在做事的时候不仅要用心还要用脑，寻找科学的做事方法和技巧。"一次做对"就是要注重追求科学方法，找到最好最佳行动方案，收获最大效益。在这里，预见性与方法是"一次做对"的基础，要对问题和情况进行细致分析和全面了解，只有这样才有可能做对事情。在寻求"一次做对"方法的过程中，就需要激发团队的力量，"天才的个人，力量有限；平凡的团队，力量无穷"，集团和中粮包装都倡导团队文化，激发团队的智力和力量是完成任务最快捷和有效的方式，寻求最佳的方式方法来确保万无一失。

4. 没有借口

"没有借口"，是指企业需要没有借口地执行，也需要没有借口地对执行结果负责。

所有看似合理的借口不过是托词而已，成功者总是有许多办法，失败者总是有许多借口。中粮集团和中粮包装倡导业绩文化，倡导用数据和数字说话。对于一个处于激烈市场竞争中的企业而言，没有业绩，其他做得再好都等于零。中粮包装的理想是成为包装行业的领导者，就需要这种没有借口的执行和承担，朝着目标不断奋进。当然，中粮包装的"没有借口"不仅是针对管理者而言，也是对每一个员工而言，管理者要对整个公司的营运负责，每个员工要对自己的岗位负责，都要对业绩的最终完成情况负责。只有敢于且善于承担压力和责任的管理者才是值得追随的领导者，只有学会并能够承担压力和责任的员工才是真正职业化的员工。

中粮包装提倡对存在的失误，不讲理由，不讲借口。强调员工，特别是管理干部对岗位工作的责任，更是要求员工增加自身觉悟，提高执行力。

（摘编自：黎群，金思宇.中央企业企业文化建设报告（2014—2015）.北京：中国经济出版社，2016.）

第三节　企业文化形成的影响因素

企业文化是在企业外部环境和内部环境的交互作用下形成的，下面分析企业文化形成的外部影响因素和内部影响因素。

一、外部影响因素

影响企业文化形成的外部因素主要有以下4个。

1. 民族文化因素

民族文化是影响企业文化的重要因素之一。不同的民族有不同的文化，这种文化必然会影响到企业文化。相对于社会大文化来说，处于亚文化地位的企业文化植根于民族文化的土壤之中，这使得企业的价值观念、行为准则、道德规范等无不打上民族文化的深深烙印。民族文化对企业的发展战略、经营思想及策略等均会产生深刻的影响。不仅如此，企业为了经营的成功和今后的进一步发展，也需要努力去适应民族文化环境，去理解在一定民族文化环境下所形成的社会心理状态。

2. 行业文化因素

不同行业的企业文化特点是不一样的。由于各个行业在生产特点、管理模式和服务要求等方面存在差异，所以企业文化也必然存在差异。

例如制造业通常以技艺和体力、机械力和管理组合作为生产力的主体，科学和理性是管理的主要特性，因而制造业可能出现科学和过度的理性对人性的相对压抑。与之相对比，IT业主要以知识、智慧组合成生产力的主体，创新的过程基本上都是在黑箱中进行，只有到外化为产品时，我们才能间接地感受到。因此虽然IT行业的基础是科学和理性，但企业管理往往会更多地表现出感性和人性化的倾向。服务业提供的不是有形的产品，而是无形的服务，因此服务业特别强调给顾客提供超值和人性化的服务。每一个行业都有其文化个性，在这个行业没有革命性的变化之前，行业的基本特性通常是不会改变的。

3. 地域文化因素

无论国家与国家之间，还是同一国家的不同地区之间，地域性差异是客观存在的。不同的地域处在不同的地理、历史、政治、经济和人文环境下，因而在一定程度上会产生企业间文化的差异。可以说地域文化是民族文化地域差异性的显现。

4. 外来文化因素

对于特定企业而言，从其他国家、其他民族、其他地区、其他行业、其他企业引进的文化都是外来文化，都会对该企业的文化产生一定影响。

随着世界市场的融合和经济全球化的进程，各国间经济关系日益密切，不同国家之间在文化上的交流和渗透也日益频繁。例如，战后的日本受美国的现代经营管理思想、价值标准、市场意识、竞争观念、时间观念等影响很大，日本的企业文化中既有以中国儒家思想为中心的根，又有受到美国文化影响的叶。我国改革开放以来，在引进、消化、吸收外国先进技术和管理的同时，也引进了国外的文化。从国内其他民族、地区、行业或企业进行技术转移的过程中，也会对一个企业的企业文化产生影响。即使同行业中企业与企业之间由于所在地区、环境及发展历史等原因在企业文化上也会有相当大的差异，因此地区之间、行业之间、企业之间的技术转移与业务合作过程中通常会伴随企业文化的辐射和扩散。

二、内部影响因素

影响企业文化形成的内部因素主要有以下4个。

1. 企业传统因素

企业文化的形成过程也就是企业传统的传承过程，企业文化的发展过程也就是对企业传统去粗取精、适时创新的过程。因此，企业传统是形成企业文化的重要因素。每个企业都应根据自身的外部环境和内部条件等特点，从本企业所追求的经营目标、实施的发展战略及经营策略中总结出自己的优良传统和经营特色，从而形成自身的价值观念，梳理出本企业独具特色的企业文化风格。

2. 企业发展阶段因素

企业处于不同的发展阶段，决定了它将面临不同的发展状况和焦点问题，进而影响到企业文化的不同特点。一般来说，企业从创业期到成长期，再到成熟期，企业文化会呈现阶段性变化。处于创业期的企业往往更关注企业生存和市场情况，这一阶段的企业往往对内部规范管理还顾及不到。企业步入成长期后，随着各项工作的顺利开展，企业文化模式渐渐成形，这是企业文化建设的关键时期。企业一旦进入成熟期，主导文化就基本固定下来，这时的企业就需要特别注意防止官僚习气的产生，否则将导致企业缺乏创新性和灵活性。

3. 企业发展战略因素

随着外部环境的改变，企业战略常常需要作相应的调整或变革，因为不断创新以适应环境变化是企业旺盛生命力的源泉。当战略的变革与企业文化相冲突时，由于企业文化变革的速度有限，观念的更新和行为的改变需要经历一定的时间跨度，企业文化的某些内容就可能成为新战略实施的阻力。这时企业往往需要对企业文化进行重新调整，修正、补充、更替原有的企业文化要素，使企业文化与变革的战略能够匹配、协调。

4. 个人文化因素

个人文化因素指的是企业领导者和员工的思想素质、文化素质和技术素质，它直接影响和制约着企业文化的水平。其中，企业领导者的个人素质、思想方法、价值观念、经营思路、经营哲学、实际经验、工作作风等因素对企业文化的影响是非常显著的，甚至其人格特征也会对企业文化的形成产生较大的影响，这是因为企业的价值观、作风和行为方式等在某种意义上说就是企业领导者价值观的反映。员工中的英雄模范人物是员工群体的杰出代表，也将影响企业文化的形成。

第四节　企业文化的基本特征

企业文化一般呈现以下基本特征。

1. 稳定性

任何一个企业的企业文化，总是与企业发展相联系的。企业文化的形成是一个渐进的过程。它一经形成，并为企业员工所掌握，就具有一定的稳定性，不因企业产品、组织制度和经营策略的改变而立即改变。没有质的稳定，就没有特定的企业文化，企业文化的存在和发展也就失去了客观基础。

文化的生成呈现长期性，文化的作用具有延绵性。一种企业文化，尤其是居于核心地位的价值观念的形成往往需要很长时间，需要先进人物的示范作用，需要一些引发事件，需要领导者的耐心倡导和培育等。企业文化一旦形成，它就会变成企业发展的灵魂，不会朝令夕改，不会因为企业产品的更新、组织机构的调整和领导人的更换而发生迅速的变化，一般来说它会长期在企业中发挥作用。

当然，企业文化的稳定性也是相对的，根据企业内外经济条件和社会文化的发展变化，企业文化也会不断地得到调整、完善和升华。尤其是当整个社会处于大变革和大发展、企业制度和内部经营管理发生剧烈变动的时期，企业文化也通常会经过新旧观念的冲突而发生大的变革，从而适应新的环境、条件和组织目标。"适者生存，优胜劣汰"，企业文化就是在不断适应新的环境中得以进步并充满生机和活力的。

2. 开放性

优秀的企业文化具有开放的特征，它绝不排斥先进管理思想及有效商业模式的影响和冲击。企业文化的开放性，将促进企业文化的发展。通过引进、吸收、改造其他企业的文化，促使自身文化不断成长，不断完善。企业文化的开放性，必然导致外来企业文化与本土企业文化、现代企业文化与传统企业文化的交融与整合。

3. 可塑性

企业是一个有生命的有机体，企业活动是一种动态的过程。随着社会和经济的发展，各种先天的素质、历史的积累、后天的营养及现实的环境因素等，都会对企业文化产生影响。人们希望优秀企业文化可以能动地变革，以适应新的发展要求，塑造出新的企业文化。企业文化的塑造过程，实际上也就是企业所倡导的新的价值观念和行为方式被员工普遍认同并接受的过程。

4. 系统性

企业文化是一个系统，是由相互联系、相互依赖、相互作用的部分和层次构成的有机整体。构成企业文化的有意识形态、制度形态、物质形态等不同的层次和内容，虽然它们各有特点且相对独立，但又紧密结合成为一个整体。可见，企业文化不是企业诸要素的简单叠加，而是相互影响、相互渗透的一个有机系统，综合对企业管理和企业发展产生作用。

企业文化与社会文化也是一个有机的整体，社会文化时时处处在渗透、影响和制约着企业文化的发展，而优秀企业文化也通过其辐射功能推动着社会文化的进步，成为社会文化新的生长点。

5. 非强制性

企业文化不是强制人们遵守各种硬性的规章制度和纪律，而是强调文化上的"认同"，强调人的自主意识和主动性，也就是通过启发人的自觉意识达到自控和自律的境界。对多数人来讲，由于认同了某种文化，因此，这种文化是具有非强制性的。当然，非强制之中也包含有某种"强制"，即软性约束。对于少数人来讲，一种主流文化一旦发挥作用，即使他们当时并未认同这种文化，也同样会受到这种主流文化氛围、风俗、习惯等非正式规则的约束，违背这种主流文化的言行是要受到舆论谴责或制度惩罚的。因此企业文化专家威廉·大内认为，文化可以部分地代替发布命令和对员工进行严密监督，从而既能提高劳动生产率，又能发展工作中的支持关系。可见，企业文化与传统管理对人的调节方式不同，传统管理主要是外在的、硬性的制度调节；企业文化主要是注重内在的文化自律与软性的文化引导。

6. 独特性

企业文化是在企业外部环境和内部环境的交互作用下形成的。

企业文化既存在于民族社会文化之中，又因各企业的类型、所处行业性质、规模、人员结构、发展阶段等方面的差异而各不相同。不同的社会、不同的民族、不同地区的不同企业，其文化风格各有不同。即使两个企业在环境、设施设备、管理组织、制度手段上十分相近甚至一致，在文化上也会呈现出不同的特点。这是由企业生存的社会、地理、经济等外部环境，以及企业所处行业的特殊性、自身经营管理特点、企业家素养风范和员工的整体素质等内在因素决定的。当然，由于企业作为市场经济和文明社会的产物，其文化中体现着市场经济的一般规律，渗透着人类文明的共同意识，不同企业的文化也具有很多共性。企业文化的共性是时代特征和社会特征的综合体，反映了社会环境对企业文化的影响。然而，企业文化又是企业基本特点的体现，是一个企业独特的理念和行为风格的具体反映，并以其鲜明的个性区别于其他企业，形成自己的具体特点，这就是企业文化的独特性。每个企业只能根据本企业的具体情况，因时制宜，因人制宜地培育适合自己需要的、具有自己特色的企业文化。

例如，同属高科技行业，美国英特尔公司的文化就很有特色。英特尔公司创立于 1968 年，是计算机微处理器的设计者和制造商。英特尔公司独树一帜地强调纪律和平等。英特尔的员工，必须准时上班。每天上班时间从早上 8:00 开始，8:05 分以后才报到的同事，就要签名在"英雄榜"上，背负迟到的罪名。一个高科技公司，为什么如此强调纪律呢？公司前领导人葛洛夫认为："公司就像一部大机器，各部门必须同步作业，无论制造、工程、行销或财务部门，都必须遵守相同的纪律，才能让机器运转最顺畅，产能也最高。"一位专栏作家曾问道："葛洛夫先生，贵公司在管理上强调平等，是否过于虚伪呢？"葛洛夫很诚恳地回答说："这并非虚伪，而是我们的生存之道。"英特尔人认为，任何一家高科技企业，各种决策必须由经理与技术精英共同制定。经理有管理经验，了解趋势，但脱离研究工作；技术精英常常是实际在做研究的年轻人，拥有最新的技术，因此两者要经常沟通。如果强调等级差别，突出职位象征，那对促进意见交流，显然是有百害而无一利，因此强调平等的管理才真正符合高科技公司的需求。英特尔文化的另一特点是鼓励尝试风险。英特尔的创始人摩尔提出，计算机的性能每 18 个月翻一番，只有不断创新，才能赢得高额利润并将获得的资金再投入到下一轮的技术开发中去。英特尔公司的领导人，对于风险较大的创新工作，总是鼓励员工去大胆尝试。英特尔人认为，尝试风险有利于成长，因为有限度地承担风险，可能会带来两种结果：成功或失败。如果你获得成功，显然这是一种成长。就算你失败了，你也可以很快学会哪里出错了，不应该做些什么，这也是一种成长。

第五节　企业文化的主要功能

优良的企业文化通常具有以下 8 种主要功能。

1. 导向功能

企业文化的导向功能是指它对企业行为方向所起到的显示、诱导和坚定作用。

① 企业文化能显示企业的发展方向。企业文化以概括、精粹的内容与理念陈述明示着企业发展的目标和方向。这些理念陈述经过长期的传播、潜移默化，已经铭刻在广大员工心中，成为其精神世界的一部分。例如华为投资控股有限公司的企业使命是聚焦客户关注的挑战和压力，提供有竞争力的通信解决方案和服务，持续为客户创造最大价值。在使命的驱动下，华为目前已成为全球第二大通信设备供应商，全球第三大智能手机厂商，也是全球领先的信息与通信解决方案供应商。

② 企业文化能诱导企业的行为方向。企业文化建立的价值目标通常也是企业员工的共同

目标，它对员工具有巨大的吸引力，是员工共同行为的巨大诱因，使员工自觉地把行为统一到企业所期望的方向上去。正如彼得斯和沃特曼所说，在优秀的公司里，因为有鲜明的指导性价值观念，基层的人们在大多数情况下都知道自己该做些什么。例如成为最受尊敬的互联网企业是腾讯公司的企业愿景。在赢得社会尊敬方面，腾讯一直积极参与公益事业、努力承担企业社会责任、推动网络文明。2006年，腾讯成立了中国互联网首家慈善公益基金会——腾讯慈善公益基金会，秉承"致力公益慈善事业，关爱青少年成长，倡导企业公民责任，推动社会和谐进步"的宗旨，腾讯拥抱公益，开放互联，并倡导所有企业一起行动，通过互联网领域的技术、传播优势，缔造"人人可公益，民众齐参与"的互联网公益新生态。

③ 企业文化能坚定企业的行为方向。企业在遇到困难和危机时，强大的企业文化可以促使员工把困难当作动力，把挑战当做机会，更加坚定而执着地为既定的目标而奋斗。例如陕西法士特汽车传动集团有限责任公司的企业精神是团结、务实、顽强、开拓，顽强是法士特人一以贯之的特有品质。代表着永不放弃的精神信念，隐含着励精图治的决心与果敢，直面挑战、迎难而上、勇于拼搏，不屈服、不畏缩、不动摇。顽强的品质成就了法士特与法士特人的自豪，法士特人也为顽强做了最好的诠释。

2. 激励功能

企业文化对于强化员工工作动机和激发员工的工作主动性、积极性和创造性通常能产生重要的作用。

① 积极向上的思想观念及行为准则，可以形成强烈的使命感和持久的驱动力。心理学研究表明，人们越能认识行为的意义，行为的社会意义越明显，越能产生行为的推动力。倡导企业文化的过程，正是帮助员工认识工作意义，建立工作动机，从而调动积极性的过程。

② 优秀企业文化的重要特点是重视人的价值，正确认识员工在企业中的地位和作用，激发员工的主体意识，从根本上调动员工的积极性和创造性。例如，美国波音公司把"我们每一个人都代表公司"作为企业重要理念来激励员工的主体意识。

③ 优秀企业文化使员工获得充分发挥自己聪明才智、不断实现自我的优越条件。鼓励创新、支持变革，是一切优秀企业文化的鲜明特点。员工自我发挥、自我实现和自我完善的需要，只有在优秀的企业文化环境中才能获得满足。

3. 凝聚功能

企业组织的高凝聚力，主要表现在3个方面：一是组织与团体、团体与团体之间的关系是亲密的、和谐合作的；二是组织对团体、团体对个人具有很强的吸引力；三是个人对团体和组织有很强的认同感、依恋感和向心力。企业文化具有很好的凝聚功能。

① 企业文化赋予人们以共同的目标、理想、志向和期望，使人们心往一处想，劲往一处使，成为具有共识、同感的人群结合体。

② 企业文化给人们提供了一套价值评价和判断的标准，使人们知道怎样做是正确的，怎样做是错误的，从而能够避免大量矛盾的发生。

③ 企业文化提供给员工多方面心理满足的条件。企业对员工有很强的吸引力，员工对企业有很大的向心力。

4. 转变观念功能

全面提升企业竞争力，要求以新的文化思维转变人们的观念。企业通过塑造新文化，树立起新型经营、管理、服务、安全、团队、人才等理念，用这些先进的理念统领各项工作，可有效提高市场应变能力和开拓创新能力。

5. 约束功能

企业文化的内容不仅包括企业制度文化，而且包括企业的价值观念、企业的思想作风、企业的伦理道德、企业的行为方式等诸多方面。这就使企业文化具有两种约束功能：一种是硬性的约束，即企业成文的规章制度对员工的约束力；另一种是软性的约束，即一种无形的约束。企业文化的约束功能主要是从价值观念、道德规范上对员工进行软性的约束，它通过将企业共同价值观、道德观向员工个人价值观、道德观的内化，使员工在观念上确立一种内在的自我约束的行为标准。一旦员工的某项行为违背了企业的文化，其本人心理上会感到内疚，并受到共同意识的压力和公共舆论的谴责，促使其纠正错误行为。

6. 提升执行力功能

企业文化的明确表述使企业的经营管理思想外显化，通过有效的文化宣传和导入，能够很好地在全公司范围起到上下同欲、思想和行为统一，从而起到促进提升执行力的作用。

7. 调适功能

企业文化的一个重要组成部分，就是活跃企业员工的文化生活，进行文化生活环境和福利设施的建设。企业员工良好的生活环境和丰富多彩的业余文化生活，能极大地调动员工的生产积极性。例如，2015年3月4日下午，金融街威斯汀大酒店二层聚宝厅内一派喜庆的气氛。来自酒店7个部门的35名女员工参加了酒店党支部工会团委庆三八"百变丝巾秀"及"趣味打领带"比赛活动。活动中，女员工们放下平时的工作压力，欢聚一堂，大家在快乐的系丝巾和打领带活动中大展身手，共同庆祝自己的节日。

8. 塑造形象与品牌功能

企业文化是企业形象的内在根基，企业形象是企业文化的外在表现。

企业文化不仅对本企业产生作用，还会通过企业的对外联系及人员交往等不断地向周围传播和辐射。这种辐射的途径，是企业的对外联系及人员交往，它的作用机制则是依靠企业文化交往实现的。因此优秀的企业文化将极大地促进企业良好形象与品牌的塑造。

第六节 企业文化管理的重要性

一、企业文化管理是企业发展的永恒主题

企业文化作为社会大文化的一个子系统，客观地存在于每一个企业之中。优秀的企业文化，将极大地促进企业的发展，反之则将削弱企业的组织功能。

美国兰德公司、麦肯锡公司、国际管理咨询公司的专家通过对全球增长最快的30家公司的跟踪调研后联合撰写的《关于企业增长的研究报告》最后一段话是这样写的："正如《财富》杂志评论员文章所指出，世界500强胜出其他公司的根本原因，就在于这些公司善于给他们的企业文化注入活力。这些一流公司的企业文化同普通公司的企业文化有着显著的不同，他们最注重四点：一是团队协作精神；二是以客户为中心；三是平等对待员工；四是注重激励与创新。在大多数企业里，实际的企业文化同公司希望形成的企业文化出入很大，但对那些杰出的公司来说，实际情况同理想的企业文化之间的关联却很强，他们对公司的核心准则、企业价值观遵循始终如一。"

吉姆·柯林斯（Jim Collins）、杰里·波勒斯（Jerry I. Porras）在《基业长青》一书中指出，高瞻远瞩公司的根本是什么？是公司的核心理念。这好比强力胶和指导力量，使公司在突变和演进时，精诚团结。这好比自然界的遗传密码，因为拥有这些不变的指导方针，公司才会拥有一个目标和一种精神。高瞻远瞩公司用一系列做法，围绕着核心理念，创造一种几乎像教派一样的环境。

从1988年开始，哈佛商学院把"当代影响企业发展业绩的重要因素"作为重点研究课题，通过对世界各国企业的长期分析研究，得出的结论是："一个企业本身特定的管理文化，即企业文化，是当代社会影响企业业绩的深层次重要原因。"美国哈佛大学教授约翰·科特与其研究小组，用了4年多的时间，对企业文化对经营业绩的影响力进行研究，结果证明：凡是重视企业文化因素特征（消费者、股东、员工）的公司，其经营业绩远远胜于那些不重视企业文化管理的公司（见表1–1）。他在进一步论述企业文化的力量时提出，企业文化在下一个10年内很可能成为决定企业兴衰的关键因素。

表1–1 企业文化对经营业绩的影响

	重视企业文化的公司	不重视企业文化的公司
总收入平均增长率	682%	166%
员工增长	282%	36%
公司股票价格	901%	74%
公司净收入	756%	1%

（资料来源：约翰·科特，詹姆斯·赫斯克特. 企业文化与经营绩效. 曾中，李晓涛，译. 北京：华夏出版社，1997.）

企业文化的形成是一个渐进的过程。它一经形成，并为大多数员工所认同，就会具有稳定性，不因企业产品、组织制度和经营战略的改变而立即改变。在企业中，新的战略往往要求原有文化进行匹配与协调。由于组织中原有文化变革的滞后性，往往很难马上对新战略做出反应。因此，企业文化既可以成为实施战略的动力，也可能成为阻力。

约翰·科特教授通过多年的研究，得出以下结论：对企业长期经营业绩存在负面作用的企业文化并不罕见，这些企业文化容易滋生和蔓延，即使在那些汇集了许多通情达理、知识程度高的人才的公司中也是如此。那些鼓励不良经营行为、阻碍企业进行合理经营策略转变的企业文化容易在企业正处于获得较好经营业绩的时候缓慢地、不知不觉地产生。这种企业文化不易被人所察觉，同时还极力维护企业内现存的权力结构，所以一旦存在，就很难立即改变。由此可见，与企业战略不匹配的企业文化将阻碍企业的进一步发展。

二、迈向新经济时代企业文化战略势在必行

1. 新经济的发展依赖于智力资源潜能的发挥

新经济将成为21世纪的主导型经济形态。新经济是以知识为基础的经济，这种经济直接依据于知识和信息的生产、分配和使用。新经济在资源配置上以智力资源——人才和知识的占有，比工业经济中对稀缺自然资源的占有更为重要，新经济的发展依赖于智力资源潜能的发挥。

2. 优秀的企业文化能够充分挖掘智力资源的潜能

新经济所依赖的知识和智慧不同于传统经济所依赖的土地、劳工与资本等资源，它们是

深藏在人们头脑中的资源。智慧和知识的分享都是很难捉摸的活动,上级无法监督,也无法强迫,只有让员工自愿合作,他们才会贡献出智慧和知识。正如诺贝尔经济学奖获得者海耶克所说:"每个人都拥有一些特殊的信息,每个人只有在愿意主动合作时,才会应用这些信息。"

在重视文化管理的企业中,员工可获得充分发挥自己聪明才智、不断实现自我的优越条件。鼓励创新、支持变革,是优秀企业文化的鲜明特点。员工自我发挥、自我实现和自我完善的需要,只有在优秀的企业文化环境中才能获得满足。优秀企业文化的重要特点是重视人的价值,正确认识员工在企业中的地位和作用,激发员工的整体意识,从根本上调动员工的积极性和创造性。企业文化所营造的积极向上的价值观念及行为准则,可以形成强烈的责任感和持久的驱动力。心理学研究表明,人们越能认识行为的意义,行为的社会意义越明显,就越能产生行为的推动力。倡导企业使命的过程,正是帮助员工认识工作意义,建立工作动机,从而调动工作积极性的过程。因此,优秀的企业文化能够充分挖掘智力资源的潜能。迈向新经济时代,企业实施文化战略势在必行。

例如,华为公司在其基本法中指出,资源是会枯竭的,唯有文化才会生生不息。一切产品都是人类智慧创造的。华为没有可以依存的自然资源,唯有在人的头脑中挖掘出大油田、大森林、大煤矿。精神是可以转化为物质的,我们坚持以精神文明促进物质文明的方针。

三、并购重组企业迫切需要文化的整合

企业并购是实现企业快速成长和低成本扩张的一种重要方式,因此企业并购重组在全球范围内呈现出风起云涌的势头。在国内,伴随着跨地区、跨行业、跨所有制的企业集团的组建与扩张,还有通过兼并、联合、重组等形式形成的企业规模化扩张,对于不同的企业异质文化的整合,也将作为企业集团组建的文化纽带问题而列入企业文化建设的日程。

并购企业与被并购企业如果在企业文化上存在很大的差异,企业并购以后,如果被并购企业的员工不喜欢并购企业的管理作风,并购后的企业便很难管理,这将严重影响并购后企业的有效运作和最终企业的经济效益。企业在完成并购后,原有各企业长期奉行的决策偏好和参照系统往往会发生冲突,将被并购企业在并购前形成的企业文化有效地融合进并购方的企业文化,以降低一体化经营过程中的内部摩擦成本,对于并购完成后企业最终运行效果的好坏起着重要的作用。

四、经济全球化使跨文化管理成为企业文化建设日益突出的重要课题

我国 2001 年加入 WTO,2013 年我国提出"一带一路"倡议,通过积极发展与沿线国家的经济合作伙伴关系,共同打造政治互信、经济融合、文化包容的利益共同体、命运共同体和责任共同体。在"一带一路"战略引导下,国内有实力的企业面临着走出去进行全球化经营的机遇与挑战。伴随与世界经济交往的增多,特别是中外跨国公司在地域上的相互交叉与渗透,公司的跨文化管理将带来许多亟待解决的企业文化建设新课题。

五、企业文化支撑企业战略管理

1. 企业文化引导着企业的战略选择

企业文化代表组织成员所共享的价值理念和行为方式,企业使命属于企业文化的核心理念之一,企业使命为企业战略的选择提供基础性依据。

世界管理大师德鲁克曾经指出，有效的企业管理必须回答"企业存在的理由是什么？业务是什么？业务应该是什么？"这三个基本问题。这些听上去似乎很简单的问题，正是企业必须做出明确答复的难题。有时在企业刚成立时这些问题还比较清晰，但经营一段时间后，企业逐渐扩大，增加了新的产品和新的市场，这些问题就会变得模糊起来。特别是随着新的经济时代的到来，企业需要面对各种新的变化，如转产、多元化经营、并购、合营等。在新时代、新技术、新产品、新市场等全新的环境中，企业如何选择自身存在的基础，如何树立自身存在的价值和意义，如何确立企业生存和发展的信念，是当今企业所面临的重要课题。

关于企业使命的思想是以彼得·德鲁克（Peter Drucker）于20世纪70年代中期创立的一整套思想为基础提出的。德鲁克认为，问"企业的业务是什么？"就等于问"企业的使命是什么？"定义企业使命就是阐明企业的根本性质与存在的目的或理由，说明企业的经营领域、经营思想，为企业目标的确立与战略的制定提供依据。企业使命成为使一个企业区别于其他类似企业的长期适用的对经营目标的叙述，揭示出企业要想成为什么样的组织和要服务于哪些用户这样的内容。

每一组织客观上都应该有一个存在理由，而不论其战略管理者是否意识到及能否用文字将其表达出来。清楚表达企业使命，对于企业战略管理过程来说至关重要，它能为企业资源分配提供基础与准则，从而对企业组织内部相互冲突的目标起到一定的缓解与协调作用；能为企业员工了解组织目标与方向提供机会，从而有助于在组织内部树立起团结奋发精神，将组织的业务宗旨转化为具体的行动目标，将战略任务落实到每一位员工身上。

从另一层面讲，每个行业都存在行业文化，而且行业之间的文化往往有着较显著的差异。例如制造业的文化就有其行业自身的特点，从管理方面来说，它可能比较严格，注重质量的管理、生产的效率、纪律性等，而一些新兴产业，如IT行业则更多地注重宽松的环境、员工的创新性及相互之间的交流。因此企业在制定战略时，特别是考虑行业选择时，必须以目前本企业的文化现状为基础。每一个行业都有其文化个性，在这个行业没有发生革命性的变化之前，行业的基本特性是不会改变的，是必需的。因此，企业的文化特质在很大程度上决定企业总体战略中有效的行业选择。

2. 企业文化是企业战略实施的重要手段

企业制定战略以后，就需要全体成员积极有效地贯彻实施。企业文化正是激发群体成员的热情、统一群体成员思想的重要手段。

（1）企业文化为战略实施提供行为导向

这是由人的本性所决定的。新制度经济学认为，人是有限理性的。在企业中往往并不是所有的员工都能在同一时间对企业新的发展战略、经营思路做到完全领悟，在这种情况下，大家如何齐心协力地往前走？这就需要企业文化的引导。优秀的企业文化能有效地弥补人的有限理性的不足，将广大员工的行为引导到企业共同的发展目标和方向上来。

（2）企业文化具有独特的激励功能

这也是由人的本性所决定的。从传统经济学看，人是经济人，人人都唯利是图，希望财富最大化。但这与现实并不完全吻合。新制度经济学认为，人具有双重性，一方面追求物质利益，另一方面又追求非财富的最大化。文化管理可以很好地满足这两个方面的需求。拥有优良文化的企业很注重对员工的物质激励，如实施员工持股计划、高级管理人员的股票期权制度等，这很好地满足了人们对财富最大化的需求；另一方面，文化管理的一个最大特点是注重一种精神文化氛围的营造，通过共同使命的认定、团队的建设、情感的管理等来满足人们在非财富最大化方面的需求，使大家能认识到在企业中工作的价值所在。因此，企业文化可以很好地全方位地达到一种激励的作用。

（3）企业文化具有良好的约束功能

为什么企业员工需要约束？这也是由人的本能决定的。孟子认为，人之初，性本善，而荀子则认为人性本恶。但从新制度经济学角度来讲，人不可避免地有机会主义行为倾向，人在没有监督的情况下总是倾向于使自己的利益最大化，有时就可能妨碍企业和社会的利益，因此需要约束。如何约束，本书认为一方面通过制度的管理，用制度来约束。但是制度也存在不足，一方面它很难做到完备，因为制度是人制定的，人是有限理性的，它很难完备。退一步讲，即使制度很完备，制定制度的成本通常也会很高，而且落实制度的监督成本也往往会很大。如何弥补制度管理的不足，这就需要一种软性的约束。相对来说，制度约束是硬性的约束，而文化管理就可以起到软性的约束作用。就如一个国家，除了依法治国外，还要以德治国。对于企业来讲，除了企业的规章制度外，同时还需要一种文化的管理，通过共同的理念导向、共同的行为模式，形成员工自觉的行动。

3. 企业文化必须与企业战略相互适应和协调

由于一个企业的企业文化是相对稳定的，不易变革，有一定持续性，因而，企业战略的制定和实施都必须适应已有的企业文化，不能过分脱离企业文化现状。从战略实施的角度来看，企业文化既为实施企业战略服务，又会制约企业战略的实施。当企业新的战略要求企业文化与之相配合时，企业的原有文化变革速度却非常慢，很难马上对新战略做出反应，这时企业原有文化就可能成为实施企业新战略的阻力。因此，在战略管理过程中，企业内部新旧文化的更替和协调是战略实施获得成功的关键因素。

（1）注重行业文化的培育

公司领导层往往知道什么人最适合从事某一类工作，并在聘用时使某人在某一岗位上取得成功。可是，令人遗憾的是，领导者很少考虑相同的问题：哪一种公司文化最适合于公司的行业特性并能自觉地推动战略目标的实现，然后用心去寻找这种文化或是建立这种文化，使公司文化的特性与产业的特质一致，以使公司获得自觉的发展。

有雄心在某一行业中树立竞争优势，就必须将这一伟大的目标具体演化为与行业相适应的使命、精神、价值观、行为方式等，并使其得到员工的普遍认同，使之成为文化，这样才能使公司的战略目标成为一种可操作的实现过程。

（2）企业并购要注重文化融合

企业并购是实现企业快速成长和低成本扩张的一种重要方式，因此近年来企业并购在全球范围内呈现风起云涌的势头。但纵观历史上的企业并购重组，往往以失败居多。美国默瑟管理咨询公司对300多次企业并购进行了调查，结论是大约2/3的公司并购以失败告终。麦肯锡咨询公司也曾对公司间的并购做过一次大规模调查，得出了同样发人深省的结论，并购10年后只有近1/4的公司获得成功。究其原因，双方企业文化不能很好融合是其中一个重要的因素。并购企业与被并购企业如果在企业文化上存在很大的差异，企业并购以后，被并购企业的员工不喜欢并购企业的管理作风，并购后的企业便很难管理，这将严重影响并购后企业的有效运作和最终企业的经济效益。企业在完成并购后，原有各企业长期奉行的决策偏好和参照系统往往会发生冲突，将被并购企业在并购前形成的企业文化有效地融合进并购方的企业文化，以降低一体化经营过程中的内部摩擦成本，对于并购完成后企业最终运行效果的好坏起着重要的作用。

4. 企业文化管理要符合企业发展战略的要求

首先，企业理念文化必须以企业发展战略为依据，离开战略发展的理念，是盲目的、短视的。企业理念中的基本理念，如企业目标、经营理念等，与企业的发展战略所规定的产业结构、未来目标、经营方向直接相关。例如，若企业采用成本领先的竞争战略，则企业理念应突出强调成本意识和成本管理；若企业实施人力资源的职能战略，则企业理念应突出人才理念和人本精神。

其次，企业制度和行为文化也必须以企业发展战略为依据。制度建设要服务于发展战略的实施。

最后，企业物质文化同样必须以企业发展战略为依据。物质文化是企业理念文化的载体，也是企业战略实施的重要条件。如近年来，全球经济增长减缓，市场竞争变得越来越激烈，如何在新的环境里维护和加强自己在市场竞争中的地位，对各个企业来说都是不得不考虑的问题。于是，许多企业纷纷调整竞争战略，收缩或者扩展业务，企业的经营理念也随之发生相应变化。为了在新的竞争环境中重新定位企业形象，展示企业新的文化理念，获取新的竞争力，许多企业纷纷进行企业品牌标识的创新和切换。

2003年4月28日，联想集团正式放弃旧的品牌标志，全面切换为新的品牌标志，在国内正式采用"lenovo 联想"作为联想集团品牌标志，在海外采用"lenovo"作为联想集团品牌标志。2003年2月18日，可口可乐（中国）饮料公司在上海对外公开宣布，正式更换包装，启用新标志，这是可口可乐公司自1979年进入中国市场以来首次改用中文新标志。从联想和可口可乐品牌标志切换的例子我们不难发现，企业在特定发展阶段有时需要进行品牌标志切换。联想舍弃使用长达19年之久的原品牌标识，是为了下一步的国际化战略目标；而可口可乐为了更好地适应中国市场竞争的需要，首次改用中文新标志。

综上所述，企业文化管理是离不开企业发展战略的，对于尚未进行发展战略规划的企业来说，企业文化管理的首要任务之一，就是要勾勒出企业发展战略的轮廓，或者制定企业的发展战略，并以此作为文化管理的基本依据。

 复习思考题

1. 请谈谈你对企业文化概念的理解，并举例说明。
2. 企业文化的基本结构是什么？
3. 请举例说明什么是企业的亚文化？
4. 企业文化有哪些基本特征？
5. 企业文化的主要功能是什么？

第一章　企业文化概述

案例讨论

迪士尼的魔力

　　迪士尼公司由沃尔特·迪士尼创办于1926年，总部位于美国伯班克。主要业务横跨娱乐节目、主题公园、玩具、图书、电子游戏和传媒等多个领域。

　　像许多优秀的公司一样，迪士尼运用灌输信仰、严密契合和精英主义等手段，作为保存核心理念的主要方法。

一、新人训练课程

　　只要是迪士尼的员工，不管是什么阶层和职位，公司要求每个人都要参加迪士尼大学的新人训练（也叫做迪士尼传统）课程。这所大学是公司内部的社会化训练组织，迪士尼设计这个课程，目的是要向"迪士尼团队的新人介绍我们的传统、哲学、组织和做生意的方式"。

　　对于要进入迪士尼乐园工作的论时计酬员工，迪士尼特别注意筛选和社会化，对于可能招募进来的人——即使是雇来的清洁工，必须至少通过由不同口试官主持的两次筛选（在20世纪60年代，迪士尼要求所有应聘人员参加多次性格测验）。脸上有毛的男性、耳环摇摇晃晃或化浓妆的女士不必去应聘，因为迪士尼实施严格的仪容规定（1991年，迪士尼乐园员工发动罢工，抗议仪容规定，迪士尼公司开除罢工领袖，继续维持仪容规定，没有改变）。甚至早在20世纪60年代，迪士尼乐园在雇用员工方面，就实施严格符合公司哲学的方针。1967年，理查德·席克尔在他写的《迪士尼之梦》里，对迪士尼乐园的员工有过如下这样的描述。

　　（他们）有一种相当标准化的仪容，女孩通常都是金发、蓝眼、不爱出风头的那一类型，全都好像刚刚从加州运动装广告里走出来，准备嫁到郊区做个好母亲的女孩，男孩……一律都是纯美国风格，喜爱户外运动，是妈妈喜欢的那种迷糊快乐的小孩。

　　迪士尼乐园所有新进人员都要接受很多天的培训，迅速学习一种新语言：

　　员工是"演员表上的演员"；

　　顾客是"贵宾"；

　　群众是"观众"；

　　值班是"表演"；

　　职务是"角色"；

　　职务说明是"剧本"；

　　制服是"戏装"；

　　人事部门是"分派角色部门"；

　　当班是"在舞台上"；

　　下班是"在后台"。

　　这种特殊语言强化了迪士尼员工的心态。在此之前，迪士尼已经在新人培训里使用精心编写的剧本，由训练有素的"培训员"用有关迪士尼特性、历史和神话的问题做练习，不断地在演员表上的新人心里灌输和加强公司的基本理念。

　　培训员：我们从事什么事业？每一个人都知道麦当劳做汉堡包。迪士尼做什么？

　　新进人员：我们做的是让大家快乐。

　　培训员：对，完全正确！我们让大家快乐，不管是谁，说什么语言，从事什么行业，是哪里人，是什么肤色或有什么其他的差别，来到这里我们就是要让他们快乐……我们雇的人没有一个是雇来担任什么职务的，每一个人都是在我们的戏里排定一个角色。

新人培训安排在特别设计的培训室里进行，培训室里贴了很多照片，全是创办人沃尔特·迪士尼和他最有名的角色，像米老鼠、白雪公主和七个小矮人。按照汤姆·彼得斯公司一卷录像带的说法，这些东西"意在创造沃尔特·迪士尼本人亲自在现场欢迎新进人员加入他个人王国的幻觉，好让新进员工觉得自己和乐园的创办人是伙伴"。员工要学习迪士尼大学的教科书，书的内容包括下面这些警语："我们在迪士尼乐园里会疲倦，但是，永远不能厌烦，而且，即使这一天很辛苦，我们也要表现出快乐的样子。必须展现真诚的笑容，必须发自内心……如果什么东西都帮不上忙，请记住'我是为领薪水来微笑的。'"

经过培训，每个新演员和一位有经验的同事搭配，接受进一步的社会化训练，以便了解这个工作的细微之处。从里到外，迪士尼推行严格的行为准则，要求演员迅速磨掉不符合个人特定角色的个性。

二、优质、高效、细致的服务

据统计，到迪士尼参观的人有70%会再度光临。面对激烈的市场竞争，是什么力量使迪士尼经久不衰呢？

迪士尼成功的秘密武器就是给游客提供优质、高效、细致的服务。

迪士尼主题公园不管坐落在世界的哪个地方，有一个简称SCSE的经营理念始终不变，即安全（safe）、礼貌（civility）、表演（show）、效率（efficiency）。迪士尼将其内涵理解为：保证我们的客人舒适安全；保证我们的职员彬彬有礼；保证我们的演出充满神奇；保证我们的业务具有高效率。由于多年如一日地坚持做到了这4点，才始终保持很高的上客率。

迪士尼公司为观众和客人提供的优质服务，使游人在离开迪士尼乐园之后仍然可以感受到。他们调查发现，平均每天大约有2万游人将车钥匙反锁在车里，于是公司雇用了大量的巡游员，专门在公园的停车场帮助那些将钥匙锁在车里的游客打开车门。这一切，无须给锁匠打电话，无须等候，也不用付费。公司的服务意识与其产品一样也极其注重如"晃动的灯影"这样的细节。

迪士尼乐园是一个大舞台，每一位员工都是"演员"，而管理阶层的任务就是"分配角色"。既然游客付了钱，每一位员工就应该使出浑身解数，将最好的表演展现到舞台。

迪士尼公司有一个"交叉利用"计划，每年进行一周。它要求公司的高级经理在这一个星期里，离开办公室，脱下制服，换上乐园的道具服，在乐园的第一线干活，卖门票、管理停车场、驾驶单轨车或者小火车等。对乐园的主管而言，整个乐园就是办公室。所有的小组主管70%~80%的上班时间都在乐园内走动，目的不是监督一线员工，而是观察游人的反应，收集有利于改善经营的信息。

迪士尼乐园里，售货员的目光必须与顾客的目光处于同一水平线上。如果客人是儿童，售货员还必须面带微笑地蹲下去，把商品递到儿童手里。

三、不断扩张自己的品牌

迪士尼也一直在不断扩张自己的品牌。消费需求的日新月异反衬出品牌资产的重要性。品牌资产是产品或服务在不断成长、发展过程中所积累下来的对消费者的影响力。创立成功的品牌并没有什么固定的模式，但是品牌所暗含的理念却是完整而且具有永恒魅力的。品牌的成功在于具有清楚的品牌特征。

沃尔特一直认为只有借助电视节目的广泛宣传，赢得观众后，才会促进迪士尼公司电影的销售。利用电视的作用，定期播放关于迪士尼乐园的虚拟节目，既赢得观众的支持，也赢得投资家的信心。

迪士尼每次推出一部新片之前，整个集团上下一致，全力配合，利用所有宣传机器——迪士尼电视频道、所辖ABC电视网、迪士尼网站、迪士尼乐园、迪士尼玩具专卖店，并与其战略伙伴电影院、麦当劳和可口可乐公司等有关方面合作，进行整体宣传。

"通常情况下，一部电影即使再轰动也只是'一时'。但迪士尼要让它变得更为长久，于是采用了连环套：影院放过后，电视播，接着是录像带、光盘、书籍、出版物，同时将'明星''偶像'制成玩具，印在服装上，让它走进孩子和家长的内心深处"。迪士尼可以将一部热门电影如《狮子王》变成大为轰动的特许经营系列，衍生出电视剧、图书、玩具、主题公园和百老汇演出……

除了影片的发行网外，迪士尼还拥有商品、书籍、玩具、服装、电视及录像带等其他商品的全球发行网络，所有这些构成了迪士尼复杂完备的基础设施。在此基础上，经过多年的努力，迪士尼在动画片及其他产品的制作方面已经赢得了人们的信任，建立起了世界性的声誉。

迪士尼同美国在线——时代华纳一样，已经将其产品推向全球，并已经同法国、日本和拉丁美洲的多家公司签订了产品生产和销售协议。迪士尼的Miramax公司在欧洲建立了以英国为基地的电影公司。迪士尼对全球电视市场发起了全面的攻势。它是斯堪的纳维亚广播系统（SBS）最大的持股者，SBS公司是挪威、瑞典、丹麦、芬兰、比利时和荷兰的主要地方商业电视的所有者和运营者。迪士尼在全球拥有无与伦比的娱乐及新闻品牌优势，其麾下有590家遍布全球的迪士尼零售商店。它同成千上万家制造商和零售商有买卖和特许关系。迪士尼正在成为"一个全球消费品的最终制造公司"。

商标注册已成为迪士尼一项重要的商业行为，根据《星球大战》和《外星人》制作的玩具已成为年轻人心爱之物。迪士尼看到了这一商机，高价请斯皮尔伯格执导《谁杀死了兔子罗杰》，同时把其中的卡通形象推广到商场。恩斯诺在影片没有拍摄前，便与打算使用《谁杀死了兔子罗杰》中卡通形象的34个商家签订了生产500多种产品的协议。

迪士尼在特许经营上一发不可收拾，它在全球发展了4 000多个拥有迪士尼特许经营权的商家。产品范围从铅笔、橡皮、书包到价值数千美元的时髦服饰、价值数万美元的手表、汽车，应有尽有。

迪士尼整体的商业模式已经成型，被称为"轮次收入"模式，通俗地说就是"一鱼多吃"。"一鱼多吃"的源头是迪士尼年度的动画巨作，通过发行拷贝和录像带，迪士尼赚到第一轮收入，基本上是美国市场、海外市场分别收入数亿美元。这轮收入中，迪士尼收回了成本。然后是特许经营、后续产品的开发和主题公园的创收构成第二轮收入。每出一部新卡通片就在主题公园中增加一个新的人物，在电影和公园共同营造出的氛围中，吸引大量游客游玩消费，迪士尼由此赚到第二轮收入。接着是品牌产品和连锁经营。迪士尼在美国本土和全球各地建立了大量的迪士尼商店，通过销售品牌产品，迪士尼赚进第三轮收入。迪士尼大约40%的利润来自于第三轮。

2003年7月底，迪士尼公司同几家无线通信公司和手机制造商的谈判吸引了华尔街的注意力。迪士尼开发了面向手机的电子游戏，游戏内容主要基于《怪物公司》和《亚特兰蒂斯：失落的帝国》等迪士尼拍摄的电影。迪士尼希望建立一种无线娱乐服务，并吸引欧洲和美国的无线通信运营商向各自的用户转售这种服务。

四、狂热保存自我形象和理念

迪士尼保存自我形象和理念的狂热，在主题公园里表现得最清楚，但是，也远远地延伸到主题公园之外。公司所有员工都必须上迪士尼传统的培训课程。一位斯坦福大学MBA学员暑假期间到迪士尼公司做财务分析、战略规划和其他类似的工作，事后他描述说：

第一天到迪士尼公司，我就领略了沃尔特·迪士尼梦想的魔力……迪士尼大学利用录像带和"仙尘"技术，让大家分享沃尔特·迪士尼的梦想和迪士尼"世界"的魔力。迪士尼文物馆珍藏着沃尔特·迪士尼的历史，让演员同仁享受。接受培训后，我驻足在米老鼠大道和多皮大街交叉口，感觉到公司的魔力、感性和历史。我信仰沃尔特·迪士尼的梦想，并且和组织里的其他人共享这个信仰。

公司里任何一个人如果嘲笑或公然抨击"身心健康"的理想，那就绝对不能在公司里继续生存。公司出版的刊物不断强调迪士尼公司"特别""与众不同""独一无二"的"神奇"，连写给股东看的年报都经过加料调味，使用"梦想""乐趣""兴奋""欢乐""想象"及"魔力是迪士尼公司的根本精神"之类的文字。

迪士尼内部的运作大部分都秘而不宣，更增添了神秘感和精英意识，只有深深属于"内部"的人，才能在幕布后一窥"神奇魔力"的运作情形。例如，除了已经发誓保守秘密的特定演员之外，谁也不能观察迪士尼乐园角色的训练；采访迪士尼的记者都遭遇过守门人的拼命抵抗，这些人不让这个"神奇王国"的秘密外泄。一位作家说过："迪士尼是一家封闭得让人奇怪的公司。他们严密控制一切，那种偏执程度之高，是我这么多年以来接触到的众多美国企业中所罕见的。"

迪士尼密集的员工筛选和教育程序、对秘密运作和控制的沉迷，以及精心创造神话、培养公司对全世界儿童生活至为特别和重要的形象，全都有助于创造一种类似教派一样的信仰，这种信仰甚至延伸到顾客身上。

有位对迪士尼忠心不二的顾客，一次在某家零售店里看到一个略为褪色的迪士尼角色玩偶，不满地说道："要是迪士尼叔叔看到了，一定会觉得羞愧。"

的确，审视迪士尼时，心里很难记得它是一家企业，而不是一种社会或宗教运动。乔·福勒在他的《神奇王国的王子》一书里这样写道：这不是企业的历史，是人类衷心为理想、价值观和希望奋斗的历史。这些都是世间男女愿意牺牲生命去奋斗的东西，是一些有时是如此容易消失，有些人可能斥之为愚蠢的价值观，却也是如此深刻，以致其他人愿意学习、愿意奉献一生去实现的价值观。他们在价值观遭到侵犯时愤愤不平，这就是"迪士尼"这个名字让人印象深刻的地方。大家看迪士尼没有中立的看法……沃尔特·迪士尼不是天才就是骗子，不是伪君子就是典范，不是江湖郎中就是世世代代儿童热爱的老爹。

事实上，迪士尼像教派一样的文化可以追溯到创办人沃尔特·迪士尼，他把自己和员工的关系看成是父亲和子女，期望员工全心全意地奉献，要求员工忠诚于公司和公司的价值观、热心而且最要紧的是忠心的迪士尼人可以犯诚实的错误，仍可得到第2次（通常还有第3次、第4次和第5次）机会。但是，违反公司神圣的理念或表现不忠……嗯，这就是罪恶了，要受到立即而无礼开除的惩罚。按照马克·艾略特在《沃尔特·迪士尼传》一书中的说法："要是偶尔有人不小心在沃尔特·迪士尼和众人面前说了一句脏话，结果总是立刻被开除，不管这样做会在业务上造成什么样的不便，结果都是这样。" 1941年，迪士尼的动画人员罢工，沃尔特·迪士尼觉得遭到了员工的背叛，认为工会不是什么经济力量，对于他小心控制、由忠贞迪士尼人组成的"家庭"，反倒是一种横加干预的外力。

沃尔特·迪士尼把对秩序和控制的热爱转变成了有形的做法，以便维持迪士尼的基本精神，从个人仪容规定、招聘和培训过程、对实际布置最细微部分的注重、对保持秘密的关心，到制定出一丝不苟的规定，力求保存迪士尼每一个角色的一贯性和庄严性。这一切的一切，都可以追溯到沃尔特·迪士尼执着追求，使公司务必完全在核心理念的范畴内运作的精神。沃尔特·迪士尼自己说明过迪士尼乐园这种程序的起源：

第一年我把停车位经营权外包出去，引进一般的安全警卫——还有其他类似的小事，但是，我很快就知道自己错了，我不能找外面的人帮忙，还想贯彻我对亲切招待的要求，所以，我们现在招募和培训自己的每一个员工。例如，我告诉安全警卫，说他们绝对不能把自己想象成是警察，他们在那里是要帮大家的忙……一旦你把这种政策推行开来，公司就会成长了。

他的公司的确在持续成长，即使在沃尔特·迪士尼辞世后公司停滞不前，却始终没有失去核心理念，主要原因是他在世时已经把有形的程序安排就绪。到1984年，迈克尔·艾斯纳和新的迪士尼团队接掌公司后，这种小心保存的核心理念就成了其后10年迪士尼重振声威的基础。

（选编自：柯林斯，波勒斯.基业长青.真如，译.北京：中信出版社，2002.）

讨论题

1. 迪士尼公司的企业文化包括哪些主要内容？
2. 请谈谈迪士尼公司的文化对于迪士尼公司的发展有何作用。
3. 请谈谈迪士尼公司文化管理实践的启示。

第二章

企业理念文化

企业理念文化是指企业在长期的生产经营过程中形成的理想、信念、价值观念等群体意识，是一种深层次的文化现象，在整个企业文化体系中，它处于核心的地位。企业理念文化通常包括企业使命、企业愿景、企业核心价值观等核心理念，以及与经营管理紧密相关的系列专项理念，代表企业意识形态的总和。

第一节　企业理念文化体系

企业理念文化体系通常包括核心理念和专项理念。

一、核心理念

核心理念是指企业所信奉和倡导并用以指导企业行为的全部价值理念中具有中心指导地位、关系企业全局并贯穿企业全部活动的理念，主要包括企业使命、企业愿景和核心价值观等。

企业核心理念需要回答三个关键性问题，即企业"为何追寻"，"追寻什么"，以及"如何追寻"。

为何追寻？为了追求企业的使命。企业的使命，是组织存在的根源和基础。有使命感的组织通常有高于满足股东与员工需求的目的，他们希望对世界、国家和社区做出贡献。

追寻什么？追寻愿景，也就是追寻一个大家希望共同创造的未来景象。

如何追寻？遵循企业所倡导和信奉的核心价值观。在达成愿景的过程中，核心价值观是一切行动、任务的最高依据和准则。这些价值观反映出公司在向愿景迈进时，期望全体成员在日常工作和生活中遵循的行事准则。价值观对于协助人们做日常性的决策是非常必要的，因为使命通常较抽象，而愿景是长期性的，人们常常需要价值观这种单一、清晰、易辨认的"北极星"来引导日常决策的方向。

当松下的员工背诵公司的信条："体认我们身为实业家的责任，促成社会的进步和福祉，致力于世界文化进一步的发展"，他们是在描述公司的使命；当松下的员工唱着公司的歌曲"将我们的产品如泉涌般源源不断地流向全世界的人们"，他们是在宣示公司的愿景；当他们接受公司内部的训练计划，课程包括"公平""和谐与合作""为更美更善而奋斗""礼貌与谦逊""心存感谢"等主题，他们是在学习公司精心构建的价值观，松下将它们称为公司的"精神价值"。

二、专项理念

专项理念是指企业在具体的职能管理领域或专项工作上所信奉和倡导并用以指导此类工

作行为的价值理念,如人才观、市场观、竞争观、质量观、分配观、科技观、安全观、环保观、效益观、法律观等,根据企业的实际情况,专项理念可以根据其经营管理特点而建立,并可根据行业特点和企业发展战略突出其中的某些方面。

案例 　　　　　　　　　　　　**航天科工质量文化建设**

中国航天科工集团公司(简称"航天科工")是中央直接管理的国有特大型高科技企业。作为我国十大军工企业集团之一,该集团紧扣型号科研生产等中心任务实际开展了内容丰富的专项文化建设。军工质量文化是军工文化的重要组成部分,航天科工集团公司结合型号质量工作实际深入开展质量文化建设活动,率先颁布了《质量文化建设纲要》。"军工产品质量第一"的方针,"严肃认真、周到细致、稳妥可靠、万无一失"的工作要求,指导了几十年军工科研生产实践,确保了重点武器装备研制生产。航天科工认真贯彻军工行业《军工质量文化建设指南》,通过积极推进"零缺陷"系统工程管理,不断加强质量文化建设。

航天科工集团公司在总结新时期质量价值观、质量理念等文化精髓的基础上,编制发布了《质量文化手册》。《质量文化手册》包括质量价值观、质量理念、质量行为规范、质量形象、质量格言、质量文化培育、质量实践、附录共8个部分。

1. 质量价值观

质量价值观——质量是生命,质量是责任,质量是财富。

质量是生命。质量是航天的生命。航天产品的质量与可靠性关系到国家的利益和人民的安危,关系到战争的胜负和战士的生命,关系到企业的生存与和谐发展。

质量是责任。富国强军是中国航天的历史使命,为国家筑牢安全基石是航天企业必须承担的政治责任。提供满足需求的高质量产品,是航天企业应尽的社会责任。

质量是财富。航天产品的优质高效为企业赢得可观的经济效益,也为社会创造巨大的财富。先进的质量理念、科学的质量管理、高素质的员工队伍、优质的产品和一流的品牌都是企业的核心竞争力,也是企业的宝贵财富。

2. 质量理念

(1)指导原则——严肃认真,周到细致,稳妥可靠,万无一失

周恩来总理针对航天工业提出的"十六字方针"是航天质量工作长期遵循的重要指导原则,是航天工业发展的宝贵财富和精神动力。

严肃认真是我们应采取的工作态度,

周到细致是我们应遵循的工作方式,

稳妥可靠是我们应达到的工作要求,

万无一失是我们应追求的工作目标。

(2)质量方针——体系为基,预防为主,追求卓越,用户满意

体系为基。体系管理是系统管理思想的体现,是系统工程实践的结晶,是质量管理的基础。要保证产品和服务的高质量必须建立具有航天特点的质量管理体系,保证产品全寿命周期的质量与效益。

预防为主。质量系统的核心在于预防。要坚持"第一次就把事情做对"的观念,坚持

"零缺陷"的工作标准，坚持"从源头抓起"的方法，通过实施系统预防不断提高质量管理水平，实现从重视事后处理到重视事前预防的转变，保障一次成功。

追求卓越。通过学习和比较，持续改进并提高整体绩效和能力，不断超越自我，为企业的投资者、用户、员工、供方、合作伙伴和社会创造更多价值。

用户满意。用户满意是检验和评价工作质量和产品及服务质量的最终标准。要提高质量，关注和满足内外部用户的需求及产品形成过程中上下游的需求。

（3）质量道德观——诚信为本，优质为荣

诚信为本是集团公司在市场竞争中赢得用户满意的基础。要以诚信赢得质量、赢得信任、赢得荣誉、赢得市场。信守并履行对国家的承诺、对社会的承诺、对用户的承诺，是实现集团公司发展战略目标的重要保证。

优质为荣。追求优质是航天人的职业道德，也是航天人应有的品质。要大力提倡优质为荣、劣质为耻，眼睛向内、勇于自省和防范隐患、从我做起的质量道德观念，从根本上杜绝低水平、重复性质量问题和人为责任事故。

3. 质量行为规范

（1）质量行为准则——照章办事，一次做对

照章办事。全体员工严格按规章办事是保证产品高质量的重要前提。要建立健全科学合理的规章制度、标准和工作程序，使科研生产和经营管理活动有章可循。

一次做对。一次做对是符合过程控制要求并满足用户需求的具体表现。各岗位人员追求"第一次就把事情做对"，是最有效的预防，也是成本最低的质量实现过程。各岗位的工作必须要执行"零缺陷"标准，通过严格控制过程质量，确保最终产品质量。

（2）质量管理体系

集团公司、各院（基地）及所属各单位都要按照标准建立协调运行的质量管理体系，充分发挥质量管理体系的预防与纠正功能，在质量管理体系的持续改进中不断完善质量预防机制。

（3）质量规章

集团公司的质量规章分质量标准、质量管理文件和质量技术文件。质量管理文件指导质量相关业务管理工作；质量技术文件指导产品研制生产过程中的质量工作；根据需求，质量文件在执行过程中逐步形成质量标准。

建立质量管理体系的单位，要把各项质量规章纳入本单位的质量管理体系文件。

4. 质量形象

（1）中国航天质量奖

集团公司设立"中国航天质量奖"，表彰在实施卓越绩效管理中取得突出成绩的单位，激励和引导各单位不断提高质量工作水平，追求卓越的质量经营。

（2）中国航天优质产品

集团公司设立"中国航天优质产品"标志，授予质量优异、经济效益及社会效益显著的产品，激励和引导各单位不断提高产品质量，争创名优产品。

（3）航天质量日

集团公司每年3月22日以各种形式在全系统开展群众性的宣传、教育、交流、研讨等"航天质量日"主题活动。

（4）QC 小组

集团公司广泛深入开展群众性 QC 小组活动，以创新的思维和科学的方法，追求卓越的质量，取得质量改进的实效，争创"优秀 QC 小组"。

（5）质量信得过班组和职工

集团公司倡导面向科研生产和经营开发过程，广泛开展争创"质量信得过班组"和"质量信得过职工"活动，表彰在提升质量管理水平中取得突出成绩的班组和个人。

（6）顾客满意度征询卡

集团公司设立"顾客满意度征询卡"，定期征询顾客意见并不断改进。各成员单位之间也应开展顾客满意度征询活动。

（7）6S 管理

集团公司全面实施以"整理、整顿、清扫、清洁、素养、安全"为内容的 6S 管理活动，为科研生产和经营开发创造良好环境，充分展示航天企业的形象和航天人的风貌。

5. 质量文化培育

推进零缺陷系统工程管理，弘扬航天先进质量文化。

中国航天"零缺陷"理念是：追求第一次就做对、做好，力求全面优质、万无一失，要求各项任务圆满完成；确保各个环节符合要求、各件产品优质可靠、各项操作准确无误。

"零缺陷系统工程管理"以追求零缺陷为理念，以系统工程管理为特征，以系统预防为重点，以过程控制为方法，以用户满意为标准，它是航天型号质量管理理论和方法的创新，其主要内容包括以人为本的航天质量文化、追求卓越的质量管理体系、强化基础的产品保证能力和系统优化的产品实现过程控制。

航天质量文化是航天工业在长期的质量实践中形成的普遍自觉的质量观念和行为方式状态。弘扬航天质量文化一定要坚持"国家利益高于一切"的核心价值观，坚持体系为基、预防为主的质量方针，坚持"重心前移、系统预防"的工作原则，坚持"照章办事、一次做对"的质量行为准则，坚持严慎细实的工作作风，坚持质量工作从源头抓起、从基础抓起、从隐患防范抓起。

航天企业要运用"零缺陷系统工程管理"理念和方法，在质量文化建设的精神、行为和物质三个层面上系统推进，建立健全质量建设长效机制，坚持走质量效益型发展道路。

开展航天质量文化建设，要切实遵循——以国为重，以客为尊，以人为本，以质取胜。

开展航天质量文化建设，要始终坚持——把质量作为企业的生命和科研生产经营的主题。

重心前移、系统预防的质量管理理念。

夯实基础、好中求快的质量工作原则，以质量促进度、保成功、求效益。

开展航天质量文化建设，要全面实现——集团公司质量工作"四三二一"总体目标。

全面实施"四化"战略：质量管理体系化、质量控制工程化、质量经营绩效化、质量改进人本化。

切实加强三项建设：质量管理体系建设、质量基础能力建设、质量文化建设。

积极推进两大工程：型号全寿命期可靠性保障工程、质量成本管理工程。

努力争创一流品牌：具有市场竞争力的名优品牌。

开展航天质量文化建设，要积极做到：

> 质量管理体系运行与产品质量控制的协调统一；
> 质量与进度、效益的协调统一；
> 质量管理继承与创新的协调统一；
> 依法治质与以德兴质、科技强质的协调统一，实现高质量、大众化、日常化。
> 6. 质量格言
> 质量"十要十不要"：
> 要防患未然，不要故障频发；
> 要照章办事，不要各行其是；
> 要关注细节，不要粗枝大叶；
> 要警钟长鸣，不要麻痹松懈；
> 要科学求实，不要敷衍了事；
> 要加强领导，不要放任自流；
> 要人人参与，不要袖手旁观；
> 要眼睛向内，不要推诿扯皮；
> 要面向市场，不要怠慢顾客；
> 要持续改进，不要浅尝辄止。
> 7. 质量实践
> 对集团公司及各单位近几年来开展的有重要借鉴价值的质量实践活动进行总结提炼，形成生动的质量示范案例，供各单位学习借鉴。
> （选编自：黎群，李卫东. 中央企业企业文化建设报告（2010）. 北京：中国经济出版社，2010.）

第二节 企业使命

目前我国许多企业高层领导几乎将主要精力都用于解决策略和日常管理问题，往往忽视了企业的使命。一些企业制定使命也只是觉得它很时髦，并未认识到企业使命是企业文化的一个重要组成部分，因此导致企业缺乏真正的使命感。世界管理大师德鲁克指出，建立一个明确的企业使命应成为战略家的首要责任。

一、企业使命的概念

使命陈述（mission statement）有时又称为任务陈述、纲领陈述、目的陈述、宗旨陈述等，尽管提法不同，但都是在回答"企业的业务是什么"这一关键性问题，并表明企业存在的根本目的和理由。企业使命描述了企业的主导产品、市场和核心技术领域，反映了企业的宗旨。使命是企业一种根本的、最有价值的、崇高的责任和任务，即回答我们干什么和为什么干这个（或这些业务）。如华为公司的使命："聚焦客户关注的挑战和压力，提供有竞争力的通信解决方案和服务，持续为客户创造最大价值。"

二、企业使命的意义

1. 明确企业发展方向与核心业务

使命定义可以帮助企业明确发展方向与核心业务,弄清企业目前是怎样的一个组织,将来希望成为怎样的一个组织,以及如何才能体现出不同于其他组织的显著特征,从而为企业确立一个贯穿各项业务活动始终的共同主线,建立一个相对稳定的经营主题,为企业进行资源配置、目标规划,以及其他活动的管理提供依据,以保证整个企业在重大战略决策上做到思想统一、步调一致,充分发挥各方面力量的协同作用,提高企业整体的运行效率。

2. 协调内外部矛盾冲突

通常情况下,公众比较关心企业的社会责任,股东较为关心自己的投资回报,政府主要关心税收与公平竞争,地方社团更为关心安全生产与稳定就业,这样他们就有可能会在企业使命与目标的认识上产生意见分歧与矛盾冲突。为此,一个良好的使命表述应能说明企业致力于满足这些不同利益相关者需要的相对关心与努力程度,注意协调好这些目标之间的关系,对利益相关者之间所存在的矛盾目标起到调和作用。一切组织都需要得到用户、员工与社会的支持,企业使命表述能够起到帮助企业实现与内外部利益相关者有效沟通并赢得支持的作用。

3. 树立用户导向思想

企业的经营应当是确认用户的需求,并提供产品或服务以满足这一需求,而不是首先生产产品,然后再为它寻找市场。理想的企业使命应认定本企业产品对用户的效用。美国电话电报公司的企业使命不是电话而是通信,埃克森公司的企业使命突出能源而不是石油和天然气,太平洋联合公司强调运输而不是铁路,环球电影制片公司强调娱乐而不是电影,其道理都在于此。

4. 表明企业的社会政策

社会问题迫使战略制定者不仅要考虑企业对股东的责任,而且要考虑企业对用户、环境、社区等所负有的责任。企业在定义使命时必然要涉及社会责任问题,社会政策会直接影响企业的用户、产品、服务、市场、技术、盈利、自我认识及公众形象,企业的社会政策应当贯彻到所有的战略管理活动之中。

三、企业使命的现代内涵

企业是提供物质财富的经济组织,这是传统的企业观,这个观念在过去的时代几乎从未发生过变化。然而在当今时代,仅仅从企业的经济活动本身来认识企业,已经远远不够了。企业不仅在经济上,而且在许多方面都担负着重要的责任,企业活动的领域正在逐步扩展,伸触到社会的多个方面。

以日本为例,日本在20世纪五六十年代,曾经把企业作为4个行为主体来认识企业的性质,其标准是:

① 企业是生产物质财富、建设经济基础的"经济主体";
② 企业是通过纳税给国家活动提供财政基础的"纳税主体";
③ 企业是为国民和侨民提供安定就业条件的"就业主体";

④ 企业是推进技术开发和事业开发的"开发主体"。

这些观点虽然已经从较广的范围认识企业和企业的经营任务，但是实质上仍然是仅仅从经济的着眼点来认识企业的功能。

进入20世纪70年代后，日本社会对于企业的看法发生了极大变化。1973年10—12月，日本搞了一项调查，调查以东京市民为对象，调查目的是弄清"企业"这个概念究竟给人们一种什么印象。调查者将预先能够想到的企业活动事项都排列了出来，一共20项，其中有积极的因素，也有消极的因素，要求被调查者从20项里选出5项顺序排列。最后的结果表明，人们对企业的活动是这样认识的：

- 公害的制造者；
- 经济增长的动力；
- 政治的伙伴；
- 新产品的开发者；
- 物价上涨的制造者。

从以上调查可以看出，随着经济高速增长时代的到来，人们并非更加注重企业的经济功能，而是把企业作为社会细胞之一，从社会的角度强调企业的作用，把企业的活动直接看作是社会的活动之一。

进入20世纪80年代以来，人们对企业的看法又有了新的变化。日本对学生就业倾向的一项调查表明，学生们在选择就业时，开始用文化的眼光来选择企业。日本还曾对200家公司的500名企业家进行过一次连续三年的调查，调查的主题是对企业形象的综合评价。综合评价的项目标准一共设计了16项。在这16个项目中，有经济的成分，也有文化的成分。值得注意的是，人才的培养、社会责任能力、组织力、企业精神这4个要素是企业文化的深层部分，这个部分得到了企业家们的一致重视。

日本企业观念的转变可以代表西方先进国家对于企业看法的转变。从20世纪60年代到70年代是第一次观念飞跃，从70年代到80年代是第二次观念飞跃。第一次飞跃的标志是在传统的经济观念上增加了社会的观念，第二次飞跃的标志是在社会观念之上又增加了文化的观念。

因此，企业使命从总体上来说可以划分为经济使命、社会使命和文化使命三个层面。

四、企业使命的定义

各公司的企业使命在内容、形式和具体性等方面各不相同，企业使命的定义没有一个统一的模式，但通常可以遵循以下3个基本原则。

1. 用市场导向观念来确定企业的经营领域

在《营销近视》一文中，莱维特提出了下述观点，即企业的市场定义比企业的产品定义更重要。他认为，企业经营必须被看成是一个顾客满足的过程而不是一个产品生产的过程。产品是短暂的，而基本需要和顾客群则是永恒的。马车公司在汽车问世以后不久就会被淘汰，但是同样一个公司，如果它明确公司的经营领域是提供交通工具，该公司可能就会从马车生产转型汽车生产。莱维特主张公司在确定其经营领域时应该从产品导向转向市场导向，产品导向和市场导向两种不同经营领域定义的比较如表2-1所示。

表 2-1 产品导向和市场导向两种不同经营领域定义的比较

公司	产品导向经营领域定义	市场导向经营领域定义
化妆品公司	我们生产化妆品	我们出售美丽和希望
复印机公司	我们生产复印机	我们帮助改进办公效率
化肥公司	我们出售化肥	我们帮助提高农业生产力
石油公司	我们出售石油	我们提供能源
电影公司	我们生产影片	我们经营娱乐
空调制造公司	我们生产销售空调	我们为家庭及工作地点提供舒适的气候

定义经营领域时应注意激发企业员工工作的激情，使得企业的员工能够认识到他们正在为人们的美好生活做出贡献，他们的工作是有意义的。如果把生产吸尘器的企业使命定义为为人们创造一个清洁、健康的生活及工作环境，则员工们工作起来会受到一种巨大的鼓舞。

2. 注重企业所承担的社会责任

企业作为社会的重要而有影响力的成员，有责任与义务来帮助保持和改进社会的各种福利。企业与社会的相互作用，可以表现在技术、经济、环境、社会、文化等多个方面，为此，企业必须考虑社会责任问题。例如，企业可能需要考虑自己的用工制度对社区就业的影响问题；考虑自己的生产工艺可能产生的环境污染问题；考虑自己的产品或服务的社会成本问题等，这些都要求企业本着对社会高度负责的理念，采取长期的眼光来看待这些问题。

3. 建设优秀企业文化，促进社会文化的进步

企业文化不仅会对本企业产生重要作用，还会不断地向社会周围传播和辐射。作为市场经济中的企业，为了自身的生存和发展，应该自觉建设适应企业发展战略的优秀企业文化，通过企业文化的外传播，使企业成为促进社会文化进步的经济土壤。

五、企业使命的表述

表述企业使命时可以遵循一些基本原则。

1. 经营领域表述不宜太细

企业使命作为企业经营的总体指导思想，通常可在比较广泛的层次上阐明企业的态度与观点，不宜太详细。一个好的企业使命有助于产生和包容多种可行的目标和战略，应避免不适当地抑制管理部门的创造力。过于细致的经营领域规定将限制企业创造性增长潜力的发挥。

2. 经营领域表述也不宜太粗

就企业使命表述不宜太粗来说，主要是指企业使命对于企业战略方案选择的指导意义。含义太广的使命表述往往可以容纳过多类型的战略目标与方案，客观上就难以起到指导战略目标选择与战略方案筛选的作用。有效的使命表述反映了企业对未来发展方向的决策，这些决策是基于对未来内部和外部环境的分析和展望而做出的，企业使命应为企业战略的选择提供依据。

综合考虑以上因素的作用，在企业使命的实际表述中，应选择适当的措辞，这样既有利于企业的进一步发展，又不至于使企业失去具体业务方向。据此判断，将电话公司的使命定义为"提供信息传递服务"是比较合适的，若把制笔公司的使命也定义为"提供信息传递服务"就显得太宽,而定义为"提供信息记录手段"可能就很合适,因为这样可使企业有比较明确的发展方向。国内外一些著名企业的企业使命描述的案例如表 2-2 所示。

表 2-2 国内外一些著名企业的企业使命描述的案例

企业名称	企业使命描述
IBM 公司	无论是一小步,还是一大步,都要带动人类的进步
通用电器	以科技及创新改善生活品质
惠普	为人类的幸福和发展做出技术贡献
麦肯锡	帮助杰出的公司和政府取得更大的成功
耐克公司	体验竞争、获胜和击败对手的感觉
戴尔公司	在我们服务的市场传递最佳顾客体验
荷兰银行	通过长期的往来关系,为选定的客户提供投资理财方面的金融服务,进而使荷兰银行成为股东最乐意投资的企业及员工最佳的生涯发展场所
沃尔玛	给普通百姓提供机会,使他们能与富人一样买到同样的东西
迪士尼	使人们过得快活
中国移动通信	创无限通信世界,做信息社会栋梁
华为公司	聚焦客户关注的挑战和压力,提供有竞争力的通信解决方案和服务,持续为客户创造最大价值
万科集团	建筑无限生活
腾讯公司	通过互联网服务提升人类生活品质

案例 阿里巴巴的使命

1999 年马云与他的 17 位员工在杭州的一个公寓里成立了阿里巴巴公司。当时马云认为,互联网将由"网民"和"网友"时代进入"网商"时代,而中国 99%的企业都是中小企业,市场经济环境与美国迥然不同,这就决定了中国要发展电子商务就只能为中小企业服务。8 年后阿里巴巴网站已经有 7 000 多名员工,成为世界上最大的电子商务网站之一。

马云曾经发出感慨:"100 年前,通用电器成立的时候,他们的使命是让世界亮起来;迪士尼的使命也许会是让天下快乐起来……而阿里巴巴的使命,则是让天下没有难做的生意。因为有了互联网这个工具,我们也许可以用自己的聪明和智慧达到这一点。"

马云希望阿里巴巴能把互联网带入网商时代,让天下没有难做的生意。马云认为,"公司如果只以赚钱为目的是做不大的,而如果以使命为驱动才有可能做大。"他觉得,在一个企业里,作为领导人最重要的就是要有使命感,并且要让公司的所有人都知道这种使命感,认同这个使命。明确目标以后,必须让每一个员工,甚至门口的保安、扫地的阿姨都明白使命感才行。

可以说,马云最成功的地方,在于他在企业使命、价值观层面上所发挥的领导力,而不是简单地带领员工去实现目标、利润。在马云的感召下,阿里巴巴创业团队也都抱有相同的使命感,而不是单纯为公司打工。

"让天下没有难做的生意"的使命在马云看来也包含了企业的社会责任。马云曾说，中国有十三多亿人口，20年以后可能很多人因为各种各样的原因失业，希望电子商务帮助更多的人有就业机会，有了就业，家庭就能稳定，事业就能发展，社会就能稳定，这也是企业社会责任的一种体现。

从这个角度衡量，阿里巴巴B2B模式让数千万中小企业打破来自时间、空间的限制，在一个简单实用的平台上找到产业链的上下家，不仅由此改变了自己的命运，同时也提升了整个中国中小企业阶层在国际上的声誉，同时也推动了阿里巴巴顺理成章成为最大的电子商务企业。而淘宝向所有人开放的C2C平台，通过使最平凡的人通过自己的努力做自己的小生意，也直接或间接地制造了不可胜举的就业机会。

马云认为，社会责任一定要融入企业的核心价值体系和商业模式中，才行之久远。换言之，一个企业的产品和服务必须对社会负责。如果卖掉的产品和提供的服务对社会有害，即使做得很成功也不行。马云坚信，电子商务一定会改变社会。

2014年5月马云在向阿里巴巴员工宣布申请赴美上市的内部邮件中说道，我们深知，我们生存下来不是因为战略多么的宏远，执行力多么的完美，而是我们15年来坚持了"让天下没有难做的生意"这个使命，坚持了我们"客户第一"的价值观，坚持了相信未来，坚持了平凡人一起做非凡事。上市从来就不是我们的目标，它是我们实现自己使命的一个重要策略和手段，是前行的加油站。

2014年9月阿里巴巴集团向美国证监会（SEC）提交了招股书更新文件。在信件中，马云系统阐述了阿里巴巴在使命、愿景、商业模式、如何面对挑战、解决问题的优先级以及治理机制等方面的思考。马云在公开信中表示，阿里巴巴是一家真正相信并践行使命驱动的公司，是一个由成千上万相信未来、相信互联网能让商业社会更公平，更开放，更透明，相信自由分享互联网的参与者们，共同投入了大量的时间，精力和热情建立起来的生态系统会更加健康的发展。

2016年9月马云亲授湖畔大学第一课，讲授企业的使命、愿景和价值观。当他谈到使命时说："我最怕阿里巴巴的人进来是为马云打工，那是很累的。我们共同确定为什么要有这家公司。所有的人围绕这个使命去打工，我也一样。我在公司5年、15年，所有做的一切都是围绕我们共同的使命展开。"

（资料来源：根据互联网资料整理）

第三节　企业愿景

一、企业愿景的概念

愿景是由英文"vision"翻译而来。目前对"vision"有远景、景象等多种译法，但均不如"愿景"更能够贴切地反映"vision"的原意。愿景包含着两层内容：其一是"愿望"，指有待实现的意愿；其二是"景象"，指具体生动的图景。在解释愿景时，西方有本教科书曾用了一幅漫画，画中一只小毛毛虫指着它眼前的蝴蝶说："这就是我的愿景。"可见，愿景是一个主体对于自身想要实现目标的具体刻画。因此，企业愿景（corporate vision）是指组织成员普遍接受和认同的组织的长远目标。

企业愿景阐述了企业成员希望达到什么目标，是他们就所能达到的理想的未来状况形成的概念。企业愿景不同于一般的短期目标，它往往更为笼统，描绘了一幅更远大的前景。

二、建立企业愿景的意义

企业愿景可以唤起人们的一种希望，特别是内生的企业愿景更是如此。工作变成是在追求一项蕴含在组织的产品或服务之中，比工作本身更高的目的。苹果计算机使人们透过个人计算机来加速学习，AT&T借由全球的电话服务让全世界互相通信，福特制造大众买得起的汽车来提升出行的便利。这种更高的目的，可以深植于组织的文化或行事作风之中。

企业愿景会改变成员与组织间的关系。它不再是"他们的公司"，而是"我们的公司"。企业愿景是使互不信任的人一起工作的第一步，它能够产生一体感。事实上，组织成员所共有的目的、愿景与价值观，是构成共识的基础。心理学家马斯洛晚年从事于杰出团体的研究，发现它们最显著的特征是具有企业愿景与目的。

企业愿景具有强大的驱动力。在追求愿景的过程中，人们会激发出巨大的勇气，去做任何为实现愿景所必须做的事。企业愿景最简单的说法是"我们想要创造什么？"正如个人愿景是人们心中所持有的意象或景象，企业愿景也是组织中人们所共同持有的意象或景象，它创造出众人是一体的感觉，并遍布到组织全面的活动，并使各种不同的活动融汇起来。当人们真正共同拥有愿景时，这个共同的愿望会紧紧地将他们结合起来。企业愿景的力量是源自共同的关切。人们寻求建立企业愿景的理由，就是他们内心渴望能够归属于一项重要的任务或事业。企业愿景刚开始时可能只是被一个想法所激发，然而一旦发展成感召一群人的支持时，就不再是个抽象的东西，人们开始把它看成是具体存在的。在人类群体活动中，很少有像企业愿景那样能够激发出这样强大的力量。1961年肯尼迪总统宣示了一个愿景，它汇集许多美国太空计划领导者多年的心愿，那便是"在10年内，把人类送上月球"。这个愿景引发出无数勇敢的行动。

如果没有企业愿景，将很难想象AT&T、福特、苹果公司等怎样建立起他们骄人的业绩和成就。这些由他们的领导人所创造的愿景分别是：裴尔想要完成耗时50多年才能达成的全球电话服务网络；福特想要使一般人（不仅是有钱人）也能拥有自己的汽车；乔布斯、渥兹尼亚及其他苹果计算机的创业伙伴，则希望计算机能让个人更具力量。同样，日本公司若不是一直被一种纵横世界的愿景所引导，也就无法如此快速崛起。例如，佳能从一无所有，到20世纪90年代即赶上施乐复印机的全球市场占有率；本田公司也在全球市场获得了成功。其中最重要的是企业愿景所发挥的功能，这些个人愿景被公司各个阶层的人真诚地分享，并凝聚了这些人的能量，在极端不同的人群之中建立起了一体感。

拥有企业愿景的企业可以有效协调各经营单位之间的关系。企业愿景的要义，在于使个别愿景与一个较大的愿景和谐一致。如果组织的愿景被强加于下级单位，它最多能够产生遵从而不会是奉献。如果有一个持续进行的建立愿景过程，经营单位的愿景与组织的愿景将不断互动和相互充实。使命、愿景与价值观的结合产生的认同感，能够将一个大型组织内部的全体员工连接起来。不论在总公司或在分公司，领导者的主要任务之一就是培育这种共识。

三、建立企业愿景应遵循的基本原则

1. 宏伟

一个愿景要能够激动人心，就不能是普通和平凡的，而必须具有神奇色彩。要能够超越人们所设想的"常态"水准，体现出一定的英雄主义精神。大多数人是为了一种意义而活着，并追求自我实现。远大的组织愿景一旦实现，便意味着组织中个人的一种自我实现。因此，愿景规划的真正意义在于，通过确立一种组织自我实现的愿景，将它转化为组织中每个人自我实现的愿景。而要达到自我实现，愿景必须宏伟。公司的愿景描述了某种期望实现的状态，通常是用非常大胆的语言来清楚地说明公司想要实现的目标。

例如，腾讯公司的愿景是成为"最受尊敬的互联网企业"。

2. 振奋

表达愿景的语言必须振奋、热烈，能够感染人。人是有感情的动物，只有用热烈的语言才能激发起人们的情感力量，企业愿景应当鼓舞人心。企业愿景越令人振奋，就越能激励员工，影响他们的行为。愿景规划给人以鼓励，它为人们满足重要需求、实现梦想增添了希望。

例如，迪士尼乐园的愿景为："成为世界上最快乐的地方"。麦当劳公司的愿景为："成为世界上最好的快餐店"。

3. 清晰

愿景还必须清晰。愿景是一种生动的景象描述，如果不清晰，人们就无法在心目中建立一种直觉形象，鼓舞和引导的作用也难以发挥。

例如，亨利·福特的"使汽车大众化"，就非常清晰与形象生动。福特还进一步表达了他的愿景："我要为大众生产一种汽车，它的价格如此之低，不会有人因为薪水不高而无法拥有它，人们可以和家人一起在上帝赐予的广阔无垠的大自然里陶醉于快乐的时光。"

4. 可实现

愿景"宏伟"的原则并不意味着愿景的规划必须十分夸张。相反，只有可实现的"宏伟"才有意义。因为愿景不是单纯为了激发想象力，而是为了激发坚定的信念。愿景如果不能被认为是可实现的，就不可能有坚定信念的产生。

例如，移动电话制造商诺基亚公司的经营愿景简单而有力："只要是能够移动，就一定会移动！"。这一愿景暗示，不仅语音电话会成为移动的，还有其他许多基于数据的服务（如影像和网上浏览）也会成为移动的。这一愿景引导诺基亚公司开发多媒体手机，这种手机不仅可以用于语音通信，还可以照相、浏览网页、玩游戏以及管理个人和公司的信息。

四、建立企业愿景要注意的一些方面

企业愿景的设计与建立，是一个密不可分的过程，需注意以下3个方面。

① 把个人愿景作为企业愿景的基础。

② 按照自下而上的顺序进行征集和筛选。

③ 反复酝酿，不断提炼和充实。无论愿景是谁提出来的，都应使其成为一个企业上下反复酝酿、不断提炼的分享过程。

为了更好地运用企业愿景，应当使它具备以下4个方面的主要特征。

① 简单易懂。员工看到企业愿景后，能够很快领会它的意思，并且能够记住其主要内容。

这一点对于运用愿景规划帮助组织实行变革尤为重要。

② 具有吸引力。员工在读到或听到愿景规划后，会这样对自己说："听上去还不错。我喜欢它，要是我们真像那样就好了。"

③ 有助于建立一整套的标准。人们能够根据某项决定、选择方案或行为是否符合愿景规划来对它们进行评估。企业愿景的一大好处是它能促使人们不断为一个共同的目标而努力。

④ 具有可操作性。能够运用企业愿景提出有助于实现设想的提案和计划。通过认清当前的现实，找出现实和企业愿景之间的差距，进而制定改革策略。

案例　　　　万科的企业愿景

万科企业股份有限公司成立于1984年5月，通过多年的转型发展，成长为目前中国最大的专业住宅开发企业。

万科的愿景是成为中国房地产行业领跑者。为了实现这个愿景，万科要做到以下9个方面：

① 不断钻研专业技术，提高国人的居住水平；
② 永远向客户提供满足其需要的住宅产品和良好的售后服务；
③ 展现"追求完美"的人文精神，成为实现理想生活的代表；
④ 快速稳健发展业务，实现规模效应；
⑤ 提高效率，实现业内一流的盈利水准；
⑥ 树立品牌，成为房地产行业最知名和最受信赖的企业；
⑦ 拥有业内最出色的专业和管理人员，并为其提供最好的发展空间和最富竞争力的薪酬待遇；
⑧ 以诚信理性的经营行为树立优秀新兴企业的形象；
⑨ 为投资者提供理想的回报。

第四节　企业价值观

在现实生活中，无论是个人生活，还是企业经营，都普遍存在价值观问题。企业在经营管理活动中，需要什么、相信什么、坚持什么、追求什么，都与其价值观有着密切的联系。不同的价值观，造就了不同企业的个性特征。

要认识企业的价值观，首先要弄清楚何为价值。价值是一种关系范畴，是用来表示主体与客体之间需要与满足的关系。对于主体而言，能够满足主体需要的客体属性，就是有价值的。

所谓价值观，简单地讲，就是关于价值的观念。它是客观的价值关系在人们主观意识中的反映，是价值主体对自身需要的理解，以及对价值客体的意义、重要性的总的看法和根本观点。价值观回答以下基本问题："什么事至关重要？""什么很重要？""我们该怎样行动？"，它包括价值主体的价值取向，以及价值主体对价值客体及自身的评价。价值是客观的，价值观念则是主观的。由于人们的社会生活条件、经验、目的、需要、兴趣、爱好、情感、意志等不同，人们的价值观念也各不相同，这种主体的差异性正是价值观的一个重要特点。价值观的主体可以是一个人、一个国家、一个社会，也可以是一个企业。

克拉克洪1951年对价值观做出了经典性定义："价值观是一种外显的或内隐的，有关什么是'值得的'的看法，它是个人或群体的特征，它影响人们对行为方式、手段和目的的选择。在一个个有关'值得的'看法的背后，是一整套具有普遍性的、有组织的观念系统，这套观念系统是有关对大自然的看法、对人在大自然中的位置的看法、人与人之间关系的看法，以及在处理人与人、人与环境关系时对值得做和不值得做的看法"，克拉克洪称之为"价值取向"（value orientation）。具体来说，价值观是一个社会的成员评价行为和事物及从各种可能的目标中选择合适目标的标准。这个标准存在于人的内心，并通过态度和行为表现出来。它决定人们赞成什么，追求什么，选择什么样的生活目标和生活方式，同时价值观念还体现在人类创造的一切物质和非物质产品之中。产品的种类、用途和式样，无不反映着创造者的价值观。

概略地说，价值观是关于"对象对于主体来说是否有价值"的看法。企业价值观则是企业全体（或多数）员工一致赞同的、与企业紧密关联的关于"对象对于主体来说是否有价值"的看法。"企业价值观"和"价值观"的区别有两点：第一，"企业价值观"是全体（或多数）员工一致赞同的看法，所以有时又称为"共有（或共享）价值观"，个别员工的看法没有资格称为企业价值观。这说明企业价值观的形成，必须有一个认同过程，这个过程可以说就是企业文化的建设过程。第二，"企业价值观"总是和"企业"关联着的，企业或者作为价值对象或者作为价值主体而出现在价值判断之中。这说明"企业价值观"这个概念的前提，是企业具有自主经营、自负盈亏的独立地位，是企业具备了作为价值主体的资格。

一、把握企业价值观内涵的两种角度

应从两种不同的角度，全面把握企业价值观的内涵。

第一种角度提出来的问题是：哪些对象对于企业来说有价值？从这种角度来看，企业价值观就是全体或多数员工一致赞同的关于"哪些对象对于企业来说有价值"的看法。如果甲企业全体（或多数）员工认为，集体主义对于企业来说有价值，就称甲企业具有"集体主义价值观"；反之，如果乙企业全体（或多数）员工认为，个人主义对于企业来说有价值，就称乙企业具有"个人主义价值观"。类似地，不难理解"利润价值观""服务价值观""为公价值观""为私价值观"之类提法的含义。从这个角度来看，价值的主体是确定的，那就是"企业"。价值对象是不确定的，可以是企业之外的物或观念，允许有不同的选择。对象选定之后，讨论它对于企业来说是否有价值，就是确定对象的各种属性能否满足主体的某种需要，因为所谓"价值"，就是对象所具有的能够满足主体需要的某种属性。在确定对象对于企业是否有价值时，之所以出现不同的看法，往往是由于对企业的需要有不同的认识和理解，或者对对象的属性有不同的认识和理解，或者掌握与利用对象的属性各有不同的方式。从这个角度来看建立企业共同价值观的过程，乃是一个成员之间加强信息交流以达成共识的过程。

第二种角度提出来的问题是：企业的价值在于什么？从这种角度来看，企业价值观就是全体（或多数）员工一致赞同的关于"企业的价值在于什么"的看法。例如，有些企业的多

数员工赞同"企业的价值在于育人",另一些企业的多数员工则赞同"企业的价值在于致富",还有些企业的多数员工认为"企业的价值在于创新"等等。对于这些看法,可以相应简称其为"育人价值观""致富价值观""创新价值观"等等。在这里,价值的对象是确定的,那就是"企业"。价值主体则不仅是不确定的,而且是隐含着的,即似乎用不着选定价值主体,就能回答"企业的价值在于什么"这个问题。人们回答这个问题时,只是指出作为价值对象的企业所具有的某种属性,并不说明这种属性能够满足哪个主体的需要。例如,"企业的价值在于育人",只是指出了企业的一个属性——育人,并没有说明企业的育人属性能满足哪个主体的需要,是员工,经理,股东,还是企业本身?或是社会?从这个角度来看,企业价值观方面的分歧,往往是价值主体选择上的分歧,如企业股东若不同意"企业的价值在于育人",是由于其本人并无育人的需要,并不是由于他不认识或不理解企业的某些活动可以满足员工成长的需要;同样的,员工们若不赞同"企业的价值在于致富",是因为企业并没有使他们致富,但他们并不否认企业使企业股东致富了,他们也不情愿就这样只选定企业股东作为企业价值的主体。这个选择价值主体的问题,实际上涉及人们的切身利益和观察问题的立场。从这个角度来看,建立企业共有价值的过程,就是在企业全体人员中调整利益关系并寻求共同立场的过程。

综合以上两种角度,企业价值观的内涵就是:企业全体(或多数)员工赞同的关于"企业的价值在于什么?以及哪些对象对于企业来说有价值"的看法。企业的价值在于什么?什么对于企业来说有价值?这两者一般来说是统一的。例如,企业的价值在于培育人才,而人才对于企业来说也是很有价值的;企业的价值在于提供优质产品,而优质产品对企业来说也很有价值,等等。但在许多情况下也可以不统一,也不必统一。例如,原料对于企业来说有价值,但却不能说"企业的价值在于能够获取原料"。

显而易见,任何一个企业总是要把它的价值所在及自己认为最有价值的对象作为本企业努力追求的最高目标、最高理想或最高宗旨;反之,凡被一个企业列为最高目标、最高理想或最高宗旨的东西,也必然是能够体现它的价值观的东西。因此,"企业价值观""共有价值观""企业最高目标""企业理想"等,提法虽然不同,但其实质是一样的,所以在文献中可以相互替换,灵活使用。同样,对于"企业的价值在于什么?以及什么对于企业来说有价值?"这个问题一旦有一致的理解和回答,那么这种理解和回答当然就是该企业的基本理念和信仰。因此,从某种角度来说价值观就是一个组织的基本理念和信仰。

案例　　　　　　　　微软公司的价值观

新技术极大地改变了我们工作、休闲、以及沟通的方式。现在我们瞬间就可以获取想要的信息并能和世界各地的人进行交流和沟通。在人类能力所及的各个领域,新技术势如破竹的发展为我们开启了一扇通向创新的大门,并为我们的生活提供了新的机会和价值,使其变得更加便利。

自 1975 年建立至今,微软公司一直是这场技术变革的领导者。为了抓住机遇,领导产业的进一步变革,我们肩负起了新的使命。

微软的使命:激发个人潜能,实现企业潜力。

推动我们完成使命的核心源自我们如下7个方面的价值观。
（1）广泛的客户联系
与客户进行广泛联系，了解客户的需求，以及他们使用技术和信息的情况，在客户遇到问题时提供及时支持，并帮助他们认识到自己的潜力。
（2）全球范围的承诺
站在全球的角度考虑问题和采取行动，使得不同文化背景的员工能够为不同文化背景的客户和合作伙伴提供创新的决策。为降低技术成本而创新，在支持行业和社区发展方面起领导作用。
（3）卓越
在完成使命所做的每一件事上追求尽善尽美。
（4）高信度计算
通过提高公司产品和服务的质量，增强对客户的回应及责任感，并在我们做的每一件事中体现出非凡的预见能力，以加深客户对微软的信任。
（5）杰出的员工及其价值观
实现我们的使命需要积极向上的、具有创造力和活力的杰出员工，而且，他们又应该认同如下6个方面的价值观：
① 正直诚实；
② 对客户、合作伙伴和新技术充满热情；
③ 直率的与人相处，尊重他人并且助人为乐；
④ 勇于迎接挑战，并且坚持不懈；
⑤ 严于律己，善于思考，坚持自我提高和完善；
⑥ 对客户、股东、合作伙伴或者其他员工而言，在承诺、结果和质量方面值得信赖。
（6）创新、不断发展、可靠的平台领导地位
为客户及合作伙伴增强平台的创新、提高其利益并提供新的机遇；公开讨论我们的未来方向，获取反馈意见，通过合作来确保客户和合作伙伴的产品能够与我们的平台很好地兼容。
（7）提供人们创新的平台
通过确定新的业务领域、孵化新产品、将新的客户需求与现有业务进行整合、探索获取新的理念和经验，以及将新老合作伙伴进一步整合和加强协作等方式，从而为客户提供更多选择。
（资料来源：根据互联网资料整理）

二、价值体系和最高价值

对企业而言有价值的对象，不会只有一个，而是有很多。这类对象不仅可以是物质客体，而且也可以是思想观念。例如，"市场意识""质量观念""创新思想"等对于企业来说具有极为重要的价值。企业本身的价值也不会只有一种，也有很多。这种价值也不仅是物质价值，同样也可以是精神价值，即企业不仅有创造新产品的价值，也有创造新观念的价值。这许许

多多对于企业有价值的对象,以及企业本身所具有的多种多样的价值,集合起来就成为一个企业的价值体系。企业的全体或多数成员,对于价值体系共同一致的看法或认识,就是这个企业员工共享的价值体系。

价值体系中的各个价值,有时并不可兼得,于是便会发生如何取舍的问题;有时虽可兼得,但各个价值或重要性并不一致,或彼此间有因果之类的关系,于是便发生如何对各个价值进行排序的问题。裴多菲的一首诗:"生命诚可贵/爱情价更高/若为自由故/二者皆可抛",就是对三种价值(生命、爱情、自由)所做的一种排序和取舍。对有限数量的价值排序,一般总能得出一个最重要的价值,这个最重要的价值就是该范围内的最高价值。关于如何对多种价值排序、如何确定最高价值的看法,是价值观的一个不可分割的部分。

企业文化管理的重要内容之一,就是一方面要明确企业的价值体系,另一方面要对其中的各个价值进行排序,找出最高价值。企业价值观的主要区别,往往不是表现为对于"企业是否有某种价值"有不同的回答,也不是表现为对"某对象对于企业来说是否有价值"有相悖的意见,而是表现为价值排序上的区别,表现为最高价值的选择和判定各不相同。

国外提出的多种企业文化理论,从一定的意义上说,就是对各种价值进行排序定位的理论,具有以下一些值得注意的结论。

① 人的价值高于一切。企业的价值就在于关心人,培育人,满足人的物质和精神的需要。同时,对于企业要想获得成功,最有价值的因素不是物,不是制度,而是人。

② 人的知识不如人的智力,人的智力不如人的素质,人的素质不如人的觉悟。

③ "共同的价值观念""经营理念"之类的软管理因素的价值,高于硬管理因素和其他软管理因素的价值。这典型地表现在如下说法中:"我们认为共同的价值观对一切企业都是非常重要的,它可能是大公司最为保密的'秘密武器'。""在企业经营中,技术力量、销售力量、资金力量及人才等,虽然都是重要因素,但是最根本的还是正确的经营理念。"信念的重要性远远超过技术、经济资源、组织结构、创新和时效。

④ "为社会服务"的价值,高于企业"利润"的价值。一方面,企业的目的、使命和价值,在于向社会提供物美价廉的产品和优质服务,而利润不应成为企业的最高目的,只应视作社会对企业的报酬;另一方面,调动企业人员积极性的最有效的手段,不是"利润"指标,而是为社会多做贡献的使命感。

⑤ "共同协作"的价值,高于"独立单干"的价值。理由很简单,因为共同协作自然而然地适应现代企业生产的社会性。

⑥ "集体"的价值,高于"自我"的价值。企业实际上就是一个集体,如果个人要自我膨胀,在企业中就会产生失落感。

⑦ "普通岗位"的价值,高于"权力"的价值。最清楚事情应该怎么办的是一线员工,"凡人创造生产率"。而权力则只是权力,并不会给人带来知识。

⑧ "企业知名度"的价值,高于"利润"的价值。牺牲利润来提高企业知名度,不但可以开始谱写本企业的历史,最终也可以获得更多的利润;牺牲知名度而攫取利润,就永远不会有本企业的历史。

⑨ "维持员工队伍稳定"的价值,高于"赚钱"的价值。一个繁荣时"招聘"、萧条时"解雇"员工的企业,不能赢得人心,不能保住人才,不能达成企业共识。萧条时并不解雇员工的企业,牺牲了一些利润,但留住了人才,赢得了人心,达成了共识,钱还可以再赚回来。

⑩ "顾客第一，员工第二，本地社区第三，第四也就是最后才轮到股东。"
⑪ "用户"的价值，高于"技术"的价值。应该靠用户和市场来驱动，而不是靠技术来驱动。
⑫ "保证质量"的价值，高于"推出新品"的价值。因此，就采用未经证实的新技术来说，许多企业都愿意"在市场上以甘居亚军为荣"。
⑬ 集体路线的价值，高于正确决策的价值。
⑭ 顾客第一，家庭第二，工作第三。

以上的价值排序，都不是纯理论的推导，而是以某些企业的实际经验为依据。它们不一定对所有的企业都适用，即使适用也不一定就永远适用，但它们的启发意义却是毋庸置疑的。

三、企业核心价值观

（一）企业核心价值观的概念

企业核心价值观是指在企业的价值观体系中处于核心位置的价值观，即少数几条基本的指导原则，这些基本原则在企业中长盛不衰。东方国家许多企业偏好企业精神这条文化理念，企业精神本质上属于西方企业文化理论中核心价值观的范畴。

IBM 前 CEO 小托马斯·沃森曾经谈到核心价值观（他称之为信念）。他在 1963 年写的小册子《一个企业及其信念》中说："我相信一家公司成败之间真正的差别，经常可以归因于公司激发员工多少精力和才能，在帮这些人找到彼此共同的宗旨方面，公司做了什么？……公司在经历代代相传期间发生的许多变化时，如何维系这种共同的宗旨和方向感？……我认为答案在于我们称之为信念的力量，以及这些信念对员工的吸引力。我坚决相信任何组织想继续生存和获致成功，一定要有健全的信念，作为所有政策和行动的前提。其次，我相信企业成功最重要的唯一因素，是忠实地遵循这些信念……信念必须始终放在政策、做法和目标之前，如果后面这些东西违反根本信念，就必须改变。"

沃尔玛的创始人沃尔顿这样说明沃尔玛的第一价值观："我们把顾客放在前面……如果你不为顾客服务，或不支持为顾客服务的人，那么我们就不需要你。"詹姆斯·甘布尔是这样简洁陈述宝洁公司注重产品品质和诚实经营的核心价值："如果不能制造足斤足两的纯粹产品，去做别的正事吧，即使是去敲石头也好。"可见，核心价值观可以用不同的方法来陈述，但始终是简单、清楚、直接而有力的。

优秀公司通常只有几个核心价值观，一般介于 3～6 个之间。事实上大多数公司的核心价值观都少于 6 个，因为只有少数价值观才能成为真正的核心价值观，是至为根本、深植在公司内部的东西。如果企业列出的核心价值观超过 6 个，则很有可能抓不住其中的关键所在。

例如，惠普公司的核心价值观是：我们信任和尊重个人；我们追求卓越的成就与贡献；我们在经营活动中坚持诚实与正直；我们靠团队精神达到我们的共同目标；我们鼓励灵活性和创造性。

（二）设计企业核心价值观应遵循的基本原则

1. 企业核心价值观必须是企业真正信奉的东西

企业的核心价值观并非来自模仿其他公司的价值观，并非来自研读管理书籍，也并非来自纯粹的智力运作，以便"计算"什么价值观最务实、最通俗化或最能获利。制定核心价观时，关键是要抓住自己真正相信的东西，而不是抓住其他公司定为价值观的东西，也不是外界认为应该是核心理念的东西。

小托马斯·沃森曾说，IBM 的核心价值观"深深铭刻在他父亲的骨子里"，就他父亲而言，这些价值观是其生命的准则——要不惜一切代价保存，要向别的人推荐，要在一个人的事业生涯里一心奉行。帕卡德和休利特并没有预先"规划"惠普风范或惠普的"经营理由"，他们只是深信企业应该以某种方式构建，并且采取实际的步骤宣示和传播这些信念，以便保存并作为行动依据。

2. 企业核心价值观必须与企业最高目标（企业愿景）相协调

企业最高目标与企业核心价值观都是企业文化理念层面的核心内容，二者之间必须保持相互协调的关系。

3. 企业核心价值观必须与社会主导价值观相适应

如果不能与社会主导价值观相适应，则在企业核心价值观导向下的企业行为难免会与社会的环境产生这样那样的冲突，必然将影响企业的发展。

4. 企业核心价值观必须充分反映企业家的价值观

由于企业家的价值观是企业（群体）价值观的主要来源和影响因素，因此如果不能充分反映企业家的价值观，势必导致企业经营管理活动的混乱。

5. 企业核心价值观必须与员工的个人价值观相结合

企业核心价值观不能脱离多数员工的个人价值观，否则难以实现群体化，也就不能成为员工的行动指南。

案例　　　　通用电气公司的核心价值观

通用电气公司始终保持着其优秀的企业文化和先进的企业运作机制，公司推崇三个传统，即坚持诚信，注重业绩，渴望变革。

1. 坚持诚信

坚持诚信是企业经营的根本，是企业得以发展的必要条件。诚信是为人之本，也是企业立身之本，GE 公司发展史就是诚信经营的历史，就是以极大的热情全力以赴推动客户成功，让客户获利，企业获取利益，实现互动式经营，确保客户永远是第一受益者，并用质量去推动增长，赢得企业生存的空间和发展的后劲。

2. 注重业绩

注重业绩是企业经营的目标，是企业得以发展的重要基础。GE 公司坚持完美，不容忍官僚主义作风，广纳意见，实行无边界管理方式，提高效率。注重嘉奖进步，建立一个振奋、活力、激励、锋芒、执行的工作环境，向极限挑战，鼓励进步，激发每名员工的潜能，通过员工的进步推动公司业绩的实现。

3. 渴望变革

渴望变革是企业发展的动力，是公司不断发展的力量源泉。作为世界上首屈一指的大公司，对不断变革的承诺使得通用电气公司一百多年来一直愿意尝试新事物，总愿意进行变革。在为客户服务上，公司视变革为可以带来增长的机会，确立一个明确的、简单的和以客户为核心的目标,以变革赢得利益。
（资料来源：根据互联网资料整理）

四、共享价值观的意义

价值观"共享",就是说企业员工普遍对以下 3 个问题取得了一致的看法。
① 本企业的价值是什么？
② 哪些对象对本企业的发展有价值？
③ 在体现本企业价值的各种结果中,以及在对本企业发展有价值的各种对象中,什么是最有价值的东西？

这种一致不可能轻而易举地达到,但是一旦达到,共有价值观一旦建立,其意义或作用的重大是显而易见的。第一,在企业经营管理的具体情况下,企业员工的努力会自然而然地集中到一个方向上来,即指向最高价值,这就是共享价值观的导向作用。第二,在领导面临多种选择时,共享价值观有指导决策的作用。如果把企业所面临的形势告诉全体员工,很容易得到大家的认可和赞同。第三,价值观共享,员工们知道什么行为有价值,什么行为无价值,因而便有了行动的自主权。正因为这样,"出色的公司几乎都只以寥寥几条主要的价值观来作为驱动力,并给员工们以充分施展的余地,使他们得以发挥主动性,为实现这些价值标准而大显身手。"这体现出共享价值观激励斗志的作用。

 复习思考题

1. 什么是企业使命？试举例说明。
2. 什么是企业愿景？试举例说明。
3. 什么是企业价值观？试举例说明。
4. 什么是企业核心价值观？试举例说明。

案例讨论

腾讯公司的理念文化

深圳市腾讯计算机系统有限公司（以下简称腾讯或腾讯公司）成立于 1998 年 11 月,是目前中国最大的互联网综合服务提供商之一,也是中国服务用户最多的互联网企业之一。公司成立以来,腾讯一直秉承"一切以用户价值为依归"的经营理念,始终处于稳健发展的状态。2004 年 6 月 16 日,腾讯控股有限公司在香港联交所主板公开上市。2017 年,腾讯首次登榜世界 500 强,排名 478。

通过互联网服务提升人类生活品质是腾讯的使命。目前,腾讯把"连接一切"作为战略目标,提供社交平台与数字内容两项核心服务。通过即时通信工具 QQ、移动社交和通信服务微信和 WeChat、门户网站腾讯网（QQ.com）、腾讯游戏、社交网络平台 QQ 空间等中国领先的网络平台,腾讯打造了中国最大的网络社区,满足互联网用户沟通、资讯、娱乐和电子商务等方面的需求。面向未来，坚持自主创新，树立民族品牌是腾讯的长远发展规划，目前，腾讯50%以上员工为研发人员，拥有完善的自主研发体系，在存储技术、数据挖掘、多媒体、中文处理、分布式网络、无线技术6方面拥有了相当数量的专利，在全球互联网企业中专利申请和授权总量均位居前列。腾讯的发展深刻地影响和改变了数以亿计网民的沟通方式和生活习惯，并为中国互联网行业开创了更加广阔的应用前景。

腾讯的理念文化主要包括如下5个方面。

1. 使命

通过互联网服务提升人类生活品质。

① 使产品和服务像水和电一样源源不断融入人们的生活，为人们带来便捷和愉悦。

② 关注不同地域、不同群体，并针对不同对象提供差异化的产品和服务。

③ 打造开放共赢平台，与合作伙伴共同营造健康的互联网生态环境。

2. 愿景

最受尊敬的互联网企业。

① 不断倾听和满足用户需求，引导并超越用户需求，赢得用户尊敬。

② 通过提升企业地位与品牌形象，使员工具有高度的企业荣誉感和自豪感，赢得员工尊敬。

③ 推动互联网行业的健康发展，与合作伙伴共同成长，赢得行业尊敬。

④ 注重企业责任，用心服务，关爱社会、回馈社会，赢得社会尊敬。

3. 价值观

正直，进取，合作，创新。

在腾讯内部，每一个员工的工牌背面，都印着"四大神兽"，包括长颈鹿、海燕、犀牛和犀牛鸟、鹦鹉螺，分别代表着腾讯的四种企业价值观：正直、进取、合作、创新。

长颈鹿：取其长长直直的脖子外形特点，象征"正直"。

海燕：不惧困难，勇往直前，迎接挑战，代表了一种进取的精神。

犀牛与犀牛鸟：取其在自然环境中形成相互协助生存关系的特点，象征"合作"。

鹦鹉螺：鹦鹉螺初生时不会上浮，在生长过程中螺仓逐渐变多，成年的鹦鹉螺便可利用对螺仓充气的方式浮出海面，象征着"创新"。

（1）正直

① 遵守国家法律与公司制度，绝不触犯企业高压线。

② 做人德为先，坚持公正、诚实、守信等为人处事的重要原则。

③ 用正直的力量对周围产生积极的影响。

（2）进取

① 尽职尽责，高效执行。

② 勇于承担责任，主动迎接新的任务和挑战。

③ 保持好奇心，不断学习，追求卓越。

（3）合作

① 具有开放共赢心态，与合作伙伴共享行业成长。

② 具备大局观，能够与其他团队相互配合，共同达成目标。

③ 乐于分享专业知识与工作经验，与同事共同成长。

（4）创新
① 创新的目的是为用户创造价值。
② 人人皆可创新，事事皆可创新。
③ 敢于突破，勇于尝试，不惧失败，善于总结。
4. 经营理念
一切以用户价值为依归。
① 注重长远发展，不因商业利益伤害用户价值。
② 关注并深刻理解用户需求，不断以卓越的产品和服务满足用户需求。
③ 重视与用户的情感沟通，尊重用户感受，与用户共成长。
5. 管理理念
关心员工成长。
① 为员工提供良好的工作环境和激励机制。
② 完善员工培养体系和职业发展通道，使员工获得与企业同步成长的快乐。
③ 尊重和信任员工，不断引导和鼓励，使其获得成就的喜悦。
（资料来源：根据互联网资料整理）

讨论题

1. 请结合腾讯公司发展状况，分析说明腾讯公司将企业使命定义为"通过互联网服务提升人类生活品质"的背景和原因。

2. 请结合腾讯公司发展状况，分析说明腾讯公司将企业愿景定义为"最受尊敬的互联网企业"的具体含义。

3. 经营理念是腾讯公司的专项理念，请结合腾讯公司发展状况，分析说明腾讯公司将经营理念定义为"一切以用户价值为依归"的具体含义。

第三章

企业文化调研

要有效地进行企业文化建设，就需要深入了解企业的文化现状、管理层与员工的文化期望和企业未来的发展趋势，因此需要全面开展企业文化的调研工作。

第一节 企业文化调研概述

为有效开展企业文化调研工作，企业必须认清调研工作的目的，掌握好调研工作的基本原则，科学组成调研工作组，界定好调研对象，把握住调研工作的主要内容。

一、调研工作的目的

一般来说，进行企业文化调研的目的就是了解公司的企业文化现状和未来发展趋势，为既有文化的梳理与新文化要素的提出，或者为企业文化的创新与变革提供依据。

二、调研工作的基本原则

1. 目标性原则

在进行企业文化调研时，一定要把握好目标性原则。弄清调研工作的总体目标、中高层深度访谈的目标、对一线员工调研的目标、问卷调研的目标等。只有牢牢把握住目标，才有利于产出有效结果。同时，目标性与应用性是紧密联系的，调研的出发点是为了更好地诊断问题，更为重要的是，今后要将调研中暴露出来的问题用于对公司文化建设情况的分析之中，以便找出有针对性的解决方案。

2. 代表性原则

企业文化是广大员工普遍认同的文化，因此，企业文化的调研工作一定要注意到这一特点。当然，对大型组织而言并不苛求对全员进行调研，而是要注意调研对象的代表性和典型性。这样，才能更为有效地把握企业文化建设的基本情况。

3. 系统性原则

相对而言，任何一家企业都是一个相对独立的系统，因此，进行企业文化调研工作时，一定要注意到这一特点，要注意企业中一种文化现象与另一种文化现象的区别及联系，注意企业整体文化现象的系统性，注意企业优秀文化和病态文化的共生性和同步性，以系统的方法进行调研、归纳、分析，以便得出更为科学并符合实际的结论。

4. 动态性原则

企业文化的调研活动是动态的，因为文化的导入、传播、内化和提升是一个不断循环的过程。在这一过程中，企业战略环境的变化、业务的转型、战略方案的实施、人员的变动等都将影响企业文化的建设。因此，企业文化的调研工作并不是一蹴而就的，而是一个持续性的动态过程。任何一个企业，如果要保持企业文化的与时俱进，就必须掌握这一点。

三、调研工作组的组成

由于企业文化调研是一项专业性较强的工作，因此调研工作组通常可由企业文化职能部门的人员和管理顾问共同组成，以管理顾问为主，这样有利于体现调研工作的客观性和规范性。

管理顾问作为独立的社会中介机构人员，其职业要求他们保持公正的态度，用第三者的眼光进行观察，因此常常可以在企业人员习以为常的现象中发现许多潜在问题。相对而言，由管理顾问得出的结论比较客观。另外，管理顾问具有调研的知识、技巧和经验，能够运用科学的调研分析方法，使调研工作更为规范。

四、调研工作的对象

调研通常涉及公司领导层、中层和基层管理人员，以及普通员工，具体调研对象和人数可由管理顾问和公司企业文化职能部门共同商定。

五、调研工作的主要内容

1. 企业的经营领域和发展战略

由于企业的经营领域不同，带来企业的经营特点、技术、市场风险及劳动特点和管理方法等方面的差别，这些差别往往决定着企业文化的行业特点，即决定着企业的经营个性。因此，明确企业的经营领域及由此带来的企业经营管理上的特点，就能够使企业文化建设具有针对性和可行性。明确企业未来的发展战略，就能够使企业文化建设具有前瞻性，并为既有文化的梳理和提出新文化要素提供参照系。

2. 企业高层领导的思想和价值观

企业高层领导，尤其是企业的创业者和最高决策者，他们是企业文化的倡导者、培育者，也是身体力行者，他们个人的品德、知识修养、价值观和思想作风、工作作风、生活作风对企业文化有直接的重大影响。因此，建设企业文化必须体现企业领导者的思想境界和道德风范。

3. 企业员工的素质及需求特点

员工是企业文化的创造者，也是载体，员工素质的高低直接影响着企业文化的建立和发展。例如，员工所受传统文化影响的状况，社会经历状况就直接影响他们对改革的态度。员工的需求特点将影响他们的心理期望、满意度及行为方式。只有正确把握员工的素质状况及需求特点，才能使企业文化的设计与其相适应，才能使员工对企业文化产生自觉认同。

4. 企业的优良传统和成功经验

企业的优良传统及成功经验是企业历史上形成的文化精华和闪光点，包括企业在长期的经营管理实践中形成的好做法、好传统、好作风、好习惯及模范人物的先进事迹等。这些优良传统和成功经验往往体现出企业文化的特色，企业文化中最闪光最有魅力的部分一般源于企业的优良传统。

5. 企业现有文化及其适应性

通过了解企业员工的基本价值取向、情感、期望和需要，如员工对企业的满意度、对自己工作的认识、工作动机、士气、人际关系倾向、变革意识和参与管理的愿望等，明确在企业中占主导地位的基本价值观和伦理道德观，以及这些基本价值观、伦理道德观所体现出来的经营思想、行为准则等是否与企业发展目标相适应，是否与外部环境相适应等。企业对现有文化的适应程度，决定企业文化梳理时对现有文化的取舍。

6. 企业面临的主要矛盾

企业面临的主要矛盾往往是变革现有文化、建设新文化的突破口，如有些企业产品质量不高、竞争能力差；有些企业管理混乱、浪费惊人；有些企业士气低落、人心涣散等。企业从这些主要矛盾入手建设企业文化，能够引起员工的共鸣，促进企业文化建设与生产经营的结合，增强企业文化的实用价值。

7. 企业所处地区环境

企业所处地区不同、市场不同、文化氛围不同，将直接影响企业的经营思想和经营方式，也会影响员工的价值观念和追求。如地处沿海开放地域的企业就有较为典型的"海派文化"特征，而内地企业往往有明显的"内陆文化"特征。

第二节 企业文化调研的基本方法

为了全面地了解企业文化现状，企业文化调研一般可采用多种方法，如文案调查法、观察法、访谈法、专题研讨法、问卷调查法等。

一、文案调查法

文案调查法指综合利用企业现有的文字、图片、视频等资料所进行的调研活动。在全面搜集资料的情况下，找出与企业文化建设联系比较紧密的战略、理念、人物、制度、管理模式等方面的资料，对所需要的相关资料进行认真研究。进行文案调查时通常可查阅以下资料：

- 企业历史沿革资料，如企业志、企业史等；
- 企业新近的宣传册、宣传片；
- 企业近年来的工作总结报告；
- 企业近年来的社会责任报告；
- 企业近年来的报刊或内部简报；
- 企业人力资源及组织结构资料；
- 企业高层领导近年来的重要讲话和文章；
- 各种媒体近年来对企业的宣传报道；
- 行业态势、主要竞争对手、重点客户资料；
- 曾经或现在使用的理念用语及广告文案；
- 员工行为准则或行为规范；
- 企业现有的经营战略规划或设想；
- 企业品牌管理资料；
- ……

资料查阅，是一项十分重要的基础工作，如查阅企业历史沿革，可了解企业发展历程和企业传统文化；查阅工作总结报告，可了解企业现实的基本经营状况和制度安排；查阅企业报刊，就是巡视企业文化园地，可了解企业近年的各种活动，理出文化思想的脉络；查阅领导的重要讲话，可了解企业家的价值取向；查阅企业的经营规划，可了解企业的愿景及目标等。

二、观察法

深入企业的生产环境、办公环境、生活环境实地观察，也是企业文化调研不可缺少的重要方法。通过这种方法对企业的文化要素进行直接观察，往往能给"第三者"留下深刻的印象。如对车间布局、生产秩序、产品包装、物料存放、设备设施、现场管理等方面的观察，可了解企业当前的经营状况、生产安全文明的状况及员工对企业的态度等；对员工服饰、厂区绿化、宿舍安排、食堂卫生等的观察，可了解企业员工的生活状况及精神风貌；从办公室的面积大小和陈设，可以判断企业的权力意识和等级观念；从厂区环境设施及三废处理，可以判断企业的环保意识及对社会公益的态度等。

三、访谈法

访谈法又称为面谈法，是企业文化调研过程中最为常用的方法之一。要对企业做出正确客观的诊断评估，就必须了解企业各层次人员的真实想法。要想了解真实想法，就必须向那些当事人直接提问，包括企业的领导者、中层骨干、基层员工代表。访谈法的优点是获取资料迅捷、明确，访问双方直接面对，可以产生互动效果，有利于问题的具体化和深度化。同时，由于进行适时沟通，避免了调查中的信息不对称问题。访谈法的不足是时间成本和工作成本较高，对参与主持访谈人员的技术要求较高，员工的信息由于具体场景的变化有夸大或缩小的可能等。访谈法的形式不一，可以是标准化的，即按照事前设计的问题进行提问和回答，也可以是非标准的，即访谈主持人比较随意地问一些相关的问题，然后随着被访人的回答相机行事，但这一点对访谈主持人的素质要求相对较高。

个人访谈必须注意以下两个问题。

1. 准备好访谈提纲

在进行个人访谈之前，要事先做好准备。可能你有 30 分钟或 60 分钟的时间跟一个你过去从不认识、今后或许也不会再见的人谈话，因此要清楚对你提出的问题，希望得到什么回答。在开始个人访谈前，要针对不同的访谈对象，拟定出访谈提纲。访谈提纲所涉及的内容，可以包括企业的历史传统、现在的优势和劣势、面临的挑战与机遇、管理的难点与不足、个人认同的价值理念、企业的上下沟通与团队精神、个人期望的企业文化特征和目标、企业发展的方向与前途等。受访者可就访谈内容中的一个或多个问题接受访谈，不要求面面俱到。

2. 注意聆听和引导

大多数人都喜欢交谈，尤其是当你让他们知道你对他们所谈的内容很感兴趣时更是如此。你要认真聆听记录，不时对要点加以复述。

当然也会有少数不喜欢交谈的访谈对象，那就要认真引导启发，让他开口。若对方有顾虑，不敢说真话，那么你要让他相信，你会为他的谈话保密；若对方没兴趣，那么你就要设法找到一个他感兴趣而你又需要的话题。

另外，在个人访谈中，既要表现出你的综合水平和专业能力，但也不要指导别人，不要随意评议。对各层次的访谈对象，都要诚恳交流，平等沟通。

四、专题研讨法

在调研中举办一些专题研讨会,也是十分必要的,如基层员工代表研讨会、中层管理人员研讨会、技术业务骨干研讨会、高层经营者研讨会等。

举行专题研讨会要注意两个问题:一是要设定好专题;二是要善于引导。

专题设置要有针对性。例如,对于高层经营者,可就企业的体制机制变革、发展战略和企业文化的主体定位进行研讨;对于中层管理人员,可就企业的制度安排、企业的优势和劣势、团队精神等专题进行研讨;对于业务技术骨干,可就企业的主导产品、营销文化等专题进行研讨;对于基层员工代表,可就员工行为准则、职业道德、对企业文化的期望等专题进行研讨。

作为专题研讨会议的主持者要善于把握和引导,并防止下面几种情况的出现:转移主题,所研讨的内容不是企业文化建设所需要的;借机会发牢骚,发泄对领导层的不满,以致影响企业稳定;有顾虑不说话,会议出现冷场。主持者要对所讨论的专题结合企业实际进行解读,还要善于从发言中捕捉核心要素,抓住大家感兴趣的话题,引导大家集中议论。

五、问卷调查法

在企业文化调研中,问卷调查是搜集信息的重要方法。它可以用来收集有关参与者的主观性情况,也同样适用于客观数据的分析。在考察企业文化时,用问卷调查的形式可了解企业群体的主流意识,价值理念的认同度和行为准则的一致性等,是一种行之有效的调研方法。问卷调查法的长处在于调查范围比较广泛、费用相对较低、速度比较快、调研得到的资料可以进行量化统计等。

用于企业文化调查的问卷可以分为很多种,例如,在范围上可以分为通用型和专职型(针对某一层次的员工);在结构方面可以分为以客观题为主、以主观题为主、客观题与主观题相结合等;从有效性方面分,可以是非标准化的问卷,也可以是可信度较高的标准化问卷,等等。

第三节 企业文化测评

一、企业文化测评的意义和范畴

对企业文化的测评是诊断、创新和变革企业文化的前提基础工作。

首先,企业文化建设的基础是准确地诊断自己已有的企业文化,企业文化测评为企业文化诊断提供了工具。

其次,企业文化测评为企业文化创新和变革提供了依据。企业文化创新和变革需要分析现有的文化,弄清需要创新或变革的方面,然后制定并实施相关策略。因此,对企业文化进行测评,全面调研企业成员的价值观,可以帮助企业更好地了解现有的企业文化及其期望的企业文化特征,能有效地发现企业的不足,从而为企业文化创新和变革提供依据。

企业文化测评的范畴界定为企业的理念文化层面,目前大多数的测量量表都是以企业价值观与基本假设作为测量对象的。

二、企业文化的定性分析

目前国内外对于企业文化测评的研究主要分为定性分析和定量分析两个流派。

对于企业文化测评,一些学者强调采用定性分析的方法。例如,沙因(Schein)将企业文化分为3个层面(见图3-1)。

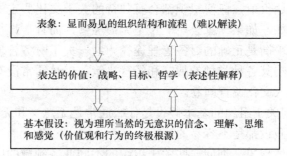

图 3-1　沙因对于企业文化的分层

第一层,表象,代表显而易见的组织结构和流程。

第二层,表达的价值,代表战略、目标和哲学,描绘了公司的价值观、原则、伦理和愿景。

第三层,基本假设,即视为理所当然的无意识的信念、理解、思维和感觉。这个层次的文化决定了特定文化环境中人们判断事物的标准、习惯了的方式,决定了企业中什么是可以接受的,什么是不可以接受的,属于企业文化的核心。

沙因认为要想考察企业文化,更好的方式是认识到文化存在于各个不同的"层次",必须理解和应对深层的文化。

沙因提出文化本质的概念,对于文化的构成因素进行了分析,在此基础上,他把组织文化的本质分成了如下 5 个方面。

① 自然和人的关系:指组织中人们如何看待组织和环境之间的关系,包括认为是可支配关系还是从属关系,或者是协调关系等。

② 现实和真实的本质:指组织中对于什么是真实的,什么是现实的,判断他们的标准是什么,如何论证真实和现实,以及真实是否可以被发现等一系列假定。

③ 人性的本质:包含哪些行为是人性的,哪些行为是非人性的,什么属性是内在的,人的天性是好的、坏的还是中性的,是否可以完善等假定。

④ 人类活动的本质:包含哪些人类行为是正确的,人的行为是主动还是被动的,人是由自由意志所支配的还是被命运所支配的,什么是工作,什么是娱乐等一系列假定。

⑤ 人际关系的本质:包含什么是权威的基础,权力的正确分配方法是什么,人与人之间关系的应有态势等假定。

沙因认为,理解以上 5 个文化本质有助于解决企业的两大问题:内部管理整合和外部环境适应。

沙因认为,文化是深层次的,对文化的认识不能仅仅停留在表面现象,必须了解是哪些起作用的文化因素发展出了脱离意识而存在的信念和假设,形成了怎样做事、怎样思维和怎样感知的默认规则。组织文化实际上在更深层次上应该是一个组织所坚持的基本假设和信条。

这些基本的假设和信条是一个组织的成员所共有的，他们在运用时，可能是无意识的。这些基本的假设和信条被组织成员记住，以便遇到外部环境中的生存问题和内部的整合问题时做出反应。假设和信条之所以都被看成是理所当然的，是因为运用它们能有效地解决问题。

沙因认为，企业文化调查问卷不会也不可能揭示出文化假设。主要原因有以下两点。

① 测量者在设计调查问卷时必然会受到自身主观倾向的影响。调查问卷主要还是处理与工作关系模式相关的表达价值，任何组织都会有独特的关于文化假定的侧面不可避免地被任何一种问卷所遗漏。例如，如果一家公司一直是无债经营，而且一直很成功，它就会认为保持低负债和高度的现金平衡是正确的财务管理途径。这一关于财务管理的假定就成为其文化的关键部分，因而会影响其各种类型的战略和经营决策。但是通常没有办法预先知道是否应该把财务类型的问题纳入文化调查问卷。

② 向组织成员询问关于组织的基本假设是什么通常是无意义和无效的，因为让任何一个人评价一些共同默认的假设都是不容易的。

既然文化是一种集体现象，询问一些关于组织的不同业务领域的广泛问题，看一看集体成员在哪里存在一些明显的共识，诱使他们谈出一些集体内部的信息，相对来说要容易得多。因此沙因主张利用群体面谈和群体讨论的方法，对企业的表象和价值观进行识别，最终在此基础上得到组织的共同假设。他进一步提出如何评价和解读企业文化。具体步骤如图 3-2 所示。

在图 3-2 中，"商业问题"是指企业需要确定的问题或是需要改进的实际领域，包括战略等方面的内容。沙因建议利用群体面谈和群体讨论的方法，对企业的表象和价值观进行识别，最终在此基础上得到组织的共同假设。例如，如果价值观表达了顾客核心，那么看一看作为表象的报酬和责任系统，它们是否支持了顾客核心。如果不是，你所识别的领域里就存在深层次的默认假设，推动着这些系统。现在你必须追寻这些深层次的假设。再举一个例子，企业可能提出了鼓励与上司进行开放式交流和提出问题与建议的政策，然而你可能发现耳边私语和传播坏消息的员工会受到处罚。那你可能探查到了，除非员工脑子里有了解决的办法，否则公司并不希望他们提出这些问题。这些不一致的地方告诉你，在共同默认假设的层面上，你们的文化实际上是封闭的，只有正面的沟通受到鼓励，如果你没有得出解决的办法，你最好保持缄默①。

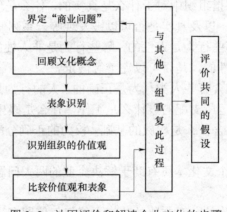

图 3-2　沙因评价和解读企业文化的步骤

---

① 沙因. 企业文化生存指南. 郝继涛, 译. 北京：机械工业出版社，2004.

沙因对于企业文化的评估重视,对企业文化的深层假设,深入企业内部,充分挖掘企业的一些共同假设,因此得到了许多企业和学者的赞同。但是沙因的理论对于企业外部环境等因素却未能进行评估。同时,沙因所评价出来的文化更注重企业当前的状况,对企业期望的文化状况还未能像一些定量模型一样非常明确地表达出来。

三、企业文化的定量测评

企业文化定量测评的方法呈现出多元化的格局,其中组织层面研究中常用的方法有以下4种。

1. 霍夫斯坦德的 5 维管理文化测量模型

在分析各民族文化的异同上,影响最大的是荷兰学者霍夫斯坦德(Hofstede)的四维管理文化测量模型。霍夫斯坦德的研究大大推进了管理文化测量的发展,成为后来许多学者研究的规范。许多学者从不同的层面拓展了他的研究,验证了他的研究的有效性。四维管理文化测量方式对人们认识与管理文化相关的企业管理规律,以及建立有利于企业发展、吻合一定的文化环境的管理模式,特别是跨文化管理模式,提供了有力的理论基础与依据。该模型从企业文化本身的内容和结构出发,清晰地勾勒出价值观和实践两方面的维度结构。

以霍夫斯坦德为首的研究小组在研究多国管理文化时由于当时条件所限仅对我国台湾地区进行了相应的研究。尽管我国台湾地区在近代被殖民统治的历史较长,但是它的基本中华文化特征并没有改变。表 3–1 以我国台湾地区为企业文化的代表,研究小组对中、美、日、德的管理文化进行了比较。

表 3–1　我国台湾地区与美国、日本和德国的管理文化比较

管理文化向量	强度 较强	次之	一般	最弱
冒险精神或对风险的态度:美国冒险精神在强区,德国、日本和我国台湾地区在弱区	美国	德国	我国台湾省	日本
权力等级差别:我国台湾地区、日本在强区,德国、美国在弱区	我国台湾省	日本	美国	德国
个人主义与集体主义倾向:美国、德国个人主义在强区,但美国、德国的差距较大,美国的个人主义极强。日本在弱区靠中。我国台湾地区具有极强集体主义倾向	美国	德国	日本	我国台湾地区
男性倾向与女性倾向(也称作强度特性):美国、日本、德国都在强区,美国、德国差距较小,日本男性倾向极强。我国台湾省在弱区	日本	德国	美国	我国台湾地区

资料来源:HOFSTEDE G. Culture's consequences. Beverly Hills,CA:Sage,1984.

通过表 3–1 可以发现以下 5 个方面的结果。

第一,除权力等级向量外,美、日、德的管理文化特征是顺序排列的。即除去权力等级这一因素,美国的管理文化代表一个极端,日本的管理文化代表另一个极端。这种现象可以看成是美、日、德管理文化的简单性或一致性。而这种简单性、一致性可能是其管理文化矛盾少的重要原因,对于减少其沟通成本也有着重要影响。

第二,在强度特性(即男性倾向和女性倾向)向量上,美国、日本、德国都在强区。这

就是说，三者都有很强的竞争倾向。这种强竞争倾向有利于克服困难，在相对不利的条件下，在经济上脱颖而出。美、日、德三国的经济崛起与这一因素的强势有着一定的联系。

第三，把我国台湾地区的管理文化与美、日、德的管理文化进行比较，可以清楚地看出我国台湾地区的管理文化与美、日、德管理文化的异同。在权力等级和强度特性（或男性倾向）这两个因素上，我国台湾地区的管理文化与美、日、德管理文化形成近似简单序列，但我国台湾地区的柔软性或女性倾向强，与美、日、德管理文化形成对照。在个人主义与集体主义倾向方面，日本与我国台湾地区的管理文化都趋向集体主义，但我国台湾地区具有极强的集体主义倾向，这一点正好与其柔软性或女性倾向强相对应，即通过"弱者"的集体合作，增强力量，抵御风险。

第四，我国台湾地区管理文化在冒险精神方面与美国相反，同德国、日本一样在弱区，冒险精神略强于日本。这也正好与女性倾向强，集体主义倾向强相适应。

通过以上分析，可以发现霍夫斯坦德的测评模型主要适用于以国家（或地区）为基本分析单位的跨文化研究。

20 世纪 80 年代以后，霍夫斯坦德与东方学者一起，对贯穿于西方和东方的文化进行了研究，发现还存在第五个维度——时间维度，即短期取向与长期取向。它所包含的内容是：某些民族关注短期目标的实现，另一些民族关注长期目标的制定。关注短期目标的社会更关注眼前的利益，对当前的状态更感兴趣，他们的时间观念较强，讲求效率，信奉"真理"（truth）；关注长期目标的社会放眼于未来，认同个人间的不平等，时间观念相对淡漠，做事从长计议，信奉"美德"（virtue）。

这五个文化维度与一个国家的经济、社会、管理等多方面的实践及其外在表现都有联系。霍夫斯坦德将世界文化分为 5 组，即：盎格鲁文化（以英国为代表）、日耳曼文化（以德国为代表）、拉丁文化（以法国为代表）、中国及华人文化（以中国为代表）及混合型文化（以美国为代表）。

应用该模型发现价值观在同一国家不同组织之间的差异较小，这可能是由于价值观的测量条目基本上来源于霍夫斯坦德以往对国家文化的研究。由于国家文化的层面高于组织文化，因此造成价值观问卷难以判断组织价值观之间的差异。

霍夫斯坦德对文化进行研究时，实际上假设文化是静态的、连续的。他认为国家文化和职业文化是永恒的，并且是早期社会化的结果。事实上，由于影响文化的因素如历史、经济和共同经历等都会发生变化，文化也会发生变化。瓦尔森等人对中国改革开放后的经理和老一代的经理进行的实证比较研究表明，改革开放后的中国经理更偏向个人主义，行动更为独立，更愿意为追求利益而冒险。他们虽然没有放弃儒家思想，但受儒家思想影响的倾向减弱。

另外霍夫斯坦德在考察组织文化时偏重于考察组织内部，忽略了组织文化对外部环境适应的方面，因此在维度分析中，也没有出现像客户导向、社会责任之类反映外部适应能力的文化维度。

2. 奎因的竞争性文化价值模型

在有关组织效率的研究中，1974 年约翰·坎贝尔（John Campbell）和他的同事提出了一个由 39 个指标组成的清单。1983 年罗伯特·奎因（Robert E. Quinn）和同事约翰·罗尔博（John Rohrbaugh）将指标划分为 2 个大组，认为组织弹性——稳定性、外部导向——内部导向这两个维度能够有效地衡量企业文化的差异对企业效率的影响，从而构建起竞争性文化价值模型（competing values framework，CVF），将组织文化划分为4种主要类型。后来金·卡迈隆（Kim S. Cameron）和罗伯特·奎因等人通过大量的文献回顾和实证研究发现，组织中的主导特征、领导风格、员工管理、组织凝聚力、战略重点和对成功的判断准则都对组织的绩效表现有显著影响，他们在竞争性文化价值模型的基础上构建了OCAI量表，提炼出6个判据（主导特征、领导风格、员工管理、组织凝聚力、战略重点和成功准则）来评价组织文化。

竞争性文化价值模型可以说是企业文化测评中运用得较多的模型之一。建立在竞争性文化价值模型上的"组织文化评估工具"（OCAI）的开发缘于对高效率组织的主要经济指标的研究。

竞争性文化价值模型主要从两个维度对组织文化进行了定义，形成了一个两维矩阵。横轴代表企业是关注内部整合还是关注企业外部环境，企业在横轴上的位置表示企业内部凝聚力和企业局部独立性之间的关系。纵轴则代表企业是追求企业的稳定性、秩序性，采取集权控制的管理模式，还是追求灵活性、分散性和局部创新性。竞争性文化价值模型如图3-3所示。

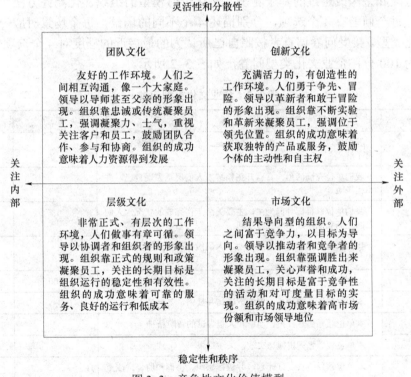

图3-3 竞争性文化价值模型

竞争性文化价值模型的突出优点在于能为企业的管理者提供一个直观、便捷的测量工具。和其他组织层面上的测量工具相比，它在组织文化变革方面有较大的实用价值。在所有的企业中，竞争性文化价值模型的4种典型文化都有相应的要素存在，但是主要由一种或是两种文化起主导作用。当一家企业需要从一种处事方式转变到另一种处事方式时，企业文化随之发生改变。应用该模型，可以描述企业的现有文化，将企业现有的文化图与过去的文化图进行比较，能够发现两者的差异。可以将现有的文化图与期望的文化图进行比较，分析出大致的改变方向，从而能清楚地解释企业文化的改变需要什么，意味着什么。

竞争性文化价值模型还可以对企业的文化进行一致性分析。这是通过各个不同的统计单元之间的比较，分析组织的文化倾向、文化冲突、亚文化类型及文化发展趋势，为文化执行情况的测评提供数据支持，为文化的变革及管理者角色定位提供支撑。文化一致性分析通常有两个维度：横向一致性分析主要是了解因业务性质不同而造成的亚文化冲突；纵向一致性分析主要是了解因权力角色不同而造成的亚文化冲突。文化一致性分析可以很好地审计企业文化的强势程度，还可以了解企业内部的沟通状况。

采用竞争性文化价值模型的组织文化测评一般分为4个步骤：首先是根据组织的特性设计调查问卷，然后发放问卷、回收问卷，接着是计算和分析各统计指标，最后是分析问卷、得出测评的结论。

测评的具体步骤如下。

① 选择企业中将要进行评估的部门（或者是企业本身）。

② 要求参与者们将得分填入"现状"栏里。

根据卡迈隆和奎因改进过的基于竞争性文化价值模型的组织文化测评方法，一般问卷包括6个问题，每个问题有4个选项，分别描述4个不同的场景，每个场景对应一个占主导地位的组织文化类型。接受问卷调查者按照自己所认为的最接近的程度对4个选项分别打分，4个选项总分为100分，企业文化类型问卷，如表3-2所示。

表3-2 企业文化类型问卷

题号	指标	现状	期望
1A	我们单位非常富有人性化，就像是一个大家庭。大家彼此非常了解		
1B	我们单位充满活力，富有开拓精神。人们愿意表现自己，并承担风险		
1C	我们单位以目标导向为主，主要关注工作完成的状况。人们之间充满竞争，并以成就为导向		
1D	我们单位控制严格、层级分明。人们做事严格遵守正式的流程		
总分		100	100
2A	本单位领导喜欢指导、培养下属，并鼓励、支持员工的发展		
2B	本单位领导倡导开拓、创新和大胆尝试的冒险精神		
2C	本单位领导强调拼搏、实效，关注结果		
2D	本单位领导擅长制订计划，并进行组织、协调和监督，注重稳定		
总分		100	100
3A	我们单位在管理风格上的特点是团队合作，强调观念一致性和员工参与		
3B	我们单位在管理风格上的特点是敢冒风险，强调创新、自由和独特性		
3C	我们单位在管理风格上的特点是强调努力竞争、高标准、高成就		

题号	指标	现状	期望
3D	我们单位在管理风格上的特点是提供就业保障,强调一致、共性和稳定		
总分		100	100
4A	我们单位的凝聚力来源是忠诚和相互信任,对组织的忠诚是非常重要的		
4B	我们单位的凝聚力来源是对革新和发展的追求,强调凡事领先		
4C	我们单位的凝聚力来源是强调成就和完成目标,积极进取和追求获胜是大家的共同特征		
4D	我们单位靠正式的规章制度将大家凝聚在一起,并强调单位的良好运营		
总分		100	100
5A	我们单位强调员工发展,坚持信任、开放和参与的氛围		
5B	我们单位重视获取新资源和创造新的挑战,崇尚尝试新事物和探索新机遇		
5C	我们单位强调竞争行为和成就,重视不断达到更高的目标,以及在市场中获胜		
5D	我们单位强调持久性和稳定性,重视效率、控制和良好的运营		
总分		100	100
6A	我们单位判断成功的标准基于人力资源发展、团队合作、员工忠诚和对人的关心程度		
6B	我们单位判断成功的标准基于对最新、最独特产品的拥有程度,强调产品领先和革新		
6C	我们单位判断成功的标准基于在市场和竞争中获胜,强调有竞争力的市场领导地位		
6D	我们单位判断成功的标准基于效率,强调可靠的产出、良好的规划和低成本的生产		
总分		100	100

注:本问卷采用百分制计分法,每一类 ABCD 4 个选项分值的总和必须等于 100。

③ 所有参与者的 A 项得分相加。

将相加后的得分除以参与打分的人数,这一结果就是该团队给团队文化打的平均分。后续可依次对 B 项、C 项、D 项进行相同的处理。

④ 在文化图上标注四种文化中每种文化的平均得分。

将这 4 点相连,就可以得到一个四边形,此四边形就代表企业目前的企业文化状况。

当一个企业想要了解员工对企业文化的期望时,就可以组织所有问卷参与者重复以上的步骤,将分数填到表 3-3 的"期望"栏中。

竞争性文化价值模型面临随着对组织有效性的深入研究而发生变化的可能性。这种可能性存在两种情况:一种情况是随着现代组织的发展,已有的两个成对维度可能不再适用,会被新的成对维度替代;另一种情况是能否在已有的基础上再加入新的成对维度,例如,关注长期目标——关注短期目标。但新加入维度后，对组织文化的分类就成为立体的象限而非现在的平面象限。假设仅仅新加入一个维度，分类就变成3×3的立体象限，这就大大增加了度量的难度。

表3-3 分数汇总表

	A项得分		B项得分		C项得分		D项得分	
	现状	期望	现状	期望	现状	期望	现状	期望
问题1								
问题2								
问题3								
问题4								
问题5								
问题6								
总分								
除以6								
文化类型	团队文化		创新文化		市场文化		层级文化	

3. 德尼森的文化特质模型

瑞士洛桑国际管理学院（IMD）教授德尼森（Denison）构建了一个能够描述有效组织的文化特质模型。该模型认为有4种文化特质，即适应性（adaptability）、使命（mission）、一致性（consistency）、投入（involvement）和组织有效性显著相关，每种文化特质对应着3个子维度。其中，适应性包括创造改变（creating change）、关注客户（customer focus）、组织学习（organizational learning）；使命包括战略方向与目的（strategic direction & intent）、目标（goals & objectives）、愿景（vision）；一致性包括协调与整合（coordination & integration）、同意（agreement）、核心价值观（core values）；投入包括能力发展（capability development）、团队导向（team orientation）和授权（empowerment）。他在此基础上设计出OCQ（organizational culture questionnaire）量表，该量表包括60个测量项目。

德尼森的文化特质模型是较新开发的模型，也可以看作是建立在奎因的竞争性文化价值模型基础之上。该模型中的4个文化特质与企业的经营管理有着密切的关系。德尼森的研究表明：企业的经营业绩具体体现在企业的稳定性、灵活性、企业的内部和外部4个方面，而这4个方面的业绩恰恰是4个文化特性的外在表现。

研究表明，某一方面的经营业绩是由4个文化特性中的两个方面决定的（见图3-4）。"使命"和"投入"决定企业的稳定性。这两个文化特性主要影响财务方面的性能指标，如资产收益率、投资收益率和销售收益率。"投入"和"一致性"关注的是企业内部，这两个特性主要影响产品和服务的质量、员工满意度和投资收益率。"一致性"和"适应性"决定了企业的灵活性，这两个特性主要影响产品更新和升级。"适应性"和"使命"关注的是企业外部，这两个特性主要影响企业的收入、销售额和市场份额。

图 3-4　德尼森的文化特质模型

资料来源：张慧玲. 德尼森企业文化调查模型. 中外企业文化, 2004（1）.

德尼森的测度模型通过运用统计学的百分位数和四分位数[①]，在原始调查数据的基础上，与基准数据进行比较，从而得出被调查企业的文化状况。德尼森通过多年的研究，组成了一个由 888 家企业及组织的调查结果构成的数据库。数据库由 60 个项目的标准平均值和 12 个指标的标准值组成。通过将被调查企业或组织的调查结果与这套标准数值（也称为常模）进行比较得到的百分位数可以看出，被调查企业的文化状况处在什么样的水平，优势与劣势各是什么。

运用德尼森的文化特质模型，可以将某一企业的文化分别与较好和较差经营业绩企业的文化进行对比，以明确该企业在文化建设方面的优势与不足；可以测量企业现存的文化；考察该企业文化如何在提高经营业绩方面发挥更好的作用。

德尼森的文化特质模型共有 12 个子维度和 60 个测量项目，表 3-4 为对照原量表所做的中文翻译。在翻译的过程中，很多项目都难以找到准确的中文释义，这是因为该量表与西方社会文化环境有高度的文化相关性。在我国直接应用时参与者未必能完全理解其含义，是否能合理地反映我国企业目前的企业文化状况还未得到论证。

表 3-4　德尼森的文化特质模型量表

文化特质	维度	细　节
参与性	授权	① 大多数员工高度参与工作 ② 决策总是在获得充足的信息后进行 ③ 信息共享：使所有人都能获得需要的信息 ④ 所有人相信他们有正面的激励 ⑤ 企业规划不间断进行，一定程度使所有员工参与其中
	团队导向	⑥ 企业鼓励组织中不同部门之间的合作 ⑦ 员工凝聚成为团队进行工作 ⑧ 团队用来完成工作，而不是仅仅用于上级管理下级 ⑨ 团队是我们企业的最重要形式 ⑩ 有组织地安排工作，使每个人明确他们自身工作与组织目标的关系

[①] 四分位数是百分位数的另一种表述，即把 100% 划分为四等份，由低到高分为四段。

续表

文化特质	维度	细节
参与性	能力发展	⑪ 授权给员工以使员工充分表现 ⑫ 人们的能力持续增加 ⑬ 持续投资员工的技能 ⑭ 员工能力被视作竞争优势的重要源泉 ⑮* 问题常常出现的原因在于我们没有足够的能力完成工作
一致性	核心价值观	⑯ 领导者和管理者"做他们说的" ⑰ 存在一种显著的管理风格和一套显著的管理策略 ⑱ 存在一套一致的,清晰的价值观指导我们工作 ⑲ 忽视核心价值观将使你陷入麻烦 ⑳ 存在伦理道德指导我们的行为,并告诉我们对与错
一致性	同意	㉑ 意见不同时,我们努力达到"双赢"解决方案 ㉒ 存在强势文化 ㉓ 即使在困难问题上,都极易达成一致 ㉔* 在关键问题上我们经常不能达到一致 ㉕ 工作中正确方法与错误方法上有明显的一致的界定
一致性	协调与整合	㉖ 我们经营管理的方法是十分一致与可断定的 ㉗ 组织中不同成员共享一个共同的愿景 ㉘ 组织中不同部门很容易协调计划 ㉙* 与组织中其他部门的员工共同合作就像与另一个组织中员工共同工作一样 ㉚ 不同层面上都有达成目标的良好合作
适应性	推动改革	㉛ 我们工作的方法极有伸缩性,很容易改变 ㉜ 对于竞争者和外界经营环境中的其他改变,我们有着良好回应 ㉝ 工作中新的改进的方法持续被采用 ㉞* 创造改变的尝试常常遇到阻力 ㉟ 组织中不同部门经常共同合作推动改革
适应性	关注客户	㊱ 客户的意见和建议经常使我们改变决定 ㊲ 客户的意见直接影响我们的决策 ㊳ 每个成员对于客户的需求都有一个深刻的理解 ㊴* 我们决策中经常忽略客户的利益 ㊵ 我们鼓励员工直接与客户联系
适应性	团队学习	㊶ 我们将失败作为学习与改进的机会 ㊷ 我们鼓励和奖赏创新的冒险 ㊸ 许多事情都可能失败 ㊹ 我们每天要在工作中学习是一个重要的目标 ㊺ 我们确认"右手知道左手干什么"
使命	战略方向与目的	㊻ 存在长远的目标与方向 ㊼ 我们的战略使得其他组织改变他们在本行业的竞争方式 ㊽ 存在明确的使命指引我们工作的方法与方向 ㊾ 未来有明确的战略 ㊿* 对于员工,组织战略发展方向并不明确
使命	目标与目的	51 对于目标组织内达成广泛的一致 52 领导者设置既有雄心又实际的目标 53 领导者公开表明对于我们尝试达到目标的观点 54 我们对于预期的目标,持续追踪我们的进展 55 员工明白我们长期发展追求成功需要做些什么
使命	愿景	56 我们共享组织未来会是什么样的愿景 57 领导者有长远的观点 58* 短期的见解经常会影响远期愿景的实现 59 我们的愿景使我们的员工有动力 60 我们能达到短期目标而不用改变远期的愿景

注：*表示该问题对企业文化起到负面的作用。

资料来源：DENISON D R. Corporate culture and organizational effectiveness: is there a similar pattern around the world?.Organizational Dynamics，2004（33）：98-109.

德尼森的文化特质模型主要是通过对西方国家的 5 家企业进行深入的个案研究构建的，随着应用环境的改变是否还会产生新的文化特质，尚未得到进一步的论证。德尼森文化特质模型的 12 个维度有交叉的情况，例如，使命的三个子维度表述的概念就十分接近。该模型用来作为基准的数据库是由西方企业所组成，因此能否用来研究具有东方文化特点的中国企业的情况还需要进一步的验证。

4. 查特曼的组织价值观量表

在西方国家，组织价值观量表（organizational culture profile，OCP），以下简称 OCP，是最常用的价值观量表之一，主要用于测量个人与组织的契合度。

奥莱利（O'Reilly）和查特曼（Chatman）等人为了从契合度的角度研究个人-组织契合和个体结果变量（如组织承诺和离职）之间的关系，构建了组织价值观量表。OCP 量表项目设置的关键词，如表 3-5 所示。因素分析表明，OCP 量表由 7 个维度构成，分别是创新、稳定性、尊重员工、结果导向、注重细节、进取性和团队导向。完整的 OCP 量表有 54 个测量项目，表 3-5 显示了这些测量项目的关键词。

表 3-5 OCP 量表项目设置的关键词

① 灵活性（flexibility）	㉛ 成就导向（achievement orientation）
② 适应性（adaptability）	㉜ 被要求（being demanding）
③ 稳定性（stability）	㉝ 负责尽职（taking individual responsibility）
④ 可预见性（predictability）	㉞ 期待高绩效（having high expectations for performance）
⑤ 创新（being innovative）	㉟ 职业成长的机会（opportunities for professional growth）
⑥ 能迅速地把握机会（being quick to take advantage of opportunities）	㊱ 回报高绩效（high pay for good performance）
⑦ 愿意实验（a willingness to experiment）	㊲ 就业保障（security of employment）
⑧ 冒险（risk taking）	㊳ 表彰好业绩（offers praise for good performance）
⑨ 小心（being careful）	㊴ 冲突少（low level of conflict）
⑩ 自治（autonomy）	㊵ 直面冲突（confronting conflict directly）
⑪ 规则导向（being rule oriented）	㊶ 同事关系融洽（developing friends at work）
⑫ 注重分析（being analytical）	㊷ 契合（fitting in）
⑬ 注重细节（paying attention to detail）	㊸ 工作中与他人合作（working in collaboration with others）
⑭ 精确（being precise）	㊹ 工作充满激情（enthusiasm for the job）
⑮ 团队导向（being team oriented）	㊺ 长时间工作（working long hours）
⑯ 信息共享（sharing information freely）	㊻ 不受规则限制（not being constrained by many rules）
⑰ 在整个组织中强调单一文化（emphasizing a single culture throughout the organization）	㊼ 强调质量（an emphasis on quality）
⑱ 以人为本（being people oriented）	㊽ 与众不同（being distinctive–different from others）
⑲ 公平（fairness）	㊾ 良好声誉（having a good reputation）
⑳ 尊重个人的权利（respect for the individual's right）	㊿ 社会责任（being socially responsible）
㉑ 宽容（tolerance）	㉛ 结果导向（being results oriented）
㉒ 不拘泥于形式（informality）	㉜ 有一个明确的指导思想（having a clear guiding philosophy）
㉓ 轻松（being easy going）	㉝ 富有竞争力（being competitive）
㉔ 平静（being calm）	㉞ 高度组织化（being highly organized）
㉕ 支持（being supportive）	
㉖ 积极有冲劲（being aggressive）	
㉗ 决策果断（decisiveness）	
㉘ 行动导向（action orientation）	
㉙ 采取主动（taking initiative）	
㉚ 自我反思（being reflective）	

资料来源：O'REILLY C A, CHATMAN J, CALDWELL D F. People and organization culture: a profile comparison approach to assessing person-organization fit. Academy of management journal, 1991, 34（3）.

OCP 量表的测量项目是通过对理论和实务型文献的广泛回顾获得的，经过细致的筛选最终确定下 54 条关于价值观的陈述句。和多数个体层面上的研究采用 likert 的计分方式不同，OCP 量表采用 Q sorts 的计分方式。被试者被要求将测量条目按最期望到最不期望或最符合到最不符合的尺度分成 9 类，每类包括的条目数按 2—4—6—9—12—9—6—4—2 分布，实际上是一种自比的（ipsative）分类方法。回答者分两次对 54 个题项分等级，一次是描述感知到的组织文化，一次是描述期望的组织文化。经过这样的测量，就能较直观地了解组织成员对文化的偏好程度。

四、企业文化总体测评的框架

（一）企业文化总体测评框架的提出

目前对企业文化测评的研究无论是定量分析模型还是定性分析方法都只注重从单一的方面对企业文化进行测评。主张定量分析的学者认为定性分析的方法时间长、收效慢，在探讨企业文化与组织行为和组织效益的关系时，难以提出量化的数据进行论证研究；主张定性研究的学者们则认为定量研究的结果只能反映企业文化的表象，不能反映企业文化的深层含义。

沙因将企业文化划分为 3 个层次，由外及里依次为表象、表达的价值和基本假设。我们认为由于表象、表达的价值都是企业文化的显性表现形式，是清晰明确的文化现象，易于了解和测评，因此我们将这两个层次的文化统称为"显性的企业文化"，而沙因提出的第三个层次的文化，即"基本假设"，反映的是指导组织成员行为的重要的、共同的经验和信念。这些经验和信念潜移默化地影响组织成员的行为。这些共同享有的观念起作用的时间很长，以至于被看作是理所当然的，并且变成不知不觉的。因此我们将"基本假设"称作"隐性的企业文化"。隐性的企业文化需要测评人员深入挖掘，去粗取精，去伪存真。

由于影响企业文化的因素较多，同时文化作为一种组织集体现象也极为复杂，因此我们认为，单从定量或是定性一个方面对其进行测评是不够完整的。定量分析与定性分析各有其长处，因此为更全面地反映企业文化的状况，在前人研究的基础上，我们将定量分析与定性分析有机地结合起来，构建了一个企业文化总体测评的框架，如图 3-5 所示。

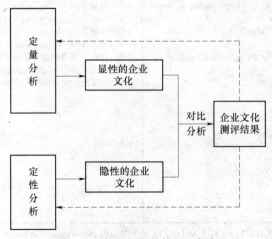

图 3-5　企业文化总体测评框架

企业文化总体测评框架强调从定量、定性两个方面对企业文化进行系统测评。定量分析侧重测量显性的企业文化所反映的企业价值观；定性分析充分挖掘深层次的企业文化，即"隐性的企业文化"，发掘企业文化中的哪些信念对企业员工思维、行为等能起到潜移默化的作用，分析把握企业内部潜在的信念和假设是如何指导企业运作和发展的。

在定量、定性分析的基础上，测评者可将所得到的隐性的企业文化与显性的企业文化进行对比分析，从而得到企业文化真实的状况，避免出现隐性、显性文化"两张皮"的现象。最终企业可根据测评结果有效地进行文化管理，从而更好地指导企业推进文化的创新或变革。

（二）定量测评中对竞争性文化价值模型的修正

竞争性文化价值模型是企业进行文化定量测评经常使用的模型，它能为企业提供一个直观便捷的测量工具。和其他组织层面上的测量工具相比，竞争性文化价值模型在组织文化变革方面有较大的实用价值。应用该模型，可以将现有的文化图与期望的文化图进行比较，分析出组织文化的变革方向。运用竞争性文化价值模型还可以对企业的文化进行内部一致性分析。该模型的不足之处在于其维度有些简单，一些重要的文化内容不能在该模型中被评价表述出来。

与竞争性文化价值模型的OCAI量表相比，德尼森的OCQ量表包含了更多的子维度，因此在揭示组织文化内容方面显得更为细致。OCQ量表也存在一定的问题。在心理测量学中，维度是指某一概念在同一结构层面上相互独立的部分，它们共同构成此概念的整体。从OCQ的四种文化特质内容和子维度的结构来看，文化特质之间很难称得上是维度关系。例如，子维度中的关注客户、团队导向等更像是核心价值观范畴的内容，它们并不属于同一结构层面上能够相互独立的内容。

综上所述，结合文化特质模型的方法，我们对竞争性文化价值模型进行修正。德尼森的文化特质模型中包含了12个子维度，但其中有些子维度存在重复问题，因此我们在其基础上，去除一些重复的维度，对某些维度进行整合。例如，使命下的三个子维度在问卷中就互有交叉，我们将其归纳成战略愿景一个维度；一致性下的"同意""协调与整合"，其量表中的问题主要反映的是企业文化的认同，因此我们将其归纳成文化认同这一维度。通过归纳整合，我们提出定量测评企业文化的8个维度：变革创新、关注客户、团队协作、员工发展、制度规范、文化认同、社会责任、战略愿景。我们将这8个维度按照以下标准进一步归类。

① 外部适应：企业有其自身的规划和愿景，有明确清晰的经营理念，战略出发点是企业的成长和提高核心竞争能力，重视企业形象，注重企业与外部环境的协调，社会责任感强，关注客户关系，积极推动变革创新。

② 内部整合：强调团队精神和协作意识，注重企业内部的管理规范。

③ 变革导向：注重企业的生存和短期绩效，或注重企业的快速成长。注重技术创新和技术领先，强调降低成本，提高质量，不断超越自我。

④ 稳定导向：注重企业的可持续发展，强调制度规范；强调传统意识和文化认同；强调合作态度。

修正后的竞争性文化价值模型如图3-6所示。

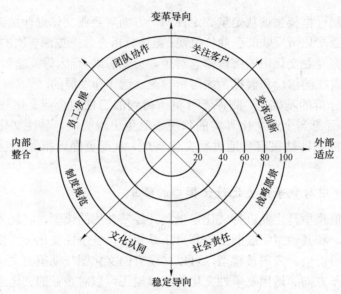

图3-6 修正后的竞争性文化价值模型

修正后的模型共有5个圈,每个圈代表100分制的20分,通过问卷调查,可计算出每个维度的平均得分,用不同的色块填涂到相应的表格中,就可以清晰地反映出被调查企业的组织文化价值观状况。

应用该修正模型,可以对目前企业文化的优势和不足做出基本评价;可以与同行业、同类型企业的企业文化进行对比分析;可以与其他经营业绩好的企业的文化进行比较分析;同样可以根据企业所期望的文化分析确定企业文化变革的目标和方向。

(三)对定性测评方法的扩展

借鉴人类学中田野观察的方法,可以帮助测评者更好地了解企业的文化,因此我们认为可以采取田野观察法及与其配套的访谈法深入观察和发掘企业文化的深层假设。

田野观察法的一个重要原则是参与性观察,要求研究者投身于他所要研究的企业人群之中,参与他们的工作生活,观察周围正在发生的事情,进而分析企业的规范与价值观。

田野观察法获取资料的基本途径是"参与观察"和"深度访谈"。通过与研究对象建立起和睦信任的关系,从而与研究对象产生感情渗透与共鸣,以保证收集到的资料的独特性。参与观察需要掌握一定的技巧,如能在熟悉的事件和环境中发现值得研究的案例,学习企业成员的语言等。研究者观察后应详细地写下现场看到、听到的有关人物、事件、活动和谈话,并且记下自己的想法和感受等。这种参与观察式的实地调查,既能增加收集资料的深度,又能借助亲身实地的观察与深入谈话,使研究者摆脱自己先入为主的偏见,更好地融入企业来评价其文化。具体测评程序如下。

① 与企业建立关系,准备进入企业。

② 进入企业系统地观察,并进行详细的记录。测评者积极参与企业的实际工作,仔细观察企业成员间的关系与工作方式,随时记录下观察到的事情。

③ 挑选适当的接触对象或受访者,建立和谐信任的关系。

④ 初次访谈。在与内部人员建立起坦诚互信的关系之后,测评者可以开始利用正式或非

正式的访谈机会，和被访问的企业员工分享自己的所见所闻，向其提出关于该组织的有疑问的事件。

⑤ 二次访谈。寻求企业成员对企业文化现象的解释。经过一段时间的接触与工作，测评人员已经收集了一定数量的企业文化现象的资料。在此基础上，测评人员可对前一步骤的受访者进行第二次访谈。可以邀请受访者说明所观察到的一些行为表象的真正意义，也可以提出自己的观点，与受访者共同讨论、解释、修正。

⑥ 资料的整理和解读。在累积了大量的田野记录及访谈资料后，测评者可以在沙因定性分析模型的基础上整理并解读文化的 3 个层次。在此阶段，测评人员往往可以渐渐发现一些企业的基本假设。测评者可以将期间产生的问题与企业成员不断讨论，反复思考和修正。

⑦ 整理归纳企业文化。田野资料本身大多是关于事实的叙述，通过对这些资料进行整理和解读的过程，测评者可以从事实性的资料中总结提炼出抽象层次较高的文化含义，从而可以具体说明企业文化的基本假设和潜在的价值观念，以及由各种假设所衍生出来的外显价值观及其具体事例。

⑧ 组织成员参与确认。测评人员将自己总结的企业文化描述带回企业，与企业内部成员进一步讨论确认。

⑨ 提炼出企业文化的基本假设。测评者根据上述步骤讨论的结果，修正以上步骤⑦的企业文化结论，最终得出对公司企业文化的基本假设。

复习思考题

1. 企业文化调研的目的是什么？
2. 企业文化调研的基本方法有哪些？
3. 为什么沙因主张对企业文化进行定性分析？
4. 根据竞争性文化价值模型分别找出其 4 种主要文化类型的代表性企业。

案例讨论

华能澜沧江水电有限公司小湾水电厂企业文化调研

小湾电站是国家"西电东送"骨干电源点，云南省实施"西部大开发"的标志性工程，是华能集团水电骨干生产企业。电站于 2002 年 1 月 20 日正式开工建设，2009 年 9 月 25 日首台机组投产发电，2010 年 8 月实现 6 台机组全部投产发电。2005 年底正式成立的华能澜沧江水电有限公司小湾水电厂（以下简称：小湾电厂）是电站生产运营单位。

从 2005 年开始生产准备以来，小湾电厂的历任领导都十分重视企业文化建设工作，在华能"三色"文化孕育下的小湾"责任水文化"建设取得了丰硕成果，先后荣获了"全国企业文化建设优秀单位""全国创先争优先进基层党组织""云南省安全文化建设示范企业""国家水土保持生态文明工程""中国电力优质工程奖""中央企业先进基层党组织"等荣誉称号。此次开展企业文化调研，旨在通过专业的调研分析方法和工具，客观、科学、准确地了解小湾电厂企业文化发展现状，为促进"责任水文化"的进一步创新和发展提供基础数据和相关思路。

一、调研情况概述

1. 资料搜集

主要从三个渠道搜集资料：一是互联网资料搜集，搜集了华能集团官网、媒体关于小湾电厂的相关报道等资料。二是小湾电厂参照资料清单提供的资料。三是现场资料收集，通过对现场的观察及拍照，获取了最直接的信息。

2. 实地考察

2017年3月7—10日，项目组对小湾电厂进行了实地考察。

3. 个人访谈

项目组于2017年3月8—9日通过现场调研方式进行了小湾电厂高层领导访谈（共3人）、部分中层干部和基层员工代表访谈（共15人）。

4. 问卷调查

2017年3月14日开始，项目组通过网络运用企业文化定量测评工具对小湾电厂的企业文化现状进行了全员定量测评。截至2017年3月20日，小湾电厂共有编制内员工175人，本次问卷调查共回收162份问卷，占全体员工的比例为92.57%，其中有效问卷162份，有效率为100%，有效问卷占全体员工的比例为92.57%。

二、企业文化定量测评

本次调研采用基于竞争性文化价值模型（CVF）的卡迈隆（Cameron）和奎因（Quinn）的企业文化评估量表（OCAI）进行企业文化类型的定量测评。

1. 企业文化总体水平及类型分析

小湾电厂的企业文化总体水平及类型如图3-7所示。从图3-7可以看出，不论是对公司企业文化现状的感知还是对公司企业文化未来的期望，公司在规范导向、创新导向与市场导向三个方面有非常接近的得分，而团队导向的得分相比其他三个要高一些。

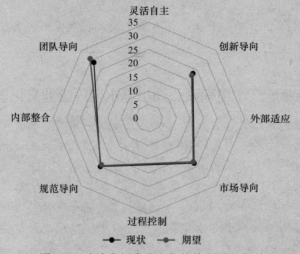

图3-7 小湾电厂企业文化总体水平及类型

为了更清晰地看出各指标之间的差异，我们将图3-7的坐标系重新设置，得到图3-8。我们看到，就现状而言，公司目前在团队导向和规范导向上的得分较其他两个导向要高，创新导向、市场导向相对较低一些。说明公司更大程度上是属于团队文化类型的企业。而就对企业文化的期望而言，对团队导向的期望要比现状还要高，对规范导向、创新导向和市场导向的期望值都比现状要小一些，由此可见，打造团队导向的公司文化不仅是公司过去努力的方向，也是广大干部职工对未来的期望。

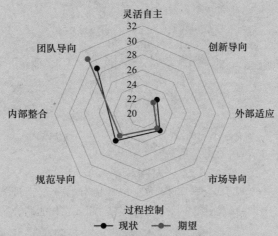

图 3-8　重新设置坐标系后的小湾电厂企业文化总体水平及类型图

2. 不同岗位类别的企业文化水平及类型分析

管理岗位、技术岗位、操作岗位和其他岗位员工对企业文化现状的认知如图 3-9 所示。小湾电厂分岗位员工对未来企业文化的期望，如图 3-10 所示。

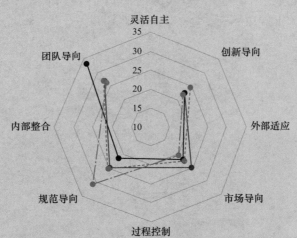

图 3-9　小湾电厂分岗位员工对企业文化现状的认知

从图 3-9 可以看出，技术岗位和操作岗位的员工对于企业文化现状的认识基本一致，认为公司兼顾了创新导向、市场导向、规范导向和团队导向 4 个方面的发展；而管理岗位认为公司文化中团队导向更加明显，其他岗位员工则认为规范导向明显高于其他导向，其次是团队导向。

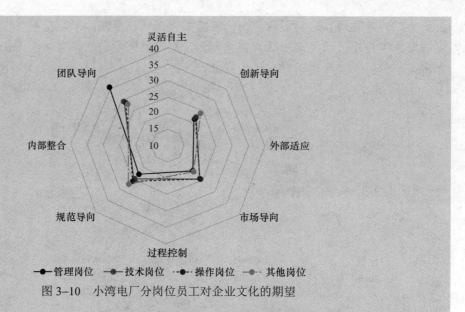

图 3-10　小湾电厂分岗位员工对企业文化的期望

从图 3-10 可以看出,在文化期望方面技术岗位和操作岗位的员工对于企业文化的期望基本一致,认为应该兼顾团队导向和市场导向的发展;管理岗位员工希望向团队导向方向发展;而其他岗位的员工希望兼顾团队导向、规范导向的发展。

3. 不同岗位级别的企业文化水平及类型分析

小湾电厂不同岗位级别对企业文化现状的认知如图 3-11 所示。小湾电厂不同岗位级别对未来企业文化的期望如图 3-12 所示。

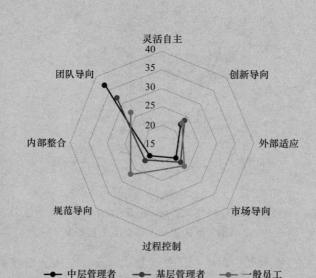

图 3-11　小湾电厂不同岗位级别对于企业文化现状的认知

从图 3-11 可以看出,各管理层级对于企业文化现状的认知基本一致,都认为公司的团队导向更为突出。但是,一般员工认为公司兼顾了团队导向和规范导向。

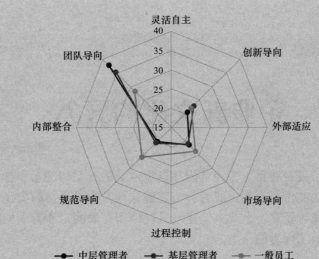

图 3-12 小湾电厂不同岗位级别对于企业文化的期望

从图 3-12 可以看出，在小湾电厂的文化期望方面，不同层级管理者的意见基本一致，都希望向团队导向方向发展，同时兼顾创新导向、市场导向和规范导向。而一般员工在规范导向上的期望明显高于管理者，希望向团队导向和规范导向方向发展。

（选编自：黎群主持的"华能澜沧江水电股份有限公司小湾水电厂企业文化研究"项目报告）

讨论题

1. 试分析小湾电厂企业文化现状和未来期望测评的结果。
2. 试分析小湾电厂不同层级管理者和一般员工在期望文化类型上存在差异的原因。

第四章

企业新文化的导入

企业文化是指现阶段企业员工普遍认同并自觉遵循的一系列理念和行为方式的总和,因此,要使企业所倡导的文化要素真正成为员工普遍认同并自觉遵循的文化,就需要十分重视企业新文化的导入工作,否则,企业文化建设只能停留在表面,作为人们的口号或墙上的标语,起不到真正引导员工行为的作用。

第一节 企业文化形成的内在动因

员工的高层次需要是企业文化形成的员工层面的内在动因。需要是指人们由于缺乏某种东西而产生的一种心理状态。需要理论是研究人的各种需要,又被称为内容型激励理论。西方行为科学提出了多种需要理论,其中著名的有马斯洛(Maslow)的需要层次理论、爱尔德佛(Alderfer)的 ERG 理论,麦克利兰(McClelland)的激励需要理论和赫茨伯格(Herzberg)的双因素理论。这些理论是一脉相承的,它们都是研究人有哪些方面的需要。ERG 理论较为全面地对人的需要层次进行了分类,因此我们采用爱尔德佛对需要层次的分类方法来分析员工的需要与企业文化形成的内在关系。

企业文化的发展同时也是一种心理过程,它与生存(生存与安全感)、关系(归属与共享)、成长(自我发展和自我实现)这三种类型的需要是密不可分的。员工生存和安全感的需要是企业文化形成与发展的基础,员工归属和共享的需要从精神层面造就了一个具有共同利益的联合体——企业。在企业中,基本的信仰和价值观被视为"正道"灌输给员工,给他们以延续感、稳定感和工作上的指导,同时这些感受又因为拥有和遵循同样价值观的人的存在而得到增强。员工自我发展和自我实现的需要促使这些基本信仰和价值观进一步沉淀,形成企业文化,优秀的企业文化又常常主张给员工提供发展机会,鼓励员工自我实现,通过实现企业目标来实现员工的个人目标。

员工生存和安全感的需要是企业文化形成的基础。毕竟文化的核心是属于精神层面上的,一切精神的东西都需要物质来支撑。员工工作的最基本的目的是为了生存,脱离这一点谈企业文化,是不切实际的,但是影响企业文化形成的主要原因还是员工的高层次需要——归属的需要、共享的需要,以及自我发展和自我实现的需要,因此下面我们着重分析员工的高层次需要如何影响企业文化的形成。

一、员工的归属需要

员工的归属需要可以用"社会认同"这一心理机制来阐释。社会认同就是人类用"他们—我们"的眼光来看待世界的倾向,也就是说,把我们自己看成是置身于许多不同的圈子中，而与"他们"区别开来。社会认同可以划分成三种基本的心理过程，即归类、积极的自尊和群体凝聚力。从本质上讲，人是社会性动物，归类就是人们自发地将世界分成"他们—我们"，认为自己属于某些团体而不属于另一些团体。积极的自尊指我们更加愿意属于能够正确地反映我们的自尊的群体，愿意从我们所属于的群体或正在做的事情中得到更多的自豪感。群体凝聚力是有关归属感的，它把一个群体的成员联系在一起，使群体成员认为自己是属于该群体的，并且认为自己不同于其他人。

企业是一个复杂的组织，它会分化出不同的小群体。例如，根据职能的不同可分成生产部门、采购部门、销售部门、研发部门和人力资源部门等；根据阶层的不同可分成高级管理层、中级管理层、基层管理人员和一线员工等。这样一来，企业员工也分别属于不同的小群体，具有不同的社会身份。一个企业员工可能同时具有多种社会身份，他们属于并且认同许多群体，在不同的时间，他们可以表现出不同的社会身份，某些社会身份依赖于其他的社会身份。正如阿什福斯（Ashforth）和密尔（Mael）指出的那样，在某一组织中工作的某个人可以认同与自己有关的工作小组，可以认同自己所在的部门，可以认同自己所属的职业阶层，以及认同整个公司，所有这些都不会发生冲突。

从企业中各种不同小群体的层面上来说，这些小群体的成员具有不同的社会身份，因为他们分属于不同的小群体。但是，每个小群体都为企业这个整体做出贡献，它们都是企业的一部分。也就是说，所有的企业员工，不管他们属于什么样的小群体，具有什么样的社会身份，他们都是为了同样的企业目标工作的，都是一个更大规模的群体——企业中的一部分。

人们非常愿意从自己所属的那一类特殊社会群体中获得自尊感，这不仅适用于家庭，也适用于企业。如果员工清醒地知道企业取得的成就，并认识到自己对这些成就所做出的贡献，他们就会为自己的贡献、为企业感到由衷的自豪。

在企业员工之间形成一种凝聚力和社会同一性意识有助于企业文化的形成。如果企业中的各种小群体拥有一种牢牢扎根于整个企业内部的社会同一性意识，是十分有益的。各种各样的企业典仪风俗、企业文化节日及企业内部的社交活动都有助于形成员工之间的凝聚力，形成社会同一性意识。对于形成组织凝聚力来说，更为重要的则是内部沟通。通过沟通使员工认识到各个小群体和企业是一个正在运行的统一体，以此促进员工的同一性意识和归属感的形成。有效的沟通有助于员工认识到自己是整个企业的一部分，并且有助于他们认识到其他人、其他小群体对企业的贡献，这样就促使员工形成一种明确的同一性意识和为共同目标而工作的意识。事实上，这一点早在霍桑实验中就被高度关注。在霍桑实验的研究中，一位特别不拘小节的领导被作为研究对象，这位领导带领新成员参观工厂，以使他们能够看到自己的工作是如何与最终产品的制造相配套。在这一部门中，员工之间的疏远感明显少得多，与其他一些认为自己的工作完全独立于其他部门的部门相比，该部门的员工跳槽率很低。

综上所述，无论企业员工是否具有多种社会身份，还是不同的员工具有不同的社会身份，他们都是企业中的一分子，都可以认同企业。员工为企业取得的成就，以及自己在这些成就中所做出的贡献感到由衷的自豪，并为自己的这种企业身份感到骄傲。企业员工的同一性意识、积极的自尊感和员工之间由于沟通所形成的组织凝聚力，构成了员工对企业的归属感。这种归属感促进了企业文化的形成。

二、员工的共享需要

员工的共享需要是和"社会表现"的心理机制紧密联系在一起的。认为自己与一个社会群体有关的人们也倾向于认为自己群体内人们的观点或意见要比外部人的意见更加有效。随着时间的推移,一个稳定的工作团体中的成员会逐渐了解并理解彼此的信仰。虽然他们仍然存在各不相同的观念和意见,但往往能逐渐分享有关工作及工作中的许多信念和构想,这些共同的信念和构想就叫作社会表现。

人们并不会很轻易地完全接受社会表现,他们往往通过对话和讨论来发展、改造及沟通社会表现,直到达到一种能够接受的意见,并将其融入现有的信念和观点之中。如果某些观点不能以这种方式加以改造,那么人们就会完全拒绝它们。事实上,人们往往接受社会表现的某些部分,并且改造其余部分。按照社会表现理论的提出者——法国心理学家塞日·莫斯科维奇(Seige Moscovici)的观点,对话就是有关发展、改造及沟通社会表现的行为。当我们跟别人谈话时,就是在阐明不同的观点,并且在接受别人的观点。最后,我们把这些观点融入我们自己的意见和观点中。

在同一个企业中工作的员工,为了高效地完成工作,彼此之间需要了解、沟通,并且需要形成一些大家共同认可的有关工作的信念和构想。随着时间的推移和员工之间的熟悉,他们逐渐形成了一些工作方面共享的信仰或观念,也就是说他们拥有了社会表现。

企业文化中那些最为重要的共同信仰和价值观是企业文化的核心部分,因此,从某种意义上讲,企业文化就是一种在企业组织中的社会表现。这缘于以下几点原因:① 社会表现代表企业作为一个组织的现实生活方式,是由个人和工作群体共同协商、共同拥有的;② 社会表现也包括被认为是企业最根本的价值观和构想;③ 企业文化的表达方式大多与社会表现的表达方式一样,都是通过文化故事、英雄人物、各种标志及人的行为表现出来的。

美国企业文化专家沙因的观点与此十分吻合。沙因把共享信仰和价值观称为共享的基本假设,并描述了共享的基本假设的演化过程。在刚开始的时候,群体内有一个或一个以上的成员居于领导的角色,由他们制定行动方针,当这些方针可以不断成功地解决群体内、外的问题时,它们就会被视为是理所当然的,成为潜藏在这些行动方针之下的假设,也就不会再引发质疑和辩论。当一个群体有了足够的共享历史,可以形成这样的一组假设时,它就有了文化。

三、员工的自我发展和自我实现需要

自我发展和自我实现是人类最高一级的需要。员工所追求的往往不仅仅是工作本身,除了从工作中获得报酬以谋生,获取同事之间的亲密关系以满足交往的需要外,员工更希望能够通过自己的工作找到人生的意义和目的,实现自身的价值。霍夫斯坦德认为,人们不可能离开某种价值观念而存在。优秀的企业文化强调企业员工对企业使命的认同,对共同愿景和共同目标的认定,鼓励员工把个人的发展与企业的发展结合起来,支持员工的职业生涯发展和个人的不断成长。

企业使命代表企业存在的根本目的或理由,是企业理念文化的一条基本理念。使命强调企业对社会的贡献,是一种有价值的、崇高的责任和根本任务,即回答"我们干什么"和"为什么干这个"。员工在其生理、安全、关系、尊重等需要得到满足的基础上,更希望找到自己工作的根本目的和人生的意义，希望实现自身的价值，企业使命为此提供了一条很好的途径。企业在追求和实现使命的过程中，不仅激励了员工的士气，而且可使员工领略到更高层次的人生意义，可以很好地满足员工自我实现的需要。

企业愿景是指组织成员普遍接受和认同的组织的长远目标，也是企业理念文化的一条基本理念。正如个人愿景是员工心中所持有的愿望和景象，企业愿景则是企业员工所共同持有的愿望和景象，它创造出众人是一体的感觉，并贯穿到企业的全部活动，使各种不同的活动融合起来。当员工真正共享企业愿景时，这个共同的愿景就会紧紧地将他们和企业结合起来，这是因为他们内心渴望能够归属于一项重要的任务或事业。共同愿景把员工的个人愿景和企业发展的愿景整合为一体。拥有共同愿景的企业可以有效协调员工与企业之间的关系。企业不再是"他们的公司"，而是"我们的公司"；企业愿景不再是"他们的愿景"，而是"我们的愿景"；实现企业的目标也就是实现"我们"自己的人生目标。工作变成是在追求一项蕴含在企业的产品或服务之中，比工作本身更高的目标。共同愿景描绘了员工希望达到的长远发展目标，唤起员工内心的希望，鼓舞、引导员工为实现这个目标而不断努力，从而可以很好地满足员工自我发展的需要。

使命、愿景与价值观的结合产生的认同感，能够将企业内部的广大员工与企业连接起来。优秀的企业文化不但同时关注企业的发展和员工自身的发展，把二者作为一个有联系的整体来对待，而且引导员工在制定个人职业规划和发展目标时，找到个人目标和组织目标的结合点，通过实现组织目标来实现个人目标。这样，员工在报酬增加、职位升迁、能力提升的同时，也能够体悟到人生的价值和意义，并为自己给企业、给他人做出的贡献而感到自豪。

第二节　企业文化形成的机制

企业文化通常是在特定的生产经营环境中，为适应企业生存发展的需要，首先由少数人倡导和示范，经过较长时间的实践和规范管理而逐步形成的。企业文化的形成机制如图 4–1 所示。

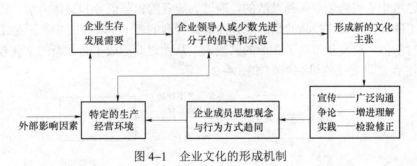

图 4–1　企业文化的形成机制

一、企业文化是在特定环境中由于企业生存发展的需要而形成的

存在决定意识，企业文化就是在企业图生存、求发展的环境中逐渐形成的。例如，大庆油田的为国分忧、艰苦创业、自力更生的精神，在很大程度上是在 20 世纪五六十年代我国面临国外封锁、国内经济困难，石油生产又具分散性和一定危险性的环境下形成的。用户第一、

顾客至上的经营观念,是在市场经济环境下,出现买方市场,企业间激烈竞争的条件下形成的。企业作为社会组织,要生存、要发展,但是外部环境又存在某些制约和困难,为了适应环境,就必然产生相应的理念和行为模式。同时,也只有反映企业生存发展需要的文化,才能被大多数员工所接受,才有强大的生命力。

联想公司 2001 年在成长和发展过程中形成了当时的四条核心价值观,即服务客户、精准求实、诚信共享、创业创新。联想是 20 世纪 80 年代成立的,那时创业者的理想是希望个人的价值得到释放,当时有一句很有名的话就是"5%的希望变成100%的现实",这奠定了联想创业创新的一种文化。联想核心价值观的另一条是服务客户。20 世纪 80 年代中期至 90 年代初期,中国开始向市场经济转轨,联想不断强化客户意识,真正把客户放到最重要的位置,树立起靠客户吃饭的理念。20 世纪 90 年代中期联想有一个变化,很多创业者退居二线,业务基本都是年轻人在做,平均年龄 20 多岁,换了一代人,出现了较随意的文化。同时企业还面临着与世界接轨,需要重新树立目标导向。针对当时情况,公司提出了八字方针:严格、认真、主动、高效。这八字方针促进了公司在迅速增长过程中的队伍稳定。精准求实成为这一时期突出的核心价值观。20 世纪 90 年代末,面对 Internet 的挑战,联想每年引进大批的新员工,他们带来了新鲜、活跃的思想,纯严格的文化受到挑战,形势要求公司更注重开放、更注重沟通、让人更为主动。企业越来越大,分工越来越细,要求大家在文化上互相共享,联想于是又从管理上提出了相应的口号。不提倡人人做螺丝钉,要做发动机。提出了亲情文化,诚信共享成为这一时期的核心价值观。

二、企业文化发端于少数人的倡导与示范

文化是人们意识的能动产物,不是客观环境的消极反映。在客观上出现的对某种新文化的需要往往交织在各种相互矛盾的利益之中,羁绊于根深蒂固的传统习俗之内,因而一开始总是只有少数人首先觉悟,他们提出反映客观需要的文化主张,倡导改变旧的观念及行为方式,成为企业文化的先驱者。企业文化的新要素开始往往比较集中地体现在企业少数代表人物身上(如企业的领导者、英雄、模范、标兵等),因为任何一种积极的企业文化的形成,总是以少数人具有的先进思想意识为起点向外发散的,通过领导者的积极倡导和身体力行,使之渗透在企业每一个员工的行为、每件产品的制造过程及经营管理的每一个环节之中。正是由于少数领袖人物的倡导与示范,启发和带动了企业的其他人,从而逐渐形成了企业新的文化模式。

领导者培育企业文化的机制模型如图 4-2 所示。

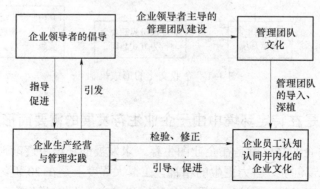

图 4-2 领导者培育企业文化的机制模型

上述模型表明，在企业生产经营与管理实践的推动下，由于企业生存发展的需要，企业领导者的倡导往往成为企业新文化的发端；企业领导者通过主导管理团队建设，使自身的领导者文化向管理团队传播，形成管理团队文化；包括领导者在内的管理团队运用有效的方式方法对新文化进行导入和深植，经过企业生产经营与管理实践的检验或修正，最终形成为广大员工所认知、认同并内化的企业文化，而培育形成的企业文化又将进一步引导和促进企业的生产经营和管理实践。

1. 企业领导者的倡导

由于企业领导者在企业中所处的特殊地位，他（们）对企业承担了更多的责任，相应地，他（们）对企业的经营理念、企业价值观等也就能施加较大的影响。企业文化要形成体系，离不开领导者的总结和归纳，离不开领导者的聪明才智及其对企业文化建设的高度重视。很多企业的企业文化核心内容，甚至都是直接来自领导者的思想和主张。所以美国企业文化专家斯坦雷·M.戴维斯在其著作《企业文化的评估与管理》中指出："不论是企业的缔造者本人最先提出主导信念，还是现任总经理被授权重新解释主导信念或提出新的信念，企业领导者总是文化的源头活水。如果领导者是个有作为的人，他就会把充满生气的新观念注入企业文化之中。如果领导者是个平庸之辈，那么企业的主导信念很可能会逐步退化，变得毫无生气。"

企业价值观在很大程度上受到领导者本人的价值取向、理想追求、文化品位的影响，甚至有些企业的价值观就直接来源于领导者的价值观。有人形象地说，企业价值观是企业家价值观的群体化，这句话是有一定道理的。事实上，企业主要领导者的价值观的确可以决定企业文化的基调。松下文化是松下幸之助思想的体现，韦尔奇是通用新文化的缔造者，可口可乐营销文化的形成与伍德鲁夫密不可分，惠普价值观毫无疑问也发源于其创始人帕卡德和休利特。国内企业的文化形成也是这样，张瑞敏之于海尔文化、柳传志之于联想文化、任正非之于华为文化，其作用都是至关重要的。

对于许多企业文化氛围浓厚的企业来说，企业价值观念往往出自企业创始人或企业初创时期的其他主要领导者。创始人在创建企业的过程中，有意或者无意地把他（们）个人的创业意识、经营思想、工作作风、个性风格带入其中。由于企业最初的构想来自创始人，他（们）基于自身的经历和个性，对如何实现当初的构想有自己的想法。创始人的个人文化愿景决定了企业的基本使命和愿景；他（们）对新企业将在怎样的环境中运作、如何运作有自己的观念；他（们）还决定了什么样的人会成为企业成员，以及企业成员应该以何种偏好和方式应对企业外部环境和内部工作。

松下幸之助这位松下电器的创始人和领导人，缔造了松下的企业文化。松下电器的企业经营目标和管理理念就是松下幸之助价值观的写照。松下幸之助有一句名言："松下电器公司是制造人才的地方，兼而制造电器产品。"松下公司也坚信，事业是人为的，而人才可遇不可求，培养人才就是当务之急，应把培养人才作为重点，强调将普通人培养成有才能的人。为此，松下公司努力培养人才，加强员工的教育培训。松下公司根据长期人才培养计划，开设多种综合性的教育培训，并实施社内留学制度和海外留学制度。松下幸之助认为，人在思想意志方面，有容易动摇的弱点，为了使松下人为公司的使命和目标奋斗的热情与干劲能持续下去，应制定一些戒条，以时时提醒和警示自己。于是，松下电器公司于1933年7月，制定并颁布了"五条精神"，其后在1937年又议定附加了两条，形成松下七条精神：产业报国的精神、光明正大的精神、和亲一致的精神、奋斗向上的精神、礼貌谦让的精神、适应形势的精神、感恩报德的精神。

对于那些进行变革的企业来说,领导者常常需要将旧的、不再符合企业实际情况的文化要素变迁为新的、适合企业新发展的文化要素。领导者以企业发展战略为基准,保留并发扬符合企业发展战略要求的文化要素,摒弃不再符合企业发展战略要求的文化要素。同时,领导者还根据未来发展战略的新要求,提出一些符合企业当前内外环境的文化要素,经过精心培育,使其逐步成为企业的新文化。

韦尔奇就是 GE 新文化的重要缔造者,他上任后最为重要的一大贡献就是重塑了 GE 的企业文化,引入了"群策群力""无界限"等价值观。他指出"毫无保留地发表意见"是 GE 企业文化的重要内容。每年 GE 有数万名员工在"大家出主意"会议上坦陈己见。韦尔奇在 GE 实行"全员决策"制度,使平时少有机会彼此交流的同事坐在一起讨论工作。总公司鼓励各分部管理人员在集体讨论中作决策,不必事事上报,把问题推给上级。随着"全员决策"制度的实施,公司的官僚主义作风遭到了重创;更为重要的是,对员工产生了良好的心理影响,增强了他们对公司经营的参与意识,打破了旧有的观念和办事风格,促进了不同层次员工之间的交流。

领导者在形成个人文化愿景的过程中,往往会吸收企业中优秀员工(尤其是企业英雄)的先进思想和理念,丰富和完善自己的个人文化愿景,使之更加符合企业经营运作的实际需要。

毫无疑问,领导者的个人文化是企业文化的起源,他(们)的个人文化愿景就是他(们)要塑造的未来企业文化,企业文化的提出、创新与变革离不开领导者的倡导与示范。

2. 企业领导者主导的管理团队建设

需要注意的是,这里的管理团队是指以领导者为核心,吸收其他高层领导人、中层管理者和一些企业内部非正式组织领导者的管理者联盟。管理团队的成员相信领导者描绘的企业愿景,认同领导者的经营管理模式、价值观念,把建立在领导者愿景中的未来企业文化作为共同的目标努力宣传、灌输和执行。

领导者如何对管理团队施加影响?如何把他(们)的个人信念传递给团队成员?如何使团队成员认同并遵循领导者的个人信念?一种最简单也是最常用的方法就是领导者用自身的个性魅力去感染管理团队成员,并以其言行举止给管理团队成员做出示范。

领导者往往具有强烈的个性特征,甚至于有时有过于偏执的倾向。例如,比尔·盖茨富有想象力,敢于打破常规的思维方式,热衷于知识生产文化体系,被其员工形容为一个幻想家,一个不断积蓄力量和疯狂追求成功的人。韦尔奇强调规则又十分强悍。英特尔的格罗夫,颇具儒者风范,没有权力欲,强调平等和对人的尊重,善于营造新的环境氛围,显现出另一种风格和魅力。正是因为领导者个性鲜明且富有自己的原则,具有以一种生动和鲜明的态度传播价值观的能力,他(们)始终是管理者注意的中心和学习的榜样。

领导者通过自身的言行举止向管理团队成员传递这样的信息:他(们)推崇的价值观是什么,提倡什么样的行为,反对什么样的做法。领导者与管理团队成员的谈话、信件、批示等往往会很鲜明地表达出他(们)的观点。有些时候,领导者会在企业领导层内开展热烈的讨论和学习,宣传自己的理念和价值观,形成统一意志。当然,企业价值观不仅仅表现在领导者的口头上,更重要的是体现在其行动中,正所谓"身教重于言传"。如果一家企业的领导者只是把"团队精神"挂在嘴边，而绩效考评时，这位领导者却按照个人的业绩来考核和分配奖励，那么这其实是暗示人们，他关注的是个人业绩，团队精神不过是一种时髦的提法和形式。因此，领导者的表里如一、言行一致和身体力行能帮助管理团队成员认同领导者的个人价值观。

除了言传身教，领导者还倾向于挑选与自己价值观一致的人才加入管理团队。这种人员甄选和晋升的机制也保证了领导者个人文化向管理团队的传播。与价值观相近的人一起共事，能减少很多不必要的沟通障碍和冲突；领导者和管理团队成员的关系会更加融洽，团队气氛也会更加和谐，领导者向员工倡导、宣贯文化也会顺畅得多。同时，管理团队成员还会成为领导者传播文化的强大支持力量。因此，领导者总是倾向于提拔符合自己价值观的人。

通过领导者的言传身教和选拔提升认同其文化愿景的管理人员，管理团队成员的理念、价值观和行为方式会逐渐与之趋同，从而形成管理团队文化。

3. 管理团队对企业文化的导入、深植

艾弗莱特·罗格博士的研究揭示了企业文化在企业员工中传播的规律。罗格博士认为，变革思想往往是从占很小比例的集体中产生的（只占总人数的 2.5%）。它进而传到"早期采纳者"那里（他们可能占 13.5%）。一旦这些人对变革思想予以赞同，则"大多数人"就会开始采纳它了（正态分布曲线中间 68% 的部分）。最后，"迟缓者"（剩余的 15%）也会慢慢接受变革思想。因此，罗格博士认为："变革者"倡导新文化的唯一方式就是联系"早期采纳者"。他们认识到了企业出现的问题，却不知如何应对，他们也在寻找一种"好的方式"。"大多数人"与"迟缓者"通常很难直接从"变革者"那里接受新思想，往往是先通过"早期采纳者"的认可过程，才能得以逐层渗透。罗格博士的理论如图 4-3 所示。

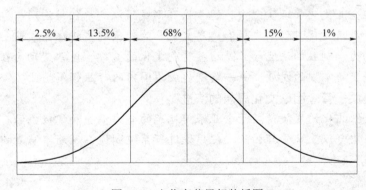

图 4-3 文化变革思想传播图

注：经过推理可知，还有 1% 的人没有被提及。他们或者是变革的反对者，因不接受"变革者"的新思想而最终被企业开除或辞退；或者是罗格博士在统计过程中由于四舍五入而舍去的部分。

三、企业文化是坚持宣传、不断实践和规范管理的结果

企业文化实质上是一个以新的思想观念及行为方式战胜旧的思想观念及行为方式的过程，因此，新的文化必须经过广泛宣传，反复灌输才能逐步被员工所接受。

企业文化一般都要经历一个逐步完善、定型和深化的过程。一种新的思想观念需要不断

实践，在长期实践中，通过吸收集体的智慧，不断补充、修正，逐步趋向明确和完善。

文化的自然演进是相当缓慢的，因此，企业文化一般都是规范管理的结果。企业领导者一旦确认新文化的合理性和必要性，在宣传教育的同时，应制定相应的管理制度和行为规范，在实践中不断强化，努力转变员工的思想观念及行为模式，从而逐步建立起新的企业文化。

案例　潍柴动力的文化管理

一、潍柴动力发展概况

潍柴动力2004年3月11日在香港联交所正式挂牌上市。2005年8月，潍柴动力以10.2338亿元成功收购湘火炬汽车集团股份有限公司，成为其最大的股东，进一步拓展了产业发展链条。

通过吸收合并湘火炬，重组扬柴、法国博杜安和意大利法拉帝集团，潍柴已经成为国内唯一一家拥有重型卡车、动力系统、汽车零部件三大业务平台的企业和全球领先的高端豪华游艇产品及推进系统供应商。目前，潍柴在国内构筑起了最完整的包括发动机、变速器和驱动桥在内的动力系统总成产业链，形成了以潍坊为中心的商用车和工程机械用动力产业基地，以西安为中心的重型卡车和传动系统产业基地，以重庆为中心的大功率船舶及工业发电设备产业基地，以扬州为中心的中小型动力和客车产业基地。

潍柴动力经过一系列的改革创新和跨越式发展，成为目前中国规模最大、具有较强国际竞争力的汽车零部件及总成系统产业集团，是国家重点支持的内燃机研发、制造、销售骨干企业，10升以上大功率柴油机产销量居世界第一位。

潍柴动力在企业文化管理实践中，逐步培育形成了以"责任、沟通、包容"为核心，以"执行文化、激情文化、创新文化和感恩文化"为特色的文化体系。这些特色文化是潍柴动力发展的动力和制胜的法宝。正是这些特色文化的支撑，使潍柴动力在谭旭光董事长的带领下，实现了超常规的发展，并一路赶超成为国内同行业领军企业。

二、谭旭光关于管理团队文化思想的演进

潍柴动力企业文化的发展得益于企业家谭旭光的全力倡导和积极推动。1998年上任至今，谭旭光在多次会议上就管理团队文化建设进行系统阐述，不断丰富着潍柴动力企业文化的核心内容。

1. "约法三章"

1998年6月，谭旭光董事长受命于危难之时，担任原潍坊柴油机厂厂长，上任第9天就召开"全厂管理干部班组长会议"。在这次会议上，谭厂长郑重提出了"约法三章"。"约法三章"吹响了企业改革创新的号角，是潍柴面临存亡阶段，针对所有领导干部提出的廉政勤政文化要求。

2. 四项承诺

1999年初，企业三项制度改革进入攻坚阶段，为痛下决心革除弊端、改善管理，谭旭光董事长代表各级管理团队，向职工做出了"四项承诺"：

不断更新知识，提高决策水平，增强驾驭全局的能力；

第四章 企业新文化的导入

保持高昂斗志，坚定必胜信念，矢志不移，坚韧不拔，全力实现既定目标；

彻底转变作风，廉洁自律，求真务实，为职工做出表率；

树立群众观念，发扬民主，爱护职工，做群众的贴心人。

3. 四提倡、四反对

2000年，潍柴改革取得阶段性成效，初步实现脱困，生产经营开始走上正轨，全体干部职工为之欢欣鼓舞，谭旭光董事长在3月11日召开的办公会上，结合领导干部作风问题，告诫广大领导干部要戒骄戒躁、继续艰苦奋斗，提出了"四提倡、四反对"：

提倡阐明观点，反对掩盖矛盾；

提倡身体力行，反对只说不干；

提倡胸怀坦荡，反对相互猜疑；

提倡表里如一，反对做小动作。

4. 六项准则

2004年3月11日，潍柴动力成功在香港上市。针对企业发展面临的新形势和新问题，3月17日，在企业党政联席会议上，谭旭光董事长提出"六条准则"：

严于律己，规范行为，不利用职务之便谋取私利；

艰苦奋斗，厉行节约，最大限度地发挥资金效益；

团结一致，密切配合，凝聚加快发展的合动力；

忠诚企业，摆正自我，在实现企业价值中实现自身价值；

增强自信，坚韧不拔，不断追求攀登新的目标；

加强学习，提高素质，适应国际化发展的要求。

5. 执行文化理念

2004年，潍柴经过三三制改革，产品、市场结构调整，走上了快速健康发展的道路，营业收入首次突破100亿元。7月25日，在潍柴第十八届职工代表大会第七次会议上，谭旭光董事长总结过去的成功发展经验，概括提出了潍柴"执行文化理念"。

6. 六条标准

2007年，潍柴成功吸收合并湘火炬，企业规模快速膨胀，产值突破400亿元，成为装备制造行业的大型企业集团。12月4日，在集团领导干部会议上，谭旭光董事长提前向全体领导干部发出了金融危机的预警，指出当前领导干部最突出的问题是"浮躁"，并提出领导干部六条标准：

敬业奉献；持续创新；挑战标杆；团结合作；国际化素质；诚信与理解。

7. 三项要求

2008年，为建设一支员工信赖和拥护的干部队伍，推动科学发展、和谐发展、率先发展，全面实现企业的奋斗目标。4月27日，在公司党政联席会上，谭旭光董事长对领导干部提出了三项要求，成为领导干部的新"约法三章"：

干干净净为企业服务；

堂堂正正与团队共事；

兢兢业业对岗位负责。

8. 六点要求

2009年8月21日，在公司联席办公会扩大会议上，谭旭光董事长听取了生产经营汇报，针对领导干部在新形势、新的竞争格局下，能否经受住经济危机考验，适应企业发展，提出新时期领导干部的六点要求：

创新工作思维；扎扎实实工作；摆正心态位置；倡导表里一致；主动沟通协调；忠诚岗位事业。

9. 五做五不做

2010年2月25日，在山东重工集团2010年工作会议上，为使集团成为重组整合的典范，实现快速发展目标，谭旭光董事长向集团全体领导干部提出了"五做五不做"：

要做团结正气的干部，不做制造矛盾的干部；

要做激情干事的干部，不做四平八稳的干部；

要做敬业奉献的干部，不做夸夸其谈的干部；

要做持续创新的干部，不做僵化保守的干部；

要做廉洁自律的干部，不做贪图私利的干部。

10. 六个表率

2010年2月28日，谭旭光董事长在潍柴动力2010年经营年会上指出：在一个团队中，领导不仅是领路人，更是主心骨，要时时处处起到表率的作用，在新的形势下，各级领导班子成员要争做六个表率：

做相互支持、彼此尊重的表率；

做充满激情、干事创业的表率；

做廉洁自律、坚守原则的表率；

做融合、提升、践行新集团文化的表率；

做顾全大局，推动资源整合的表率；

做科学决策、规范运作的表率。

11. "八不用"原则

2011年2月5日，谭旭光董事长在潍柴集团2011年领导干部会议上对领导干部提出新的更高的要求，即"八不用"原则：

不敢暴露问题的干部不能用；

不愿承担责任的干部不能用；

不善沟通协作的干部不能用；

不会带好队伍的干部不能用；

不求学习提升的干部不能用；

不想主动创新的干部不能用；

不让客户满意的干部不能用；

不知心存感恩的干部不能用。

三、管理团队文化的培育

以谭旭光董事长为首的潍柴领导班子高度重视管理团队文化建设，他们十分强调用文化统领干部、员工的价值取向，形成统一的价值观。

2009年10月8日，谭旭光董事长在潍柴集团领导干部集中培训动员会议上的讲话中指出，"我和高级管理团队共同打造与企业具有统一价值观的各级团队，是历史赋予我们的使命。各级管理团队成员都要践行和维护企业的统一价值观，我们绝不允许践踏和破坏企业统一价值观的言行存在,这是提拔、使用各级管理团队成员的最起码的标准"。

在潍柴动力2010年经营年会上的讲话中,谭旭光董事长指出:"潍柴集团要实现战略目标,关键是有一支团结协作、价值取向一致的管理团队。有什么样价值取向的管理团队,就有什么样价值取向的员工队伍。领导干部必须首先规范自己的言行,形成统一的文化标准,带出一支高度文化认同的员工队伍。"

2010年10月3日,谭旭光董事长在潍柴集团领导干部读书会上的动员讲话中谈道:"价值观是判断是非曲直的标准,它通过影响我们的行为,决定着企业发展的方向。一个企业能否走正确的道路,与高管层团队价值观是否统一,具有最直接的关系。"

公司十分注重对管理团队进行系统培训。2004年以来,潍柴每年举办领导干部培训班,对全体领导干部进行系统的脱产培训,特别是在2009—2011年的培训中,专门组织全体参训干部参与对潍柴文化的研讨和提炼,进一步统一了思想,达成了共识,有效促进了管理团队文化的形成。

部分管理者对谭旭光董事长的评论如表4-1所示。

表4-1 部分管理者对谭旭光董事长的评论

访谈对象	对谭旭光董事长的评论
访谈对象1	谭总严干部、宽职工。谭总以身作则,大家对谭总很敬仰
访谈对象2	谭总工作很有激情,经常制定"胆大包天"的目标,以工作为快乐。在其影响下,潍柴成为想干事的企业,大家富有进取精神
访谈对象3	谭总十分注重干部队伍建设,抓住干部这条主线,不同时期提出不同的要求。干部落实谭总要求,就是文化建设的核心过程
访谈对象4	文化是一把手主导的文化,谭总一次次讲话,是好的推动

资料来源:作者根据潍柴动力相关访谈记录整理。

四、管理团队对企业文化的导入、深植

在潍柴动力,包括企业领导者在内的管理团队注重以身作则,对广大员工起到了很好的示范作用,同时管理团队还注重通过多种有效的方式方法导入、深植管理团队文化,使之逐步成为广大员工认知、认同并内化的企业文化。

例如,企业的英雄和模范人物是广大员工可以接触到的身边的榜样,通过他们的事迹可以很好地宣扬企业的文化。2010年7月15日,潍柴动力举办了首届劳模事迹报告会。报告会以"弘扬劳模精神,践行企业文化"为目的,以"激情、责任、使命"为主题。来自12个子公司的21名劳模参加了报告会,其中6名劳模代表宣讲了他们的感人事迹。劳模们的事迹得到了员工们的高度认同,极大地促进了文化的融合贯通和价值观的统一。

再如,潍柴动力在实践中培育形成了具有潍柴特色的创新文化。谭旭光董事长在行业内率先提出了"以我为主、联合创新"的创新理念,即整合产业链上下游优势资源,与科研机构、知名院校、战略合作伙伴广结联盟,集成优势,协同发展,实现战略双赢。在创新体系建设中,潍柴动力创新绩效考核体系的实施取得了突出的效果,极大地推动了创新文化在企业生产经营实践中的导入。2009年5月6日潍柴下发了《管理人员、技术人员创新绩效管理办法》,在管理、技术人员中组织实施全新的岗位创新绩效管理模式,将创新得分纳入到年终考核中,通过每季度创新工作效果评价机制和创新计划与评价结果公示机制,

搭建了管理评审平台和相互学习、共同提升平台，提高了员工主动创新的积极性，使创新文化与企业生产经营管理实践紧密结合在一起，并使创新文化向基层渗透，为广大员工所认同。

（摘编自黎群. 潍柴集团文化管理实践透析. 中外企业文化，2012（8））

第三节 企业文化与企业制度

在企业文化建设的过程中，正确认识文化与制度的关系，通过制度建设来促进文化的形成是十分重要的。

一、企业文化与企业制度的关系

人们对"文化与制度"的认识经常陷入一种误区，或把二者对立起来，或把二者混为一谈，分不清二者在企业管理中的地位与作用。实质上，企业文化与企业制度既存在紧密联系，又相互区别。

1. 制度与文化不是同一概念

当制度内涵未被员工认同时，制度只是管理者的"文化"，至多只反映管理规律和管理规范，对员工而言只是外在的约束；当制度内涵已得到员工认同并能够自觉遵守时，制度就变成了一种文化。比如，企业要鼓励员工提合理化建议，先定一项制度，时间长了，员工认同了这一制度的内涵，则制度变成空壳，留下的是参与文化。

2. 制度与文化的表现形态不同

制度是有形的，往往以责任制、规章、条例、标准、纪律、指标等形式表现出来；文化常常是无形的，存在于人的头脑之中，是一种观念和思维状态，往往通过有形的事物、活动反映和折射出来。二者却是一体两面，有形的制度中渗透着无形的文化，无形的文化通过有形的制度载体得以表现。

3. 制度与文化的演进方式不同

文化的演进是"渐进式"的，制度的演进则是"跳跃式"的，但二者处于同一个过程之中。从制度到文化，再建新制度，再倡导新文化，二者交互上升。企业管理正是在这种交互上升的过程中不断优化，臻于完善。

4. 制度与文化对人的调节方式有差异

制度管理主要是外在的、硬性的调节；文化管理主要是内在的文化自律与软性的文化引导。文化管理强调心理"认同"，强调人的自主意识和主动性，也就是通过启发人的自觉意识达到自控和自律。对多数人来讲，由于认同了主流文化，因此，文化管理成为非强制性的管理；对于少数未认同主流文化的人来讲，一种主流文化一旦形成，也同样会受到这种主流文化氛围、风俗、习惯等非正式规则的约束，违背这种主流文化的言行是要受到舆论谴责或制度惩罚的。因此，文化管理又具有一定的"强制性"。脑力劳动者与体力劳动者对制度与文化的感受度不同。体力劳动者因为其作业方式要求标准化的程度高，对制度管理的强制性敏感度较低，也就是说，遵守制度是顺理成章的事，制度管理对他们更适合；脑力劳动者因为创造性强，要求自由度较高，对较低层次的条条框框可能反感，需要更多的文化管理。

5. 制度与文化是互动的

当管理者认为某种文化需要倡导时，他可能会通过培养典型的方式，也可能会通过开展活动的方式来宣传贯彻。要把倡导的新文化渗透到管理过程，变成员工的自觉行动，制度则是最好的载体之一。人们普遍认同一种新文化可能需要经过较长的时间，而把文化"装进"制度，则会加速这种认同过程。当企业中的先进文化或管理者倡导的新文化已经超越制度文化的水准，这种文化又会催生新的制度。

6. 文化优劣与主流文化的认同度决定着制度的成本

当企业倡导的文化优秀且主流文化认同度较高时，企业制度成本就会低；当企业倡导的文化适应性差且主流文化认同度较低时，企业的制度成本就会高。由于制度是外在约束，当制度文化未形成时，若没有监督，员工就可能"越轨"或不按要求去做，其成本自然就高；而当制度文化形成以后，人们自觉从事工作，制度成本会大为降低，尤其当超越制度的文化形成后，制度成本将会更低。所以威廉·大内说，文化可以部分地代替发布命令和对工人进行严密监督的专门方法，从而既能提高劳动生产率，又能发展工作中的支持关系。

交通就是一面镜子，有警察监督时司机能够按照交通规则办事，如果没有警察监督时不能按照交通规则办事，说明制度对司机来讲没有变成一种文化，其制度成本就高；反之，如果没有警察监督时司机也能按照交通规则办事，说明制度已经内化在司机心目中，变成了一种文化，制度成本则会大幅度下降。

7. 制度与文化永远是并存的

制度再周全也不可能凡事都能规定到，但文化时时处处都在对人们的行为起到引导与约束作用。制度永远不可能代替文化的作用，同时也不能认为文化管理可以替代制度管理。由于人的价值取向的差异性、对组织目标认同的差异性，要想使个体与群体之间达成协调一致，光靠文化管理也是不行的；实际上，在大生产条件下，没有制度，即使人的价值取向和对组织的目标有高度的认同，也很难达成行动的协调一致。

综上所述，制度是企业文化建设最好的载体之一。企业经营管理制度的健全和完善，有助于贯彻企业所倡导的理念和行为模式。运用制度来引导和约束员工的行为，使员工能够在制度的规范和要求下，遵循企业倡导的理念和行为准则。虽然制度与文化的概念不同，表现形态不同，演进方式也不同，但二者却可以相互渗透、相互促进。

二、企业制度要与企业文化理念保持一致

企业在制度的制定和执行过程中往往可能存在与企业文化理念相违背的问题。企业制度与企业文化理念的契合可从以下角度入手。

① 公司明确提出将企业文化理念作为企业制度制定的指导思想，同时在制度执行的过程中，高度体现企业文化理念，将理念的要旨落到实处。

② 依据已经确认的企业文化理念，检查企业现行制度中有没有与企业文化理念相违背的内容，强化与企业文化相融合的制度，修正或废止与企业文化不相容的制度。

③ 以企业文化理念为基准，对企业制度进行经常性的检查，以适应变化和提升了的理念。通过组织和管理手段，防止刚性的制度对文化理念的侵蚀。

④ 通过企业控制体系，在企业文化建设过程中，把握企业文化发展的基本走向，及时纠

正偏差,并对文化理念的更新和发展提出建设性建议。

⑤ 通过企业价值观管理,例如价值观考核,将企业文化理念的贯彻执行制度化。

三、通过制度建设促进企业文化的形成

企业制度的健全化、规范化和不断完善,有助于通过制度将企业倡导的理念、价值观和行为方式体现出来。企业可以借助于制度来引导和约束员工的行为,使员工在制度的引导和规范下,按照企业的价值观和行为准则来要求自己,从而促进企业文化的形成。

以情感管理制度为例。情感管理是指管理者通过与管理对象的情感交流去实现有效的管理,其核心是消除员工的消极情绪,调动员工的积极性。因为企业各层次的员工都有情感需求,所以践行情感管理制度成为企业培育人本文化的重要途径。

西方很多企业非常重视情感管理制度。自 20 世纪 80 年代以来,西方开始推行"走动式管理"制度,即企业管理者走出办公室,经常性地深入生产一线,与企业内各个层次、各个类型的员工进行接触和沟通,建立起上下级之间融洽的情感关系,从而更好地征求意见,了解问题,贯彻实施企业的战略和政策。这种管理制度以情感交流为主要特征,可以很好地减少管理者与被管理者之间的矛盾,深受西方企业管理者的青睐。

惠普公司在情感管理方面的做法值得借鉴。惠普一直在营造一种家的感觉,鼓励员工友好相处。公司的工会组织很活跃,主要工作是关心员工,丰富大家的业余生活。当公司规模不大时,公司就给每个结婚的员工买一件礼物,给每个生孩子的员工送一条婴儿毛毯,还每年为全体员工及家属举行一次盛大的野餐,其目的就是通过这些方式把大家凝聚在一起。这比整天口头上提倡团队精神来得自然,是一种水到渠成的过程。此外,惠普公司的每一个人,包括最高领导,都是在没有隔墙、没有门户的敞开式办公室里工作,各部门之间只有矮屏分隔,除会议室、会客室外,任何人都不设单独办公室,也不称呼职位,即使是董事长也被直呼其名。虽然这种方式也有一定的弊端,但在惠普公司,其带来的好处远远多于其不利之处。

前微软中国总裁唐骏这样描述微软的人本文化:"公司就像是疗养院,在前线打仗的部队很辛苦,我们在后方的部队就应该创造好的环境,如果前线的战士受伤回到后方,就让他们可以享受一个轻松的环境。"为此,微软设有一个专门的后勤部门为员工服务,他们可以为忙于工作的员工接送小孩,交电话费,或提供其他相关的服务。这种关心已经大大超越了企业与员工的劳资雇佣关系,使员工体会到人本文化的真切和深入。

员工帮助计划(employee assistance program,EAP)是一项非常典型的、被许多企业所采用的情感管理制度,它是企业为员工及其家属(配偶及 18 岁以下子女)购买的一项保密的、专业的心理健康服务,帮助企业员工及其家人改善和解决工作或生活中的困扰,提升其生活品质,提高工作效率。早期 EAP 主要集中于帮助组织成员解决酗酒或滥用药物问题,现在经过几十年发展,其内涵已远远超出了原有模式,包含:工作压力、心理健康、灾难事件、职业生涯困扰、健康生活方式、法律纠纷、理财问题、减肥和饮食紊乱等,全方位帮助组织成员解决个人问题。在美国、英国等发达国家,已有不少专业服务机构,其中不乏具有一定规模的跨国 EAP 服务公司。20 世纪 80 年代以来,随着社会进步、企业壮大、管理思想的革新,EAP 在美国、英国、加拿大、澳大利亚等发达国家都有长足发展和广泛应用。目前世界 500 强中,有 95% 以上建立了 EAP,美国有将近四分之一企业的员工享受 EAP 服务。

> **案例**　　　　　　　　**江苏黑松林的温馨新规**
>
> 　　现行劳动法中，对女员工休产假有明确规定，可对男职工来说，虽说是喜得贵子，大喜临门，可喜中更辛苦，既当爸又当妈，还要忙里忙外。
> 　　可不是，几天前的一大早，员工小王虽笑得合不拢嘴，可一脸的憔悴，跑来向江苏黑松林黏合剂厂有限公司的刘鹏凯总经理报喜。"老总，我抱儿子了，这是送给你的喜蛋，吃了身体健康！"小王边说边将五个红蛋放到刘总的办公桌上，一边从口袋里掏出一张假条递到刘总面前，"老总，还要请几天假陪伴老婆。昨晚一夜都没睡好，这个小贼佬哭了一夜，像我欠他的债！"小王边说边倒着第一次当爸的幸福苦水。"幸福不是毛毛雨啊，养儿才知报父母恩，请假，没问题！"小王眉开眼笑，转身告辞，谢谢老总大恩大德。
> 　　看着走出办公室的小王，刘总触景生情，几十年前自己刚建小家，女儿出生经历的那些日子，那些事。小王的当下不正是自己昨天的当下吗？换位思考，一切从实际出发，给男职工也来个产假，伺候女人，照顾小孩……刘总沉思起来。
> 　　卡耐基说过：以你希望别人对待自己的方式对待他人。这个时代需要以常人的心，常人的平常心态对待他人，我们才能得人心啊！自2012年元月开始，黑松林公司决定除了对女员工产期的关心慰问外，男职工可享受一周的产假，伺候家人孩子。
> 　　刘总事后在工作日记中写道："爱"字不是键盘上轻轻一敲就会蹦出来，也不是简单几笔就随意草草写出来，"爱"字应该用心，用一言一行具体做出来。

第四节　员工对新文化形成积极态度的过程

　　从个体的微观角度来看，对于管理团队倡导的文化，员工个人如何形成积极的态度呢？这个态度形成过程其实就是员工认识、接受、认同、内化管理团队文化并转化为个人信念的过程。在分析员工态度形成的过程之前，我们先了解一下态度的心理结构。

　　态度是指个体对人对事所持有的一种具有持久性、一致性的心理和行为倾向。在有关态度的构成成分的诸多学说中，心理学家弗里德曼（Fridman）提出的ABC态度模型得到了学者们的认同。该模型认为，态度是由A（感情，affect）、B（行为意向，behavior intention）和C（认知，cognition）三种成分组成。A（感情）是指个体对人和事物的情感体验和情感反应；B（行为意向）指个体对人和事物的行为倾向，即个体对态度对象准备作出的某种反应，但意向不一定会发生实际行动；C（认知）是指个体对人和事物等带有评价意义的认识，包括个体对人和事物的认知、理解，以及肯定与否定的评价。态度三种成分之间的关系十分复杂，一般情况下三者是协调一致的，但也可能不一致。人的态度构成有时是单一的情感成分，有时是情感、认知两种成分，多数情况下是认知、情感和意向三种成分。

一、态度形成的三阶段理论

　　社会心理学家凯尔曼（H. C. Kelman）于1961年提出了态度形成或改变的三阶段理论，他认为一个人态度的形成或改变不是一蹴而就的,而是要历经模仿或服从、同化、内化三个阶段。

1. 模仿或服从阶段

在凯尔曼看来,态度的形成或改变开始于两种情况:一是出于自愿,不知不觉地开始模仿。二是产生于受到一定压力后的服从。每个人都有模仿和认同他人的倾向,尤其是倾向于认同他所敬爱崇拜的对象,在这种模仿的过程中,就会因认同不同的对象而习得不同的态度。

除了模仿之外,服从是态度形成或转变的另一形式。服从是人们为了获得某种物质或精神上的满足,或为了避免受罚而表现出来的一种行为。服从往往表现为人们自身的观点和行为是受到外界的影响而被迫发生的。导致服从的外界影响主要有两种情况:一种是在外力的强制下被迫服从;另一种是受权威的压力而产生的服从。服从许多时候都是在无内心冲突的情况下产生的,但有时也可能是被迫的,被迫形成服从习惯之后,就可能变成自觉的服从,产生相应的态度。有些时候服从行为并非出于个体的内心意愿,并且是暂时性的,只是为了达到自己一时一地的目的。

2. 同化阶段

在这一阶段,态度不再是表面的改变了,即已不是被迫,而是自愿接受他人的观点、信念、行为或新的信息,使自己的态度与要形成的态度相接近。也就是说,态度在这一阶段已比服从阶段进了一步,已从被迫转入自觉接受、自愿进行。这时,态度形成的动机不再像模仿或服从阶段那样,是为了获得奖励或免于受罚,而是因为被同化者希望自己成为与施加影响者一样的人。在这一阶段,个体由于在同化过程中满意地确定了自己与所要认同的个人或团体的关系,因而采取一种与他人相同的态度和行为。可见,同化能否实现,他人或团体是否有吸引力是一个很重要的因素。但此时,新的态度还没同个体原有的全部态度体系相融合。

3. 内化阶段

内化是态度形成的最后阶段。在这一阶段,个体的内心已真正发生了变化,接受了新的观点、新的情感和新的信念,并将其纳入自己的价值体系之内,成为自己态度体系的有机组成部分,即彻底形成了新的态度。在同化阶段个体还需要把他人作为榜样,到了内化阶段,个体已不再需要具体的、外在的榜样来学习了。当态度进入这个阶段之后,就比较稳固,不易改变了。

二、员工对企业文化形成积极态度的过程

企业文化是作为企业员工普遍认同和自觉遵循的理念和行为方式而存在的。领导者创建、倡导的文化理念内化为普通员工个人的信念,外化为员工的行为结果,这是一个渐进的过程,也是员工个人对管理团队文化逐渐形成积极态度的过程。员工对管理团队倡导的文化,将历经一个熟悉、模仿、服从、领悟、认同、内化的过程。

1. 熟悉

企业有一整套文化信息传播网络,如内刊、公司网站、企业新媒体、标语、制度文本、培训等。员工接触到这些文化信息,感受到文化是"这样的",了解、熟悉企业的文化语言、符号、方式、过程、观念、规则等。

2. 模仿

企业在生产经营过程中会涌现出一批先进骨干分子或英雄人物。他们产生于员工之中,其理想、信念、追求具有现实的基础,因而受到企业的推崇,并能够得到员工们的认同和敬

佩。员工出于追求进步的本性，模仿这些企业英雄的典型行为，在模仿的过程中就会加深对管理团队文化的理解。

3. 服从

员工遵守、服从领导者制定的企业制度，做出符合领导者要求的行为。遵从带来奖赏，违背招致惩罚，人们都有趋利避害、趋乐避苦的天性。员工为了维护个人利益，不管在认识上是否深入，在情感上是否接受，通常都会在行动上遵从企业的制度。

4. 领悟

员工虽然广泛接受了管理团队文化的信息，遵从制度，做出领导者期望的行为，但并不是都能领悟到文化的精髓。领悟不仅意味着对文化信息的大量记忆、了解，而且意味着对文化理念和价值观的理解、把握。员工从接触的大量信息中真正悟出了文化的真谛，这是员工在情感上愿意接受管理团队文化的前提和基础。

5. 认同

员工不但认识到文化的意义和重要作用，领悟到文化的精髓，而且对文化有了情感体验，对它形成了积极的态度，愿意按照文化的指引行动。

6. 内化

内化也就是价值观信念化。信念是认识和情感的"合金"，领导者倡导的价值观一旦被员工接受并转化为内心的信念，就意味着员工对这些价值观的实质有了全面深刻的理解，把握到了它的精髓，悟出了它的真谛，同时对它产生和积累了丰富而又深刻的情感体验。此时，企业倡导的价值观就成为员工个人的内在信念，从而构成了一个三种成分协调一致的、稳定的态度体系。

三、ABC 态度模型与企业文化导入

"内化"的概念最早由 20 世纪法国的社会学家杜克海姆（E. Dukheim）提出，他认为，"内化就是社会价值观、社会道德观转化为个体行为习惯，内化的基本过程是从纪律发展到自主的过程"。因此，企业文化的内化过程，实质上就是员工经过实践将企业的价值观、态度转化为员工个人的行为反应模式，也就是习惯的过程，即内化于心，外化于行。由此可见，价值观和态度转化为行为，是企业文化导入的终极目标。

如前所述，ABC 态度模型强调了认知、感情和行为意向之间的相互关系。态度的重要特征之一就是这三个组成成分倾向于保持一致，即态度的三种成分之间存在内在的一致性。这意味着某个成分的变化将导致其他成分甚至整体态度的相应变化。态度的三个元素都很重要，但是由于个体对态度对象的动机水平不同，态度的三个元素的相对重要性也就不同。由此，态度研究人员提出了层级效应（hierarchy of effects）的概念来解释这三种元素的相对影响。每一层级都规定了态度形成的如下固定步骤。

标准学习层级

认知→感情→行为＝基于认知信息加工的态度

低介入层级

认知→行为→感情＝基于行为学习过程的态度

经验层级

感情→行为→认知＝基于情感体验（或经验）的态度

ABC态度模型之所以受到大多数心理学家的认可，是因为该模型很好地解释了态度和行为之间的复杂关系。

人们通常认为，人要持有某种态度，才会去采取相应的某种行为。心理学家却不以为然，他们研究发现并不是态度改变行为这么简单，实际情况经常是：一个人先有了某种行为（无论主动或被动），这种行为长期坚持下来，养成自然而然的习惯后，才开始真正改变态度。因此美国心理学博士詹姆士（James）建议："想要养成某种习惯，那就去付诸行动，不想养成某种习惯，就避而远之；想要改变一个习惯，那就做点别的事情来取代它。"

态度三种成分之间存在内在一致性的特征具有重要的管理意义。在企业文化导入的实践中，有时候直接影响或改变员工行为非常困难，就可以先改变员工的认知成分，即让员工对企业文化的内容有一定的了解；或者先改变员工的情感成分，即先使员工对某个特定对象产生情感，由于态度的一致性，员工的整体态度将更加积极，从而导致企业文化所倡导行为的产生。反之，当改变员工的态度非常困难的时候，也可以尝试改变员工的情感或者认知，从而导致最终态度的改变。

研究表明，行为转化为态度需要四个条件。一是经验的积累和整合。从各个零散的经验中形成相同类型的特殊反应的整合；二是经验的分化。开始是笼统的，以后逐渐分化和个别化；三是剧烈的、带有强烈情感色彩的经验，有时甚至仅仅是一次的此类经验，就可以形成永久性的态度；四是对社会已有态度的模仿及语言的学习。通过行为导入企业文化，其关键在于员工的参与。在西方有句谚语："你讲解，我或许会听；你表演给我看，我会格外地注意；如果你让我参与，我就会记住。"由此可见，在导入企业文化的过程中，让员工广泛地参与是非常重要的，这样才能使企业文化深入到员工的脑海中，根植于员工的心灵处。

综上所述，行为导入是企业文化传播的极佳方式，而员工参与是行为导入的关键所在。

第五节　企业文化管理的主要环节

根据企业文化的形成规律和国内外企业的成功经验，在企业文化管理中应抓好以下三个主要环节。

一、科学地确定企业文化的内容

在确定企业文化内容的过程中，可参考以下要点。

1. 梳理现有文化，提出新文化要素

以企业发展战略为参照，对既有文化进行梳理，并提出未来发展需要的新文化要素。企业文化要适配企业发展战略，为促进企业发展服务。对既有文化进行梳理，是对本企业的历史和现状，特别是对企业实践中直接产生的意识和观念，进行系统深入的回顾、调查、分析和研究。对于已经被员工普遍认同的文化要素，应以企业发展战略为基准，将符合企业发展战略要求的文化要素保留下来，并传承下去；将不再符合企业发展战略要求的文化要素通过文化变革抛弃掉；通常还需要根据企业发展战略的新要求提出某些新的文化要素，作为新文化的种子，经过精心培育，使其逐渐成为企业文化的新内容。

2. 形成企业的共性和个性文化

根据企业的外部客观环境和内部现实条件，形成企业的共性文化和个性文化。例如，社会化大生产要求协作精神、严格的纪律和雷厉风行的作风；市场经济要求满足客户的需求、保证产品和服务的质量等，这些都是不以民族和企业特点为转移的。不同企业在行业类别、经济规模、人员构成等方面存在诸多差异，客观上会产生和要求不同的文化特点。例如，投资大、见效慢、风险性较大的企业，一般需要远见卓识、深思熟虑、严谨的态度和作风，而生产生活消费品的企业则要求灵活、机敏的行为方式。

3. 对企业现有文化进行扬弃

对源远流长的民族文化和现有的企业文化要采取继承与批判的态度，参照企业发展战略的要求，运用辩证分析的方法，进行扬弃，不能简单地肯定或否定。特别要注重传承本企业的优良传统。例如，北京同仁堂员工道德规范中就十分注重弘扬"德、诚、信"三大优良传统，如其中"诚"包含诚实——货真价实，做到童叟无欺；诚心——周到服务，不讲分内分外；诚恳——倾听意见，不计顾客身份。

4. 博采众长，借鉴吸收优秀文化

博采众长，善于借鉴吸收其他民族和先进企业的优秀文化。日本松下电器公司就十分注重吸纳世界优秀企业文化。它规定在国外的子公司有研究各国企业文化的使命，子公司领导人回国述职或参加培训，首先要报告所在国家或地区企业文化的特点。对于外来的企业文化，也不能简单地采取"拿来主义"，而应持认真鉴别、分析研究、有选择地吸收的态度。要搞清楚哪些是优秀的，哪些是适合自己的。同时，采借别人的长处、精华，通常还必须进行一番改造，才能适用于自己的企业。如 20 世纪 50 年代初，美国专家给日本企业家传授的产品质量管理的考评和测量技术，很快被日本企业改造成世界著名的 QC 小组活动。

5. 注重个性化发展

一个企业的文化个性，是这家企业在文化上与其他企业不同的特性。它只为这个企业所有，只适用于这个企业，是这家企业的生存、发展条件及其历史延续的反映。国内外的优秀企业，都是具有鲜明文化个性的企业。同是美国文化区域内的企业，惠普公司的文化便表现出许多与众不同的地方。它倡导团体主义，主张建立轻松、信赖、和谐的人际关系。在其公司宗旨中明确写道："组织成就乃系每位同仁共同努力之结果。"每一家企业都需要重视企业文化个性的发展。首先要认清自己的特点，发挥本企业及其文化的优势，在自身成功经验的基础上发展本企业的文化个性。

二、宣传倡导，贯彻落实

1. 广泛宣传，达成共识

大庆油田 1205 钻井队是"铁人"王进喜生前领导的钻井队，以后虽然换过不少届领导班子，员工也在不断更新，但由于坚持对员工进行艰苦创业优良传统的宣传，"铁人精神"被一直传承下来。

西安杨森的总裁经常在大小会议上讲道："我们的工资是谁付的？我们的水费、电费是谁付的？我们的工作环境与条件是谁提供的？是顾客！是顾客掏出腰包中的钱买我们的产品，我们才得以生存。因此，顾客是上帝。'世上没有免费的午餐'，如果我们不能提供优质的产品和良好的服务，使顾客花钱后得以满足，他们就会离我们而去，那么我们就会失业，企业也将面临倒闭。因此，市场导向、顾客至上是我们每位员工应遵循的准则。只有每位员工在每个岗位上都尽职尽责地为顾客服务，创造性地提供超值的服务，甚至提供连顾客都想不到的服务，我们的企业才能越办越有生机，我们的事业才会兴旺发达。"西安杨森"世上没有免费的午餐"的广泛宣传提醒每位员工时刻牢记顾客至上，事事为顾客着想。即使是节假日，只要顾客要求发货，相关人员都会立即组织安排，及时发货。"客户的需求就是命令"成为西安杨森人的共识。

2. 领导带头，身体力行

企业领导者是企业文化的龙头，企业领导者的模范行为是一种无声的号召，对员工起着重要的示范作用。因此，要塑造和维护企业的共同价值观，领导者本身应成为这种价值观的化身，并通过自己的行动向全体成员灌输企业的价值观。

领导者在企业中处于特殊地位，他（们）的一言一行、一举一动都会向员工传递信息。领导者经常关注什么，要求什么，控制什么，赞扬什么，批评什么……这些都从侧面反映出领导者持有的价值观和态度，表达了在他（们）的期望中员工应有的价值观和行为。

美国管理学家詹姆斯·麦克格里戈·伯恩斯在他所著的《领导》一书中明确指出，作为企业家的企业领导者，应是利用一切机会，向所有的人传播和灌输企业价值观的"布道者"和"传教士"。很多优秀企业家的言语和行动都有力地支持了这个论断。张瑞敏就曾谈到，他在海尔充当的角色之一是"牧师，不断地布道，使员工接受企业文化，把员工自身价值的体现和企业目标的实现结合起来"。松下幸之助也是一个很好的榜样。

如果领导者只是在口头上高呼企业文化是多么重要，他（们）想要导入什么样的文化元素，这些文化元素将给企业和员工带来什么益处，而领导者自身的行动却与之不相符，甚至背道而驰，那么员工就要花费好多的时间和精力，尝试解读领导者的行为真正反映的是什么。因此，对于领导者来说，最重要的是言行一致、身体力行。

美国三角洲航空公司的高级经理人员在圣诞节期间会去帮助行李搬运员干活，这已成为公司的传统，并且每年至少要与全体员工聚会一次，直接交换意见，以实践"增进公司的大家庭感情"的经营哲学。日本三菱电机公司的总经理为了倡导"技术和销售两个车轮奔驰"的经营理念，改变过去重技术轻销售的状况，亲自到公司零售店站柜台，宣传自家商品，听取顾客意见。领导者亲身实践自己提出的经营理念，无疑会给员工的思想带来很大震动，起到示范表率的作用。

3. 完善制度，体制保证

在企业文化建设过程中需要运用软硬结合的管理方式。在建设企业文化时应"软硬"兼施，相辅相成。在培育企业员工整体价值观的同时，必须建立、健全、完善必要的规章制度，特别是相应的激励和约束机制，使员工既有价值观的导向，又有制度化的规范。同时，在建设企业文化时，要调整好企业内部的组织机构，建立和形成文化建设所要求的组织体系。

例如企业通过价值观筛选，招聘、挑选的新员工，应是与现有员工的价值观与信念合得来的。也只有这样的员工，才能完全融入企业，在企业的文化氛围中体会到和谐、愉悦、轻松，享受到工作的乐趣。同样，绩效考核、晋升和奖惩制度也都是领导者深植管理团队文化的有力工具。将员工贯彻文化理念的情况纳入员工的绩效考核体系，纳入奖惩和晋升制度，大力提升符合文化理念、业绩突出的员工进入管理团队，这些均有助于管理团队文化向员工的传播。

4. 树立榜样，典型引导

发挥榜样的示范作用是企业文化建设的一种重要而有效的方法。将那些最能体现企业价值观的个人和集体树为典型，大张旗鼓地进行宣传、表彰，并根据形势的发展动态调整激励方法，有利于促进企业文化的形成和发展。迪尔和肯尼迪在其合著的《公司文化》一书中，把英雄楷模人物作为企业文化五大构成要素之一，认为没有英雄人物的企业文化是不完备的文化，是难以传播和传递的文化。

塑造企业英雄和演绎文化故事是领导者导入、培育管理团队文化最简单、最直接的方法，也是最深刻的方法。高贤峰在论述海尔如何将制度和文化结合在一起时，提出海尔模式的实质是管理三部曲，即"提出理念与价值观；推出代表理念与价值观的典型人物与事件；在理念与价值观的指导下，制定保证这种人物事件不断涌现的制度与机制"。可见，企业英雄和文化故事在文化理念传播方面的确具有强大的功能。

5. 加强培训，提高素质

一个企业若员工的基本素质不高或缺乏良好的职业道德，生产力健康持续地发展是不可能的，企业文化建设也只能是纸上谈兵。加强培训，不断提高企业员工的基本素质，成为建设企业文化的基础保证。在日本松下电器公司，每一个走上工作岗位的年轻人，都必须首先接受职业道德、经营思想、集体意识、自我修养的集训，进行语言、待人接物的礼节教育，考试合格后才被录用。

培训是领导者系统全面地导入管理团队文化的必由之路。领导者授权有关部门（如企业文化部、人力资源部等）组织全体员工进行系统培训和宣讲，使员工能够真正理解和接纳管理团队文化，发自内心地认同和拥护管理团队文化。企业中员工的培训一般包括企业文化、规章制度、管理知识、作业技术等，企业文化的培训一般都要放在比较重要的地位。不仅要有对新员工的培训，还要有对在职员工进行的提高培训，培训的过程就是员工学习的过程。

企业文化培训也给领导者提供了一个彰显个性、传播文化理念的舞台。很多时候，领导者亲自出马，走上培训讲台，用富有感染力的语言、真实生动地向员工宣讲企业文化理念，传播企业文化愿景。GE 的企业文化变革就是杰克·韦尔奇从 GE 位于纽约的管理训练中心——克罗顿维尔发动开始的。除了委派专人主管克罗顿维尔，韦尔奇还亲自担任克罗顿维尔的培训师。克罗顿维尔给韦尔奇提供了一次说服 100 人的沟通机会，成为韦尔奇宣传 GE 新文化的殿堂。

案例   "拓荒牛"顶出一片天

提起深圳，人们最先想到的是一头浑身肌肉凸起的腱子牛，顶着一对威武昂扬的锋利长角，奋勇向前开拓，头顶脚踢，打拼出一片新天地……

中信深圳分行市民中心支行行长肖剑，就是这么一头奋力开拓的"拓荒牛"！

是牛，就有一股子不服输的"牛劲儿"。2013 年末，为抢抓前海发展良机，深圳分行党委决定，原市民中心支行团队带原有业务组建前海分行，肖剑到市民中心支行任行长。对肖剑来说，这可是一个巨大的挑战。虽然自己此前已有十余年的工作经验，但是他一直在会计运营部门，主要是和账目数字打交道，如今一下子来到竞争激烈、比拼客户资源和营销能力的市场一线，他能吃得消吗？能站住脚吗？要知道，这可是意味着在市场营销经验、客户资源积累、客户经理团队管理、银行产品知识等方面都从零开始啊！肖剑自己也承受了巨大的压力，而且蜕变的过程比他想象的还要痛苦和艰难。寻找客户四处碰壁，业绩不佳员工收入锐减过半，多名员工同时提出辞职……煎熬、彷徨，肖剑顶住了压力，也得到了来自陈行长、严副行长业务上的支持，赵行长、人力资源部周总思想上的帮助……面对困难，他没有退缩，而是选择了迎难而上。一方面沉着应对，召集支行员工集思广益，制定业务发展规划，研究筛选潜力客户，以身作则，兢兢业业，带动支行上下全力以赴；另一方面严格要求自己，努力学习业务知识、提升营销技能，在分行组织的各项培训中，甚至是面对基层客户经理的业务培训，都经常可以看到他刻苦学习的身影。同时，他还积极投入到各项营销实践和活动中，不断实现自我突破。在2015年深圳分行"感动中信"演讲比赛中，他精彩演讲营销案例并获得第二名，其充满激情，动人心弦而又不失幽默的演讲，让认识他多年的同事眼前一亮、刮目相看。

是牛，就要有甘为孺子牛的那种付出和担当，有着令人感动的温暖。肖剑意识到，要将新组建的团队带好，最重要的一点就在于凝聚人心，只要大家劲往一处使，就没有干不成的事儿。2015年10月，支行柜员刘海乐父母不幸双双遭遇车祸，正当她陷入巨大的痛苦一筹莫展的时候，肖剑得知消息后第一时间便行动起来，发动组织支行员工自愿捐款，向海乐伸出了温暖的援助之手。当厚厚一摞带着情感和温度的钱送到刘海乐手上，她当时就感动得流下了热泪。"当时如果没有肖行长和同事们的帮助，我想我真的很难渡过这个难关，我很庆幸自己在这样一个大家庭里，让我觉得很温暖，我很愿意为这个家庭奉献一切。"海乐哽咽道，正是这种温情帮她挺过了艰难时刻。

是牛，就要做好自己的本职工作，辛勤耕耘，不辞劳苦，做兢兢业业的老黄牛。肖剑深知，客户是业务发展的基础，对于业务的发展，除了全身心投入，没有任何可以投机取巧的办法。有一次，肖剑费了九牛二虎之力拿到了一家知名公司老总的名片，他登门拜访，却被拒之门外，而他没有气馁，选择了在老总办公室门口等待。一直等到半夜，才得知该名老总急着去北京出差，在北京期间能安排出一点点时间。肖剑一听，二话没说，立即订了飞往北京的机票，连夜制定好业务方案，在经历了长途飞行，一路颠簸，最后准时出现在客户面前。当客户看到他一天一夜不眠不休却精神抖擞的样子，尤其看到他拿出来的严谨细致的业务方案，当时就被打动了，对方案认可，更认可他这种敬业的态度，本来已经和一家知名银行签订合作协议，现在又和中信银行达成了战略合作。如今该客户已经是深圳分行重要的战略客户，肖剑的拓展开发收获了回报。真诚对待客户，强而高效的工作效率，正是这再普通不过，然而最能打动人心的招数，一次一次感动着客户。2015年4月，在深圳分行陈行长和严副行长的业务支持和带领下，肖剑和支行团队从其他国有银行手中又攻下了深圳商业地产界中的一个大客户，老黄牛精神再一次感动了对方！

是牛，就始终目视前方，坚定地迈开脚步，一步步去抵达远方的目标。在支行未来的业务发展上，肖剑有着自己清晰的战略定位和判断，他要求支行不能以传统的思维经营业务，必须结合客户资源，依托分行的创新金融产品，将互联网金融和资本市场作为未来发展的重要领域。为此，他带领业务团队深入开拓挖掘，与全国前十大支付机构中的三家建立合作关系，代付客户已达11家，目前每日交易量和活期存款已超过3亿元，占分行代付量一半以上，并且将在T+0垫资、微信支付、跨境外币支付等多方面持续开展合作，市民中心支行已成为深圳分行该领域特色支行。另外,肖剑敏锐地抓住深圳资本市场发展契机,以基金托管、股票质押、配资等产品作为抓手,开拓了数个优质私募基金公司,2015年累计托管额超过20亿元,日均活期存款超2亿元。2015年末存款较2013年增长6倍多,综合考评位列深圳分行"优秀行"第一名。同时,2015年末支行不良贷款率不足千分之一,正常贷款逾期率为零,正向实现"最佳综合融资服务银行"的愿景大步迈进。

三年的市场征战,肖剑和他的团队,用拓荒牛的精神,头顶脚踢,打出一片天地。三年,肖剑完成蜕变,转型成功,他适应了市场的变化,但是他也有坚持不变的东西,那就是作为中信人对事业的热爱,以客户为中心,为客户提供最优服务和创造最大价值的承诺,中信人善于开拓、敢于创新的精神。

(资料来源:中信银行企业文化故事)

三、积极强化,持之以恒

企业员工的价值观、信念、作风、礼仪等文化要素,是不断积极强化的产物。强化指的是人们的某种行为因受到一定刺激而获得继续或中断的过程。使行为继续下去的强化,叫作正强化或积极强化;使行为中断或中止的强化,叫作负强化或消极强化。积极强化的刺激使人们获得奖赏性情绪体验,而消极强化的刺激带给人们惩罚性情绪体验。趋乐避苦,趋利避害,是人类行为的基本法则,在建设企业文化时应遵循这些法则,对员工的良好行为给予积极强化,对不良行为给予必要的消极强化。

通用电气公司前总裁杰克·韦尔奇强调:"在通用,经营信条手册人手一份,存放于皮包或钱夹里,我们无时无刻不在维护它,倡导它。一旦有人违背了这些信条,那么他们必然会被淘汰。"

由于员工对企业所倡导的文化,需要经历一个熟悉、模仿、服从、领悟、认同、内化的过程,因此企业文化建设必然是企业的一种长期行为,靠短期突击是难以奏效的。由组织的少数人创造、倡导的某种文化,传播到组织的每个团体,再由一个个团体传播给每一个组织成员,使之在企业的每个角落里生根、开花、结果,需要一个较为长期的过程。当企业适应环境的变化开始实施变革时,通常就需要改变企业文化的原有模式,这不仅要求企业建立起新的文化要素,而且要同旧文化的"惯性"进行反复的较量。学习、借鉴先进企业的文化元素,同样需要经过长时间的领会和消化,才能将其吸收进自己企业的文化体系当中。因此,进行企业文化建设必须长期努力,持之以恒。

价值体系、管理思想等文化理念是人们抽象思维的结果,属于精神层面的内容,它的传播通常需要借助一些物质和外化的形式。企业例行的典礼仪式即是企业文化传播最现实的载体,易于被员工接受。典礼和仪式一般都有一些固定的规矩和惯例,如固定的程序,必不可少的仪式、物质的品种和样式、参与者的习惯着装等。这些固定的程式造成一种特殊的环境心理定式,使员工受到现场气氛的感染,经历情感体验,产生新的态度。领导者如果能运用工作中的多种仪式,如晨会、新员工入职、颁奖典礼、重大节日集会、欢送退休员工等场合,对企业的价值观进行宣传和灌输,就能够潜移默化地影响员工,使员工在情感上接受企业的价值观。

| 企业文化

| 案例 | 海尔质量文化的形成

海尔企业文化的形成可归纳为"海尔管理三步曲",即"提出理念与价值观;推出代表理念与价值观的典型人物与事件;在理念与价值观的指导下,制定保证这种人物与事件不断涌现的制度与机制"。"海尔管理三步曲"是一种管理制度与文化理念紧密结合的运行模式,它在海尔管理的每一个方面几乎都有体现,对海尔的成功起到了至关重要的作用。下面以海尔质量文化的形成(即质量管理三步曲)为例进行说明。

1. 质量管理三步曲

第一步,提出质量理念:有缺陷的产品就是废品。

海尔在转产电冰箱时,面临的市场形势是严峻的,无论是规模,还是品牌,都处于劣势。靠什么在市场上争得一席之地?只能靠质量。于是,张瑞敏提出了自己的质量理念:有缺陷的产品就是废品。这个理念得到了海尔管理层的赞同,他们认为"全面质量管理"的精髓就是创名牌,要对产品质量实行"零缺陷,精细化"管理,努力做到用户使用"零抱怨、零起诉"……

理念的提出是容易的,但是,让广大员工接受、认同,最后变成自己的理念,则需要一个过程。开始时,许多职工并不能真正理解,更难于自觉接受。所以,产品质量不稳定,客户投诉不断。1986年,海尔有一批1 000台电冰箱,就检查出76台不合格。面对这些不合格品,许多人提出,便宜一点,卖给职工。而张瑞敏强烈意识到,企业提出的质量理念,大部分员工还远远没有树立起来,而理念问题解决不了,只靠事后检验,是不可能提高质量的。于是,张瑞敏果断迈出了第二步。

第二步,推出"砸冰箱"事件。

许多人都非常熟悉"砸冰箱"事件,但是对"砸冰箱"之后发生的事,却知之甚少。当员工们含泪眼看着张瑞敏亲自带头把有缺陷的76台电冰箱砸碎之后,内心受到的震动是可想而知的,人们对"有缺陷的产品就是废品"有了刻骨铭心的理解与记忆,对"品牌"与"饭碗"之间的关系有了更切身的感受。但是,张瑞敏并没有就此而止,也没有把管理停留在"对责任人进行经济惩罚"这一传统手段上,他要充分利用这一危机事件,将管理理念渗透到每一位员工的心里,再将理念外化为制度,构造成机制。

在接下来的一个多月里,张瑞敏发动和主持了一个又一个会议,讨论的主题却非常集中:"我这个岗位有质量隐患吗?我的工作会对质量造成什么影响?我的工作会影响谁?谁的工作会影响我?从我做起,从现在做起,应该如何提高质量?"在讨论中,大家相互启发,相互提醒,更多的则是深刻地内省与反思。于是,"产品质量零缺陷"的理念得到了广泛的认同,人们开始了理性的思考:怎样才能使"零缺陷"得到机制的保证?他们又走出了关键的第三步。

第三步,构造"零缺陷"管理机制。

在海尔每一条流水线的最终端,都有一个"特殊工人"。从流水线上下来的产品,一般都有一些纸条,在海尔被称为"缺陷条"。这是在产品经过各个工序时,工人检查出来的上一个工序留下的缺陷。这位特殊工人的任务,就是负责把这些缺陷维修好。他把维修每一个缺陷所用的时间记录下来,作为向"缺陷"责任人索赔的依据。他的工资就是索赔所得。同时，当产品合格率超过规定标准时，他还有一份奖金，合格率越高，奖金越高。这就是著名的"零缺陷"机制。这个特殊工人的存在，使零缺陷有了机制与制度上的保证。目前，这一机制有了更加系统、更加科学的形式，这就是在海尔称为市场链机制的"SST"，即"索赔、索酬、跳闸"。这一制度的推出，使海尔的产品、服务、内部各项工作都有了更高的质量平台。

2. 海尔质量文化的形成过程

海尔的质量文化理念首先是由总裁张瑞敏提出来的。当时的海尔亏损147万元，资不抵债，工人拿不到工资，人心涣散。张瑞敏任厂长后，海尔决定退出洗衣机市场转产电冰箱。张瑞敏先提出追求卓越的观念，"要么不干，要干就要争第一"，并首先抓"有缺陷的产品就是废品"的质量观念。

张瑞敏的质量文化理念得到海尔管理层的一致赞同。他们以"砸冰箱"事件为契机，在工人们的心里牢牢树立起了"有缺陷的产品就是废品"的意识，并向工人们传达了这样一个意念："你干的产品不应该有任何问题，如果有问题的话，不是产品本身有问题，而是你的工作态度、素质有问题。"

如果说"砸冰箱"事件本身给工人们的思想带来了很大的震撼，那么在事件发生后的一次又一次的会议和讨论中，人们进行了深刻的内省与反思，真正从思想上认同了海尔领导层的质量文化理念。

然而理念还需要制度的强制保证。以质量文化理念为导向，海尔领导层设立"特殊工人"的岗位，构造"零缺陷"机制，后来发展成著名的市场链机制。在执行"零缺陷"机制的过程中，"有缺陷的产品就是废品"这一理念不断得到内化，最终变成员工自己的质量理念。这样，海尔的质量文化理念被广大员工认同和共享，并指导员工的工作，形成了海尔的质量文化。

 复习思考题

1. 企业文化形成的内在动因主要有哪些？
2. 企业新文化的形成具有什么规律？
3. 员工对新文化形成积极态度的过程是怎样的？
4. 企业文化管理的主要环节有哪些？
5. 你认为培育企业新文化有哪些好的方式方法？

案例讨论

上饶移动契合新生代员工需求特点的诸多激励招数

2005年中国移动将"培育先进企业文化、锤炼持久核心能力、塑造卓越企业形象"三大措施作为"从优秀到卓越"战略的重要举措，进而提出了"正德厚生 臻于至善"的核心价值观、"创无限通信世界 做信息社会栋梁"的企业使命和"成为卓越品质的创造者"的企业愿景。2006年起，按照"知、信、行"的工作思路，中国移动大力推进企业核心价值观的传播。

2007年开始，中国移动在全集团范围内开展企业文化示范单位的创建工作。近年来中国移动注重加强专项文化建设，着力培育服务文化、关爱文化、执行文化、创新文化与和谐文化。

上饶移动现有员工1 443人，平均年龄30.47岁，张扬青春活力的80后、90后新生代员工已经成为上饶移动的主体。新生代员工通常思想活跃，学习能力强，接受新生事物快。他们具有多元化的价值取向，对社会"主流价值观"的认同较前几代人明显偏弱。如何针对他们的需求特点激励他们与企业共同成长，成为许多企业面临的难题。

上饶移动针对新生代员工需求特点，近年来逐步探索出"谷地"创新管理机制、周慧学院、梦想银行、践行先锋、心灵约会和营养煲葫芦等诸多有效的文化管理活动载体，公司先后荣获"全国文明单位""全国五一劳动奖状""全国精神文明建设先进单位""全国用户满意企业""全国模范职工之家""全国企业文化建设优胜单位""中国移动三星级企业文化示范点""2012年员工心理调查整体健康度排名全省移动第一名""2013年员工效能综合认可度排名全省移动第一名""中国移动2013年至2014年度班组建设示范单位""集团公司企业文化标杆管理成果一等奖""集团公司企业文化'最佳实践奖'""2015年员工效能综合认可度排名全省移动第一名"。

一、"谷地"创新管理机制

近年来上饶移动首先创建了'谷地'创新管理机制。这一方面旨在激发员工的动力和提升员工的能力，另一方面也满足了企业加快自身发展和提升竞争力的需要。

"谷地"的英文是goodea，它是"good idea"的音译，意为"播撒创新谷种、收获丰硕果实的沃土"，旨在"使公司成为员工、团队创新的沃土，迸发灵感的沃土"。

1. 建立跨部门、跨区域的虚拟创新团队

上饶移动首先组建了"谷地"创新协会，通过虚拟团队的跨部门、跨区域协作，以及多种渠道的沟通交流和对创新项目实施、激励机制，实现上饶移动全员各方面创意的搜集汇总、研究反馈、协调实施、效果评估和评比激励。

"谷地"创新协会在机构设置上分为两个维度：一是在上饶移动设立一个"谷地"创新协会，各县（市、区）移动在本单位范围内分别组织设立一个"谷地"创新分会。二是上饶移动"谷地"创新协会下设4个日常工作组——创新支撑组，项目实施组，活动策划组和综合保障组，负责"谷地"创新日常工作开展具体事宜落实。

"谷地"创新协会施行了一系列运作管理制度（如《"谷地"改革、完善、发展实施方案》《上饶移动"谷地"创新协会内部管理章程》等）。同时上饶移动领导班子各位成员都担任了"谷地"创新协会的顾问，各县（市、区）移动、市公司各部、中心、办经理都以不同形式支持或参与到"谷地"创新协会的工作当中。"谷地"创新协会还建立了一整套标准化工作流程——项目实施管理流程、会议运作流程、成员管理办法等，以充分发挥虚拟团队的优势。

2. 实施全员知识管理

上饶移动在公司中建构了一个量质并举的"谷地"创新知识系统，让公司内外的创新资讯与知识，通过获得、创造、整合、存取、分享、更新、价值等循环过程，不断地回馈到"谷地"创新知识系统内，累积形成员工个人与上饶移动的知识库，成为"谷地"创新活动的智慧源泉。

公司通过"谷地"创新平台搜集、打造一线经验库，将各种内外部的显性、隐性知识分类整理、共享，建立起包括内外部的研究报告、标准规范、程序文档和数据等内容的显性知识、员工个人工作经验等隐性知识，并进行总结、分享、更新，以提升全体员工的多项能力。

公司组织、策划了一系列"谷地"创新讲坛活动。"谷地"创新沙龙活动，邀请相关专家举办讲座。为了开拓创新视野，增强创新动力，广大员工还积极地参与组织策划"谷地"创新交流，"谷地"创新协会内部集体活动。公司还通过制作"谷地"期刊、"谷地"每周创新小故事等电子刊物，宣传推广优秀创新建议、案例等内容，展示公司内外的创新成果。

"谷地"创新协会还在全市移动范围内不定期地组织、策划一些与创新发展相关的竞赛活动，吸引员工参与其中。例如，开展征集"秋季校园营销案"活动，并组织 PK 辩论大赛，一批包含"暑假前期营销""提前营销""新生入学营销""二次营销"元素的营销案为公司提供了多维度的决策依据，促使校园市场营销活动取得了较好成绩。开展 2010 年"春节营销"72 小时"悬赏令"活动。仅三天时间，就收到来自各单位、各部门、各岗位员工的创意点子 231 条。"田园牧歌"农村营销体系、"过年进行曲"活动、小区广播系统和彩铃沉默客户营销等优秀创意内容被应用到市场营销实践活动当中。

上饶移动还推行了导师制和内训师制度。在公司内遴选出具有创新理念、能力、技巧和一定工作阅历的员工，聘为导师和内训师，使其成为知识管理的活跃分子和重要力量。导师和学员在沟通的基础上共同制定学习方案，指导方法灵活多样，比如工作上随时指导、定期指定研究课题、有针对性的技能专题培训、谈话式的互动交流等。每年上饶移动都要进行市级内训师的选拔和省级内训师的推荐工作，并组织本公司专家和内训师开发标准化课程（内容包括技术、业务、服务、营销、管理等前沿知识和实用技能），结合公司全年的培训计划，定期安排内训师授课。

"谷地"创新管理机制构建与运作以来，上饶移动涌现出了一大批优秀创新成果，如"缩短客户投诉处理平均时限""提高客户服务满意度"等，在公司内部获得了大范围推广，有效提升了业务和服务质量。同时，也有效地激发了组织和员工的活力，许多名"谷地"创新骨干被提任到公司各单位、部门重要岗位上，成为各领域的中坚或骨干力量。由于所有员工都有机会参与，使得每一位员工都有改进运营流程、环节的建议权、话语权、执行权，都有思考和行动的时间、空间。由一批年轻人作为"火种"的员工队伍一直活跃在"谷地"创新协会活动中，从而培育起一支奋进向上的"谷地"创新团队。

2010 年 11 月下旬，在中国移动第六届总裁讲坛前夕，中国移动通信集团公司号召全国移动员工参与总裁讲坛的前期讨论。上饶移动员工将在江西移动有一定知名度的"谷地"创新实践案例推荐给了讨论专区 BBS 和总裁信箱。

2011 年 12 月 13 日，中国移动通信集团公司李跃总裁亲自写信回复上饶分公司员工，指出："信中讲述的一些创新实践很好，我已批转相关部门认真研究。创新是企业生存与发展的不竭动力，也是公司质量与服务提升的有力保障，真正的创新精神来自成千上万的员工队伍之中。感谢你对企业创新的关注与思考！"

二、周慧学院

上饶移动于 2011 年 1 月创办了企业学院，命名为周慧学院。

1. 搭建组织结构

周慧学院邀请全国劳模周慧担任名誉院长，周慧是中国移动学习型、知识型、技术型、创新型员工的模范典型代表，创新型科技领军人才。结合企业实际，周慧学院根据专业类别设立了营销、技术、管理三大分院，周慧学院的组织结构，如表 4-2 所示，院长分别由相关分管副总经理和相关部门经理担任。

表 4-2　周慧学院的组织结构

学院名称	教学内容
营销分院	提供营销技巧、移动业务、市场分析、营业规范、服务礼仪、集团产品、信息化建设和产品发展趋势等课程
技术分院	提供与公司业务有关的技术类课程
管理分院	提供综合管理、职业素养、人力资源管理、财务管理和提升全员综合素养等管理类课程

2. 规划课程体系

周慧学院规划了三大课程体系，以满足不同层次学习培训的需要。

（1）全员公共课程

旨在提升全员综合素质，帮助员工熟悉公司整体业务流程，促进员工全面发展。内容包括公司业务知识、企业文化、基本礼仪、新员工上岗培训、安全和健康培训等。

（2）专业技能课程

以各岗位从业人员基础技能学习、提升为主要内容，旨在帮助员工融入本职工作，胜任本职工作，熟悉掌握本职工作中的核心技能和关键要领。内容包括岗位基本技能培训、任职资格培训、业务（技术）新知培训等。

（3）发展提升课程

以各个岗位从业人员专项能力提升为主要内容，通过课程学习，满足员工基本业务技能以外的其他岗位能力提升需求。包括管理技能培训、领导力提升培训等内容。

3. 构建学员管理体系

学院根据岗位胜任要求，建立学习地图。每个岗位的学习地图由市公司人力资源部会同各专业部门和培训需求单位共同绘制完成，内容包括如下3个方面。

（1）学分修读计划

全员公共课程采用学分制管理，每年度学习开始前，由市公司人力资源部会同三个学院副院长共同制订学习计划，学习计划规定学期内全体员工最低应修学分和学分组成比例要求。

（2）年度培训计划

公司人力资源部充分利用公司内外部教学资源，为全体学员提供各项基础技能培训和素质提升培训。

（3）专项培训计划

满足动态变化的市场和技术需求，以培养各种专项人才。专项培训计划由对口业务部门协助公司人力资源部共同制定。

4. 灵活多样的学习方式

学院根据课程特点，工作需要和时间安排，灵活方便地安排各类学习方式，随时随地满足各类学习需求。

① 学习面对面，通过面授的方式进行学习。

② 指尖上的学习，通过下载手机学习客户端"乐享D"，利用手机开展自学。

③ 飞信课堂，通过飞信形式发送学习内容和问答试题。

④ 电话随时考，根据学习的情况通过外呼方式检查学习效果。
⑤ 专家在线，通过论坛、知识帮客、统一通信端等安排专家进行解疑释惑。
⑥ 网院点播，借助网上学院的丰富资源进行学习。
⑦ 研讨读书会，通过专题研讨、读书会等形式进行学习。
⑧ 体验之旅，通过实地考察、交流访问等方式进行学习。

每学期末，由学院领导根据讲师全年的授课质量、全体学员的学习表现，分别评选出优秀讲师、优秀课程、三好学生，并分别给予一定的物质奖励。未完成年度学分要求的人员一律不得参与公司的任何评优评先项目。

周慧学院创办以来，通过走出去、请进来等方式，已开展众多内容丰富、形式新颖的员工培训活动，在广大员工中形成"人人好学，人人皆师，教学相长，百花齐放"的学习氛围。

三、梦想银行

上饶移动尊重员工的多元需求，并且认为人有了梦想，才会有追求。公司 2012 年开展了员工"十大梦想"征集、评选活动，后续在此基础上创新推出了上饶移动"梦想银行"激励体系。

1. 实施 PDCA 循环管理

上饶移动"梦想银行"激励体系运用 PDCA 循环管理法，帮助和指导各单位、各部门和全体员工开发梦想，实施梦想、关注梦想和实现梦想。即计划（plan）——建立梦想账户（分析现状，开发梦想），实施（do）——梦想投资（自我能力提升并追逐梦想），查核（check）——梦想理财（阶段性工作成果与梦想目标对比），处置（action）——对实现梦想结果总结分析并设定新目标（未解决问题转入下一循环，努力实现梦想投资回报）。通过加大各级管理人员与员工的沟通、交流力度，并借助激励和指导，帮助员工实现梦想，并确认梦想实现比率。梦想未实现的分析原因、适度调整，随即成为次年或未来须追逐和实现的梦想。

2. 梦想账户的内容

梦想账户的内容是各单位、各部门和员工的梦想目标、实施梦想计划和实现梦想情况等过程性管理档案，内容涵盖企业发展、所在团队建设、员工个人价值实现、家庭幸福愿望等工作、学习、生活各个层面。

3. "梦想银行"的管理办法

（1）填写征集表

首先分单位（部门）和员工两个层级填写"年度上饶移动'梦想银行'梦想账户征集表"。

（2）"梦想银行"激励

各单位（部门）的负责人作为本单位（部门）上饶移动"梦想银行"激励体系运营管理的责任人，做好上饶移动"梦想银行"激励体系的宣传、指引工作，进行员工常态化的沟通、交流、激励和指导，通过强化上饶移动"梦想银行"激励体系的过程性管理，帮助员工实现梦想，以提升梦想实现比率。

（3）评定奖励与征集

每年初，上饶移动开展年度"十大梦想"评选奖励活动和下一年度"梦想账户"的征集"揽储"活动。

上饶移动 2012 年度员工实现梦想 8 209 个，实现率为 56%。2013 年度，上饶移动持续开展融合个人、家庭、班组和企业元素的全员"十大梦想"征集评选活动，在各单位、各部门和全体员工中征集员工"十大梦想"9 000多个，内容涉及企业发展、所在团队建设、员工个人价值实现、家庭幸福愿望等方面。公司通过强化过程管理，全力帮助员工实现梦想，实现率为62.48%。2014年度，全员"十大梦想"征集总数为14 659个，实现梦想总数为8 209个，实现率为56%。2015年度，全员"十大梦想"征集总数为14 890个，实现梦想总数为9 303个，实现率为62.48%。

2015年度员工的梦想内容与实现情况举例，如表4–3所示。

表4–3　2015年度员工的梦想内容与实现情况举例

员工梦想	梦想实现情况
上饶分公司2015年能再创辉煌，勇夺4连冠	上饶分公司综合绩效持续保持全省移动"第一方阵"，排名第二
上饶分公司成功申报集团公司三星级企业文化示范单位	在公司领导正确领导和全力支持下，在全市移动同仁的共同努力下，成功创评集团公司三星级（最高级）企业文化示范单位
党委办公室（党群工作部）能再增添新鲜血液，增加一名优秀的新同事	增加了1名研究生
党委办公室（党群工作部）2015年度绩效实现"优秀"	优良！还需努力
个人的职级晋升1级	差一点点，还需努力
前往华为公司和优秀兄弟公司学习，开阔视野，激发新思维	非常遗憾，未实现!! 主要是自己时间不允许，期待2016
老爸战胜疾病，妈妈身体健康，女儿快乐成长，家庭幸福	老爸术后恢复良好，继续加油

四、"现象上饶"践行先锋

企业在转型发展和业务开展过程中总是会涌现出一批英雄人物的，上饶移动近年来持续开展了年度"现象上饶"践行先锋等先进典型人物的推选和表彰，就很好地满足了员工进取创新的获得感和荣誉感。

1. 推荐候选人

各县（市、区）移动从本单位评选出的年度"先进工作者"中分别向市公司择优推荐1至2名年度"'现象上饶'践行先锋"候选人。市公司综合部、市场经营部和网络部牵头，分别从市公司综合线条、市场线条和网络线条评选出的年度"先进工作者"中分别向市公司择优推荐1至2名年度"'现象上饶'践行先锋"候选人。

2. 确定表彰人选

市公司总经理办公会从各县（市、区）移动和市公司综合部、市场经营部，网络部推荐的年度"'现象上饶'践行先锋"候选人中择优评选，最终确定年度"'现象上饶'践行先锋"表彰人选。

2015年度上饶移动评选与表彰了12名"现象上饶"践行先锋，部分2015年度"现象上饶"践行先锋颁奖词，如表4–4所示。

表 4-4 部分 2015 年度 "现象上饶" 践行先锋颁奖词

"现象上饶" 践行先锋	颁 奖 词
余干县分公司总经理吴勇勇	勇于创新的领跑者。思想敏锐、观念新、闯劲足，带领团队连续两年夺得上饶移动综合绩效考评第一名，并荣获江西移动 2015 年度县级经营单位优胜奖，实现了小县也有大作为的承诺
婺源县分公司总经理助理王茂林	身先士卒的开拓者。身入基层，脚丈市场，敢闯敢干，开拓创新，勇当先锋，唱响客户发展最强音，为婺源县移动荣获江西移动 2015 年度县级经营单位优胜奖做出了突出贡献
市公司工程建设中心工程施工员李洋	G 建设的急先锋。作为上饶移动 4G 三期工程建设实施方案的具体执行者，攻坚克难，舍小家顾"大家"，战寒冬、抗暴雨、忍酷暑，为上饶移动荣获江西移动 4G 先锋集体奖奠定了基础

五、心灵约会

现代社会员工的工作和生活压力都很大，公司的管理层也同样常常感受到来自多方面的心理压力。为此，近年来上饶移动积极实施了"EAP 员工关爱计划"，其中的"心灵约会"员工关爱项目就很有特色。

2013 年上饶分公司投资建设了上饶移动"MO 派·七彩港湾"员工心灵放飞室，员工心灵放飞室内配备空调、沙发、减压沙包等设施。

在硬件设施到位的同时，公司开展了员工心灵放飞室的软件升级工作。一是聘请 2 名具有心理咨询师资质的员工组建了上饶分公司员工心理健康辅导师队伍，帮助员工解决来自心灵内外部的压力、焦虑和困惑。二是开展谈心交心、心理健康知识讲座，设立心理健康宣传专栏等活动，积极营造"快乐工作，健康生活"的良好氛围。

上饶移动"心灵约会"员工关爱项目的主要内容包括以下 4 个方面。

① 常态化地开展各级管理者与班组长及其成员、班组长与班组成员、班组成员之间的谈心交心活动，在与员工沟通、交流的基础上注重激励和指导，及时把握员工思想、情绪情状，使广大员工能够保持上佳的精神状态，在创新创业的道路上更加成熟、更加从容、更加快乐，从而努力实现企业和员工共同成长。

② 以班组为单元建立飞信群、QQ 群、微信群、班组微博等网络互动平台，及时让班组成员分享企业和班组信息，随时了解掌握班组成员的思想和工作动态，持续营造活泼、快乐、和谐、宽松的环境，增进员工间的相互情感和企业归属感。

③ 持续开展"1+1"结对子蹲点服务、"民情下访""倾听一线声音，心系员工冷暖""我向公司提建议"等员工个别访谈，及时把握员工思想动态。

④ 深入开展"心连心、面对面"拜访员工家庭活动。通过组织各级直线经理定期上门拜访员工家庭，强化沟通、尊重与关怀，进而推进完善员工关爱服务体系。上门走访过程中，直线经理们充分尊重员工家属，以诚恳、耐心的谈话态度，悉心倾听员工家属的意见、建议，并认真做好记录。对家庭拜访中发现的员工个人、家庭存在的困难或问题，及时制订并实施适当的帮扶计划；对员工家庭不在员工所在地的，他们也积极通过电话、短信、微信、邮件等在线方式与员工家属进行沟通，使员工及其家属切实感受到企业对员工及其家庭的爱护和关怀。2015 年，上饶分公司上门拜访员工家庭数量已超过员工总数的 50%。

| 企业文化

六、营养煲葫芦

员工身体的健康状况关系着每位员工的幸福。目前，我国居民尤其是城市居民的膳食结构和生活习惯发生了明显的变化，动物性食物和油脂类的摄入明显增加，而粮、薯、豆类的摄入明显减少，使得高血压、高血脂、糖尿病、心血管疾病，以及肿瘤等与膳食结构密切相关的疾病发病率不断上升。

2011年8月，上饶移动对原职工之家食堂进行了改造和扩容，建设了上饶移动"MO派"餐厅，并通过实施开展上饶移动"营养煲葫芦"员工营养健康提升工程，持续做好"MO派"餐厅的软件升级工作，帮助提升员工的营养水平、身体素质和营养健康意识。

上饶移动与上饶市营养师协会合作，为员工提供营养知识和相关的多项服务。

① 确保上饶移动"MO派餐厅"内外环境和餐饮用具卫生，努力为员工提供舒适、安全、卫生、温馨的用餐环境；严格掌控原料来源、质量、数量，建立物款开支账本，避免浪费。

② 邀请国家级营养专家举办营养知识专题讲座，大力普及营养学知识，以提高员工的营养健康知识水平，培养良好的饮食习惯和生活方式。

③ 由省、市级营养师为员工提供营养菜谱（包括季度食物分析单、月度菜品汇总），每周五提供下一周菜单和营养成分分析表。

④ 为员工提供各式面点、米粥、绿豆汤。自购豆浆机，为员工提供放心安全的保健食品。

⑤ 提供女员工营养汤。

⑥ 建立员工个人健康档案和营养健康后续跟踪服务。

⑦ 针对特殊人群进行营养调理。

⑧ 邀请上饶市营养师协会专家免费为员工进行微量元素检测和维生素检测，普及微量元素和维生素缺乏的自我诊断、健康膳食结构、维生素的食疗保健等健康知识，使员工能够均衡饮食营养，学会根据自身体质选择富含微量元素和维生素的食物。

（资料来源：中国管理案例共享中心案例"上饶移动契合新生代员工需求特点的诸多激励招数"）

讨论题

1. 上饶移动为什么要推出"谷地"创新管理机制？为什么要创办"周慧学院"？
2. 上饶移动的"梦想银行"是什么？上饶移动为什么要热衷搞"梦想银行"？
3. 试举例分析上饶移动策划运用的活动载体与培育中国移动企业文化之间的关系。

第五章

企业社会责任

我国在迈向工业化的过程中,企业一方面为社会创造了丰富的物质财富,但另一方面,一些企业存在的环境污染问题、假冒伪劣问题、食品安全问题、诚信缺失问题、安全生产问题等也给社会带来了诸多负面的影响。随着社会的进一步发展,企业应积极担负起企业社会责任,以促进企业自身和社会的可持续发展。

第一节 企业社会责任的兴起

一、企业与社会

社会(society)可被定义为有着共同的传统、价值观、习俗、集体活动与利益的一个社区、一个民族或一群人,如企业所在的地区、国家,或企业面对的一个特定的人群(消费者、一个民族及其他利益相关者)。

美国《商业周刊》的一篇评论曾归纳出现代企业与社会的关系:"今天,企业正被要求对社会承担比以前更大的责任,在更广意义的人文价值观上起作用。因为企业的存在是为了服务社会,企业的未来将取决于管理者对变化着的公众期望回应的质量。"

1999年由韦尔斯王子、企业领导者论坛等组织进行的一项面向全球的民意调查显示,在21世纪,人们希望大公司做下列这些事情:

- 通过行动表明他们是信奉社会价值观的,并愿意在人文、环境和经济方面对社会做出贡献;
- 力求使社会不遭受公司的运营活动、产品及服务的消极影响;
- 与包括股东在内的公司的主要利益相关者共享由公司活动带来的利益。

调查结论指出:企业社会责任正迅速成为一个全球性的期望,要求企业从战略上予以全面的回应,要将伦理规范和企业社会责任确立为企业的核心价值观。

二、企业利益相关者

20世纪90年代以来,企业利益相关者(stakeholder)概念变得越来越具有重要意义。企业利益相关者是在企业中拥有一种或多种权益的个人或群体。企业与利益相关者之间是互动、交叉影响的关系。利益相关者可被认为是"企业能够通过行动、决策、政策、做法或目标影响的任何个人或群体。反过来说,这些个人或群体也能影响企业的行动、决策、政策、做法或目标"。假如企业意欲取得可持续的发展,它必须迎合利益相关者合理合法的要求和期望。由于企业必然要与利益相关者打交道,所以它就必须采取合乎伦理的做法。

卡罗尔将企业主要的利益相关者划分为外部利益相关者，如消费者、社区、政府；内部利益相关者，如投资者、员工。

大卫·惠勒（David Wheeler）和玛丽亚·西兰帕（Maria Sillanpaa）认为，落实"利益相关者之要义"是21世纪公司成功的关键。惠勒和西兰帕提出了一个对利益相关者进行分类的方法。他们运用主要和次要、社会和非社会的类别划分法，对利益相关者进行如下分类。

1. **主要的社会利益相关者**
   - 股东和投资者；
   - 普通员工和管理者；
   - 顾客；
   - 当地社区；
   - 供应商和其他合作企业。
2. **次要的社会利益相关者**
   - 政府和监管机构；
   - 市政机构；
   - 社会压力群体；
   - 媒体和学术评论者；
   - 贸易团体；
   - 竞争者。
3. **主要的非社会利益相关者**
   - 自然环境；
   - 未来的几代人；
   - 非人类物种。
4. **次要的非社会利益相关者**
   - 环境保护压力群体；
   - 动物福利组织。

主要的社会利益相关者在企业中拥有直接的权益，对企业的成功起着直接的影响作用。次要的社会利益相关者也对企业具有极大的影响力，尤其在企业的声誉和社会地位等方面，他们更能代表公众的利益。

案例

1999年秋季，声称拥有70万成员的PETA社会活动团体，觉得麦当劳对待动物有欠妥当，决定予以攻击。2000年，PETA开始在麦当劳各餐厅的儿童游戏场地发送印有"令人不快的餐食"字眼的盒子。2000年秋季，麦当劳公司迫于压力，郑重要求其鸡肉和鸡蛋供应商必须改善鸡的饲养条件，如不再采用鸡挨鸡的圈养方式，保证每只鸡的生存空间达到48~72平方英寸。

三、企业社会责任

(一) 企业社会责任的由来

企业社会责任（corporate social responsibility，CSR）思想的渊源可以追溯到亚当·斯密（Adam Smith）的古典经济学理论，该理论认为，一个社会通过市场能够最好地确定其需要，如果企业尽可能高效率地使用资源以提供社会需要的产品和服务，并以消费者愿意支付的价格销售它们，企业就尽到了自己的社会责任。

到了18世纪末期，西方企业的社会责任观开始发生微妙的变化，表现为企业的业主们经常捐助学校、教堂和穷人。

进入19世纪以后，两次工业革命的成果带来了社会生产力的飞跃，企业在数量和规模上得以较大程度地发展。这个时期受"社会达尔文主义"思潮的影响，人们对企业的社会责任观是持消极态度的，许多企业不是主动承担社会责任，而是对与企业有密切关系的供应商和员工等极尽盘剥，以求尽快变成社会竞争的强者，这种理念随着工业的大力发展产生了许多负面的影响。与此同时，19世纪中后期企业制度逐渐完善，劳动阶层维护自身权益的要求不断高涨，加之美国政府接连出台《反托拉斯法》和《消费者保护法》以抑制企业不良行为，客观上对企业履行社会责任提出了新的要求。

随着经济和社会的不断进步，企业不仅要实现盈利，而且要对环境负责，并承担相应的社会责任。托马斯·佩蒂特（Thomas Petit）认为：工业社会面对着主要由于大公司的出现而带来的严峻的人文和社会问题；管理者在执行公司事务时要能够解决或至少是缓解这些问题，企业为了自身的长期利益应向社会负责。佩蒂特指出，今天社会出现的许多问题与企业自身的失误有一定的关系，企业应该在解决这些问题的过程中发挥作用。假如企业打算将来生存和发展，社会状况的恶化必须得到遏制。

企业社会责任主要有以下5个方面的原因：第一，由于政府在解决社会和环境问题方面存在的某些局限性，因此政府可以通过企业社会责任来寻找新的解决途径；第二，经济的全球化给不同地区、不同民族、不同文化带来了不同的道德问题，如在人权问题上，由于现在还不存在一个强有力的国际组织，因此跨国公司在保护人权方面有着不可推卸的责任；第三，新的技术给企业带来了新的问题，如网络隐私，基因食品等；第四，环境问题。由于存在"搭便车"，企业的排污量总是大于最优的水平。虽然政府通过排污许可证、罚款等手段来减少企业对环境的污染，但是效果总是有限的。因此社会要求企业主动承担社会责任，通过改进生产技术来减少污染物的排放；第五，世界范围内贫富差距的拉大。20世纪以来，世界人均收入最高的国家和人均收入最低的国家之间的比例从5:1拉大到56:1，巨大的收入差距将直接影响世界经济的可持续发展。

20世纪八九十年代，企业社会责任运动开始在欧美发达国家逐渐兴起，它包括环保、劳工和人权等方面的内容，由此导致消费者的关注点由单一关心产品质量，转向关心产品质量、环境、职业健康和劳动保障等多个方面。一些涉及环保、社会责任和人权等领域的非政府组织也不断呼吁，要求社会责任与贸易挂钩。迫于日益增大的压力和自身发展的需要，很多欧美跨国公司纷纷制定对社会做出必要承诺的责任守则（包括社会责任），或通过环境、职业健康、社会责任认证应对不同利益团体的需要。

20世纪90年代初期,美国劳工及人权组织针对成衣业和制鞋业发动了"反血汗工厂运动"。因利用"血汗工厂"制度生产产品的美国服装制造商Levi Strauss被新闻媒体曝光后,为挽救其公众形象,制定了第一份公司生产守则。在劳工和人权组织等NGO组织和消费者的压力下,许多知名品牌公司也都相继建立了自己的生产守则,后演变为"企业生产守则运动",又称"企业行动规范运动"或"工厂守则运动"。企业生产守则运动的直接目的是促使企业履行社会责任,但这种跨国公司自己制定的生产守则有着明显的商业目的,而且其实施状况也无法得到社会的监督。在劳工组织、人权组织等NGO组织的推动下,生产守则运动由跨国公司"自我约束"的"内部生产守则"逐步转变为"社会约束"的"外部生产守则"。

到2000年,全球共有246个生产守则,其中,除118个是由跨国公司自己制定的外,其余皆是由商贸协会、多边组织或国际机构制定的"社会约束"的生产守则。这些生产守则主要分布于美国、英国、澳大利亚、加拿大、德国等国家。

2000年7月《全球契约》论坛第一次高级别会议召开,参加会议的50多家著名跨国公司的代表承诺,在建立全球化市场的同时,要以《全球契约》为框架,改善工人工作环境、提高环保水平。

2002年2月在纽约召开的世界经济峰会上,36位首席执行官呼吁公司履行其社会责任,他们强调,企业社会责任"并非多此一举",而是核心业务运作至关重要的一部分。

2002年,联合国正式推出《联合国全球协约》。该协约共有10条原则,联合国恳请公司对待其员工和供货商时都要尊重其规定的10条原则。

企业社会责任的概念已经发展了很多年。早在19世纪30年代,威尔基(Wendell Wilkie)就提出"商业行为要承担社会责任"。1953年,霍华德·鲍文(Howard R. Bowen)编写的《商人的社会责任》一书给企业社会责任下了最早的定义。1960年,凯斯·戴维斯(Keith Davis)认为企业社会责任就是指企业不是直接为了获得经济或者技术上利益而进行的行为和决策。1963年,约瑟夫·麦奎尔(Joseph McGuire)认同企业的主要目的就是取得经济利润,但是他认为企业社会责任不仅仅是为股民创造利润,而且是企业在承担经济责任和法律责任的基础上承担一定的解决社会问题的责任。1972年,曼尼(Manne)和沃利克(Wallich)认为企业承担社会责任行为是一种自愿的行为,因此企业取得经济利润并遵守法规不是企业承担社会责任的表现。1979年,阿奇·卡罗尔(Archie B. Carroll)认为,企业社会责任意指某一特定时期社会对组织所寄托的经济、法律、伦理和慈善的期望。

(二)企业社会责任的基本内容

1. 经济责任

美国社会规定企业首先是一个经济机构。也就是说,企业应该是一个以生产或提供社会需要的商品和服务为目标,并以公平的价格进行销售的机构。

经济责任是社会对企业的要求,如要求企业要盈利,尽可能扩大销售,尽可能降低成本,关注股息政策的合理性。

2. 法律责任

社会制定一些基本规则——法律,要求企业在法律的框架内开展生产经营活动,遵守所有的法律、法规,如环境保护法、消费者权益法和员工保护法;完成所有的合同义务,承兑保修承诺。

3. 伦理责任

法律是重要的，但永远不够用。法律涵盖不了社会对企业的所有期望行为。① 法律应付不了企业可能面对的所有新情况和新问题，如电子商务、基因工程食品等带来的新问题不断出现；② 法律常常滞后于新的科技进步；③ 法律总是由立法者制定，往往体现的是立法者的个人利益和政治动机。

伦理责任包括那些为社会成员所期望或禁止的、尚未形成法律条文的活动和做法。消费者、员工、股东和社区认为公平、正义的，同时也能尊重或保护利益相关者权利的所有规范、标准、期望都是伦理责任所包括的。伦理责任是社会对企业的期望，期望企业做正确、公平和正义的事，合乎伦理地开展经营活动，避免损害利益相关者的利益。

4. 慈善责任

企业自愿的慈善活动或行为被视为责任是因为它们反映了公众对企业的新期望。这样的活动包括企业捐款、赠送产品和服务、义务工作、帮助社区改善公共环境、与当地政府和其他组织的合作，以及企业及其员工自愿参与社区或其他利益相关者的活动。

虽然社会总是期望企业担负起慈善责任，但总体而言，这类责任是由企业自由决定是否需要承担。

用更实际或体现管理目的性的词语来说，一个对社会负责的企业应该努力做到：

- 盈利；
- 遵守法律；
- 合乎伦理地做事；
- 成为好的企业公民。

企业社会责任强调义务、责任，该领域还存在一些相关的概念，如企业社会回应（corporate social responsiveness），强调行为、活动；企业社会表现（corporate social performance），强调产出、结果。还有一些人士喜欢采用"企业品行"这一术语，这与上述提法并没有实质差异。

案例

默克公司发现一种药品（Mectizan）可以治愈河盲病。这种病在非洲一些小村子、中东及拉丁美洲的一些地区是一种常见病。开始，默克公司想以获利的价格销售这一药品，后来，该公司了解到这种做法不可行，因为对这种药有需求的人太穷了，他们都生活在偏远贫困的地区。在当时没有任何一家组织出面资助的情况下，默克公司决定对每一位需要者免费提供这种药品。

四、企业承担社会责任的理由

1. 权责相符

社会赋予了企业生存和发展的权利，有权利就要有相应的义务。社会进步离不开经济的发展，但是单纯的经济繁荣并不等于社会进步。社会进步要求社会、文化、生态与经济同步发展，因而，作为社会一分子的企业也应为完整意义上的社会进步尽责尽力。

2. 企业应努力解决自己引发的问题

企业对一些重大的社会问题有着显著的影响力。企业的行为对国家、地区的经济发展、就业形势、环境问题等都有很大的影响力，有时甚至起到决定性的作用。既然企业能够对社会施加如此大的影响力，那么社会就有理由让企业为行使这种力量所产生的结果承担责任。

例如，就市场营销而言，顾客受到欺骗，购买了不需要的东西，或者支付了比产品真实价格超出很多的费用，或者没有享受到承诺的售后服务，就会对市场的诚信度产生怀疑，由此可能对社会带来两种后果：一是压制消费，当消费者可以不消费时，选择不消费或者少消费，以避免花钱买气受。二是加大交易成本，当不得不消费时，为了不上当受骗，需要反复比较，要求企业出示有关证明，做出相关承诺。另外，企业的虚假广告可能对社会产生不良的导向作用。不可分解的包装材料会导致环境污染，而过度包装会造成资源的浪费。

3. 企业面对众多的利益相关者

企业与包括顾客、供应商、竞争者、政府、员工等在内的利益相关者有着密切的相互依存关系，为了维系和改善与利益相关者的关系，企业有必要在履行经济和法律责任的基础上，履行伦理责任。

4. 企业是社会"公民"

与普通公民一样，企业也有责任参与解决一些超过自身经营范围的社会问题，也就是说，如果一个企业拥有解决某个社会问题的专长，那么即使企业与该问题并无直接联系，也有责任帮助社会解决这个问题，而企业最终也会从改善了的社会中得到益处。企业作为"社会人"的人格属性，规定了企业的社会使命，即为社会的经济繁荣、全面进步和个人的全面发展服务。要实现这一使命，企业就要正确处理企业利益与社会利益之间的关系，将企业伦理纳入企业的决策之中。

5. 社会可持续发展战略对企业的要求

传统的经济发展观由于一味强调以物质财富的增长为核心，以经济增长为目的，忽视社会责任及社会整体发展，在它创造高度的工业文明的同时，也把人类带入重重危机之中，导致人口、资源、环境与经济发展关系的严重失衡，造成人、社会和自然的畸形发展。可持续发展战略正是由此应运而生并迅速成为当今世界的共识。可持续发展战略，其本质就是既要考虑当前经济发展的需要，又要考虑未来经济发展的需要，不应以牺牲后代人的经济福利为代价来满足当代人的经济福利，也就是要正确处理经济发展中眼前利益与长远利益（或当代人利益与后代人利益）、局部利益与全局利益、个别利益与共同利益的关系，使之有机结合并协调发展。这就要求企业重视社会责任，在企业的经营决策中考虑企业对保护环境应当承担的义务。

五、企业公民

企业公民（corporate citizen）的概念是在1957年美国企业年会上提出的，企业公民被定义为企业向社会群体履行经济和社会责任的新型角色。约翰逊（H.J.Johnson）指出企业在社会和行业中的影响力意味着企业需要对社会群体的福利承担高于平均水平的责任。随着广泛的管理实践和深入研究，企业公民的内涵不断得到拓展。

波士顿学院企业公民研究中心的定义是："企业公民是指一个公司将社会基本价值与日常

商业实践、运作和政策相整合的行为方式。企业公民认为公司的成功与社会的健康和福利密切相关，因此，它会全面考虑公司对所有利益相关者的影响，包括雇员、客户、社区、供应商和自然环境等。"简单地说，企业公民就是企业不仅仅是为股东（shareholders）创造利润回报的经济单元，而且应当是对所有利益相关者负责的社会公民。

英国的"企业公民会社"认为：企业是社会的一个主要组成部分；企业是国家的公民之一；企业有权利，也有责任；企业有责任为社会的发展做出贡献。

企业公民也可以理解为企业、政府和社会之间新的契约关系。公民意味着拥有法律保障下的权利和义务。将公民观引申到企业层面并与企业社会责任理论相结合——建立企业公民理念，不仅意味着对企业承担更多社会责任的诉求，还包括对其参与社会环境改造的权利和义务的法律保障。从这个意义上，企业公民超越了财富拥有者或慈善家的个人行为，而是企业理性选择下所承担的责任。

2003年世界经济论坛对企业公民内涵的概括更加具体化，它将企业公民概括为4个方面的内容：一是好的公司治理和道德价值，主要包括遵守法律、现存规则及国际标准，防范腐败贿赂，遵循道德行为准则及商业原则；二是对人的责任，主要包括员工安全计划、就业机会均等、反对歧视、薪酬公平等；三是对环境的责任，主要包括维护环境质量，使用清洁能源，共同应对气候变化和保护生物多样性等；四是对社会发展的广义贡献，主要指广义的对社会和经济福利的贡献，例如传播国际标准、向贫困社区提供要素产品和服务，如水、能源、医药、教育和信息技术等，这些贡献在某些行业可能成为企业核心战略的一部分，成为企业社会投资、慈善或者社区服务行动的一部分。

企业公民的概念自提出以来，逐渐受到学者、企业及其他相关群体的关注。与企业的社会责任不同，企业公民涵盖了企业内外部的各个层面，包括公司治理、员工关系、企业伦理、环境保护、社会公益事业、供应链伙伴关系、消费者权益保护等多个方面。因此，企业公民逐渐演变为衡量企业优劣的概念体系。从国内、国外对最佳企业公民的评选活动可以看出，企业公民正在逐渐成为企业发展的主流方向。

六、公众对企业社会表现的评比活动

现代社会十分关注企业履行社会责任的状况。一些知名组织和公众媒体纷纷展开了对企业社会表现的评比活动，如《财富》杂志对最受赞赏和最不受赞赏公司进行排名；CEP（经济优先权协会）评选企业良心奖，致力于鼓励优秀公司在社会活动和环境保护中的积极表现。

美国《商业伦理》杂志从2000年开始评选"最佳企业公民100强"。该杂志最初的评价标准只有股东、员工、客户、社区4项内容，到2005年又增加了公司治理、对少数族裔及女性的包容性、环境、人权，从而达到8项内容。加拿大《企业绅士》杂志2005年评选出"最佳企业公民50强"，使用的评价标准包括公司治理、环境、与海外利益相关者关系/人权（包括与原居民关系）、产品安全与商业惯例、社区关系、员工关系/包容性、财务绩效等7项内容。

2003年开始南方周末中国企业社会责任研究中心陆续针对中国国有、民营、在华500强三大类型企业进行CSR调研，从经济指标、管理指标、合规指标、环境指标、社区指标五大维度进行综合评价，并推出年度中国企业社会责任榜单。

2004年我国开始设计"中国100位优秀企业公民排行榜"的评价标准和评价程序，2005

年我国第一届中国优秀企业公民表彰大会由中国社会工作联合会企业公民委员会主办。2014年,"中国优秀企业公民排行榜"项目正式启动,"中国优秀企业公民排行榜"以企业公民委员会最新编制的《中国企业公民评价标准 3.0》为依据,通过"中国企业公民调查评价系统"进行信息收集与评分,形成年度"中国优秀企业公民排行榜"对外发布。

2008 年开始,第一财经发起和主办"中国企业社会责任榜"评选活动,评选以 ISO 26000,全球报告倡议组织 GRI 可持续发展指南等国际通行标准为参考,以第一财经独创研发的"仁商"评价体系为基础,修正、设计评选体系及调研问卷,设置了杰出企业奖、优秀实践奖、责任产品奖和新锐企业奖等 4 类奖项。

> **案例**
>
> 2001 年,宝洁公司获得该年度"企业公民 100 佳"的第一名。1999 年,该公司宣布除非是法律所要求的,否则将终止使用动物对所有化妆品、衣料和家庭护理用品进行测试,以响应维护动物权利活动者的呼吁。

第二节 企 业 伦 理

施乐公司 1997 年到 2001 年虚报 60 多亿美元收入;震惊中外的安然事件,使一家在 2002 年还在世界 500 强中雄踞第 6 位的安然公司灰飞烟灭;无独有偶,世界通信(Worldcom)虚报 38 亿美元利润,引发 2002 年 6 月 26 日的股票崩盘。隐藏在这些会计丑闻之下的,是西方一些企业的伦理危机。再看国内,2001 年 9 月 3 日,中央电视台"新闻 30 分"曝光了南京冠生园"陈年馅料做新饼"的恶性事件。以南京冠生园月饼事件为代表,国内企业的伦理问题也日渐凸显。

一、企业中的伦理问题

约瑟夫森伦理学会编辑的部分企业伦理问题如下。

1. 雇员与雇主的关系
- 偷打私人电话;
- 对开支账目作弊;
- 员工接受卖主的礼物或好处。

2. 雇主与雇员的关系
- 工作条件不安全或不卫生;
- 侵犯雇员的隐私;
- 在雇用、提拔或支付工资方面有性别歧视或者种族歧视。

3. 公司与消费者关系
- 产品定价不公正;

- 欺骗性的营销广告；
- 产品不健康或不安全；
- 不能公正、合法地处理消费者投诉；
- 对消费者不礼貌或傲慢。

4. 公司与其他利益相关者关系
- 为高层管理人员发放过高的工资；
- 公共报告或财务声明歪曲了实际的表现。

5. 公司与社区、公众利益关系
- 破坏环境；
- 对公务员进行贿赂；
- 参与社会活动方面不充分。

二、企业伦理道德的主要内容

企业伦理道德是企业文化的重要内容。作为规范企业员工行为的要求和准则，企业伦理道德贯穿于企业经营管理活动的始终。

在印欧语系中，伦理、道德两词分别源于希腊语和拉丁语，其原来的含义都是"风尚""习俗"的意思。在原始社会里，人们的"风尚"和"习俗"就是公认的行为规范，也就是道德。在中国，古代以"道"表示事物运动变化的规律或规则，而把"道"对自己有所得的东西称之为"德"。"伦理"一词，其字面意义为同类、条理之意。"伦"是指人们之间的关系；"理"则是道德或规则。因此，使用道德一词和使用伦理一词，并没有根本的区别。今天我们讨论的伦理道德，是指人类社会依据对自然、社会和个人的认识，以是非、善恶为标准，调整人们社会关系的行为规范和准则。

企业伦理道德是指企业内部调整人与人、单位与单位、个人与集体、个人与社会、企业与社会之间关系的行为准则。

伦理道德与制度虽然都是行为准则和规范，但制度具有强制性，而伦理道德不具有强制性。一般来讲，制度解决是否合法的问题，伦理道德解决是否合理的问题。伦理道德的内容包括道德意识、道德关系和道德行为三部分。道德意识是道德体系的基础和前提，它包括道德观念（人们的善与恶、荣与辱、得与失、苦与乐等观念）、道德情感（人们基于一定的道德观念，在处理人际关系和评价某种行为时所产生的疾恶扬善的感情）、道德意志（人们在道德观念和道德感情的驱使下形成的实现一定道德理想的道德责任感和克服困难的精神力量）和道德信念（人们在道德观念、情感、意志基础上形成的对一定道德理想、目标的坚定信仰）；道德关系是人们在道德意识支配下形成的一种特殊的社会关系，而道德行为则是人们在道德实践中处理矛盾冲突时所选择的某种行为。

企业伦理道德主要包括如下5个方面的内容。

1. 企业与员工之间的道德规范

企业与员工的关系，其实就是集体与个人之间的关系。一方面，集体要承认员工个体的存在，为个体的存在和全面发展服务。一个合格的企业应该具有如下的道德观念和道德规范。

① 确保员工职业安全，保护员工生命价值。

② 承认个人利益，尽力满足员工合理的且有实现可能的要求。

③ 尊重员工的个性、专长、价值与尊严，为员工得到全面发展和聪明才智的充分发挥创造良好的环境条件。

④ 确保员工在企业中的主体地位和政治地位、人格地位的平等，为员工广泛参与管理创造条件。

另一方面，员工个体也不能离开集体。员工要加强自我修养，自觉遵守符合集体主义要求的个人行为规范。这些行为规范包括：爱集体、爱公物、爱岗位、爱劳动和讲责任、讲纪律、讲协作、讲奉献，竭力为企业兴旺发达做出贡献。在现代企业制度下，构筑员工行为规范的理念基础：一是忠诚，即只要与一家企业签订劳动合同，其行为就要符合企业利益的根本要求，不能背叛；二是承认差别，即承认能力差别，承认职务与权力差别，承认物质利益差别。这样，员工就能成为集体利益共同体、命运共同体、理想共同体和情感共同体中的合格一员，在发展企业的过程中发展和完善自己。

2. 管理者与员工之间的道德规范

管理者和员工都是构成企业生产力的不可或缺的因素。管理者与员工的关系是否协调，直接影响到企业凝聚力的强弱。通过一定的道德规范调整彼此的行为、协调相互关系是十分必要的。为此，首先要求管理者树立"以人为本"的管理思想，以自己良好的品德、丰富的知识、超群的能力把员工聚合在自己的周围。同时，要求员工对管理者的工作给予尊重、理解和支持，使管理者和普通员工在实现企业目标的轨道上保持一致。

3. 员工与员工之间的道德规范

要使企业群体发挥整体效应，就必须正确认识和处理企业内部普遍存在的错综复杂的人际关系。经过长期不懈的努力，建立起"平等、团结、友爱、互助"的新型关系。

4. 企业与社会之间的道德规范

企业与社会之间同样存在伦理道德问题，如企业在处理与顾客、供应商、其他企业、财税与金融部门、新闻媒体等的关系时，必然会受到企业伦理道德的约束和调节。企业与社会的关系是否协调、和谐，关系到企业的生存和发展。正确处理企业与外部各单位的关系，需要坚持"平等、友好、互利、互助"的伦理道德规范。例如，在处理与其他企业的关系时，要做到诚信、互利、互助和联合；在处理与顾客的关系时，要讲质量、讲信誉，始终以消费者为中心，把顾客放在第一位；在处理与国家的关系时，坚持把国家利益与企业利益统一起来，把国家利益放在第一位，维护企业的正当利益要以服从和服务于国家利益为前提。

5. 企业与环境之间的道德规范

企业的环境，大体上可以区分为"自然环境"和"社会环境"两部分。企业的自然环境，指企业所在地区的地形地貌、地质土壤、河海水系、风云空气、生物植被等，它们构成了企业所在地区的自然生态系统；企业的社会环境，指企业所在地区的人口密度、习俗民情、舆论倾向、道德风尚、产业结构、市场状况、消费水平等，它们构成了企业所在地区的社会生态系统。自然环境和社会环境相互影响，相互融合，形成了统一的企业环境。

建立企业生态道德，要求企业在发展生产的同时努力预防公害。不仅劳动条件、工具手段、工艺流程应该人道化，使之符合员工生理和心理特点的需要，而且对自然生态系统要特别关心、爱护、优化和美化，使之更适合于人类的生存和发展。一方面，要根据生产规律采用先进的环保设备与工艺，以减少污染物的排放；另一方面，要根据生态规律重新安排厂区的植物群落，以增强自然环境的自净化能力。

企业不仅会改变自然生态系统中的物质流、能量流和信息流,而且也会改变社会生态系统中的物质流、能量流和信息流。企业选定在某处建厂,既可能恶化该地区的交通和住房的紧张状况,即恶化社会生态环境;也可能给该地区带来繁荣与兴旺,提供经济腾飞的机会,即优化社会生态环境。这就要求企业所采取的每一项发展计划,都要考虑如何促进社会生态的良性循环。一个能与环境共同优化发展的企业,才称得上是一个具备了良好生态道德的企业。

案例　　　　　家乐福超市就涉嫌价格欺诈向消费者致歉

2011年年初,由于家乐福在我国部分城市的连锁店被发现存在虚构原价,低价招徕顾客高价结算,不履行价格承诺,误导性价格标示等行为,国家发改委宣布,家乐福在部分城市的连锁店涉嫌价格欺诈,并责成地方价格主管部门对其进行处罚。在短短两周时间,家乐福在中国区的11家门店被处以约550万元的罚款,这可能是中国零售业有史以来最高额度的罚款。

据相关媒体报道,家乐福超市存在多种价格欺诈行为。

首先是虚标原价再"低价"促销。低价促销是家乐福重要的销售手段之一,但有些促销价格并非真正的低价。发改委在此次价格监管过程中发现,长春市家乐福新民店销售的"七匹狼男士全棉横条时尚内衣(套)",价签标示原价每套169元、促销价每套50.7元,经查实原价应为每套119元。

其次是低价招徕顾客,高价结算。发改委公布的信息显示,在上海市家乐福南翔店,一个弓箭球形茶壶价签标示每个36.8元,实际结算价每个49元。

再次是做出低价承诺却不兑现,实际结算价格要比海报宣传价格高出一倍。如昆明市家乐福白云店销售的"老树普洱茶",宣传海报标价为每盒60元,实际结算价为每盒120元。

为了吸引消费者,家乐福还在价签的字体上做起了文章。根据发改委的通报,昆明市家乐福世纪城店销售的特色鱿鱼丝,销售价格为每袋138元,价签标示时用大号字体标示"13",用小号字体标示"8.0",诱导消费者误认为销售价格为每袋13.80元;2 000克火腿礼盒,销售价格为每盒168元,价签标示时用大号字体标示"16",用小号字体标示"8.0",诱导消费者误认为销售价格为每盒16.80元。

究竟是什么原因使得这家全球零售巨头在中国接二连三出现虚假价格事件呢?据内部人士透露,大量管理人才流失、公共关系处理不当及门店直属人员和促销人员比例设置不合理等都是造成家乐福此次价格风波失控的症结所在。然而对其进行深度剖析不难发现,家乐福之所以敢在中国这样做,一方面是由于家乐福习惯了没有同级竞争对手的商业环境,同时还习惯了享受政策倾斜照顾,二者足以让企业自大起来,并降低对消费者利益应有的尊重。另一方面,消费者主权迟迟不能确立又助长了商业零售巨头对于消费者的懈怠。在侵犯消费者权益成本很低,个体消费者维权成本太高的情况下,这种懈怠很容易发展为对消费者的欺诈。

事后,家乐福表示将成立特别检查小组进一步加强内部监督检查工作及提高检查频率,并积极与各地物价等监管部门沟通,邀请物价部门的专业人员对公司相关负责人及员工加强

> 培训。同时还表示,为了保障消费者利益,家乐福将严格执行"5倍退差"政策,即商品收银价格如果高于商品的标示价格,家乐福将给予顾客5倍于差价的赔偿。
>
> 针对家乐福的价格欺诈行为,许多专家表示,缺乏社会责任、丧失诚信将会导致企业失去市场。"这家国际零售巨头在中国市场采取欺诈的销售方式,影响非常恶劣",中国人民大学商学院教授黄国雄表示,外资企业利用过去的声誉和消费者的信任胡作非为,结果会"搬起石头砸自己的脚""家乐福在中国市场采取欺诈手段销售,也从一个侧面说明中国本土零售巨头开始走向成熟",一位业内人士表示,家乐福等巨头进入中国以来,中国同行经历了从惧怕到学习,再到走出具有自己特色的经营之路,一些本土企业还发起了"阻击战"。在这种情形下,一些外资企业不在提供更优的价格、更好的服务上下功夫,却采取欺诈的手段,这种错误做法的结果必将使那些坚守诚信、遵守游戏规则的企业最终赢得市场。
>
> (选自:胡笑红,周宇.家乐福沃尔玛因价格欺诈被罚.京华时报,2011-01-27.)

三、企业伦理应遵从的主要原理

20世纪初开始的企业现代化历史,可以说是管理科学的确立和不断进步的历史。自泰勒提出科学管理理论后,管理科学得到了极其迅速的发展。大规模工业生产模式的确立和大规模销售体系的扩展,使企业得到成长壮大,成为各先进国家经济发展的原动力。那么,使这一切成为可能的根本价值原理是什么呢?

1. 强调效率和竞争的管理

我们认为,虽然有各种各样的表达方式或归类方法,但归根结底都可归并为"效率性原理"和"竞争性原理"。

所谓"效率"就是以最小的投入获得最大的产出,谋求最小开支最大效果的原理,称为"效率性原理"。企业内部采取的许多措施,如全面削减各种经费,以更低廉的价格购入原材料、商品,以及提高劳动生产率等都是基于效率性原理进行的。

谋求比别人更占优势的原理就是"竞争性原理"。为使自己向市场提供的商品、服务在价格和质量上比别人好而进行的所有企业活动都是基于"竞争性原理"展开的。

从"竞争"和"效率"二者的关系看,常常是在高效的管理活动中采用竞争性手段,在竞争市场上采用高效的经营管理活动。提高效率对市场上的价格竞争有很大作用,反过来说,在市场竞争中取得优势就可以大量生产,以提高制品的生产效率。由此可见,这两个原理在经营管理活动中是一种相互依赖的互补关系。毫无疑问,它们作为一个整体推动了迄今为止的经营管理活动。

企业伦理的出发点是要消除企业经营管理中的反人性、反社会的行为,并尽可能地采取促进人性和社会性的行动。因此,对旧有的仅以"效率性原理"和"竞争性原理"为中心的经营体系必须加以否定。从经营伦理来看,应该对以上述两个原理为中心的体制加以改造,即改变利润第一主义、公司中心主义的思想,在企业经营活动中重新确立"人性原理"和"社会性原理"的地位,同原来的两个原理一起构成四原理经营体系。

2. 人性原理与社会性原理的确立

"人性原理"就是以尊重人的思想为基础的人性论。它主要是要求企业员工在就业和待遇方面得到"真正的人"的待遇。所谓"真正的人",除相互照顾外,还有尊重人的基本权利。尊重人的基本权利包括改善恶劣的工作环境,消除身份、性别、种族歧视,让公司中的工作气氛浓厚,让人感觉到宽松、充实。

"社会性原理"是关于企业在社会中应有的存在方式的原理,其出发点在于促进企业与社会的关系成为鱼水关系。例如,消除企业违反垄断禁止法、商法等的违法行为,遵守社会法规。企业应从这些行为入手,为社会发展做出贡献。这里,"社会"一词的含义是广义的概念,主要是指作为企业行为对象的市场、顾客(消费者),也可指一般的地域社会、市民社会,还可泛指国际社会及全世界。因此,如全球环境保护问题、发达国家企业在发展中国家的社会贡献问题,当然也在此范围之内。

新的两个原理之间的关系,也与上述的"效率性原理"与"竞争性原理"之间的关系一样,存在有机的联系。除了自然存在的地球,"社会"是由人的集合组成的。新的两个原理以"为他人"思想为大前提,从这一点看,尊重社会与尊重每个人的人性是一致的。也就是说,实现人性不仅是人性原理的目标,也是社会性原理的目标。这两个原理适用于企业伦理的理由在于,伦理哲学的基础在于"共同感受",否定以个人为中心的思想。不放任人的利己之心,多为他人着想,这是伦理的基本出发点。因此,对企业来说,就必须顾及社会要求,必须为与企业息息相关的社会所接受。

四、伦理回报

伦理性与经济优势是密切相关的。那些将伦理原则作为行为指导、重视员工道德素质的公司会收获多种的经济利益。在同等的条件下,多数人还是愿意和那些诚实、可靠、公平与细心的公司打交道。实践表明,重视这些价值观是建立信任,保持客户信心的根本。反过来,这些努力又会产生多种的盈利——在组织内,在市场里,在与政府和广泛社会的交易中。

一些学者对企业社会责任和企业利润的关系做了大量的实证或者理论上的研究,但是并没有得到一致的结论。有些研究认为两者之间没有关系(McWilliams A,Siegel D),有些研究认为两者之间存在正的关系(Waddoek S,Graves S),也有些研究认为两者之间存在负的关系(WrieSt P,Ferris S)。

现实来讲,"伦理回报(ethics pays)"只是一种概括的说法,它随着时间的不同而不同,随着地点的变化而变化,同时也依赖于普遍接受者的态度看法和制度。伦理回报在多大程度上是真实可靠的,取决于公司在其中运作的社会和制度在多大程度上以支持伦理回报的方式安排和运行。

第三节 企业营销伦理

一、国内营销伦理问题

随着我国市场经济的发展,企业间的竞争越来越激烈。在这种市场环境下,一些企业迅速转变观念,完成了从生产观念向市场营销观念的过渡。它们以适当的价格提供种类丰富的商品,通过广告等促销手段塑造企业形象,并通过分销渠道的合理选择以有效的方式实现商品价值。消费者也受益于这些营销活动,他们有更多的渠道去获得信息,有更多的商品和服务可以选择。然而，我国在营销繁荣的同时也出现了营销伦理失范的现象。例如市场上出现的假冒伪劣商品，媒体中出现的虚假广告、不健康广告，以及过度包装、商家哄抬物价等，使消费者利益受到损害，商业中的不诚信、无公德等，也对分销商、供货商、当地社区产生了不良的影响。

（一）国内营销伦理问题发生的领域

1. 产品方面

① 商品销售中存在假冒伪劣现象。一些不法经营企业向市场提供假冒伪劣产品，例如假烟、假酒、假药、假种子，以次充好的饮料、服装、化妆品等，危害人们的生命财产安全，给社会和消费者带来了严重的伤害。

② 只重视目标市场消费者而歧视甚至侵犯其他消费者的利益，产品生产造成环境污染加剧和社会成本增加。

③ 企业故意使产品很快过时，缩短产品的物质寿命，或者制造消费者对现有产品的不满，诱导他们在产品尚可使用的情况下丢弃不用，不断地更新、早买或多买产品。

④ 产品包装信息不真实或隐瞒产品存在的安全隐患。

2. 价格方面

采用掠夺性价格、欺诈性价格、垄断价格等价格形式，攫取不法利润都属于价格行为中违背道德的典型表现。

① 有些企业在参与市场竞争时，在定价上不是优质优价、优质低价，而是采取不正当的竞争价格参与市场竞争。利用消费者对价格的无知漫天要价，产品的销售价远远高于产品本身的价值，牟取暴利；有的商家采用欺诈性的价格以虚假方式（例如以不实的清仓价、折扣价、挥泪价、赔本价等名目大做广告，抬高标价再声称特价优惠等）招揽顾客，用不真实的特价广告引诱消费者购买，抓住顾客求廉心理，蒙骗顾客；利用顾客买贵心理或是以高价销售紧俏商品牟取暴利。营销系统通过巧妙的安排，使价格比合理的水平高出许多；很多商品价格中含有过高的广告、推销费用，出现同货不同价的现象；某些垄断行业对产品实行超额加成也构成营销中的道德问题。

② 竞相降价带来的恶性竞争使企业、社会和消费者都蒙受损失。价格竞争本来是企业市场竞争的有效手段，它可以促进市场的优胜劣汰。但是，恶性的竞争降价使多方利益遭受损失，使企业盈利水平下降，降低了资金积累和技术开发水平，或迫使企业降低质量标准，最终使消费者的健康安全受到威胁，并影响政府税收。

3. 分销方面

① 在交易谈判中故意设置文字陷阱；没有根据消费者的需求选择分销渠道，使产品未能分销到各地区及各阶层的消费者。

② 工商企业联手，使假冒伪劣产品涌进市场，或生产、批发、零售各环节联合起来为假冒伪劣商品流通架起桥梁，违背应有的营销道德和市场规律，严重扰乱市场秩序。

③ 生产者和中间商不履行双方签订的经营合同，或生产者不按期供货，或不如数供货给中间商；或中间商不按期付款给生产者；有的企业生产者和中间商互相推诿售后服务的责任，缺乏基本的信誉意识和责任意识。

④ 有的企业采用贿赂、送礼、宴请、娱乐等不正当行为贿赂政府部门人员，由其进行

权力分配或分销商品;用贿赂方式寻求其他中间商、对不同的分销商实施差别待遇,构成分销歧视。

4. 促销方面

① 设计与播放虚假广告、误导性广告及内容与形式不健康的广告,或操纵顾客购买,或攻击竞争对手来抬高自己。

② 有的企业为推销滞销积压产品,滥用有奖销售吸引顾客;有的企业以重金为诱饵虚设奖项,欺骗顾客,实际上有的奖不投放,有的奖不兑现,从中牟取暴利。如轰动全国的西安"宝马假彩票"事件;有些促销活动传播一些文化糟粕及不健康的价值观;美丽的风景区被广告牌所破坏。

③ 采用有偿新闻这种不正当的公共宣传;一些企业利用捐款、赞助等公共关系活动提高企业公众形象,但是过后却不履约。

5. 竞争方面

以不可告人的方式获得竞争对手的知识产权和商业秘密,如以合作、洽谈、考察为名,趁机获取对手商业秘密;在对手企业中安插内线;贿赂收买对方工作人员;使用商业间谍利用高新技术窃取对手商业秘密;进行恶性竞争如有奖销售战、价格战、相互攻击诽谤等;进行不公平竞争,如权力营销等。

6. 其他方面

在经济转轨时期,由于政治经济发展的不平衡,在经济活动中,尤其在企业的营销活动中,还出现了许多其他违背营销伦理的现象,如在市场调查中,为获得市场信息侵犯消费者个人隐私;某些行业还存在产品污染环境、对人体健康有重大危害、偷税漏税、浪费资源和漠视社会公众利益等问题。

(二)影响营销道德水平的因素

1. 外部因素

(1)市场竞争体系和政策法规环境的不健全

由于市场经济制度的确立,企业的生存与发展离不开市场,市场机制的健全、完善与否直接影响到市场交易主体的行为,影响到企业的营销活动。一些企业由于缺乏一个可指导其发展的长期战略,导致企业易于出现短期行为。加之市场竞争机制不完善,市场经济的公平原则、竞争原则、诚信原则尚未完全体现出来,使一些企业不是主要依靠公平竞争,而是采用一系列非伦理的手段竞争,如生产销售假冒伪劣产品、盗用商标等行为,严重地扰乱了市场的正常运行秩序,使那些诚实、守信、依法经营的企业受到了极大损害。与此相对应的是,我国政策法规不健全,是导致营销失范现象的重要制度原因。一个国家的政策、法规的健全、完善和有效性直接关系到企业营销伦理的维护和培养。政府立法调控体系是否健全、有效,执行严格与否,政策是否配套一致,是否规范,打击非伦理营销力度的大小等因素,都是企业伦理建设重要的外部环境因素。如果政策完善,执法严格,而且各种监督机制健全,就会给企业施加一种强大的压力,使企业感到如果不按市场的法则及政策和法制的规定文明经商,就无立足之地。从历史的发展过程来看,在很大程度上,政策、法规都是由引起普遍关注的伦理问题转化而来的,如消费者权益保护法、环境方面的法规都是将一般的伦理问题上升为政策、法规的结果。

（2）行业因素的影响

不同的行业，其营销活动存在伦理问题的可能性不同。例如，制药业和生物技术产业，它们所面临的伦理问题较多，而且有不断增加的趋势。

另外，在激烈竞争的行业，竞争者可能会采取极端的手段来赢得、保持或扩大市场份额，他们更可能误导消费者，或者会在质量和安全方面走捷径。不过，激烈的竞争往往也会促使行业内的企业组成行业协会来对企业市场营销的方式加以伦理性的规范，以保障竞争的公平性、消费者的权益及社会的利益。

（3）信息不对称导致营销失范

所谓信息不对称是指经济行为人对于同一经济事件掌握的信息量有差异，即部分经济行为人拥有更多更好的信息，而另一部分人则仅拥有较少的、不完全的信息。如果将交易活动视作一个博弈过程，那么消费品市场中存在生产者、中间商和消费者三方的两两博弈，要在博弈中获得较有利的结果，所占有信息量的大小无疑是至关重要的。因而，参与博弈的各方都会设法了解更多的信息。就生产者而言，他会通过市场调查等手段了解市场需求状况，还可以通过营销手段的最优组合刺激需求，创造需求，有目的地强化产品的某一特征。就中间商而言，作为专业购买者，他会尽量收集产品信息，对已购进的产品则尽力强调其优点，劝说消费者购买；在定价方面，压低进货价的同时尽可能提高销售价。消费者则主要从三个渠道获取商品的有关信息：媒体和销售人员、社交圈中的其他人及自身的消费经验。源于媒体和销售人员的信息通常是片面的，他人和自己的消费经验虽然可信，但这方面的信息却不一定可靠，消费者面对千差万别的产品和各种促销活动，其有限的消费经验难以真正改善其信息劣势地位。促销方面的多种欺诈，如发布虚假广告，或在广告中使用含糊不清的词语误导消费者；人员推销中采取不正当手段迫使顾客购买；还有的借"有奖销售"之名，搭售劣质、滞销产品，如此种种，无一不是利用消费者的信息劣势地位来获得成功的。信息不对称状况是造成营销道德失范的重要原因。

（4）消费者自我保护意识偏低

在现实生活中，消费者除了处于弱者地位在获取信息方面与厂商处于非对称位置之外，有些消费者文化素质偏低，对保护消费者的法律不了解，在遇到侵害时，不会用法律手段保护自己的合法权益，或者由于诉诸法律的手续繁杂、成本过高，而日常消费品一般单位价值较小，消费者即使心里很不满意但也不倾向于采取法律手段，致使许多营销中的不道德行为，尤其像假冒伪劣产品、销售服务人员态度恶劣等成为"见怪不怪"的事情，从而助长了这些不道德营销行为。

2. 内部因素

（1）组织结构上的局限性

① 劳动分工。员工负责局部工作，不了解总体情况，失去了对行为负责和伦理反思的前提；此外，高度专业化的发展还将引起对局部协调欠妥而导致的道德问题。

② 决策权限的分散。逐级的决策结构对于企业管理来说是必要的，但是存在导致伦理问题的风险。通常上级决策层规定了某些框架条件，迫使下级管理层在作决策时采纳特定的行为方式。此时分散的决策权限只与一些量化的经济指标相联系，涉及伦理的信息可能被扭曲或封锁。

③ 传统的等级命令制。下级完全服从上级，个人在无法把握的指令环节中难以承担伦理责任。

（2）企业文化可能形成的障碍

企业文化停留在较抽象的层面上，经理们通过"共享的价值观"来指导员工进行符合企业利益的决策。这方面可能形成以下3大障碍。

① 对组织中角色的强制性行为预期。上层管理者向新员工传授一些"组织惯例"，作为一种主流的行为定向，员工不想成为对立面。一些不道德的价值观可能就因此被广泛推行。

② 高度的团队亲和力。团队内部的紧密联结将削弱团队之间的组织联系，导致缺乏协作与沟通，内部成员很难接受外部道德异议的影响。

③ 不清晰的优先权。为了实现企业经济上量的指标，经理们在遇到一个多方利益团体规则相冲突的问题时，总是会将伦理准则排到次要的位置上。

（3）经理人的道德

① 经理人价值观上的投机定向。国外的相关调查发现，经理人大都是机会主义者，为了自己的利己主义偏好，而把遵循共同规范置于次要的地位。

② 经理人的典型伦理意识。"良好的经济业绩就是良好的企业伦理"，缺乏企业伦理的基本意识。

③ 经理人的典型行为方式。通常分为4种模式。第一，只知道履行职责而不问其道德后果。第二，懂得善恶之分，但为了牟取个人私利，有意识地从事非伦理行为。第三，为了获取自认为价值较高的东西而不惜采取卑劣的手段。第四，拥有道德判断力，敢于质疑组织中的不道德要求。营销经理们的道德在很大程度上影响营销决策的形成与执行。

（4）员工队伍素质

企业缺乏一支高素质的员工队伍会对营销道德产生消极影响。调查表明，企业员工的文化、业务及思想素质高低同企业营销道德水准呈正相关的关系。员工个体的品德、修养和操守如何，直接影响企业的营销行为。当企业员工尤其是营销人员文化水平高、有正确的义利观、有较强的业务能力时，对企业营销决策的制定和实施、对企业营销道德会产生积极的影响，有利于营销伦理的提高；反之，便会产生消极的影响，并促使营销道德处于较低水平，甚至出现违反营销道德的情况。

（5）营销过程管理水平低下

许多不道德营销行为的发生是由于企业管理水平低下，对营销工作整个过程的管理不力引起的。企业不重视营销过程的管理，不重视企业内部的日常管理工作，没有做到对从营销战略的制定、市场调研、产品的开发和生产，到价格制定、产品分销及促销等每一个环节都进行监督，致使企业的一些行为没有按道德规则运行。在管理上不实行管理责任制，奖惩不明，从而容易出现道德、法律上的漏洞，致使一些员工不按企业规则行事，违背伦理道德。

上述内外部因素对营销道德失范不是孤立发生作用的，它们互相交错、彼此渗透，影响市场营销过程中的各个环节。对市场营销伦理的判断必须兼顾企业和社会两个方面，对于企业内外部的利益相关者都应给予一定程度的重视。从整体上看，企业的营销活动与社会的发展与进步是一致的，营销活动是一种既有利于企业自身经济利益又有利于社会宏观经济利益的活动。当两种利益发生冲突时，要避免的是那种恶意的损害，杜绝危害社会整体利益行为的发生。企业要通过对市场营销不道德行为的防范，促进整体市场经济的良性发展。

二、重视营销伦理是企业的利益所在

在市场营销中讲求伦理不仅是企业的责任所在,而且与企业的利益存在密切的关系。下面从不重视营销伦理的后果和重视营销伦理的好处两方面来分析。

(一)不重视营销伦理将导致的危害

在商业活动中,的确存在不讲道德有时能给企业和个人带来好处的例子,而有时企业讲道德意味着牺牲企业和个人当前的利益。但如果只看到不道德行为带来的利益,而看不到危害,那将是片面和危险的。

1. 直接给企业造成危害

2001年9月,南京冠生园月饼旧馅利用事件被新闻媒体曝光后,各地经销商迅速做出撤柜处理。南京冠生园食品厂也被责令全面停产整顿,江苏省及南京市的相关部门成立调查组进驻该厂。当时的顾客一听是南京冠生园的月饼,都唯恐避之不及,该厂的其他产品也因此无法再销售出去。2002年2月,南京冠生园以"经营不善,管理混乱,资不抵债"为由向南京市中级人民法院申请破产。从这个例子可以看出,片面追求利润,不重视企业道德,很有可能招致致命的打击。

2. 给企业带来间接的伤害

不道德行为会对企业文化、对员工的激励、对吸引和留住人才等产生不良的连锁反应。一些人认为,不道德经营能获得好处,实际上只考虑了不道德经营所带来的直接利益,而轻视甚至忽视了间接的损失。例如,将一批有质量问题的产品通过虚假宣传卖给消费者,其销售收入是显而易见的,似乎这时可以得到一个结论,即不道德营销获利了。事实上,看不见的损失更多:顾客因受到了欺骗而不愿再购买该企业的产品;如果造成人身伤害,还会要求企业赔偿。员工从中误认为质量不高弄虚作假也可以。长此以往,这种风气在企业中盛行,并成为企业文化的一部分,企业必将走上自我毁灭之路。

(二)重视营销伦理将带来的潜在利益

大量的经验研究表明,长期来看,注重伦理道德对企业是利大于弊的。

1. 与员工、顾客和供货商等重要利益相关者形成信任的关系

信任和伦理是紧密相连的,要建立信任关系,首先必须使行为符合伦理要求。虽然企业重视营销伦理不是建立与供应商、顾客、员工等重要利益相关者之间信任关系的充分条件,但它却是必要条件。具有良好的企业信誉、重视营销道德,将大大提高员工的忠诚度和企业的凝聚力;提高顾客的品牌忠诚度,从而减少企业的营销费用;同时,良好的市场认可度,能帮助企业阻止其他竞争对手的进入;重视营销道德还有利于加强与供应商的长期合作。企业与供应商建立良好的信任基础,有利于降低交易费用和营销体系的风险,在出现资源紧张等情况时,面对话语权相似的众多企业,供应商会优先选择有良好信誉的企业。因此,重视营销伦理将提升企业的竞争力。

2. 信誉带来可持续竞争优势

在市场经济发展过程中,企业间竞争的基本方式在不断改变,大致经历了3个阶段:第一阶段是产品竞争,主要是质量、价格、品种、款式的竞争;第二阶段是销售竞争,主要是广告宣传、促销策略、售后服务等方面的竞争;第三阶段是企业形象的竞争,这是企业综合实力的竞争,是一种全方位、立体式的竞争,是现代市场经济条件下高层次的竞争。它不仅要求企业有高质量的产品,有健全的销售网络,有精干的销售队伍和良好的售后服务,而且包含着更广泛的内容。在企业的形象竞争中,良好的社会效益、社会责任、道德行为能极大地提高企业形象的竞争力。国际企业界已经把"形象力"同人力、物力、财力相提并论,称之为企业经营的第四种资源。

案例　　　　　　　　　　三鹿奶粉事件

2008年6月28日,兰州市解放军第一医院收治了首宗患"肾结石"的婴幼儿。家长反映,孩子从出生起,就一直食用河北石家庄三鹿集团生产的三鹿婴幼儿奶粉。7月中旬,甘肃省卫生厅接到医院婴儿泌尿结石病例报告后,随即展开调查,并报告卫生部。随后短短两个多月,该医院收治的患婴人数,迅速扩大到14名。9月11日,除甘肃省外,中国其他省区都有类似案例发生。

事件发生后,国务院相关部门对此高度重视。国家质检总局派出调查组赴三鹿奶粉生产企业调查事故原因,并在全国范围内对同类产品进行专项检查;工商总局加强了对市场上婴幼儿配方奶粉的监督检查;卫生部组织联合调查组开展该事件的调查处理,并在全国范围内对可能由此造成的婴幼儿患病情况进行全面调查,同时紧急组织专家研究制定了诊疗方案。

经相关部门调查,高度怀疑石家庄三鹿集团的产品受到三聚氰胺污染。三聚氰胺,又称蜜胺,是一种重要的有机化工中间产品,主要用来制作三聚氰胺树脂,可用于装饰板的制作,用于氨基塑料、黏合剂、涂料、纺织助剂等。目前三聚氰胺被认为毒性轻微,长期摄入会造成生殖、泌尿系统的损害,膀胱结石、肾结石,并可进一步诱发膀胱癌。为安全考虑,一般采用三聚氰胺制造的食具都会标明"不可放进微波炉使用"。2007年3月,美国发生多起猫、狗宠物中毒死亡事件,美国食品药品管理局调查认为宠物食品中含有的三聚氰胺是导致猫、狗中毒死亡的原因。三聚氰胺是一种化工原料,可导致人体泌尿系统产生结石。

卫生部提醒公众,立即停止食用三鹿牌婴幼儿配方奶粉。已食用该奶粉的婴幼儿如出现小便困难等异常症状,要及时就诊。同时,卫生部要求各医疗机构及时报告类似病例。

2008年9月11日晚上,三鹿集团发布产品召回声明称,为对消费者负责,公司决定立即从市场召回约700吨奶粉产品。9月13日,卫生部证实,三鹿牌奶粉中含有的三聚氰胺是不法分子为增加原料奶或奶粉的蛋白含量而人为加入的。三鹿牌婴幼儿奶粉事件发生后,党中央、国务院高度重视,并做出重要部署。随后国家质检总局在全国开展了婴幼儿配方奶粉三聚氰胺专项检查工作,检查后的结果令消费者震惊:有22家奶粉厂家69批次产品检出了三聚氰胺。

2008年9月16日晚,中央电视台《新闻联播》公布国家质检总局阶段性检查结果,22家婴幼儿奶粉企业69批次产品被检查出不同含量的三聚氰胺。消息一出,犹似在人们平静的生活中扔下一记重磅炸弹,舆论界一片哗然,入口食品竟含有化学原料,全国范围内讨伐声一片。当晚,山西省政府连夜召开处理婴幼儿奶粉三聚氰胺污染事件紧急会议,决定立即成立山西省处理婴幼儿奶粉三聚氰胺污染事件领导小组，召回问题奶粉，并对企业采取停产措施，查明污染原因，防止再次出现三鹿事件。随之而来的是山西省内执法部门迅速的行动——当晚，省工商局向全省发出电报，紧急通知全省工商，立即将22家问题奶粉企业的婴幼儿奶粉下架封存。截至9月23日，短短一周时间，山西省工商系统下架22家问题奶粉492 722.8千克，其中农村下架奶粉129 775.2千克，受理消费者有关奶粉的咨询、申诉和举报18 265件，消费者退换奶粉78 131.84千克。

三鹿毒奶粉案件于2008年12月27日开始在河北省开庭审理，2009年1月22日宣判。总计有6个婴儿因喝了毒奶粉死亡，逾30万儿童患病。三鹿集团停产后已宣告破产。

三鹿奶粉事件不仅仅是一个独立的事件，更引起全社会关于食品安全问题的彻底反思。对此有律师说，从中我们看到的是一个社会诚信问题。就频发的奶粉事件，很多法律界人士表示：现在对食品加工企业发现问题后采取的处理方式最多是停产整顿，要么是处以几万元的罚款，这对食品加工企业来说是九牛一毛，处罚力度太小引不起食品企业重视。随着整个事件的不断深入，仔细的人可以发现，牛奶的生产，涉及多个部门，实行分段监管：奶农奶站由农业部门监管；到工厂里面，由质检总局监管；进入市场，是工商总局监管；到了餐桌上，由卫生部监管。三鹿奶粉事件暴露出来的社会诚信问题、检测标准的缺失问题、部门与部门之间的职责明确问题，值得人们深刻反思。

（资料来源：根据互联网资料整理）

第四节　社会责任标准

企业社会责任逐渐由一种社会共识与跨国公司自律演变为有外在约束的通用标准。1997年社会责任国际（SAI）发布了SA 8000社会责任国际标准；全球报告倡议组织GRI于2000年发布了"可持续发展报告指南"，2002年、2006年发布其第二版（简称G2）和第三版（简称G3）；2000年，联合国正式推出《全球契约》；国际标准化组织（ISO）2004年6月启动了ISO 26000的制定工作，2010年11月1日，ISO在瑞士日内瓦国际会议中心举办了社会责任指南标准（ISO 26000）的发布仪式，正式出台该标准。下面以SA 8000为例说明社会责任通用标准。

一、劳动密集型出口企业面临的新挑战

《中国企业报》2004年6月18日报道："跨国公司来验厂，不喝酒，不吃饭，问工资，查税款，数数茅坑才下单。"这是浙江不少企业对新国际贸易标准SA 8000的形象比喻。SA 8000即社会责任标准，作为一个新的国际贸易标准，使我国企业面临又一次新的考验。

从1995年以来，中国出口欧美国家的纺织、服装、玩具、鞋类、家具、运动器材、五金机械及家用电器等消费品，越来越多地受到劳工标准的限制。欧美一些知名跨国公司纷纷制定供应商社会责任守则，建立相应的工厂检查制度。《中国企业报》2004年3月31日报道：沃尔玛在中国的采购量已经达到100亿美元，沃尔玛全球采购总部驻深圳办事处总裁对希望做沃尔玛供应商的中国企业强调的原则是"所有供应商均要遵守所在国的法律和美国法律，

尤其是劳动法,在薪酬、工时、禁用童工、工作环境保护等方面,均应严格合法、合理,而且要求供应商像沃尔玛一样将员工视为公司的合作伙伴"。沃尔玛公司还在中国内地设立了若干专门的劳动监督小组。

二、社会责任标准 SA 8000 的提出

1991 年美国牛仔裤品牌李维斯(Levi's Strauss)在类似监狱一般的工作条件下使用年轻女工的事件被曝光,促使跨国公司认识到自己对经济、环境和社会发展所应当承担的责任,并被迫率先制定"生产守则"。针对跨国公司生产中的劳工状况问题,西方国家的消费者组织、非政府组织等发起对跨国公司的批评运动,这一社会运动直接导致在劳动密集型产业,尤其是服装、运动鞋与玩具制造业中的品牌制造商与零售商,如耐克、阿迪达斯等跨国公司以"自我约束"为特征的"内部"生产守则演变为以"社会监督"为特征的"外部"生产守则,制定全球统一的劳工标准,推动全球化朝积极的方向发展,SA 8000(Social Accountability 8000 的英文简称)在此背景下应运而生。

SA 8000 产生的另外一个背景就是欧美国家坚持将劳工标准与贸易挂钩的主要理论"劳动力倾销论"。该理论认为:发展中国家普遍执行较低的劳工标准,有些国家还使用童工和囚犯生产出口产品,致使产品的劳动力成本很低。有些发展中国家禁止工人的结社自由,工人集体谈判的力量很弱,工人的劳动和生活环境没有得到有效的保护,工资被随意压低,工时被随意延长,这些都扭曲了产品的生产成本。这种因低工资和其他社会条件而形成的出口竞争的优势就是劳动力倾销。发达国家认为,劳动力倾销对其国内市场造成了相当大的影响,如导致某些产品受到来自发展中国家劳工标准的不公平竞争;国内就业机会减少,失业率上升等。正是基于这种理论,发达国家在经济全球化的背景下,一方面通过 WTO 降低关税,打开其他国家的市场,另一方面设置种类繁多的非关税壁垒,阻挡其他国家的产品进入其国内市场,其中劳工标准就是很重要的一类,而 SA 8000 标准就是建立在众多劳工标准基础上的一个标准。

1997 年,总部设在美国的长期从事社会责任和环境保护研究的非政府组织 CEPAA(经济优先认可委员会,2001 年更名为社会责任国际 SAI)在 SGS(瑞士通用公证行)的最先提议下发起并联合欧美跨国公司和其他国际组织,于 1997 年 7 月份制定和发布了 SA 8000 社会责任国际标准,建立了 SA8 000 社会责任认证制度。2001 年 12 月社会责任国际(SAI)又发布了 SA 8000 标准的 2001 年修订版。同 ISO 9000 质量管理体系和 ISO 14000 环境管理体系标准一样,SA 8000 标准作为全球第一个可用于第三方认证的社会责任管理体系标准,任何企业或组织可以通过 SA 8000 认证,向客户、消费者和公众展示其良好的社会责任表现和承诺。

社会的进步,导致大众对企业的要求逐步提高,从关心产品质量到关心企业生产对环境的影响,发展到关心企业员工的个人安全与健康等,再到现在要求一种全面的企业社会责任。SA 8000 是依据联合国有关公约和国际劳工组织有关准则制定的,其宗旨是为了维护员工的基本权益。

三、SA 8000 的主要内容

SA 8000 的规定具有普遍适应性,它不受地域、产业类别和公司规模的限制。它目前的

重点推广领域是零售业、跨国公司和劳动密集型产业，其主要内容如下。

① 不使用或不支持使用年龄在 15 周岁以下的童工。

② 不使用或不支持使用强迫劳动，也不得要求员工在受雇起始时交纳"押金"或寄存身份证件。

③ 健康与安全。公司应提供一个安全、健康的工作环境；公司应给所有员工提供干净的厕所、可饮用的水，在可能的情况下为员工提供储藏食品的卫生设施；公司如果提供员工宿舍，应保证宿舍设施干净、安全且能满足员工的基本需要。

④ 尊重结社自由与集体谈判权利。

⑤ 不从事或不支持歧视。在涉及聘用、报酬、培训机会、升迁、解职或退休等事项上，公司不得从事或支持基于种族、社会等级、国籍、宗教、身体残疾、性别、工会会员、政治归属或年龄之上的歧视。

⑥ 禁止体罚、精神或肉体的压迫或言语辱骂。

⑦ 工作时间每周不得超过 48 小时，每 7 天至少有 1 天休息时间，每周加班不得超过 12 小时。

⑧ 工资报酬必须达到法律或行业规定的最低标准。

⑨ 建立长期贯彻执行的管理体系。

四、SA 8000 的认证

与 ISO 9000 等标准的运行模式相似，SA 8000 的认证主要分为 4 个阶段，即计划阶段、实施阶段、验证阶段和改进阶段。其过程大致包括：企业提交申请书、评审和受理、初访、签订合同、组织审核等步骤。认证一般需要一年时间，证书有效期为三年，每 6 个月监督审核一次，三年后需进行复评。

SA 8000 是一个将社会价值引入企业实践的重要标准。虽然 SA 8000 尚未转化为 ISO 国际标准，但它已经得到国际社会认可，更为重要的是，该标准正在激起全球企业界的广泛关注和热情。SA 8000 为公司提供了社会责任规范，在公司将 SA 8000 纳入其日常管理规范，并将行为表现测定结果向有关各方公开之后，才能够确认公司正在实施该标准。很显然，企业经认证机构全面、独立的审核后，颁发的社会责任认证证书，将是对该企业道德行为和社会责任管理能力最为有效的认可。

复习思考题

1. 什么是企业社会责任？
2. 企业为什么要承担社会责任？
3. 什么是企业伦理？
4. 企业为什么需要遵循营销伦理？
5. 请谈谈你对社会责任标准 SA 8000 的看法。

案例讨论

苹果中国代工厂工人度日艰难

2016年8月31日参考消息网称，苹果在中国的代工厂工人生产着世界上最先进的电子产品，其雇主是全世界最赚钱的企业之一，但他们的工资却只相当于当地10年前的水平。

据美国之音网站2016年8月29日报道，美国一家长期关注中国劳工权益的非政府组织发布的最新调查报告再次剑指美国科技巨头苹果公司。

一、加薪成变相减薪

报道称，苹果位于上海一家代工厂中包装部的一位刘姓工人拿到5月工资单后发现，自己的税后收入是2 950.64元，比以前少了。他觉得有些困惑，上个月公司不是刚给大家涨了300元工资吗，可钱怎么越涨越少了？这家名为昌硕的工厂隶属台湾和硕集团，近期为苹果组装iPhone 6s智能手机。公司的口号是"快乐工作，幸福生活！"

2016年4月，上海市政府将上海市月最低工资标准由2 020元调至2 190元，增加了170元，时薪由每小时18元提高到19元。相应地，昌硕也将基层员工的岗位工资由原来的2 020元提高到2 320元，但是和那名刘姓工人一样，很多工人加薪后的实际收入反而少了很多。

"这家公司采取了更为隐蔽的办法压榨工人"，总部设在纽约的劳工权益组织"中国劳工观察"说。

2015年和2016年，"中国劳工观察"派出多名调查员以第一线工人身份进入这家上海代工厂，并在十几名工人的协助下，秘密收集了2015份不同车间、不同部门、不同工种工人的工资单，时间跨度从2015年5月到2016年5月。

在对这些工资单进行大量比对研究后，"中国劳工观察"指出，尽管工厂从2016年4月起提高了工人基本工资，但公司却通过削减福利，与工人分担保险等方式控制劳工成本。比如，这家工厂没有按照中国法律的规定为员工购买住房公积金。此外，工人每月被扣除的社会保险超出了他们所应承担的比例。

奖金和补贴方面，加薪前这家代工厂的工人平均每个月能拿到约700元，加薪后减少为300元。一位已辞职的员工说，以往的280元的餐饮补贴在加薪后取消了，每个工人还要缴纳160元的住宿费。

二、"不加班就等着饿死吧"

报道称，2016年暑假，美国纽约大学一名中国留学生以一线工人的身份在这家代工厂做了一个月的"卧底调查"。

这位匿名的大学生说，工人平均每天上班10个半小时，加上吃饭、休息，一天要在厂里耗上12个小时。疲惫不堪的他提出希望"早下班"（每天工作8小时，不加班），结果受到分组长和大组长的百般刁难。

这位大学生说，"他们的策略就是拖你，把程序弄得很复杂，就是让你没办法早下班"。一个星期后，他的申请依然没有得到批准，忍无可忍的他去厂里的员工服务中心投诉，结果工作人员压根没当回事。

报道称，因为工资太低，绝大多数的工人对加班十分渴求。如果一个月或几个月没有加班，很多工人就会辞职。

这家工厂的工人2015年9月和10月的工资单样本显示，加班收入占工资总额的42.4%，

83.8%的工人每月加班超过 80 小时。

报道称,并非每位工人都能如愿以偿地加上班。2016 年 3 月,这家代工厂的维修部门 63.3%的工人加班超 90 小时,但非维修部门员工的平均加班时间仅为 14.3 小时。

南昌工程学院一位曾在这里实习的大学生在网上"吐槽"说:"当初面试官问我们对于加班这件事情怎么看?我们还傻不拉几地说只要公司有需求可以加班'神马'的。后来想想自己咋就这么幼稚呢?在上海这种地方给不到 2 000 的工资,不加班就等着饿死吧。"

然而即便是每个月加班 90 小时,工人到手的工资也仅为 4 200 元左右。如果赶上生产淡季,收入只有 2 000 到 3 000 元。

这家代工厂的电话无人接听,记者继而联络其母公司台湾和硕集团,请他们回答有关社会保险和加班政策问题。公司投资人关系办公室邱小姐说,公司会议日程繁多,可能没有办法及时回复。

三、权益组织:苹果公司应负主要责任

报道称,在遍布中国大地的苹果代工厂,每天都有新人进厂,每天都有工人离开。"我们认为这个根源是在苹果,不是在代工厂","中国劳工观察"执行主任李强说。

"中国劳工观察"的报告指出,苹果公司控制着整个供应链的采购和人工成本。在 iPhone 生产过程中,苹果直接采购的比例超过 80%,并且提供生产设备。自从蒂姆-库克成为苹果 CEO 后,苹果要求供应商提高产能,同时每年减价 5%到 10%。中国劳工成为供应商之间相互竞争减价的牺牲品。

报道称,2016 年早些时候,苹果公司发布《供应商责任 2016 进度报告》。报告列出了苹果公司过去一年在企业社会责任方面取得的进步,比如 97%的供应商做到了全职员工平均每周工作 55 小时。这个数字低于苹果为供应商设定的每周 60 小时工时,却依然高出中国《劳动法》规定的每周 48 小时的工时上限。

"中国劳工观察"的李强说,苹果可以也应该做得更多,因为 2016 年二季度苹果公司持有的现金为 2 315 亿美元,苹果有足够的能力来改善劳工权益。何况如果它不承担相应的责任,谁又有能力做出改善呢?

(资料来源:根据互联网资料整理)

讨论题

1. 你认为苹果中国代工厂工人度日艰难的主要原因是什么?
2. 请结合案例谈谈苹果公司违反了哪些方面的企业伦理?
3. 请结合企业社会责任谈谈本案例的相关启示。

第六章

品 牌 文 化

  自从加德纳（Garder）和利维（Levy）1955 年在《哈佛商业评论》上发表《产品与品牌》的文章，提出将产品和品牌区分开来之后，品牌受到了来自学术界和企业界各方面的关注。丹麦的品牌专家杰斯帕·昆德（Jesper Kunde）指出，世界正从旧的生产型经济时代进入新价值经济时代，新价值经济时代的企业应以品牌为导向来运作。戴安娜·克里斯佩尔（Diane Crispell）等人认为顾客选择品牌及忠诚品牌的原因由理性、情感和文化价值观三部分组成。除了在产品实际功效上尽可能满足消费者的理性要求之外，品牌管理者最重要的目标是保护品牌的好名声，进而满足消费者情感和文化价值观方面的需求。

第一节 品牌文化概述

一、品牌需要文化支撑

  昆德（Kunde）指出，消费者并非机器人，他们不只是简单地购买产品，同时也是在选择一种观念和态度。当面临不断增加和日益多样化的选择时，消费者的购买倾向就变得更加偏向其信仰。消费者期望在购买和使用品牌商品的时候获得心理层面上的满足。品牌文化赋予品牌以精神文化内涵，品牌的精神价值成为消费者心理满足的重要源泉。消费者价值观念从"物品价值"向物的精神价值、文化价值的转型，引发了商品结构、消费观念、市场发展趋势等一系列的大转变，而品牌大行其道，就是因为它具有文化内涵和精神价值。可口可乐作为全球最成功的品牌，在于它把代表美国精神的文化揉进品牌，以至于能够和自由、民主并称美国三大文化；迪士尼公司卖的产品价格都不便宜，但很受欢迎，就是因为这些产品融进了米老鼠和唐老鸭的特征：温暖、诚实和亲如一家；西门子这一品牌涉及众多的行业，但它始终坚持一种可靠、严谨的品牌文化，让顾客认为它代表着德国一丝不苟的民族传统；"红豆"品牌凭借唐代诗人王维"此物最相思"的诗意，使曾经名不见经传的小制衣厂获得了巨大成功。品牌文化构建与消费者相互吻合的价值体系，在心理深层次符合消费者的内在需要，从而吸引和留住消费者。

  关于品牌与文化的关系，戴维森（Davidson）提出了"品牌的冰山"论，认为品牌的标识、符号等是品牌浮在水面的 15% 的部分，而冰山藏在水下 85% 的部分是品牌的价值观和文化，冰山的冲击力来自于庞大的水下部分。

  昆德依据价值和参与度两个维度建立了品牌信仰模型，他把品牌的发展分为产品、概念化品牌、公司理念、品牌（景象）文化和品牌精神等五个等级，品牌依此顺序上升到最高境界，这时的品牌是品牌文化和品牌精神的会聚。该模型中五种不同类型品牌之间的区别如下。

① 产品。没有任何"附加价值"的一般产品,仅具备一些普遍要求。
② 概念化品牌。在情感价值的基础上而非产品资产的基础上得以运行的品牌。
③ 公司理念。与一个整体运行完全一致的公司相融合的品牌。
④ 品牌文化。在消费者心目中占有很高的地位,以至于消费者将其等同于其所代表功能的品牌。
⑤ 品牌精神。这是品牌的最高境界,对于消费者来讲,这种品牌就是一种必需的选择,就是一种信仰。

二、品牌文化的定义

目前学术界对品牌文化的界定尚未达成一致。

约翰·鲍恩(John Bowen)1998 年认为,品牌文化包括了品牌,以及它的创造者所代表的意识形态及哲学。

宋军(2005)认为,品牌文化表现为品牌具有的独特的性格特征,即品牌所表现的是目标消费群易于并乐于接受的某种精神价值,而这种价值就是企业创造的、赋予品牌的、体现企业核心价值观与企业文化的一部分。

钟超军(2006)认为,品牌文化是共生于品牌所定位的核心目标人群的,它所体现的是品牌聚焦人群的价值观,以及他们所共同拥有的人群文化。

朱立(2006)认为,品牌文化是品牌在消费者心目中的印象、感觉和附加价值,是结晶在品牌中的经营理念、价值观、审美因素等观念形态及经营行为的总和。

借鉴前人的研究成果,我们认为,品牌文化是企业构建并得到目标消费者认可的一系列品牌理念文化、行为文化和物质文化的总和。这个定义在以下几个方面综合地反映了品牌文化的实质。

1. 品牌文化同时以目标消费者和企业自身为基本对象

品牌文化是企业品牌与消费者价值共融的结果。在品牌文化的塑造中,企业的品牌价值观居于主要地位。企业首先将自身的文化理念通过产品、营销和服务传递给消费者,并接纳消费者的反馈意见,加以不断地修正和强化,最终与消费者达成一致。同企业文化定义主要以企业内部员工为对象不同,品牌文化必须同时兼顾企业内部和外部对象。以目标消费者为基本对象之一,并非完全盲目地迎合消费者,因为企业本身会受到多方面的限制,同时每个企业都有自己的文化个性。

2. 品牌文化的主要构成要素是一系列的品牌理念

品牌理念是品牌文化的核心组成部分,主要包括品牌愿景、品牌使命和品牌价值观 3 个部分。品牌理念指导企业的品牌行为,同时引导消费者的品牌行为。

3. 品牌行为包括企业品牌行为和消费者品牌行为

企业品牌行为是指企业符合品牌理念的行为方式,消费者品牌行为是有关消费者接触品牌时发生的行为。品牌行为对品牌理念起着支撑作用,能够体现抽象的品牌理念,从而支撑企业期望塑造的品牌形象。

三、品牌文化的特性

每一个企业的品牌文化通常都包含这些特性:间接性、独特性、层次性、关联性和一致性。

1. 间接性

任何企业，不论它有怎样的品牌，或者多么优秀的品牌文化，倘若不能符合目标消费人群的价值理念，那么该品牌就是没有价值的。没有价值就不会被消费者认可，终将被淘汰出市场。这就是说，品牌文化是由企业策划和培育的，但是品牌文化是否被认同，是否能够产生经济效益，需要外部目标消费者间接做出评价。

2. 独特性

20世纪初福特公司用一个流程生产了近20年一样的黑色轿车。当今时代，消费者越来越不认同一个模子出来的产品，他们喜欢独特的、个性化的产品。产品在设计上、造型上、营销模式上的差异化只是一种形式表现，文化价值理念上的差异才是深层次的差异，才更符合消费者的心理需求。企业在品牌文化上的独特性一方面来源于企业自身的独特性；另一方面来源于企业研究消费者的结果和吸引消费者的目的。

3. 层次性

企业品牌文化的价值主张是给予消费者承诺的一种方式，企业要兑现承诺，就必须尽量使消费者期望的价值主张得以实现，并且企业依据承诺实施相应的品牌行为。根据市场细分原理，企业很难满足所有消费者的需求，因此品牌倡导的价值主张有高层次和基本的层次之分，以满足不同需求层次的消费者。通常品牌文化的高层次价值主张满足消费者的情感需求、自我实现的需求等；品牌文化的基本层次的价值主张满足消费者对品牌商品安全、性能、质量、服务等的需求。这就是品牌文化的层次性特性，本章第三节将对消费者需要层次与品牌价值主张层次性之间的关系做详细论述。

4. 关联性

品牌文化并非完全独立的体系，它与企业文化、企业战略、品牌定位、营销等有着密切联系。品牌文化与企业文化的联系尤为紧密，甚至有些品牌文化的理念就是直接来源于企业文化，尽管在具体阐述和突出重点上不尽相同。另外，作为一个具有特定国籍属性的企业品牌，无论是站在本国的角度，还是站在世界的角度上，其文化价值主张都与其国籍属性密切关联。

5. 一致性

品牌所倡导的品牌理念必须很好地与品牌行为相符合，不能够出现违背品牌理念的品牌行为现象。最终期望塑造的品牌形象也将在很大程度上取决于品牌理念和品牌行为，只有做到表里如一、言行一致，才有利于持久保持良好的品牌形象。

四、品牌文化培养消费者的品牌忠诚度

研究发现，如今的国际知名企业始终屹立不倒而且还生机勃勃的秘诀在于，它们不是依靠产品本身吸引和留住消费者，因为光靠产品已经不能够紧紧抓住消费者的心了，它们依靠的是品牌及品牌文化的力量。品牌是产品的品质、服务和产品功能等的代表符号。品牌还可能具有代表成功、权力、高贵等的象征，例如驾驶林肯轿车，已成为身份、财富、权力的象征。品牌文化能给消费者带来除了产品有形价值以外的无形价值的满足，例如万宝路香烟给人一种奔放豪迈的西部牛仔的感受，穿着耐克鞋给人以胜利者的喜悦，这些都是无形价值的体现。

昆德（Kunde）在其著作《公司精神》中认为，品牌文化和品牌精神是品牌的最高目标。

只有蕴含在品牌里的文化的东西，才能够让消费者产生持久的品牌忠诚度。因此，创立品牌的同时应该塑造一致的品牌文化。

决定品牌的是消费者，得到多数消费者认同的品牌才有发展前途。现在的消费者，越来越倾向于购买产品本身之外的东西，对产品的功能需要已经趋于弱化。消费者渐渐倾向于追求心理和情感上需求的满足，而品牌文化既有表面的特性，品牌行为文化、物质文化带来品牌外在的表现，同时又有很深入内在的特性，品牌理念、价值观等能够给人提供心理和情感需要上的满足。例如可口可乐给人带来体验美国文化的感觉，对于向往美国的人们来说，喝可口可乐是件兴奋的事情；奔驰品牌的轿车则给人一种成功、高贵的美妙感觉，这是多数人所向往的。品牌中如果能够蕴含与消费者相一致的文化价值观，这样的品牌才能持久，才有竞争力，才能赢得忠诚度。

品牌文化从另一个角度塑造了品牌产品的差异化特点，是另一种差异化的战略，在文化价值观上区别于其他竞争品牌。虽然产品种类的选择更加多样化，但是并非任何其他的品牌产品都能够代替原先品牌所能够带来的精神、情感体验上的满足，再加上现代企业越来越注重品牌的培育和维护，更加关心品牌文化的管理，注重满足消费者的文化价值需要，因此消费者的品牌转换变得不易发生，使得品牌更有竞争力。

五、品牌文化与企业文化之间的差异

从定义上看，品牌文化是指企业构建并得到目标消费者认可的一系列品牌理念文化、行为文化和物质文化的总和，而企业文化是指现阶段为大多数员工普遍认同和自觉遵循的一系列理念和行为方式。

品牌文化与企业文化在传播对象上的区别是两者之间最重要的差异，也是产生其他差异的最根本的源头。

品牌文化主要是向企业以外的对象传播的，最主要的传播对象是消费者及其他一些相关者。尽管专家学者或者企业对品牌的认识千差万别，然而有一点认识是相同的，即消费者才真正拥有品牌，企业只是品牌的代理管家，可见品牌的消费者观点是很重要的。作为一项企业的品牌战略——品牌文化战略，传播对象也必须直接指向消费者，达到与消费者价值观相一致的程度，才能够最终赢得消费者，赢得市场。消费者真正关心的是花这些钱值不值得，会带来哪些风险，消费这种品牌产品会不会与其个人价值观相冲突，选择这种品牌产品能够给他们带来哪些功能和情感上的利益。

企业文化主要是在企业内部传播的，其主要传播对象是企业的员工。企业文化是现阶段企业大多数员工共享的一系列理念和行为方式。

品牌文化与企业文化之间的其他差异还包括形成机制差异、功能差异、传播渠道差异、文化冲突反应方式差异等。

案例 　　　　　　　　　　**哈雷摩托的品牌文化**

一个多世纪以来，哈雷戴维森一直是自由大道、原始动力和美好时光的代名词。

最初的哈雷是在 1903 年由 21 岁的威廉·哈雷和 20 岁的阿瑟·戴维森在一间小木

屋里"攒"出来的，并以两个人的姓氏命名为"哈雷—戴维森"（以下简称哈雷）。这之后，哈雷从新英格兰地区开始发展，1912年第一次出口日本，一直拥有稳定的顾客群，现在已经销售到200多个国家。

从创立之初，哈雷一直致力于在机械、外观等各方面改进、创新，不断提高哈雷的品质，并通过开发多种服务项目，提高品牌的附加价值。

早在1916年，哈雷就创刊了《狂热者》杂志，以此作为和目标消费者沟通的媒介。

哈雷从1917年7月开始为美军专门培训维修哈雷摩托车的机械师，到了和平时期，哈雷就转为主要培训民用摩托车的机械师。哈雷的租赁服务不止出租一辆摩托车，还提供头盔、雨衣、小件寄存和24小时紧急援助服务。在哈雷的官方网站上，还帮助消费者制定预算和贷款计划，提供财务及保险咨询服务。

哈雷的成就，固然有它的经营者善于抓住商机，不断进取的一面，更深层次的，是经过百年的岁月沧桑，哈雷浓缩了激情、自由、狂热等诸多品格，已经成为一种精神象征。

20世纪60年代的"嬉皮士"如同一群在社会生活中左冲右突的困兽，但他们最终在哈雷那里找到了自己的精神家园。那种纯金属的坚硬质地、炫目的色彩，大排量、大油门所带来的轰响，甚至烫人的排气管，都让他们疯狂。为了与狂热、叛逆、不羁的风格相配，他们从此穿上印有哈雷标志的外套、破了边的牛仔裤和粗犷的皮靴，身体上刺着哈雷的标志，也给社会带来冲击和震撼。对他们来说，这甚至比遵纪守法更能表达爱国精神。

80年代后的美国，"嬉皮士"们早已不见踪影，但哈雷迷不但没有减少，反而还在继续增加。哈雷也在不知不觉中，由叛逆群落向主流社会渗透。特别是90年代后，白领人士面临日益增大的心理压力，他们越来越渴望有一种可以释放和解脱的方式。这时，哈雷当然是首选。扔掉西装革履，穿一身"哈雷服"呼啸而过，如同纵马驰骋，真切地触摸大自然的灵魂，远比坐在密闭的轿车中过瘾。但是，他们这种放纵很不彻底，身上的刺青是贴上去的，摩托车也许是租来的，只是愿意在短时间内远离尘嚣。

1983年，哈雷成立了哈雷车主会（Harley Owners Group，以下简称H.O.G.），以满足骑手们分享激情和展示自豪的渴望。哈雷车主俱乐部的成立，使哈雷迷们更加亲密。

1999年，哈雷车主会全球会员数量突破50万大关，地方分会近1 160个，而现在，超过1 100 000的会员人数和1 400家分会让H.O.G成为世界上最大的由生产厂商赞助的摩托车组织，而且它的规模还在不断成长。

目前在中国，哈雷车主会已经拥有了北京、上海、青岛、成都、温州、大连6个分支机构，队伍不断在壮大，哈雷精神传承了一代又一代。

1993年哈雷庆祝90周年诞辰之际，大约有10万哈雷摩托车用户，乘架6万辆摩托车举行游行活动。

2012年8月至2013年9月，哈雷110周年庆典活动在全球6大洲的11个国家分别拉开序幕，数以百万的车迷参加到这项盛事当中，共同分享哈雷戴维森所代表的自由、激情、个性、勇敢的品牌精神。110周年庆典是哈雷戴维森历史上最盛大的庆典活动，全球哈雷车迷在自由骑行精神的感召下济济一堂，共同欢庆。

"我们不卖商品，而是拓展生活品位让消费者买到快乐"。

哈雷代表着年轻一代的梦想、反叛精神、奋斗意识，哈雷成为他们尽情宣泄自己自由、反叛、竞争的精神和彰显富有、年轻、活力的典型标志。消费者通过哈雷摩托车追求驾驶的乐趣和自我价值的实现,并最终转化成为对品牌的忠诚。

哈雷通过品牌延伸,进一步扩大品牌核心价值与文化的渗透面。从T恤衫、夹克衫、靴子、手套,一直到小朋友玩的哈雷芭比娃娃、哈雷餐厅和家私,哈雷品牌被广泛延伸到了服饰以及和摩托车相关的行业里。即使这类消费者没有驾驶哈雷摩托车的经历,也能通过消费这些产品体验到独立、自由和野性的美感。

(资料来源:根据互联网资料整理)

第二节　品牌文化的结构

一、品牌文化的结构层次

对于品牌文化的结构,已有的研究有两层次(外层和内层)观点,也有三层次观点和四层次(外层、浅层、内层和核心层)观点。我们把品牌文化结构分为三个层次,分别是外层、中层和内层,如图6-1所示。三个层次的分层法,分别对应于品牌文化结构的三个要素,即外层对应品牌物质文化,中层对应品牌行为文化,内层对应品牌理念文化。

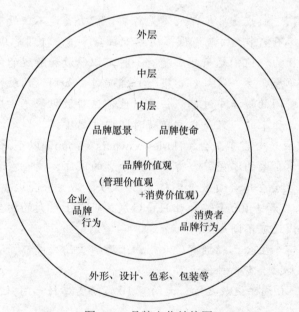

图6-1　品牌文化结构图

二、品牌文化的结构要素

我们认为品牌文化主要包括品牌理念文化、品牌行为文化和品牌物质文化。品牌理念文化是品牌文化结构的核心部分,它由品牌愿景、品牌使命和品牌价值观3个基本要素组成;品牌行为文化包括企业品牌行为和消费者品牌行为。企业品牌行为指企业所有关于品牌运营的行为，如品牌策划、品牌管理、品牌危机处理等行为。消费者品牌行为是指消费者与品牌相关的行为，如品牌选择、品牌忠诚、品牌偏好等行为。品牌理念对企业品牌行为起着指导和制约的作用，对消费者品牌行为起着引导作用，引导消费者做出企业期望的品牌决策；品牌物质文化包含了品牌产品、设计、包装、色彩、品牌名称、吉祥物、商标、品牌宣传标语等内容。

（一）品牌理念文化

品牌文化是建立在品牌理念基础之上的。品牌理念以品牌为主体，是品牌运作所有行为的信念和准则。品牌理念存在于建立品牌，培育品牌和消费品牌的人们的内心深处，是品牌差异化的源泉。

品牌理念主要包含品牌愿景，品牌使命和品牌价值观三个基本要素，其中品牌价值观又是品牌理念的核心，将在本章第三节中阐述。

1. 品牌愿景

品牌愿景是指包括企业员工、股东、消费者在内的主要利益相关者关于品牌未来发展状况的描述。企业自身在品牌愿景建立的过程中扮演着最重要的角色。因为品牌是由企业创建并加以维护的，所以企业是所有品牌行为的主导者。企业创建品牌的目的可能有很多，但有一条是确定的，那就是创建一个长盛不衰的强势品牌，不断提高品牌权益。同时，公众对自己认可的品牌也会有所期待，例如期望被认可的品牌注重环保、善待员工、热心公益事业等。那么企业、公众（主体消费者）对品牌的未来会有积极的憧憬和描述，这就形成了品牌愿景。

品牌愿景在企业内部起着重要的作用。它可以唤起员工的希望和工作热情，尤其是当品牌愿景在内部得到广泛共识的时候；品牌愿景还可以改变企业内部成员与组织之间的关系，它使得不同部门的员工能够愉快地一起工作。根据心理学家马斯洛晚年从事的关于杰出团体的研究，发现这些团体最显著的特征是具有共同的愿景和目的。品牌愿景具有巨大的推动力，激发人们在实现愿景的过程中积极努力地发挥自身潜能。在企业外部，品牌愿景对主体消费者会起到吸引、留住和建立品牌忠诚的作用。

品牌愿景是一颗指路明星，它必须具有现实性和长远性。品牌愿景的建立还必须具备简单易懂、有吸引力和有助于建立一整套用于考核的标准等特征。

2. 品牌使命

品牌使命是指品牌肩负的重大责任。制定品牌使命就是明确这种责任，从而唤起内部成员、关联单位及市场和社会对企业品牌的识别和认知。品牌使命作为品牌理念的关键要素之一，它回答的是品牌存在的意义。对企业品牌而言，它主要反映了品牌对于包括消费者、股东和公司员工在内的利益相关者的存在价值。在消费者看来，使命能够说明公司希望为消费者做些什么，以及为什么这样做。

企业品牌必须拥有自身的品牌使命，缺乏品牌使命将导致消费者认知模糊。有研究表明，如果没有明确的品牌哲学（使命、愿景、价值观等），那么将品牌背后的企业经营理念融入，将会有所帮助。由此可见，企业文化的一些结构要素与品牌文化的结构要素之间有着密切的关系。

（二）品牌行为文化

品牌理念是代表思想的部分，起到统领全局的作用，而品牌行为则代表了说和做，即表达和行动的内容。一个品牌有了思想主张以后，就必须将之付诸实践和指导行动，传达给目标消费者，这样才能取得效益。理念是抽象的，必须转化为具体的行为。品牌行为可以从企业和消费者两个角度来分析。

1. 企业品牌行为

品牌行为文化系统是在品牌职能定位的基础上，在品牌精神文化系统的指导下，围绕品牌战略目标的各个层次、方面，如在理念贯彻、生产管理、市场推广、公共关系等各环节所展开的、符合该品牌需要与个性特征的一切实践活动。它可以分为：内部行为文化系统（生产、管理等）和外部行为文化系统（公共关系、市场推广等）。品牌行为主要起到沟通管理、强化品牌特征、进行品牌推广等作用。

我们把企业品牌行为定义为企业在创建和维护品牌的过程中表现出来的一系列语言表达和行动。它包括说和做两个部分，但是通常说和做是混合的，并不能严格地加以区别。企业品牌行为的目的是塑造、管理、维护品牌，使之保值增值。从具体的角度来说，企业品牌行为包括品牌策划行为、品牌管理行为、品牌故事、品牌危机处理行为等。下面主要就品牌故事和品牌危机处理行为做相应的分析。

（1）品牌故事

宝洁公司在品牌建设及品牌故事领域的杰出专家拉里·休斯顿（Larry Huston）在谈及品牌和故事的关系时指出："任何品牌都有相应的故事，这些故事构成了客户寻找并购买所需产品的备用信息。许多品牌还有奇特的故事，例如惠普、苹果、微软、可口可乐等品牌都有奇特的故事。所有故事中的个人差不多都有相应的英雄事迹，其中贯穿着一条从逆境到自暴自弃，再到新生，最终夺取胜利的主线。作为人类文明的完美典型，这些英雄事迹得到了各种文化的认可。"

每个品牌的发展和成功都有其过去的历史和故事。一个品牌从创建到成功是一个历史的过程，在这一过程中总会有许多值得称道的有关品牌的故事发生。这些故事对企业品牌具有重大影响意义的部分被有意或无意地保留下来，即符合品牌价值观的故事，保存在员工和消费者的头脑中，并且在口耳相传中继续流传下去。品牌故事是指过去发生的有关品牌的行为，相对于企业的其他品牌行为，品牌故事是发生在过去的行为，是一些完成时态的事件。品牌故事的源泉主要是创业故事及经营品牌过程中的重大事件。企业在有意识地保留和传播品牌故事的时候应该选择那些能够更好地反映品牌价值观的素材，这将有利于品牌价值观在具体品牌行为上的实现。

品牌故事必须体现品牌价值观。品牌故事的主角可以是企业自身，直接体现管理价值观（如海尔的砸冰箱事件）；也可以是消费者与企业沟通、互动的故事。有积极意义的故事首先影响人们对品牌的认识和评价，进而影响他们的品牌行为。员工可以从具有积极意义的故事里得到激励，并产生自豪感；消费者从中认识企业行为，认知、认同甚至忠诚于品牌或者直接否定品牌。

品牌故事的主要传播方式包括口耳相传、文字记载和广告传播，这些传播方式具有以下优点：具体、形象、容易记忆。由品牌故事体现的与消费者互相吻合的价值观念有助于人们的记忆。

另外由于故事本身的真实性，使得品牌更易于获得消费者信任。品牌故事成功的关键在于感情的真实流露。任何无限制夸大品牌故事的做法都会使人反感，虚伪的故事很难得到消费者的认同。

（2）品牌事件（危机）及处理行为

近年来，在我国频频发生品牌事件或品牌危机。品牌事件或危机将对企业造成经济和战略上的双重损失。

在品牌危机预防和预警、危机处理等企业品牌行为上，应发挥品牌管理价值观的指导作用。品牌价值观的核心在于，这一价值观应该统领与该品牌有关的一切行为。在品牌危机发生后的处理阶段，违背品牌价值观的做法必然损害品牌的内外部形象。尤其是在企业外部，若企业没有信用，说一套做一套，是很难被消费者接受的。没有消费者的认可即失去市场，企业生存就成问题了。企业必须本着品牌价值观来指导品牌危机的处理：一方面做到言行一致、表里如一，以免引起消费者的反感；另一方面，这种品牌行为还要有利于内部人员强化品牌价值观，并对外部人员起到更好的宣传作用。因此，即使品牌危机可能导致暂时性的亏损，也要以品牌价值观来指导危机处理行为。

2. 消费者品牌行为

消费者品牌行为指的是消费者接触品牌时发生的一切行为活动，主要包括消费者品牌选择、偏好、使用、心理感受等。萨斯曼（Sussman）和迈克尔·基思（Michael Keith）博士通过实证研究指出，品牌偏好与消费者价值体系是紧密联系的。基于这种密切关系，他们假设如果我们了解个人的价值观，那么就能预测其品牌偏好。戴安娜·克里斯佩尔（Diane Crispell）等人从顾客的角度谈到品牌行为，认为品牌行为是个复杂的过程，并非每个人都有品牌意识，也并非每个具有品牌意识的人都是由品牌驱动的。有关消费者品牌行为的研究在消费者行为学和心理学上已经很多，比较统一的观点是个人价值观极大地影响消费者的品牌偏好，同时品牌价值观也会反过来影响消费者的品牌行为。

（三）品牌物质文化

品牌物质文化是品牌文化的外层要素，包括品牌产品、设计、包装、色彩、品牌名称、吉祥物、商标、品牌宣传标语等内容。

品牌物质文化是品牌赖以生存的基本条件，没有物质的存在前提，其他一切都无从谈起。品牌产品的设计、颜色的选择及包装等工作最终将体现出品牌外在形象的吸引力。尤其重要的是，它将影响目标消费者对品牌的第一印象。然而，不管是设计，还是颜色的选择，都必须围绕阐释品牌理念这一主题展开。品牌颜色的选择对品牌理念有重要的作用，例如可口可乐的红色就很好地阐释了该品牌主张"激情"的理念。

案例	营造"第三空间"的星巴克咖啡

随着经济的快速发展，人们的生活水平也在不断提高，享受型消费受到越来越多人的青睐，咖啡文化也逐渐走入人们的生活。不论是午后的一抹阳光洒入厅房，抑或是清晨窗外烟雨微朦，捧着一杯浓郁的咖啡，香气缭绕，沁人心脾。咖啡连锁店依据咖啡文化的独特性质，不仅为都市人提供了高品质的咖啡饮品，也创造了高格调、高品位的享受空间。

星巴克（Starbucks）就是一家全球著名的咖啡连锁店，Starbucks 的名字来自于白鲸记中爱喝咖啡的大副。星巴克1971年成立，总部位于美国华盛顿州西雅图市。星巴克咖啡公司创建于1987年。1987年3月，星巴克的主人鲍德温和波克决定卖掉星巴克咖啡公司在西雅图的店面及烘焙厂，舒尔茨则决定买下星巴克，同时与自己创立于1985年的每日咖啡公司合并为"星巴克企业"。如今，星巴克旗下零售产品包括30多款全球顶级的咖啡豆、手工制作的浓缩咖啡和多款咖啡冷热饮料、新鲜美味的各式糕点食品，以及丰富多样的咖啡机、咖啡杯等商品。星巴克于1999年1月在北京中国国际贸易中心开设大陆第一家门店，对于星巴克来说，中国就是星巴克的"第二本土市场"。

一、星巴克的企业文化

1. 星巴克的愿景

提供一种可以丰富人们每天精神昂扬、道德向上的精神体验；在世界上成为一家拥有令人赞赏、尊敬的品牌及伟大恒久的公司，以鼓舞并滋润人类心灵而闻名于世。

2. 星巴克的企业使命

追求卓越的工作环境，维护自尊并相互尊重；

拥信多元化是企业经营的必要元素；

以最高标准的采购、烘焙，提供最新鲜的咖啡；

时刻让顾客感到称心满意；

积极回馈社区，改善环境；

认识到盈利是我们未来的基础。

3. 星巴克精神

对于美国乃至全球许多年轻人来说，星巴克不仅仅是一杯咖啡，而是一种流行生活方式。

4. 尊重自己的顾客，把顾客当成自己的朋友

星巴克认为他们的产品不单是咖啡，而且是咖啡店的体验。每个咖啡生都被要求能够预感客户的需求，在耐心解释咖啡的不同口感、香味的时候，大胆地进行眼神接触。星巴克征求客户的意见，每个星期总部的项目领导人都当众宣读客户意见反馈卡。

星巴克努力遵循三条原则：

① 符合顾客口味；

② 创新为的是顾客；

③ 尊重顾客，营造温馨氛围。

顾客至上，文化亲情，给顾客一种家的感觉，这就是星巴克成功的文化基础。

5. 星巴克的企业标识

星巴克自1971年成立至今经历了4次更换标识，每一次更换都是一次品牌升级，更是星巴克对其品牌的全新诠释。

1971年版本的棕色标识由来是一幅16世纪斯堪的纳维亚的双尾美人鱼木雕图案，她有赤裸乳房和一条充分地可看见的双重鱼尾巴，周围围绕着 STARBUCKS COFFEE AND TEA 的字样。

1987年，星巴克被霍华·舒尔茨先生所创立的每日咖啡合并，所以换了新标识。第二版的标识，融合了原始星巴克与每日咖啡的特色：沿用了原本的美人鱼图案，但做了些许修改，她没有了赤裸乳房，并把标识颜色改成代表每日咖啡的绿色。

1992年，考虑到顾客认为美人鱼形象攻击性太强的原因，星巴克对标识进行了升级，去掉了劈开双腿般的美人鱼鱼尾。

2011年3月8日，星巴克咖啡公司宣布正式启用更加突出美人鱼标识的品牌标识，新标识是星巴克对自身的重新定位。为了将星巴克上升到一个综合品牌的认知层次，新标识移去圆圈，意在为星巴克带来自由度和灵活性；新的品牌标识去掉了环绕在双尾美人鱼周围的"星巴克咖啡"字样，力图将人们的注意力从咖啡转向其他品类，为自己开辟一条产品多元化的道路。

二、星巴克的产品与服务

星巴克一直致力于向顾客提供最优质的咖啡和服务，营造独特的"星巴克体验"。在有形产品方面，星巴克有超过30种综合与单品的咖啡豆、手工制作的浓缩混合饮品、茶饮料、咖啡机器设备、咖啡冲泡机与磨豆机、新鲜烘烤的糕点、巧克力、三明治、沙拉、咖啡马克杯与用品、音乐唱片和各类型礼品，多样的产品满足了消费者多样的消费需求。在无形服务方面，星巴克崛起之谜在于在咖啡豆中的一种特殊的配料——人情味儿。星巴克的每一个服务生都要接受24小时关于客户服务、基本销售技巧、咖啡基本知识、咖啡制作技巧的培训。每一名星巴克人都能预感客户需求，在耐心解释咖啡的不同口感、香味的时候，大胆进行眼神交流，由此培养出顾客的忠诚度。

有位记者陪朋友在星巴克北京一家咖啡店暗访，要了两杯热摩卡咖啡。他们看到，盛咖啡的是一个纸质的杯子，杯盖上有一个大小合适的口子，不用开盖就可很方便地饮用。杯身上套着一个土黄色的较厚的纸环，端上热咖啡也不觉烫手。记者与朋友在店内边喝咖啡边聊天，不知不觉就是近一个小时，杯内的咖啡依然散发着浓浓的热气。员工告诉这位记者，使用这种杯子比陶瓷等其他材质杯子的成本高，但会让客人在心理上感觉干净卫生，同时也方便了一些客人外带咖啡的需要。

星巴克的精微服务让消费者感受到自己是真正的上帝。走进星巴克，这种让客人感觉细腻的服务方式无处不在。当顾客走进星巴克时所有的服务员都只有一个表情，那就是似乎永远禅宗似的微笑。不管有多少顾客在排队等候，甚至面对顾客的怒容，星巴克的服务员也永远带着这种微笑，并且轻声细语地对顾客说话。星巴克咖啡的制作过程是完全透明的，客人可以随意欣赏、感受并参与其中。在这里，顾客可以随心所欲地调制自己的最爱，比如对咖啡因过敏的人可要求调制低因咖啡，一些怕胖的女士可以要求饮用脱脂奶，一些客人还会要求用个性糖浆取代传统的奶精和糖。星巴克始终认真对待每一位顾客，一次只烹调顾客那一杯咖啡，从来不卖预先酿制好了的大路货，即使店里有客人排队，也都是严格地按照每一位顾客的口味来现场酿制，从不马虎，从不偷懒。

三、星巴克的环境与色彩

嗅觉、视觉、听觉、触觉和味觉共同塑造了星巴克浪漫的情调，体现出典型的美式文化：视觉的温馨，听觉的随心所欲，嗅觉的咖啡香味，味觉的咖啡美味。星巴克以咖啡制作的四大阶段衍生出以绿色系为主的"栽种"；以深红和暗黑系为主的"烘焙"；以蓝色为水、褐色为咖啡的"滤泡"；以浅黄、白和绿色系诠释咖啡的"香气"。四种店面设计风格，依照店面的位置，再结合天然的环保材质、灯饰和饰品速配成因地制宜的门店，创造新鲜感。

随着季节的不同，星巴克还会设计新的海报和旗标装饰店面。灯、墙壁、桌子的颜色从绿色到深浅不一的咖啡色，都尽量模仿咖啡的色调。包装和杯子的设计也彼此协调来营造假日欢乐的、多彩的情调。

店里的布置也是因地制宜的。在不同的国家和地区星巴克店内的布置都是不同的。比如在中国，店内的布置就符合中国国情和中国人的审美标准，迎合他们对休闲场所环境的期望。但总的一点就是能给人以舒服的感觉，可以使得消费者在品咖啡的同时融于情景，享受其中。

四、星巴克的设计包装

咖啡杯设计是星巴克包装设计的主要载体，除主题咖啡杯外，底色均为白色、着力凸显大大的绿色美人鱼LOGO。相对于其他华丽、花哨的咖啡杯，星巴克的杯子更加简洁。即使是绚丽多彩的圣诞节特别包装设计，STARBUCK的盖子也始终都是白色，这是符合入口器皿的最佳颜色，因为白色是最安全的颜色，代表着一种不添加其他物质的暗示。

星巴克主题包装在凸显氛围方面尤其擅长。在喜气洋洋的节日里，其产品包装更能衬托热闹的气氛，也更吸引年轻人的眼球。如星巴克2011年圣诞节包装设计：咖啡杯以红色为底色，温暖、喜庆；画面以活泼、可爱的雪人、动物为主，雪人或滑雪或舞蹈，动物嬉戏追逐，与圣诞节主题契合。星巴克城市马克杯着力突出该城市的特色，一般都会放上这个城市的地标或是标志性的物产，完美地体现出星巴克世界性咖啡品牌的意义。

紧张忙碌的生活中，人们都渴望着放松和悠闲。星巴克不仅能提供一种美味产品，还能提供一份丰富而美妙的设计体验，这不仅吸引了众多的消费者，还提升了品牌认知度。

五、星巴克营造了"第三空间"

全世界每周走进星巴克的顾客有3 000万人，他们来到这里不仅为了喝点什么，更希望享受到围绕着咖啡而产生的生活方式。星巴克精心营造顾客们的"第三生活空间"，即除了家庭和办公室之外的另一生活空间。

很多顾客来星巴克消费，并不是冲着那一杯咖啡，而是品尝这里的气氛和情调，为了心灵的舒展和精神的愉悦。星巴克现场钢琴演奏+欧美经典音乐背景+流行时尚报纸杂志+精美欧式饰品等配套设施，力求给消费者带去更多的小资感觉，让喝咖啡变成一种生活体验，让喝咖啡的人自觉时尚和文化。个性化的店堂设计、活泼的暖色灯光、恰到好处的柔和音乐、空气中弥漫的浓香的咖啡味，这些星巴克设计中所着力追求的色调、声音、味道等，创造了一种新的咖啡环境和文化。不管是个人，朋友，恋人，还是合作伙伴都能在星巴克的环境氛围中感到舒适自在，让人们感受到售出的不是咖啡而是对咖啡的体验。

在小资当中流行着这样一句很经典的话：我不在办公室，就在星巴克，我不在星巴克，就在去星巴克的路上。泡星巴克，是小资们生活中不可或缺的节目。毫无疑问，这杯名叫星巴克的咖啡，已成为小资的标志之一。

（资料来源：根据互联网资料整理）

第三节 品牌价值观

一、品牌价值观的重要性

品牌价值观对品牌的创建、生存和发展的重要性是不言而喻的。没有清晰的品牌价值观，企业的品牌构建基础就岌岌可危，也就很难以令人信服的方式与公司内部或外部的人员进行品牌沟通。

品牌价值观对品牌价值创造进程中的持续性、一致性和可靠性是至关重要的。品牌价值观是品牌信息的基础，只有那些拥有简单、可信品牌价值观的品牌才能受到消费者的喜爱。对企业而言，因为企业的任何人都可能做出影响品牌形象的行为，品牌价值观就需要以简单明了的方式向每个员工传播。例如，迪士尼公司崇尚想象力和重视心理健康的品牌价值观，经历了多种文化体系、几代人的更迭、不同 CEO 的管理和娱乐市场的各种变化而始终如一。

尽管关于品牌文化的观点存在差异，但是品牌价值观是品牌文化的核心要素这一点已成为共识。大家一致认为，品牌价值观是品牌文化的核心，是品牌文化的 DNA。它决定着品牌存在的意义和发展方向。

里克·莱兹伯斯等人认为品牌价值观可被描述为"一种对消费者十分重要的心态，可用来决定品牌的使命"，它强烈地影响消费者的态度和行为。例如，万宝路最终的品牌核心价值理念锁定为力量和独立，这不仅仅是一个男性专属烟草品牌的心理暗示和价值联想，更是万宝路企业内在精神和价值观的体现。这些观点都在一定程度上强调品牌价值观的重要性。

二、品牌价值观的分类

对价值观的研究可以追溯到 20 世纪二三十年代。1926 年佩里（Perry）就对价值观进行了分类，将价值观区分为 6 类，即认知的、道德的、经济的、政治的、审美的和宗教的价值观。20 世纪 70 年代罗克奇（Rokeach）将价值观研究推向了新的发展阶段。他将价值观定义为"一个持久的信念，认为一种具体的行为方式或存在的终极状态，对个人或社会而言，比与之相反的行为方式或存在的终极状态更可取。"罗克奇认为，价值观可以分为两类：终极价值观（terminal values）和工具价值观（instrumental values）。前者是个体追求最终存在的目的状态，后者是个体追求的特定行为方式，每一类由 18 项价值信念组成（见表 6-1）。

罗克奇的这种划分体现了他对价值观具有层次性质和有顺序的认识，也真正表达了价值观作为"深层建构"和"信仰体系"与"行为选择"之间相互体现与依存的性质和关系。对一个国家或一个民族，价值观的不同体现是彼此最深层次的区别。同样，品牌价值观也是一个品牌区别于其他品牌的最好体现。品牌价值观回答关于"品牌的价值在于什么，以及哪些对象对于品牌来说有价值"的问题，是在一个经营性组织内部形成的比较一致的价值体系。品牌价值观为组织成员所普遍认同，具有规范化的特征，在企业经营过程中它使企业成员知道什么行为是正确的或错误的，什么是积极的或消极的，它决定了企业员工共同的行为取向。

表 6-1 罗克奇的价值观分类

18 种终极（目的）价值观	18 种工具（行为）价值观
舒适的生活	有抱负
快乐的生活	心胸宽广
成就感	有能力
和平的世界	乐天
美丽的世界	整洁
平等	勇敢
家庭安全	宽容
自由	乐于助人
幸福	诚实
内心和谐	富于想象
成熟的爱	独立
国家安全	有学问
愉悦	逻辑性强
得救	有爱心
自尊	顺服
社会认可	讲礼貌
真正的友谊	负责任
智慧	自律

资料来源：莱兹伯斯.品牌管理.李家强，译.北京：机械工业出版社，2004：153。

基于伍德（Urde）的观点，从价值观主体及其功能的区别可以将品牌价值观分为消费型品牌价值观和管理型品牌价值观。消费型品牌价值观倾向于终极价值观，管理型品牌价值观倾向于工具价值观。

（一）消费型品牌价值观

站在消费者的角度来看，品牌文化可以是一种消费文化，即品牌文化应尽量满足消费者不同层次的心理和文化认同的需求，此时品牌价值观也是目标消费者群体价值观的体现。最终目的是倡导与目标消费者相吻合的价值观，以期能够有效地引导消费者的品牌行为。根据罗克奇有关终极价值观的研究，可以把消费型品牌价值观界定为消费者追求最终存在的目的状态。相吻合的价值观带来的好处不仅是引导消费者，而且能够抓住消费者，赢得消费者的忠诚。例如，迪士尼倡导"快乐家庭"的亲情价值观，完全符合大多数消费者的价值观，它在深层次的意识里影响着消费者，引导消费者的品牌行为。只有当品牌的理念与消费者的价值观产生共鸣的时候，品牌才能在消费者心中占据牢固的地位。

消费型品牌价值观能够有效地引导消费者的品牌行为，其根本的原因在于这种价值观主张能够大大提升品牌的附加值。消费者总是购买他们认为更有价值的商品。依据里克·莱兹伯斯等的研究，品牌附加值可由 3 方面元素构成：感受功效、社会心理内涵和品牌名称认知度。品牌价值观引起的非物质联想所带来的品牌附加值，体现在消费者能够从品牌中获得的社会心理方面的满足。具有高度社会心理内涵的品牌，能被消费者用来体现自己心目中的形象。某个人会因不同场合而显示不同的自我。阿克对此谈道："有时消费者会表达他们希望成为什么样的人，努力成为什么样的人，或相信自己应该成为什么样的人。"品牌有助于人们向别人表现出与这些自我观念有关的某些个性特征。阿克还指出，希望获得社会认可的人，往往对具有丰富社会心理内涵的品牌十分敏感。人们总是选择和购买认为最有价值的东西，从消费者的角度看，品牌价值观提升了品牌附加值，因此更能获得消费者的认可和忠诚。

消费型品牌价值观是满足消费者心理需求的一些价值主张，旨在引导消费者的品牌行为。对比一下可口可乐和百事可乐的品牌价值主张，不难发现，前者更多地主张归属感价值观，后者更强化个性化价值观。不可否认，二者都是国际上很成功的企业，但是倡导的价值观却差异巨大，可见消费者是分群体的，而且有个性偏好。

喜欢百事可乐的消费者，比较喜欢个性化价值主张的品牌，以此来表示自己独特的个性，与众不同。贝尔克发展了一个称为延伸自我的理论来解释某些产品对消费者具有的丰富意义这一现象，从而认为在某种意义上说，"我们就是我们所拥有的"。因此，大部分消费者期望通过购买、拥有或者消费某种品牌产品，把自己同周围的其他个体区别开来，达到显示个体独立存在的目的。因此个人的自我概念与其品牌行为有密切的关系，品牌的个性化价值观能在一定程度上满足消费者内心自我概念的需求。

喜欢可口可乐的消费者，认同某品牌是因为该品牌主张归属感价值观，即拥有该品牌表示"我"就成了某一族群的一员，因此就获得该群体的尊重、认同和爱心。

（二）管理型品牌价值观

将品牌文化看成是一种管理文化，这是站在企业角度的观点。管理型品牌价值观体现出企业品牌行为的准则，它回答的是关于"对象对于品牌来说是否有价值"的问题，并最终表现为价值观序列。依据罗克奇有关工具价值观的研究，可以把管理型品牌价值观界定为组织群体追求的特定行为方式。例如，麦当劳的 QSCV 作为企业的价值观，同时也作为品牌的管理价值观被广泛传播，并得到内部员工和外部消费者的认同。麦当劳的品牌定位、品牌战略制定、品牌危机处理等所有品牌行为，都以 QSCV 为核心指导，任何违背这一品牌价值观的行为都不被许可。

管理型品牌价值观不仅对企业员工和管理者的品牌行为有约束和导向功能，而且对品牌的建设、发展及品牌权益提升都有重要的意义。里克·莱兹伯斯等的研究表明，决定品牌权益水平高度的因素有 4 个，即品牌市场份额的规模、市场份额的稳定性、品牌带给企业的利润空间，以及品牌的所有权权利。合理有效的管理型品牌价值观能够引导消费者不断地重复购买该品牌产品，从而稳定品牌的市场份额。拥有稳定市场份额的品牌，能够给企业带来经济和战略两方面的优势。经济优势体现在品牌为企业未来收入提供保证，以及节省营销传播费用。战略优势体现在品牌具有威慑潜在竞争对手的能力，并迫使零售商选择这一品牌，以减少消费者流失。品牌的市场份额稳定，也代表消费者对该品牌有品牌忠诚度，有了消费者的忠诚，在一定程度上也就表明该品牌能够获得较大的利润空间。因此说管理型品牌价值观的作用能够最终体现在提升品牌权益上。

三、消费者需要层次对品牌文化价值主张的影响

随着社会经济的发展,消费者收入逐渐提高,消费者的物质需求和精神情感需求呈反方向运动,即物质需求在消费者需求中所占比重越来越低,趋于稳定,而精神和情感需求不断增加。麦克纳利(M. Mcenally)和契那托尼(L. de Chernatony)认为,消费者对品牌的追逐,由最初的品牌功能性价值满足开始,逐渐过渡到差异化/一致性/质量、自我表现、自我识别和建立关系,最后上升到自我实现价值阶段。因此,消费者需要层次是影响品牌文化价值主张的一个重要因素。

1. 消费者具有不同的主导需要层次

消费者行为学理论认为,人的消费行为模式通常是:有需要,然后产生动机,为了满足需要而有了行动,需要得到满足之后,又产生新的需要,如此循环往复。可见消费者需要是推动消费者进行各种消费行为的最普遍的内在原因,是消费行为前的一种心理倾向。美国营销专家菲利普·科特勒说,营销者不是创造需要,消费者的需要在营销活动之前已经存在。意思是说消费者的"需要"是本来就存在的,企业存在是因为满足了消费者的某种需要,因此经营企业首先应当深入研究消费者的需要。

消费者心理学有多种关于消费者需要分类的理论,比如二分法(物质和精神需要,或先天和后天需要),三分法(生存、生活和发展的需要)及麦克高尔的12类需要等,其中最著名的是马斯洛的需要层次理论。美国心理学家马斯洛1943年发表了著作《动机与人格》,提出了著名的需要层次理论,将人的需要分为五个层次,其中生理和安全的需要称为低层次需要;归属和爱、尊重、自我实现的需要称为高层次需要。马斯洛认为,一个人生活在不同的主导需要层次上,他对生活的需要会相应地有所不同。人们对生活的渴望和梦想反映了他所生活的主导需要层次。

主导需要层次较高的消费者,他们不再为生理和安全等基本需要担心,按照马斯洛的观点,这些人在生理上,可以有更好的睡眠、更好的饮食、更少的疾病和更长的寿命;在心理上,可以拥有更加彻底的幸福感,内心可以更加丰富和充实。因此他们有更多的时间和精力去发掘更大的生理潜能和获得更满意的主观体验。主导需要层次较低的消费者,由于他们基本的生活需要得不到充分的满足,因此大部分的时间和精力都用于获得基本需要的满足上,较少或者没有条件考虑那些心灵、感受之类的较高层次需要的满足。

2. 消费者需要层次与品牌文化价值主张层次的普遍关系

品牌文化价值主张也具有层次性的特性,具体表现在所倡导的价值主张的不同水平和不同侧面上。品牌文化价值主张可以分为两个层次——高层次价值主张和基本价值主张。消费者需要层次与品牌文化价值主张层次之间具有一定的对应关系,二者之间的关系可以用图6-2来表示。

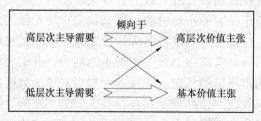

图6-2 消费者需要层次与品牌文化价值主张层次的普遍关系

（1）主导需要层次较高的消费者倾向于高层次价值主张

从消费者需要层次理论中可知，主导需要层次较高的消费者，他们更为关注品牌所具有的个性和内涵，以及能否带来情感、成功、地位、权力等方面的满足。由于是在情感或者价值观层面上得到满足，因此这一类消费者的品牌忠诚度较高。

社会学家理查德·科尔曼（Richard P. Coleman）1983年关于美国社会层次和不同层次消费者的购买特点的调查研究结果表明，美国上层阶层（较高需要层次占主导）消费者有如下的消费习惯：他们通常光顾各种高级商店或者专卖店，购买对象倾向于高贵的、具有象征意义的产品，如喜欢名贵的品牌，投资于艺术品，喜爱反映高品位的产品、吸引人的家庭装饰及能满足心理情感需要的产品，喜欢流行的东西等。

对于这类消费者，品牌的高层次价值主张才能够引起他们的购买欲望。因为品牌基本价值带来的安全需要、功能需要的满足不会使他们得到心灵的享受。这类消费者通常认为高层次需要的追求和满足符合他们追求更伟大、更坚强及更真实的个性，会使一个人更加趋于自我实现。

联合利华前董事长迈克尔·帕瑞德（Michael Perryd）在伦敦的广告协会演讲时曾说："品牌代表消费者在其生活中对产品与服务的感受，是由此产生的信任、相关性与意义的总和。"消费者对于品牌通常会达成共识，如他们认为喝百事可乐满足了作为年轻有活力、充满激情、追求时尚族群的需要。购买和驾驶奔驰汽车体现了品位，代表了成功的身份和权力等。而西部牛仔显示的阳刚之美和男子汉气派，给万宝路的消费者某种认同感和社会地位的心理满足，与消费者希望变成堂堂男子汉的欲望是吻合的。所以，露华浓（Revlon）化妆品公司的创始人查尔斯·雷费森说，在工厂里我们生产的是化妆品，而在店里头，我们销售的是希望。

需要层次较高的消费者并非完全忽视品牌的基本价值主张，一方面是因为高层次价值主张的品牌必定以基本价值为基础；另一方面，很多时候该类消费者购买的不只是品牌产品的原始功能（如轿车的代步功能，衣服的御寒功能），他们更为追求能够满足较高层次需要的部分。

需要层次较高的消费者通常表现出较高的品牌忠诚度，主要是基于以下两方面的因素。首先是社会因素，这一类消费者对社会地位，个人权力和受人尊重等的需要比较强烈，品牌的高层次价值主张正好能够在一定程度上满足这种需要，并且高层次价值主张不是朝夕之间形成的，而是品牌长时期积累而形成的，具有较大的差异性和较广泛的社会认同。另一方面是心理因素，即个人的情感，个性和自尊等的需要。因此，他们既要从社会舆论的观点出发，又要从自己个人的以往经验出发，体验着品牌带来的美好感觉，表现出较高的品牌忠诚度。

（2）主导需要层次较低的消费者倾向于基本价值主张

主导需要层次较低的消费者，他们更为关注品牌代表的安全、功能齐全、价格公道、品质保证及购买方便等方面的基本价值主张，一般来说这类消费者的品牌忠诚度通常较低。

这类消费者购买的大多数物品主要用于生存需要。由于这类消费者的生理和安全等需要占了主导地位，按照马斯洛的需要层次理论，较低的基本需要尚未得到充分满足，通常就不易产生强烈的高层次需要，因此这就决定了他们购买的时候，比较关注品牌对于功能、安全等方面的基本价值主张，他们会说"这是我急需的"。

对于这类消费者，由于收入水平限制，价格将是决定购买行为的很重要的影响因素，只要哪个品牌的价格更低，就会倾向于选择哪个品牌。竞争厂家之间努力降低成本，商家进行各种促销或折扣活动，以吸引更多的消费者，消费者就会比较频繁地转换品牌。因此这类消费者表现出比较低的品牌忠诚度，甚至没有品牌忠诚度可言。

随着社会经济的发展，将会出现这样的发展趋势，即低层次需要更多地得到满足，人们的高层次需要越来越普遍，关注品牌高层次价值主张的消费者将越来越多。这一点对企业的品牌建设工作提出了更高的要求。同时需要注意的是，品牌的基本价值主张和高层次价值主张必须与企业行为保持一致。如果企业的设计、制造、营销、广告等行为违背品牌文化价值主张，或者未能兑现其价值主张，结果将不仅仅是破坏已建立的品牌价值主张，最终甚至会毁掉整个品牌。

四、国家品牌特性对企业品牌文化价值主张的影响

当前，越来越多的品牌正积极选择走国际化的道路。所谓走国际化道路可以简单地理解为本土企业希望在全球范围内参与竞争并获得一定的竞争优势，从而把自己的品牌推向广阔的国际市场。作为本土品牌，带有鲜明的国籍属性，而企业在国际经营中将面对的是国际市场的消费者，企业品牌需要因此采取相应形式和内容的价值主张，才能赢得国际市场消费者的认可。

1. 国家品牌特性概述

正如每个人都有自己独特的个性一样，一个国家、地区或民族在外人的印象里也具有某些独特的个性。例如，提到法国，人们会联想到浪漫；提起德国，人们会想到严谨、秩序、规则；而提到美国，人们可能想到的是自由和个性张扬。这些个性独特的国家，就好像企业树立起来的品牌，也可以用于区分对方而独树一帜，因此可以把这些具有鲜明个性特点的国家称为国家品牌，这些鲜明的个性特点称为国家品牌特性。

国家的品牌特性有正面特性和负面特性之分。正面特性是指其他国家的人普遍认同的关于该国家个性特征中好的、积极的印象和认识，而负面特性是指其他国家的人普遍认同的关于该国家个性特征中不好的、消极的印象和认识。这些正面特性或负面特性可以用相应的褒义、贬义或中性词语表述出来。

企业品牌的国籍对国际化品牌而言是一个重要的属性，即国家品牌的独特个性对国际化企业品牌有着重要的影响作用。例如汽车品牌常常与消费者印象中的品牌国籍有密切的联系，宝马和奔驰汽车让人联想到德国，法拉利让人记住意大利，而丰田是来自日本的品牌。这种与国家品牌的关联，能在消费者脑海里激起关于企业品牌的价值观、质量和情感的感受，如德国品牌质量过硬，意大利品牌设计独特，而法国品牌属于浪漫和激情。这些例子都表现出国家品牌正面特性对企业品牌的积极影响作用。当然，也不乏国家品牌负面特性对企业品牌产生消极影响的例子，例如中国和印度，曾经都有不少不利于制造业企业品牌的负面特性存在。综上所述，国家品牌的个性特征对该国企业品牌有着重要的影响作用。

2. 国家品牌特性对企业品牌文化价值主张的影响

面对国家品牌的正面特性或负面特性，企业应当采取相应主张的品牌文化，才能有利于企业品牌被国际市场消费者认可和接受。对于国家品牌正面特性，企业可以主张一致或不一致的品牌文化；而对于国家品牌负面特性，企业就只能够主张不一致的品牌文化。国家品牌特性对企业品牌文化价值主张的影响如图6-3所示。

	一致的品牌文化主张	不一致的品牌文化主张
国家品牌正面特性	深化	双面胶
国家品牌负面特性	×	改变

图 6-3 国家品牌特性对企业品牌文化价值主张的影响

（1）企业品牌文化主张与国家品牌正面特性相一致的策略

如果企业品牌文化主张与国家品牌正面特性相一致，即品牌文化主张直接或间接地体现国家品牌正面特性，那么一方面企业品牌可以从国家品牌正面特性中获益，国际消费者认可了国家品牌的正面特性，这种态度会转移到企业品牌上，从而进一步认可企业品牌；另一方面，倘若国际消费者在拥有或使用某品牌产品时获得了相应的利益，就会巩固他们对国家品牌特性的认知和肯定，这无疑对该国其他企业品牌有莫大的帮助。

香港李锦记集团倡导"思利及人"的品牌价值观，得到了国际市场消费者的认可。"思利及人"的价值主张与中国传统的深厚文化底蕴是一致的。凡是有中国文化知识的消费者都知道，中国自古以来就是讲究"仁爱"，讲究"善小而为"，讲究"老吾老以及人之老，幼吾幼以及人之幼"。将这一价值主张与中国著名的饮食文化相结合，使得香港李锦记在世界各地颇受欢迎。

耐克（NIKE）公司提倡"个性、自由"的品牌文化，在世界各地广受年轻人的追捧。耐克品牌的文化主张也受益于它的国籍属性。美国是一个倡导自由、个性和平等的国家，所以美国国家品牌具有自由、个性的特性。NIKE 公司正是借用了美国国家品牌的正面特性因素，对于那些向往美国，追求自由、个性的国际消费者而言，NIKE 的吸引力是相当大的。

（2）企业品牌文化主张与国家品牌正面特性不一致的策略

不可否认，企业品牌是有它自己的国籍的，因此企业品牌总会带有一定的国家品牌特性的印记。如奔驰品牌总带有德国国家品牌高品质、严谨的特性，产自意大利的服饰总能体现出时尚高超的设计。一些跨国公司认为，品牌所具备的国家品牌正面特性是与生俱来的，不用宣传也会被国际消费者熟知和认可，因此企业根据需要可主张国家品牌正面特性之外的品牌文化，以期增加亮点，在更广的范围上吸引国际消费者。

这种做法也不乏成功的案例，维京品牌就是一个典型的例子。维京是一家来自英国的国际大集团，拥有一百多家子公司，涉及行业包括铁路、航空、饮料、服装、金融等，这种多元化战略实施的成功，需要怎样的价值观来引导呢？英国国家品牌特性可以主要概括为讲究传统和经典，倘若维京倡导同国家品牌特性相一致的品牌文化主张，很难想象维京会有今天的业绩。事实上，维京的成功在相当大的程度上得益于创始人理查德·布兰森倡导的"打破常规"的品牌价值观。

再如奔驰是来自德国的品牌，奔驰汽车主张给人们带来尊贵、成功、地位等一系列的品牌文化。显然这种品牌文化主张不同于国家品牌特性，但是却使得奔驰能够吸引有这类需要的消费者。

企业主张不同于国家品牌正面特性的品牌文化，从另一个角度进行品牌定位，这种做法的好处犹如双面胶，两边都能得到到好处。当然这种做法需要相当大的投入才能获取成功，而且品牌文化主张最好不要同国家品牌的正面特性发生冲突。

（3）企业品牌文化主张与国家品牌负面特性不一致的策略

国家品牌也可能存在一些负面特性，这些负面特性将在整体上影响本国企业品牌在国际市场上的形象，给本国企业品牌的国际化设置障碍。

国家为了消除这些负面特性，需要相应的企业做出相当的努力。作为与此相关的企业，除了在研发、生产、销售等环节不断提升水平之外，倡导改变国家品牌负面特性的品牌文化主张，也是企业品牌树立形象，实现品牌国际化的必经之路。

在改革开放初期，中国国家品牌曾经存在不少负面特性，如质量差、价格低等，然而海尔品牌今天在国际上的地位，却极大地提升了自己的质量形象。早在1984年，海尔领导人张瑞敏就带头用铁锤砸掉了76台质量不合格的冰箱，并大力倡导海尔人的质量意识，主张质量第一的品牌文化。海尔人持续的努力终于得到了回报，海尔产品在中国是质量的象征，在国外也得到了大量消费者的认可。

企业通过倡导相应的品牌文化，并在根本上提高企业的实力，从而达到改变企业品牌的国际形象，进而整体上改变国家品牌负面特性的目的，世界范围这样的例子很多，尤其是日本和韩国企业，它们的成功经验值得借鉴。

第四节　品牌文化与消费者行为的相互作用

一、品牌文化促进消费者心智模式的转变

品牌文化的演进表明消费者对品牌认知的变化，说明品牌在消费者需求中的意义。现代商业社会，品牌由符号演变为具有丰富价值内涵的品牌资产，消费者对品牌的认知和对品牌的需求上升到新的层面，品牌文化影响和改变了消费者的心智模式。

1. 从需求到需要

马斯洛认为，人是一种需要不断的动物，除短暂的时间外，极少达到完全满足的状况，一个欲望满足后，往往又会迅速被另一个欲望所占领。人几乎整个一生都总是在希望着什么，因而引发了一切。所谓需要是一种促使消费者采取行动来改善状况的不满意的状态，是消费者在获得了为改善其不满意状态所需的条件之后，想要获得更满意感受的一种愿望。

人的需求是有限的，它受个人能力的影响较大，从人的本性看，人的欲望则是无穷的。只要人的本性没有改变，人就会不断产生新的欲望。所有的消费者行为都是受需要驱动的，其目的就是寻求可以满足其需要的东西。

2. 从满足到满意

从消费社会学的角度看，人是以消费为主体的生命，人的一生都处于消费的过程。需求是变化的，需求的效用价值也是不断进化的。当社会的发展使生存的价值观发生变化后，消费者对消费的理解也会发生转变，消费由获得物质的满足，转向寻求心理的满意。满足和满意是消费效用的两个层次，满足是获得物质的功能效用，是较低层次的需求，不注重心理感受；满意是生理和心理的效用统一。吃饱是消费满足，吃好才是消费满意。

从满足到满意,使消费者对商品的效用和价值期望发生转变,表明消费者的消费模式发生了转变,消费已从只追求结果扩展到消费的全过程体验。

3. 从物质到情感

商品的使用价值是商品交换的前提,是消费者购买的原始动机。当消费者的消费实现由需求到需要,由满足到满意的价值观变化后,消费效用的构成也在发生变化。商品的功能效用逐步降低,功能成为商品出售的基本条件,商品消费的情感效用需求在增大,表明消费者的消费价值观从对物质的追求上升到对情感的追求。

二、品牌文化对消费者行为的影响

现代社会已经进入了重视"情绪价值"胜过"机能价值"的时代,亦即感性消费时代。世界著名的BBDO广告公司的研究证实:消费者在选购品牌时不像以前那样偏重理性的考虑,而更注重使用不同品牌能体现不同的自我个性与情感。中国品牌价值研究报告显示,在选择人们生活开支中占有较大比重的电视机、空调、电冰箱、洗衣机等商品时,知名度高的品牌在市场中的主导地位十分明显。销售居于前10位的品牌,占据了行业80%~90%的市场份额,而其中前两三个品牌几乎占据了一半的行业市场。这说明科学技术的发展和市场竞争的日趋激烈为消费市场提供了大量可供选择的商品,产品的功能、可靠性等问题在现代技术条件下已不成问题,消费者的需求中心已转变为对品牌的个性化、知名度等更高层次的领域。

这种消费行为的"感性化"转变是以消费文化转型为基础的,人的自我文化意识的改变是文化转型的根本标志。现实生活中,"以人为本"的消费观念正逐步形成,例如在衣着文化方面,人们就以追求个性化和舒适为主,花钱买美观、买舒适、买个性、买稀少、买新潮;做工考究、式样新颖、材料多样、设计独特、色彩多变已成为购买成衣的要素。可见,在消费者对自我消费文化的意识越来越明确的今天,消费者在选择品牌时会考虑这个品牌是否适合自己的"自我形象",是否具有能代表"自我形象"的个性文化特征。

因此,品牌的文化内涵已成为消费者选择品牌的重要依据。品牌文化对于消费者行为的重要性主要体现在以下两个方面。

① 品牌文化满足了目标消费者物质之外的文化需求,它是品牌在实际使用价值之外给予消费者的一种印象、感觉及附加价值。消费者在购买某一品牌时,不仅仅是选择了品牌的功能、质量、售后服务,更多的是选择了这一品牌所象征的文化品位。

② 品牌文化所蕴含的社会文化环境、风俗习惯、文化形态等是对消费者所属文化的一种适应与融合,是与消费者的文化心理及价值取向的契合。

三、品牌文化对消费模型的作用

企业通过品牌文化建设来影响消费者的购买决策,品牌文化建设的重要目的是促成消费者的购买行为。具体来说,企业根据目标消费者的需求和自身的产品/服务特性来进行品牌文化定位,并将这一定位传播给消费者。消费者根据自己所接收到的信息,形成对该企业品牌文化的感知。当消费者的心理需求和对该企业品牌文化的感知相符时,消费者在消费该品牌的过程中,心理需求得到满足,自我个性得到彰显,就能形成对该品牌的偏好,品牌文化对消费者心理的作用如图6-4所示。

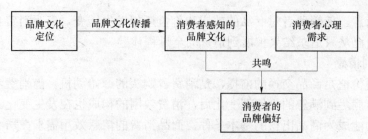

图6-4 品牌文化对消费者心理的作用

一旦消费者形成品牌偏好,就能较为持久地保证消费模型的各个环节顺利进行。品牌偏好对消费者从需求认知到信息寻求,到方案评估,再到购买决策,最后到购买结果都能起到促进作用。品牌偏好对消费模型的作用如图6-5所示。品牌文化的力量存在于消费者或顾客的心中,存在于他们以前对该品牌的体验和了解中,消费者的认知才是品牌资产真正的核心。企业对品牌文化的投资,其实质在于促进消费者对品牌产品的了解、感觉、回忆和形成信念。消费者对公司品牌产品的认知决定该品牌和企业未来发展的方向是否适当,因为消费者将根据他们对某一品牌产品的信念和态度来决定是否愿意购买企业的产品和服务,从而决定企业未来的发展潜力。

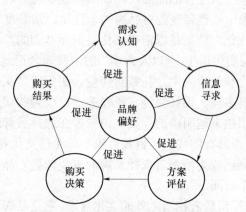

图6-5 品牌偏好对消费模型的作用

四、品牌文化与消费者行为的互动关系模式

品牌文化与消费者之间相互影响。具体地讲,品牌文化与消费者之间的互动包括以下3个环节:企业在消费者需求分析的基础上,进行品牌文化定位,通过传播工具向目标市场消费者传递相关信息,从而形成品牌文化的社会影响力,即知名度;消费者通过品牌文化体验而产生出品牌文化联想,最终形成对品牌文化的综合评价,即品牌文化形象;然后企业通过持续的品牌关系管理来保持消费者的品牌忠诚度。这个过程可称为"品牌文化与消费者行为互动关系模式",如图6-6所示。

品牌文化与消费者行为互动关系模式的内容有以下7个方面。

1. 消费者需求分析

现代的市场是买方市场,在诸多市场要素组成的复杂关系中,消费者成为中心,企业品牌建设的核心目的就是使消费者选择并购买其品牌产品。因此,企业进行品牌文化建设

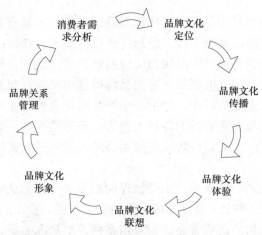

图 6-6　品牌文化与消费者行为互动关系模式

的出发点便是消费者需求分析。一切品牌文化策略的制定都要围绕消费者需求来进行，要充分考虑目标消费群体的特征。只有这样，建立起来的品牌文化才能够得到消费者认可。

2. 品牌文化定位

品牌文化定位是指在目标消费者需求分析的基础上，发现或创造出品牌独特的差异点，并与目标消费者心智模式中的空白点进行匹配，从而确定出一个独特的位置。品牌文化定位是联系品牌与目标消费者的无形纽带。"万宝路"香烟在美国被塑造成自由自在、粗犷豪放、满身是劲、纵横驰骋的西部牛仔形象，它迎合了美国男性烟民对不屈不挠、四海为家的男子汉精神的渴求。品牌文化定位是确立品牌个性的必要条件。在产品同质化的时代，消费者渴望在品牌文化定位中找到满足自己情感需求的归宿。品牌文化定位要求品牌能够满足目标消费群体的心理需求，能够给他们提供选择品牌的理由。

3. 品牌文化传播

品牌文化传播的目的是要在目标市场消费者心中留下深刻的品牌印象，甚至是美好的回忆。品牌文化传播与营销组合 4P 中的营销有着异曲同工的作用，前者传播的是品牌文化，后者传播的是品牌产品，实践中两个过程经常是同时进行、相互促进的。广告、公关、新闻与赞助社会公益活动等促销方式既是产品传播的载体，也是品牌文化传播的途径。企业通过这些传播渠道将品牌文化定位信息传递给消费者，同时让消费者认知其品牌价值，从而最终影响消费者的购买行为。

4. 品牌文化体验

品牌文化体验是消费者对于品牌相关信息的感知过程，如消费者对品牌产品的使用，与企业员工的直接接触，对各种广告的心理感应，周围人对该品牌的评价，以及对竞争品牌差异的感知等，都构成了品牌文化体验的内容。消费者体验到的品牌文化信息，有的是企业传播的结果，如广告信息、产品介绍等，有的是市场反应的结果，如口碑、他人态度、现场气氛等。对于消费者而言，品牌文化体验实质上是一个期望和亲身感受之间的比较过程。如果最终的体验能够给消费者带来预期的效果，那么体验产生的联想就是正面的；如果最终的体验没有达到预期的效果，那么品牌文化体验就会产生负面的联想。

5. 品牌文化联想

品牌文化联想是消费者经由品牌文化体验而联想到的与品牌有关的方面。品牌文化联想内容丰富，大致有以下几种：品牌个性的联想；企业价值观的联想；产品/服务特征的联想；竞争者的联想，通常是根据与另一个品牌相比较的结果来记忆的，如非常可乐与可口可乐、百事可乐的定位联想；产品用途的联想，有的品牌可使消费者联想到特定的消费群体，如太太口服液使人想到妇女；企业的联想，如由一个产品品牌会想到企业的知名度、创新能力、企业员工、文化、信誉及与企业有关的各种人物等；符号的联想，如海尔让人想起可爱的海尔兄弟；文化个性的联想，如可口可乐让人想到美国人的生活方式等。

6. 品牌文化形象

品牌文化联想是感性的、直观的、未经梳理的对品牌文化的认知。消费者会把各种各样的品牌文化联想加以归类、分析，最后形成一个较为系统的、稳定的对品牌文化的综合印象，这就是品牌文化形象。例如，消费者会认为海尔系列家电是高品质、优质服务的象征；奔驰轿车是豪华舒适的高档汽车；海飞丝去头屑效果显著等。需要强调的是，品牌文化形象与品牌文化定位是两个不同的范畴，前者是消费者对品牌文化的理解，而后者是品牌营销者为品牌文化确定的理想形象。正是因为品牌文化定位与品牌文化形象之间存在不同，才要求品牌文化经营者正确处理品牌文化互动过程中各个环节的干扰因素，致力于提高品牌形象至企业期望的水平。

7. 品牌关系管理

使消费者对品牌产生忠诚的，不是单次的购买行为，而是企业持续的品牌关系管理。为了强化品牌与消费者的关系，企业在以消费者为中心，使顾客满意的经营哲学指导下，建立顾客的信息反馈系统，不断搜集了解消费者需求、偏好的变化，以及对品牌的意见，以便随时发现品牌与消费者之间关系中出现的问题，并及时予以解决。品牌与消费者的关系是长期累积的结果，并非一日之功。许多世界知名的品牌都有相当长的历史，如可口可乐已有100多年的历史。企业要想赢得消费者对品牌的信任和满意，必须进行长期的品牌关系管理的努力。

案例 　　　　　　　　　　**哈根达斯的品牌文化**

1961年，马塔斯正式成立哈根达斯公司。1989年，哈根达斯从欧洲起步，以比普通冰激凌贵5～10倍的价格，通过精致、典雅的休闲小店模式销售，成为顶级冰激凌品牌。1996年哈根达斯正式开拓中国市场，分别在上海、北京、广州、深圳、杭州、大连等15个城市开设了51家专卖店，1 000多家零售点，销售额年增长40%以上。以"纯天然原料加工""高价质优"成为国内冰激凌市场的高端品牌。

一、目标市场定位

在对目标客户的细分和把握后，哈根达斯将目标顾客定位在处于收入金字塔顶峰的、追求时尚的年轻消费者。

当中国国内的冰淇淋市场陷于日趋激烈的价格战的时候，哈根达斯凭借着高超的市场敏感度和营销手段，开辟了一个高端市场。

二、"三步"营销策略

1. 哈根达斯的"三步"策略之一

建立品牌的旗舰店,在消费者的心目中创造一个品牌知名度和品牌形象。

选址策略上,哈根达斯选择了大型城市的繁华地段,譬如在上海的旗舰店就选在了繁华的南京东路,利用巨大的人流量,实现广告的效果。

2. 哈根达斯的"三步"策略之二

所有的旗舰店都不惜重金装修,竭力营造一种轻松、悠闲、舒适、具有浓厚小资情调的氛围。

旗舰店的投入可高达数百万元,但最终达到了营造浓厚时尚气息的目的。

3. 哈根达斯的"三步"策略之三

创造口碑,不断保持注意力。

为了让消费者觉得物有所值,哈根达斯邀请了不少明星为哈根达斯捧场,并邀请出入高档办公场所的公司白领、高级主管等参加特别组织的活动,自然而然地成了"高贵时尚生活方式"的代言人。

三、情感营销

哈根达斯赋予自己的品牌以爱情的内涵,为自己贴上永恒的爱情标签,把自己的产品与热恋的甜蜜连接在一起,其店里店外发散的浓情蜜意,更增添了品牌的形象深度。

在每年情人节的时候,哈根达斯除了特别推出由情人分享的冰淇淋产品外,还为情侣们免费合影留念,也获得了越来越多人的青睐与忠诚。

四、细致的客户关系管理

哈根达斯实行了会员制度,通过专门分析客户的电脑系统,研究出客户消费的规律曲线,定期给他们寄直邮广告。

此外,哈根达斯自办杂志来推销新产品,不定期举办核心消费群体的时尚PARTY,听取他们对产品的意见,进行双向沟通,不断提升客户的满意度和忠诚度。

五、跨文化营销

哈根达斯在中秋、除夕等中国传统佳节,不失时机地推出自己的创新产品。如春节期间,哈根达斯推出了富有创意的"团圆"系列产品,中秋佳节哈根达斯也推出自己的月饼系列。同时哈根达斯还推出了中华美食冰淇淋,包括冰淇淋制作的年糕、叉烧包、小笼包。

(资料来源:根据互联网资料整理)

复习思考题

1. 什么是品牌文化?
2. 品牌文化具有什么作用?
3. 请分析品牌文化的结构。
4. 什么是品牌价值观?
5. 请谈谈品牌文化对消费者行为的影响。

案例讨论

百事可乐，新一代的选择

1894年，在美国北卡罗来纳州伯恩市，药剂师科尔贝·布莱德汉姆（Caleb Bradham）在配制有助于消化的药剂时，意外地发现其中的一种口味深受顾客喜爱。他由此得到启发，进而试制了一种碳酸饮料，取名为"布莱德（Brad）饮料"。1898年，布莱德汉姆将其易名为"百事可乐（Pepsi-Cola）。1902年，布莱德汉姆创建了百事可乐公司。在当时众多同类公司中，这家小公司毫不起眼。沧桑百年之后，由百事可乐发展而来的百事公司发展为当今世界知名的跨国公司。

一、百事文化

1. 公司愿景和使命

百事公司作为一家具有悠久历史的世界500强公司，具有其十分宏伟的愿景和使命，以激励公司不断向前发展，具体描述如下。

愿景：百事公司的责任是在环境、社会、经济等各个方面不断改善周围的世界，创造更加美好的未来。公司的基本信念是只有对社会有益的行为才是企业正当的行为，这涉及整个世界的繁荣兴旺，以及公司自身的健康发展。

使命：我们立志将百事公司建成为世界首屈一指的、主营方便食品和饮料的消费品公司。在为我们的员工、业务伙伴及业务所在地提供发展和创收机会的同时，我们也努力为投资者提供良性的投资回报。诚信、公开、公平是我们所有经营活动遵循的原则。

2. 百事的价值观

① 关爱客户、消费者及我们赖以生存的世界。百事公司以强烈的市场竞争精神为动力，但是竞争的目的是为百事及与其相关联的个人和团体带来双赢。百事的成功取决于对客户、消费者及社区的深入了解。关爱也就意味着百事要为其利益进行不懈的努力。从根本上说，百事恪守的精神是增长而不是索取。

② 只销售我们引以为豪的产品。百事产品标准的关键一条是，我们的产品能够得到员工毫无保留的喜爱及消费。这一原则贯穿于从原材料购买到产品消费的所有业务环节。

③ 表达意见真实坦率。我们在表达意见时力求全面，而不是局限于以实现某一目标为目的。要做到清晰、诚实、准确的同时，我们还确保我们的意见为人所理解。

④ 兼顾近期与远期目标。我们的决策着眼于近期和远期风险及利益。如果两者得不到兼顾，可持续发展的目标是不可能实现的。

⑤ 多元文化，兼收并蓄是成功的前提。百事的工作环境适合各具特点、思维方式各异的员工。这样做有利于革新及培养发现新市场机遇的能力，有助于开发新产品、提高通过人尽其力实现增长目标的能力。

⑥ 尊重他人，共同成功。百事公司的员工优秀、尽责，但各自为政不能实现公司的目标。我们需要有协作精神的优秀人才，不论在职责分明的团队还是非正式场合都能够与他人协作。共同成功完全取决于对本行业的人尊重相待，不论对方是否属于百事公司。我们尊重他人、注重团队协作，这也是一种快乐的精神，它使百事成为人们乐于加入的公司，也是实现世界级业绩的原因。

二、可乐市场环境变化

百事可乐诞生于1898年，可口可乐诞生于1886年，虽然只晚了12年，但是它的成长之路却坎坷了很多。

当可口可乐在全球如日中天时，百事可乐还一直不见起色，曾两度处于破产边缘。尽管1929年开始的大危机和第二次世界大战期间，百事可乐为了生存，不惜将价格降至可口可乐价格的一半，但是仍然未能摆脱困境。一直到20世纪40年代末，百事可乐的销售都是萎靡不振的。

第二次世界大战后，百事公司意识到按照这种情况继续发展的话，百事公司迟早会破产，他们认为突破的重点是如何将百事可乐从一个可口可乐的廉价仿制品变革成为一流的软饮料。

当时的市场环境已经呈现出了新的特点，美国诞生了一大批自信乐观的年轻人，他们与他们的前辈有很大不同。他们没有经过战争的洗礼，他们渴望自由，拥有激情并张扬个性，渴求与众不同。他们正在成长为美国的主要力量，这是百事可乐后来掌握到突破点的重要基础。

三、百事可乐的战略变化

可口可乐的定位是全民，即不分男女老幼，都是其顾客群，它的定位是"经典可乐"，这是百事可乐寻求差异化的突破口。第二次世界大战后，百事可乐依据心理因素对市场进行了细分，抓住年轻人这个庞大的消费群体，努力塑造品牌差异化。

从20世纪50年代开始，百事公司推行了新的战略，主要采取了下列3项措施。

第一，产品战略。百事可乐重新设计并统一了瓶子和商标，新包装显得更为年轻化。在颜色上选择了蓝色，在纯白的底色上是近似中国行书的蓝色字体"Pepsi Cola"，蓝字在白底的衬托下十分醒目，呈活跃、进取之态。众所周知，蓝色是精致、创新和年轻的标志。

第二，品牌战略。重新设计广告攻势，改变百事可乐的形象。百事可乐通过大量广告，力图树立其"年轻、活泼、时代"的形象，而暗示可口可乐的"老迈、落伍、过时"。百事可乐抓住了年轻人喜欢酷的心理特征，开始推出了一系列以"百事新一代"为主题的广告。当代人往往通过其所消费的产品来彰显自己的个性，"百事新一代"所倡导的生活理念正符合当代人心底暗藏的消费需求。百事可乐在"百事新一代"的广告宣传中重点使用了"年轻、活力、自由、挑战、渴望"这几个符合年轻人消费理念的词汇。为了更好地传达这些词汇所具有的文化意义和时代精神，百事公司又邀请多位明星成为其品牌代言人，使百事的"新一代的选择"和推崇"快乐自由"的风格广泛地被人们尤其是青年人理解和接受。

第三，集中力量占领可口可乐忽视的外卖市场。不到10年，百事可乐的销售额增长了4倍。到60年代后期，百事可乐的战略方向渐渐明晰起来，消费者定位越来越深入人心。

四、百事品牌理念的演进

1. "百事可乐，新一代的选择"

20世纪60年代，第二次世界大战后出生的新一代已步入社会，成为社会的主要消费对象。许多迹象表明，谁赢得青年一代，谁就会取得成功。第二次世界大战后生长的"新生代"有以下几个特点：在学校教育、社会教育、家庭教育较宽松的环境下成长起来的，处于美国历史上价值观最为混乱的时代，种族问题、冷战、越战、学潮令他们迷茫；个性叛逆，崇尚自由，希望摆脱束缚，又想引人注意；对品牌忠诚度低；在影视熏陶下的追星一族；有别于传统消费观念。消费能力较强，新生代与父辈的"代沟"孕育了十分诱人的商机。百事敏锐地发现了这一变化,将广告战略的重点放在招徕好动的第二次世界大战后新生代身上,于是在百事广告中重复出现大批热情奔放的年轻人形象。从 1961 年开始百事的广告代理商 BBDO 就策划在广告中强调:"现在,百事献给自认为年轻的朋友",1964 年喊出"奋起吧!你是百事的一代",使这个观念明确风行,大大影响了年轻人的意识。百事经过严密认真的市场调查后,确定了"百事可乐,新一代的选择"的广告主题。

1983 年,百事可乐看中了当时美国最红火的流行音乐巨星迈克尔·杰克逊,因为他不仅仅是唱歌,他的歌舞无人堪与媲美,魅力令人无法抵挡。百事不惜重金以 500 万美元聘请这位明星为"百事明星",并连续制作了以迈克尔·杰克逊的流行歌曲为配乐的广告片。在广告首次播放的那个夜晚,美国出现了一个空前的现象:青少年犯罪停止了,全美范围内家庭用水量显著下降,电话线路也空了下来。百事的形象同迈克尔·杰克逊的表演糅合在一起,借助于青年人对他的疯狂崇拜,百事广告大获成功。

1984 年,"百事可乐,新一代的选择"引发了一连串的广告宣传,其中涉及的影视歌明星有:莱昂内尔·里奇、蒂娜·特纳、格罗丽娅·伊斯特凡、乔·蒙塔纳、泰利·加尔、迈克尔·福克斯、比利·克里斯托等。他们出现在百事的广告片中,推出"现在,对于那些自认为年轻的消费者来说,百事可乐正是你们的最佳选择"以及"奋起吧,你是百事可乐新时代生龙活虎的一员"的主题广告,并以歌曲的形式通过电台、电视台反复咏唱:"今天,生龙活虎的人们一致同意,认为自己年轻人是百事可乐,他们选用正确的、现代的、轻快的可乐,认为自己是年轻人现在就喝百事可乐"。之后,又进一步推出了"现在,百事可乐是年轻人的饮料"的广告口号以及更富有诱惑力和鼓动性的"起来吧,你们是百事可乐年轻的一代"的震撼人心的口号。这些广告迎合了青年一代充分显示自己富于青春活力,做时代先锋的愿望,以树立百事可乐为时代潮流和青春活力的象征,而将其竞争对手可口可乐反衬为陈旧、落伍、老派的代表。1985 年百事的销售量一度超过了可口可乐成为当时美国第一大饮料公司。

2. "渴望无限"

随着时代的变迁,百事"新一代的选择"的概念虽然没有改变,但它的内涵发生了变化。新生代并不再是追求时尚,对人冷漠和叛逆的代名词。90 年代和跨世纪的新生代必然烙上了当今的时代烙印。1998 年,百事公司将"渴望无限"确立为百事可乐的全新口号,而这也正是对今日新一代理想的共同写照。"渴望无限"是人生态度,是百事与全球新一代的共同目标。"渴望无限",倡导年轻人积极进取的生活态度,寓意对年轻人来说,机会和理想有着无限多的空间,他们可以尽情地遐想和追求。

为了推广这一理念,百事选择足球和音乐作为品牌基础和文化载体,在广告和社会公益活动中借助杰克逊、"小甜甜"布兰妮、郭富城、王菲、陈慧琳、郑秀文、周杰伦、贝克汉姆、里瓦尔多、卡洛斯、范志毅、李玮峰、祁宏等一大批明星作为品牌代言人,极力倡导品牌文化所提倡的精神,从而使许多青年人成为"百事"忠实和热心的消费者。

"Ask For More"(渴望无限)是百事可乐的品牌核心价值,更是百事所带给青年人的感性诉求,即我们虽不能改变世界,但我们将从生活中获取精彩人生;我们追求独立自主的生活,更对未来充满无限憧憬;我们相信世界充满机会,相信生命将会无比精彩。我们深信:我们是引领潮流、敢作敢为、勇于尝试的先驱;我们拥有独立的个性,拥有自己的思想及生活方式;我们不断提高对自己和别人的要求,不断将思想付诸行动。

在中国,百事品牌与年轻人共同将"Ask For More"的品牌核心价值体现为实实在在的行动，例如为了全力支持中国足球发展，而赞助中国足球甲A联赛。与此同时，百事不断地为中国的年轻人带来最好的音乐，如在国内举办明星演唱会、校际音乐大赛等。这是一种互动式的双向沟通，它不需要让受众被动地接受，美妙的歌曲旋律，引发共鸣的歌词都是同消费者沟通的最好语言。有了这样的广告信息，品牌理念也就自然而然地深入人心了。

3. "突破渴望"

"突破渴望"是百事新的品牌核心，这一核心理念要求百事勇于挑战自我、不断创新带给消费者全新的精神体验。对于百事"突破渴望"的口号，最新的形象代言人之一的法国球星亨利说他深有同感："突破渴望正是我对生活的态度。我就是那种想要更多、并且不断寻求挑战的人。我还没有计划过今年的事情，这听起来可能有些奇怪。我所做的一切，都是在突破渴望。我不会刻意计划事情，我会看自己能够做到什么。"

从 ask for more（渴望无限）到 dare for more（突破渴望）百事始终以挑战自我、突破极限的精神作为品牌的内核，吸引着无数渴望挑战与超越的年轻人。

百事的产品不仅仅是针对年轻人的，而是针对所有具备年轻精神和思想的人。"即使你70岁，只要有20岁的心态，那么你依然会选择百事，因为你年轻"是百事宣传的核心概念。

4. 百事我创

从2009年开始，百事可乐将在中国宣扬了10年的"突破渴望"口号，转变为"百事我创"。这一转变也是和社会环境紧密相关的。因为90后消费者开始登上舞台，"突破渴望"已不能很好满足90后这样一批敢创造，并且敢把创造表现出来的年轻人，所以全新的文化理念"百事我创"因势而生，以此来宣扬这一代年轻人的精神，并用"百事群音"这样的主题营销活动模式，来承载年轻人的创造精神。

（资料来源：根据互联网资料整理）

讨论题

1. 请分析百事可乐的品牌文化。
2. 请谈谈百事公司是如何培育其品牌文化的。

第七章

企业并购重组中的文化整合

企业并购重组在全球范围内呈现风起云涌的势头，但纵观历史上的企业并购重组，往往以失败居多。究其原因，双方的企业文化不能很好地整合是其中一个很重要的因素。

第一节 并购重组企业的文化重构

企业并购是实现企业快速成长和低成本扩张的一种重要方式，因此多年来企业并购在全球范围内十分活跃。美国默瑟管理咨询公司对 300 多次企业并购进行了调查，结论是大约 2/3 的公司并购以失败而告终。麦肯锡咨询公司也曾对公司间的并购做过一次大规模调查，得出了同样发人深省的结论，并购 10 年后只有近 1/4 的公司获得成功。究其原因，双方的企业文化不能很好地整合是其中一个重要的因素。并购企业与被并购企业如果在企业文化上存在较大的差异，企业并购以后，如果被并购企业的员工不喜欢并购企业的管理作风，并购后的企业便很难管理，这将严重影响并购后企业的有效运作和重组企业的经济效益。企业在完成并购后，原有各企业长期奉行的决策偏好和参照系统往往会发生冲突，将被并购企业在并购前形成的企业文化有效地融合进并购方的企业文化，以降低一体化经营过程中的内部摩擦，对于并购完成后企业运行效果的好坏起着重要的作用。

跨地区、跨行业、跨国、跨文化并购在经济趋于全球化的今天已是相当普遍的现象。地区文化的不同、行业文化的不同、同一行业不同民族或地区文化的不同，使企业间的重组面临种种文化的困扰。例如美国通用汽车公司在全世界有大量的合资公司和合作公司，但由于没有将合资公司或合作公司的文化加以系统整合，所以在同各种文化特质公司的合作过程中，双方文化的矛盾、冲突和争吵连绵不断。一位通用合资公司的中方领导人说，由于争吵太多，我们已经养成一种习惯，一旦有可能争吵，我与美方的领导人就离开会议室，找个小地方争吵，拿出结论后，再回到会议室来，以免影响双方的形象或造成情绪化的不良后果。

两家合作或合资的公司，其民族文化不同，其公司文化也不同，且两家公司都已经拥有了相当清晰、稳定的文化个性，则其所面临的文化整合难度会非常大。一家成功的公司如果没有文化，事实上就无法将成功的要素传递给合资方或合作方。一家公司若没有形成清晰的文化或文化处于混乱状况，则与合作方的文化整合也将相当困难。

> **案例**
>
> 1998 年 5 月 6 日，享誉全球的德国戴姆勒奔驰汽车公司和美国三大汽车公司之一的克

莱斯勒公司共同发表声明,宣布它们已签署一项总额高达380亿美元的合并协议,这成为历年来汽车制造业最大的一起合并。两家公司以换股方式进行合并,合并后的公司取名戴姆勒克莱斯勒公司,由大众公司董事长施仁普和克莱斯勒董事长伊顿共同执掌。新公司在2009年预计可节省约14亿美元的经营成本,其后每年节省近30亿美元。新公司在销售、股市资金和盈利方面将跻身世界前三大汽车制造商行列。

戴姆勒和奔驰于1926年合并成为戴姆勒奔驰公司。公司最著名的是梅塞德斯轿车,这款轿车以一个赛车手的女儿的名字命名,赛车手向公司订购了30辆汽车,条件就是这些车必须取名为梅塞德斯。20世纪80年代,戴姆勒奔驰的首席执行官路透开始了多样化经营。当公司开始亏本时,施仁普取代了路透接任首席执行官。施仁普放弃了多样化经营思想,重新回到戴姆勒奔驰的核心业务上:豪华汽车和大型卡车的生产与销售。1997年戴姆勒奔驰公司收入达700亿美元,在全世界雇用了30万名员工。公司超过2/3的收入都是来自德国以外的地区,还在美国和法国开设了工厂。

1925年,克莱斯勒公司创立。在接下来的几年中,克莱斯勒买下了道奇公司,生产德·索托、普利茅斯和克莱斯勒汽车。第二次世界大战期间,克莱斯勒生产过坦克和战争用的车辆。战争结束后,克莱斯勒开始因它大功率的汽车而著名。随着20世纪70年代阿拉伯国家石油禁运,公司陷入了困境。消费者需要小型、节油的汽车,而克莱斯勒不能提供。1978年,李·艾柯卡成为克莱斯勒的总裁。在克莱斯勒面临破产时,艾柯卡获得了15亿美元的联邦贷款保证。在艾柯卡的领导下,克莱斯勒繁荣稳定地发展起来,并且比预定时间提前7年还清了贷款。20世纪80年代,由于引进了小型货车,克莱斯勒的财富暴涨。1987年,克莱斯勒买下了吉普的品牌,因此克莱斯勒阵容又增加了一款流行的车型。克莱斯勒是美国三大汽车公司中最小的一个,以其创造力和排除障碍的能力著称。在艾柯卡的继任者伊顿的领导下,克莱斯勒在质量和效率方面都取得了显著进步,公司开始成为世界上单车盈利率最高的领导者。

美国克莱斯勒公司与德国戴姆勒奔驰公司合并了。合并战略本身是正确的,是天赐良缘,而合并的方法和程序存在一定的问题。德国人的质量、技术及开发和营销能力可以有力地推动美国汽车业的发展。合并时,两家公司对资本、技术、管理、营销和运营方面考虑得相当成熟,而对德意志文化、戴姆勒文化与美国文化、克莱斯勒文化间的冲突不仅没有整合的战略,而且似乎根本没有准备,从此,内部的文化冲突占据了主导地位。

戴姆勒克莱斯勒的总部设在德国,由德国人掌握大权,可公司的通用语言规定为英语,造成高层管理者之间沟通上的困难。在两家公司的联合董事会中,德国人和美国人的比例为5:3。合并宣布之后,独立意愿很强的美国人(原克莱斯勒的员工们)发现德国人控制着戴姆勒克莱斯勒公司的命运,他们开始反感了,受不了德国人对他们发号施令。美国人觉得公司不是"对等合并",而是已经卖给了外国人,克莱斯勒的总裁伊顿说话也失去了权威,于是一场文化冲突也就在所难免了。

合并不久,习惯于美国式经营作风的美国人在以严谨呆板著称的德国人的管理下,纷纷离开了戴姆勒克莱斯勒公司。有些人是因为文化的冲突(如原克莱斯勒总裁因与施仁普为代表的德国人在经营理念上的对立)而被逐出了戴姆勒克莱斯勒公司,更多的美国员工(从高级到中级管理或技术人员)是自行离去的。

戴姆勒与克莱斯勒的价值观和行为方式不同。德国人对美国同事干活少拿钱多忧心忡仲。原克莱斯勒经理人员的工资（个人所得）普遍比德国同级管理人员高出2~4倍，而对于工作投入恰与德国人相反。克莱斯勒的领导层每周工作5天，戴姆勒公司的领导层则每周工作6天。在德国公司工作的美国人星期五下午早早下班赶回美国，更有甚者，在星期五早晨就乘坐飞机回美国去了。而在美国工作的德国同事，则总在周五下午5点准时下班然后回国。但是德国人在享受公款方面，却较美国人擅长。德国人出国开会动辄坐头等舱，开完会还住在宾馆的套房里度起周末，而且德国人喜欢开会，繁文缛节也多得惊人，美国人对此大惑不解。

在经营理念上，戴姆勒与克莱斯勒也有所不同。克莱斯勒的生产模式是按计划生产，然后供给经销商；而戴姆勒的生产模式是按顾客的订单进行生产。两家公司的产销模式完全相反。双方合并的另一目的是意欲经由合并共享先进技术以体现整合的优势，但当时建立共享的汽车生产平台还无法实现。克莱斯勒希望以新奇的汽车造型和低廉的价格赢得市场，而戴姆勒则把先进的技术、精密的制造、一流的质量和昂贵的价格作为其基本的市场形象。相差悬殊的市场定位和消费者对两家公司的消费定式，决定了两家公司在技术与市场整合上的艰难。

由此不难看出美德文化之间的差异。在美国，个人主义盛行，管理层和员工的流动比较频繁，企业与员工通过合同契约的形式明确利益关系。德国人崇尚权威主义，企业领导喜欢运用权力的影响，从而造成员工对其崇敬、服从、畏惧的心理，树立英雄形象，充分利用自己的影响力做出重大决策。美国是个注重法制的国家，人们之间的纠纷都通过法律来解决。企业较少强调情感管理，员工之间是一种利益竞争关系。美国有很多商业上的传奇人物，有许多世界一流的管理与营销大师。但是他们的文化特性也决定了他们在汽车制造领域达不到德国人的精密高度。相比而言，德国人的企业重视平等，某个决策的做出要经过许多人的一致认同，兼顾各方面的利益。德国企业组织结构较明确，德国人严守纪律，工作勤奋努力。同时他们重视高品质，如决策的高品质和产品的高品质。正因为存在文化差异，使得戴姆勒克莱斯勒公司从高层的领导到基层的技术工人，对合并后的公司没有达成一致的认同。

英国《金融时报》网站2007年5月15日报道：戴姆勒奔驰与克莱斯勒1998年5月的携手被称为"天赐姻缘"，当年在伦敦多切斯特饭店举行了盛大的庆祝活动，两家公司的负责人纷纷从美国和德国赶到现场。9年过后，在梅塞德斯设在斯图加特的一处重要工厂附近的一间小屋里，上演了一名观察家所说的"人世间的离婚"，场面上的巨大反差说明了一切。戴姆勒与克莱斯勒的结合曾被视为旨在征服汽车世界的勇敢之举，如今两家公司却已黯然分手。

上述戴姆勒奔驰公司与克莱斯勒公司的合并案例说明，只有实现文化的整合，才是真正意义上的合并完成，否则将是同床异梦、貌合神离。

重组企业可以通过文化重构来缓解企业文化之间的冲突，文化重构应注意以下几个方面。

一、重构价值观

重组企业文化重构的首要任务是重构价值观。如果一个重组企业没有属于自己的、可以共同表达的企业价值观,那么它将不可能在有多种异质企业文化存在的环境中创造出人人为之奋斗的目标,也不可能使员工对它怀有强烈的归属感,因而也就不可能使员工齐心协力地工作。通过重构新的价值观,培育重组企业内不同群体的共同价值观,从而明确共同目标,进而产生文化认同感。

在重组企业的内部,从领导人到一般的员工,都需要对重组企业具有一种新的文化认同感,把自己的精神和理想寄托于重组企业的发展和未来。这种价值观和认同感,是重组企业文化的中心。在一个重组企业的文化体系中,价值观无疑是最重要的核心,价值观代表了一个重组企业全体员工为之努力的目标,也为他们的日常行为提供了理念引导。价值观使重组企业员工在心理和精神上产生共享的目标和归属感,从而把他们团结在一起,推动重组企业向前发展。

价值观在不同的企业中,有不同的定义和表现方式。有的重组企业,价值观可能是广义的,而另一些企业,则价值观可能是特定的。新的价值观需要在重组企业的文化重组和经营管理活动中逐渐培育而成,新的价值观将使来自不同企业的员工团结起来,为实现共同的目标而工作。当一个企业重组之后,它所要做的最重要的事情之一,应是通过深思熟虑来总结和提炼出属于重组企业的经营战略和文化精髓的核心价值观,从根本上为重构企业文化注入活力。

二、重构行为规范

作为文化重构的一个组成部分,重组企业员工行为方式,往往同员工所在的重组企业的文化特点相关。特定的文化为一个特定的社会、政治、宗教和文化集团提供习惯性的行为模式。从微观来说,当这个集团中的个体在与其他集团人员接触的时候,这个个体的行为往往就成了他所属集团的象征。一个中国人在美国,不管他的行为是好是坏,美国人通常会把他的行为特点与中国人和中国文化联系起来。同样,一个重组企业的成员在与社会和其他企业交往时,他的行为就和他所属的重组企业不可避免地联系在一起。可以肯定地说,文化重构包括了对重组企业人员的行为方式的规范,重组企业的形象与重组企业人员对行为准则的执行有着至关重要的联系。

在文化重组中,重组企业的行为模式必然与它的核心价值观、经营策略和文化紧密相关。如果一个重组企业将自己的核心价值和经营策略定义为热心参与和热情服务,那么,在具体实施这种行为模式时,该企业就必须严格要求它的全体员工一丝不苟地遵循这个模式。就重组企业中的个体而言,不管是面对重组企业外的人,还是面对企业内的同事,他的言行都应该体现这种热情和帮助的精神。

三、重构文化仪式

我们知道,一种文化的传播力和感染力,是可以通过各种不同的仪式来加强的。在一个文化体系内部,仪式的反复举行可以在文化成员身上起到潜移默化的作用,使他们对这种文化产生强烈的认同。在不同的文化中,各种各样的宗教仪式和节日庆典几乎成了这些文化用以教育本地文化成员,以保持文化持久性的最重要的手段之一。

在中国文化里,不管我们是否意识到,每年的春节已经成了我们文化的象征。对于每一个普通的中国人来说,没有春节,没有与春节相关的守岁、送红包、给小孩压岁钱、团圆年饭、放鞭炮，没有正月十五的闹元宵等，就等于没有了中国文化的一部分。中国文化的形象，已经具体化进了这些年年重复的仪式里。即使中国人到了外国，也会通过或许变了形的春节庆典，来不断地强化自己的这种文化，来教育自己的后代以试图延伸这种文化认同。从古代就失去了家园而开始流浪的犹太民族，也正是靠了自己独特的宗教和文化仪式，将散布在全世界的成员在精神上团结在一起。

对于一个重组企业而言，建立新文化仪式的意义是显而易见的。在研制计算机芯片领域称雄世界的美国英特尔（Intel）公司，当某个员工工作出色时，他或她就会被叫到企业领导人的办公桌前，得到领导人亲手交给的一把糖果的奖励。这个仪式开始于多年以前，目前已经成为这家公司的一个文化传统。在这样的仪式里，糖果的接受者和给予者都从这个具体的行为方式中，体会到愉悦，体会到大家共享的归属感。

当一个重组企业实施文化重构战略以后，重组企业文化仪式的设置和举行，就应该与文化重构中所表达的重组企业理念相联系，甚至成为这家重组企业文化重构的一个有机的组成部分。在一个重组企业里，文化仪式主要包括以下几个方面。

1. 人际交往的社会性仪式

在企业内部，不管是上下级之间，还是同级之间，都有着形式不同的交往仪式。如果没有这些仪式的存在，这些交往就将失去一定的准则。在 IBM，所有的人都必须以先生、夫人或小姐相称，这就是一种由企业推行的文化仪式，它使公司内部的每一个成员都感到自己是受到尊重的公司一员，在文化的层面上造就了一种平等。从某种意义上说，它起到了强化 IBM 作为一家国际性的、代表未来的高科技企业的企业理念的作用。

2. 日常工作仪式

企业的工作形态，往往是它的文化理念的表达和文化形象的外在表现。在特定的工作范围穿特定的制服，在特定的工作时间保持特定的工作程序，这些都可以起到贯彻重构企业文化的作用。

3. 表彰仪式

企业塑造了自己的英雄或者模范之后，一般会选用表彰仪式来发布和宣传这些英雄和模范，表彰仪式往往成为一种文化的传统。

4. 庆典仪式

这包括了两个方面，第一种庆典是企业所在集团的庆典，重组企业对这样的庆典应该抱有积极的态度。第二种庆典是重组企业自己的庆典，例如重组企业的周年纪念、新产品试制成功、某个生产或利润指标完成等。

第二节　企业在并购重组过程中文化整合的模式

企业并购的文化冲突如果处理不好会影响并购双方的协作，给企业经营管理造成障碍，甚至导致企业并购失败。因此，有必要对并购双方的文化加以整合，从而化解企业并购的文化冲突。在西方企业文化整合研究的理论中，传统的文化整合模式基本上是基于贝里（Berry）的文化适应观点。根据并购双方企业文化的变化程度及并购方获得的企业控制权的深度，企业文化整合模式主要有 4 种，如图 7-1 所示。

第七章 企业并购重组中的文化整合

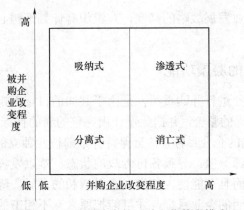

图 7-1 西方理论中的 4 种文化整合模式

1. 吸纳式文化整合模式

由奈哈迈德提出的吸纳式文化整合模式，也称同化模式，是指被并购方完全放弃原有的价值理念和行为假设，全盘接受并购方的企业文化，使并购方获得完全的企业控制权。鉴于文化是通过长期习惯根植于心灵深处的东西，很难轻易舍弃，奈哈迈德认为，这种模式只适用于并购方的文化非常强大且极其优秀，能赢得被并购企业员工的一致认可，同时被并购企业原有文化又很弱的情况。

2. 渗透式文化整合模式

由伊万斯提出的渗透式文化整合模式是指并购双方在文化上互相渗透，都进行不同程度调整的文化整合模式。他指出，这种文化整合模式适合于并购双方的企业文化强度相似，且彼此都欣赏对方的企业文化，愿意调整原有文化中一些弊端的情况。

3. 分离式文化整合模式

分离式文化整合模式是由夏普罗、彼克等人提出的，在这种模式中被并购方保留其原有文化要素和实践，在文化上保持独立，由此获得较大的企业控制权。在文化整合的难度和代价较大的情况下，如果能保持彼此的文化独立，避免文化冲突，反而更有利于企业的发展。运用这种模式的前提是并购双方均具有较强的优质企业文化，企业员工不愿文化有所改变，同时，并购后双方接触机会不多，不会因文化不一致而产生大的矛盾冲突。

4. 消亡式文化整合模式

由贝瑞和安尼斯提出的消亡式文化整合模式是指被并购方既不接纳并购企业的文化，又放弃了自己原有的文化，从而处于文化迷茫状态的整合情况。两位学者认为这种模式有时是并购方有意选择的，其目的是将目标企业揉成一盘散沙以便于控制，有时却可能是文化整合失败导致的结果。无论是何种情况，其前提是被并购企业甚至是并购企业拥有很弱的劣质文化。这种模式可能导致 4 种模式中最高水平的风险，因而是最难管理的。但是，在现实的企业并购活动中，文化消亡会因为双方不能就如何合并达成一致而没有能力创造性地解决冲突而经常发生。

第三节 企业在并购重组过程中文化整合的策略

企业文化是企业在长期的生产经营实践中形成的，因此并购重组企业的文化整合也不可能一蹴而就，应该站在企业发展战略的高度，有组织有计划地精心实施推进。文化整合在策略上应该注意以下 5 点。

一、强化企业目标的凝聚功能

两个或两个以上的企业进行并购重组，是由于共同的目标而走到一起的。因此，企业文化的融合，首先是企业目标的整合，并据此设计出完整的新的目标文化模式。"道不同不相为谋"，如果没有共同的明确的企业目标，甚至保持并购前彼此独立的目标，势必由于目标分散而使得并购后的新企业资源分散，导致各自为政的状态，难以发挥资源的综合优势，达不到增强企业竞争力的目的，而且可能使内部出现难以调和的矛盾，降低原有的效率。只有进行企业目标的整合，树立鲜明的企业目标，才可能把原来互不相干的员工群体组织在一起，促使大家围绕共同的目标而团结协作。

二、突出以人为本的管理思想

人是企业最重要的资源，是企业管理的中心，如何体现尊重人、关心人、激励人是企业并购重组中尤其重要的问题。在并购的具体操作上，一是要做到公平公正、一视同仁，如果在处理问题时不慎重，往往容易给原来属于不同企业的员工在心理上造成不平等的印象，导致他们内心不满。二是要注意工作岗位的合理统筹，因为在企业组织进行调整的时候，容易发生岗位变动不当而使一些员工觉得自己失去了晋升的机会、在企业没有前途。因此，企业并购一定要体现以人为本的思想，必须在人力资源管理和开发方面进行认真的研究，不可盲目草率。

三、发挥企业制度的保证作用

作为企业文化中间层次的企业制度文化，是企业使命、企业目标、企业价值观等理念文化要素的根本保证和基础。在企业并购的过程中，企业文化最终的真正融合，反映为企业文化理念层的融合，而其前提是企业制度的整合。如果没有企业制度的整合，实行两套以上的管理制度、责任制度及特殊制度，不但可能造成各自为政、各行其是的局面，而且很难使员工在思想观念上达成一致。

四、实施相同的员工行为规范

员工行为规范是企业全体员工都要遵守的行为准则，具有很强的引导和约束作用，是形成和谐一致企业文化的重要途径之一。员工行为上的一致，虽然不等于思想上、心理上的一致，却能够对文化观念的融合产生积极的推动作用，促使员工产生相同的群体意识，接受相同的文化观念。重组企业在实施员工行为规范时，不可强制推行，而要通过宣传教育和员工培训等手段，使大家认识到遵守行为规范的必要性，理解每一条具体要求的合理性，把遵守规范变为员工的自觉意识。这样的实施过程，本身就是统一思想、整合观念的过程，也就是企业文化有机融合的过程。

五、借助视觉形象产生认同感

企业并购以后，通过统一企业名称、企业标识、标准字体、标准颜色及旗帜、服装等视觉要素，塑造一致的企业形象，为企业文化整合提供物质基础。这些因素虽然属于企业文化的表层，但对于形成企业文化的理念层却具有十分明显的作用。员工们在这种和谐一致的物质环境氛围中，容易产生对企业的整体认同感和归宿感，如果引导得当，还可以激发出员工的荣誉感和自豪感。

上述这些做法体现了企业文化整合的一般要求，如果能够根据企业实际加以综合运用，便可以起到好的作用。海尔集团先后成功并购数十家企业，其成功的关键就在于海尔文化的输出。海尔首先派往被并购企业的不是财务部门的人员，而是企业文化中心的人员，他们先去讲海尔精神、海尔理念、海尔管理、海尔服务。只要新企业真正领悟了海尔文化的精髓，具备了海尔的基因，就能够克服困难，走出新路。

当然，对企业文化的整合，不是简单地追求"1+1=1"，也不是用其中一家企业的文化去完全取代另一家企业的文化，而是应该把企业文化的整合与更新发展结合起来。通过企业并购的契机，吸收不同企业中的优良文化，克服和消除不良文化因素，促进整合后的企业文化有新的提升。

案例　中国纸业并购重组中的文化融合

中国纸业投资有限公司（简称中国纸业）通过低成本快速扩张，整合行业优质资源，实现了林浆纸业务规模和实力的大幅提升。2005年，收购佛山华新发展有限公司股权，快速进入造纸行业。2008年，重组珠海经济特区红塔仁恒纸业有限公司，产能跃升，进入高档白卡纸领域。2009年，重组广东冠豪高新技术股份有限公司，收购湛江冠龙纸业有限公司，获得资本和产业双平台，进入特种纸业务领域。2010年伊始，整体改制重组湖南泰格林纸集团，2013年伊始，整体改制重组中冶纸业集团。通过一系列的资本运营，中国纸业林、浆、纸资源与产业体系进入国内同行前列。

在并购重组过程中中国纸业企业文化融合的主要做法有以下7个方面。

1. 体系构建，价值观引领

中国纸业确定了"以核心价值观为导向、以制度文化自律、以行为文化自省，努力打造企业文化软实力"的企业文化建设目标，制定了与企业发展战略相统一的企业文化发展战略。中国纸业党委多次召开专题会议研究企业文化工作，聘请专业机构成立课题组开展企业文化体系梳理工作。课题组2012年开始深入各平台企业实地考察，了解生产经营状况，在参阅大量资料的基础上，访谈公司各层次人员，梳理行业特征、企业特色、文化现状和员工期望，历时一年多，确定了企业文化体系的基本框架。经中国纸业党委讨论通过后，形成了有中国纸业特色的企业文化体系，从而统一了中国纸业的企业使命、愿景、核心价值观等企业文化核心理念和经营理念、人才理念、执行力理念、廉洁理念等专项理念，形成了规范的价值理念体系以及行为文化体系。中国纸业将"诚信、业绩、开放、创新"作为企业的核心价值观，同时要求所属各平台对各自的企业价值理念进行梳理，核心理念要保持一致，并在员工中进行宣贯，使之真正融入员工的思想和行为，从而激发员工的主人翁意识，进一步提高员工的责任意识，并使员工由衷地感受到自己是中国纸业大家庭中的一员。另一方面，中国纸业注重通过基本制度、标准的不断统一，有效推动母子公司文化的融合。

2. 集团化运作，业务协同

中国纸业遵循"业绩、开放、创新"的核心价值观，在集团化管理形成时期，通过集团内部的专业化重组和重要职能活动的整合，先后组建成立了采购中心、营销管理中心、技术中心、林业管理中心，实现集团化运作所带来的业务协同和集约化经营，以达到规模经济与范围经济效果，并在母子文化之间推进了管理文化的融合。

3. 先进文化引领，助推重组企业转型

中国纸业在重组并购中，始终坚持将企业文化建设摆在突出位置，用共同价值观引导管理者和员工，形成共同愿景，树立员工信心，保障整合重组顺利推进。例如，泰格林纸集团是1958年建立的湖南省老牌国企，2010年进入中国纸业后，中国纸业通过企业文化融合将市场意识和竞争压力传递给泰格林纸集团每一位员工，帮助泰格林纸集团逐步建立了以市场化为导向的经营机制，通过管理整合和机制创新推动企业走向良性发展的道路，实现了企业的转型。

4. 文化宣贯，认知认同

中国纸业党委将2014年4月至2015年12月确定为"企业文化年"，并组织召开了全系统启动动员会，要求各级企业要切实把企业文化年工作摆在重要位置，列入本单位的重要议事日程，召开专题会议，研究部署企业文化年工作。组建相应的工作机构，成立企业文化建设领导小组和办公室，明确职责，责任到人。为了让企业核心价值理念能真正做到"入眼、入耳、入心、入脑"，首先制定发布了《企业文化手册》。随后又组织了"中国纸业企业文化宣讲团"，对所属企业就企业文化建设和企业价值理念进行巡回宣讲。同时，坚持发挥先进典型的模范带头作用，组织评为"中国纸业之星"的员工到各平台做先进事迹宣讲，引导员工形成统一的价值取向。为进一步加大企业文化理念的宣贯力度，通过报纸、杂志、板报、横幅、显示屏、网站、微信等宣传载体，让员工感受推动企业文化建设的力度；通过微信互动交流平台和企业文化培训交流互动，鼓励员工畅所欲言，积极参与，及时关注、解决员工关心的话题和提出的问题，增进员工对企业文化的认知和认同。

5. 融入经营管理，促进重要的专项文化建设

以人才文化建设为例。企业文化的核心是做人的工作，中国纸业始终把人才作为第一资源，树立了"胜任即人才，激励凭业绩"的人才理念，致力于培育形成以"业绩"为导向、注重"开放"的人才文化，使人才成为推进公司发展战略目标实现的基础性、决定性因素。通过建立健全科学有效的激励与约束机制，中国纸业加大了对人才队伍的培养力度，创造出人尽其才、人才辈出的良好环境。

6. 拓展企业文化融合的深度和广度，大力推动基层文化建设

班组是企业最基础的组织细胞，是企业创造价值的源泉。企业战略的实施、经营目标的实现、生产任务的完成，都必须通过班组来执行和落实。中国纸业紧密结合企业实际，大力开展班组建设，提出努力实现"三突出三统一"，培育"四力"，创建"五型"班组的构想，并将2013至2014年确定为"中国纸业先进班组建设年"。

7. 在全系统实施中国纸业视觉识别系统

为规范中国纸业视觉形象识别元素的使用，塑造整体品牌形象，展示企业文化，中国纸业总部编制了2016年版《中国纸业视觉识别系统手册》，下发通知要求全系统启用新版

"公司标识",要求各子公司严格按照2016年版《中国纸业VI手册》相关规范执行。为此,中国纸业总部成立了中国纸业视觉识别系统实施领导小组,全面负责公司视觉形象产品的设计、制作,管理和监督全系统使用视觉识别系统的行为,维护视觉识别系统的统一性。

(选编自:黎群主持"中国诚通资本运营中企业文化融合的典型模式研究"课题报告)

复习思考题

1. 试举例说明并购重组企业文化整合的必要性。
2. 并购重组企业文化重构主要包括哪些内容?
3. 并购重组企业文化整合的模式有哪些?
4. 并购重组企业文化整合的策略有哪些?
5. 试查找1个并购重组企业成功进行文化整合的案例,并分析其成功的理由。

案例讨论

中国通用技术集团的文化融合

中国通用技术集团成立于1998年,主要从事装备制造、贸易与工程承包、医药、技术服务与咨询、建筑地产等五大板块业务,现有职工4万多人。在转型升级过程中,集团党组和领导班子高度重视企业文化建设,大力实施"文化强企"战略,积极开展文化融合工作,有效提升了集团的软实力,推动了集团转型升级新跨越。

一、开展文化融合的工作背景

2007年,集团召开了南戴河党组扩大会,确立了转型升级发展战略,开启了由单一的贸易型企业向科工贸一体化大型企业集团转型的新征程。近年来,中国汽车工程研究院、中国轻工业品进出口总公司、中国纺织科学研究院、中国新兴(集团)总公司、中国邮电器材集团公司5家央企和煤炭工业济南设计院、齐齐哈尔二机床(集团)有限责任公司、天方药业集团等5家地方骨干企业先后加盟集团,使集团发生了翻天覆地的变化,员工由3千多人重组到4万多人,产业由单一的进出口贸易发展为五大业务板块,集团经济总量大幅提升,产业结构得到优化,整体实力显著增强,初步构建了科工贸一体化的发展格局。与此同时,重组联合也带来了文化认同、文化融合的问题,加盟企业与集团公司的文化差异日益显现。这些差异主要表现在四个方面:一是成长背景的差异。通用技术集团成立于1998年初,企业文化正处于成长期;而多数加盟企业都成立于新中国成立初期,具有60多年的发展历史,具有自己深厚的文化积淀和企业风格。例如,新兴集团的"军队文化"色彩浓厚,邮电器材集团的"成长文化"自成体系,轻工公司的"内和外争"文化独具特点。二是行业领域的差异。重组后,集团的主营业务涉及装备制造、贸易与工程承包、医药、技术服务与咨询、建筑地产等多个领域。各子公司的经营范围、业务领域、商业模式、发展道路千差万别,有手机销售、有建筑房地产、有机床制造、有先进技术和设备的进出口、有医药生产和销售、有资本运作,企业多元化经营和不同行业的不同文化较为明显。三是管理制度的差异。管理制度直接体现企业文化,集团原有企业与新加盟企业在管理制度和管理标准上的差异逐步显现。科研型、生产型、贸易型企业管理对接的任务艰巨，管理提升空间很大。四是人员素质结构的差异。不同类型的企业，员工的素质能力、知识结构、做事风格差异很大。科研类企业的员工精于研究，比较内敛；贸易类企业的员工学历高、知识面广，呈现外向型、国际化特点；工业制造业及建筑企业属于劳动密集型，员工文化水平整体略低。

面对这些文化差异，集团党组清醒地认识到，实施新的发展战略，需要新的文化作支撑。俗话说，"志同道合""道不同，不相为谋"。要想把这些企业整合在一起、形成一个利益共同体，必须找到共同的语言、共同的志向、共同的发展战略，使大家走上共同的发展大道，这正是集团形成统一企业价值观、企业文化理念、企业愿景的过程。实践证明，文化融合是重组联合取得成功的关键因素之一。资产、人员的重组是形式，思想的统一、文化的融合、业务的协同才是根本。因此，集团党组在实施转型升级发展战略的同时，就充分认识到集团原有的企业文化理念已经不能完全适应新形势、新战略的需要，及时确立了"建设与转型升级相适应的企业文化"的战略思路，提出企业文化创新提升、重塑再造的任务目标。集团党组两次将"建设与转型升级相适应的企业文化"作为中心组学习的主题，认真学习、精心研讨、集思广益、形成共识。在此基础上，重新调整了集团企业文化建设领导小组，制定了《企业文化建设实施纲要》。

二、推进文化融合的主要做法

1. 求同存异，凝聚共识，提炼形成新的通用文化理念

从2008年至2010年上半年，集团用两年多时间开展企业文化体系创新提升工作。先后在全系统（包括重组联合企业）进行了三轮核心理念和标识的征集工作，经过几上几下和充分的调研、座谈、总结、提炼和创新提升，2010年5月底研究确定了集团新的企业文化体系。主要内容包括：企业使命——为国家创造财富、为客户创造价值、为员工创造幸福；企业愿景——建设具有国际竞争力的科工贸一体化大型企业集团；企业核心价值观——创新进取、和谐共赢；企业精神——团结拼搏、勤奋耕耘、坚忍执着；经营理念——诚信、开拓、专业、服务；管理理念——科学、规范、高效、务实；员工行为规范——忠诚奉献、爱岗敬业、勤奋学习、诚实守信、团结合作、遵纪守法；企业标识——GT。

集团新的企业文化理念，契合国家发展战略，符合企业发展规律，既继承了集团优秀的文化传统，又充分吸纳了新加盟企业的优秀文化基因，既与时俱进，又积淀着厚重的历史文化，颁布后受到集团上下的一致好评。这为通用技术集团打造"创新进取、和谐共赢"的企业文化奠定了坚实的基础。

2. 创新载体，全员覆盖，着力推进集团文化宣贯工作

企业文化只有通过大力宣贯，才能被广大员工所熟知，从而内化于心、外化于行。集团围绕贯彻落实《集团企业文化建设实施纲要》，以企业文化活动月为抓手，把宣贯培训作为切入点和突破口，大力宣扬集团文化，着力推进企业文化宣贯工作。

一是设立企业文化活动月，建立健全企业文化建设长效机制。为实现活动经常化、制度化，2011年始，集团把每年9月确定为企业文化活动月。活动月期间，企业文化建设领导小组统一工作部署，确定活动主题，在集团系统内相对集中地开展企业文化建设活动，推动企业文化入脑入心，逐步建立企业文化建设的长效机制。2011年活动月重点围绕企业文化成果发布、企业文化讲师培训、全员企业文化宣贯、羽毛球比赛、企业文化专题宣传等"五个一"系列活动展开。命名了首批8家企业文化示范单位。2012年，重点开展了企业文化知识网络

竞赛活动，出版了《通用人故事》，组织各子公司结合庆典活动开展丰富多彩的文化活动。集团企业文化部与信息部通力合作，创新载体，研究开发了"E 路闯关学文化"，采用网络答题、有奖竞答、游戏互动的方式，开展企业文化知识学习活动。竞赛内容涵盖了集团历史、集团文化理念、发展战略、年度工作会议精神等；竞赛网站设置了闯关英雄榜、比赛成绩动态排行榜等功能，既有效调动了广大员工的积极性，又节省了大量统计参赛情况的工作量。有 13 个下属单位实现了"参与率""闯关率"两个 100%；几万员工通过网络同台竞技，分享激情与快乐，不仅了解了集团的发展战略、发展目标、工作重点、主题主线，而且进一步加深了对集团文化的了解、认知和认同，有效促进了文化融合。

二是编写企业文化基础教材，发挥典型示范作用，把企业文化理念具体化形象化。为了使企业文化"看得见，摸得着"，便于广大员工学习，集团精心编辑出版了《企业文化手册》《通用人故事》《企业文化宣讲教案》等 3 本普及读物，作为基本培训教材。《企业文化宣讲教案》约 3.5 万字，从使命篇、价值篇、管理篇、规范篇四个篇章，全面深入解读集团文化，是一部务实管用的普及企业文化知识的内部教材。《通用人故事》精心选择了 54 个先进单位和优秀员工的感人事迹，用典型和榜样诠释集团文化，引领员工行为。出版后反应热烈，许多员工读后深有感触地说，通过这些故事，看到了"有血有肉、可亲可敬可学的通用人"。与前期组织的"我身边的榜样"演讲比赛活动相互呼应，在集团内部营造了学习身边典型、践行通用文化的良好氛围，使通用文化理念形象具体、亲切可学。

三是精心组织，强力推进，圆满完成企业文化全员轮训工作。集团企业文化部和人力资源部联合组织开展企业文化全员轮训工作，制订了详细的宣贯计划，抽调 8 名业务骨干组成企业文化讲师团，深入各公司对中层以上干部进行企业文化培训。同时，举办了为期 3 天的企业文化讲师培训班，培训了 83 名兼职企业文化宣讲师，担负子公司全员培训任务。从 2011 年 9 月启动宣贯培训至 2012 年底，集团系统累计举办培训 279 场，培训二级公司领导和中层以上干部 2 195 人次，培训员工 34 340 人次，纵向到底、横向到边。通过宣贯，集团文化正在日益深入人心。

3. 注重实效，躬身践行，着力推动企业文化落地生根

企业文化建设，领导带头是关键，上下互动是保障，融入管理是基本，推动落地是根本。

一是集团领导带头践行包容文化。通用文化的一大特点就是包容性。在推动文化落地上，集团领导作出了很好的表率作用，从集团党政主要领导到领导班子每位成员始终以豁达、开放、包容的心态，接纳新加盟的兄弟企业，在政策上、资金上、人才上给予大力支持，努力使新加盟企业获得更好更快的发展，融入集团总体战略。在集团领导的带动下，"一主多元""百花齐放"的企业文化建设局面正在形成，"通用一家亲"的和谐氛围日渐浓厚。不少新加盟企业的干部员工说："加盟通用，这步棋算走对了。"

二是子公司文化提升和母子文化融合迈上新台阶。在大力宣贯集团文化的同时，集团大力指导和推动各子公司企业文化创新提升。2010 年和 2013 年，先后两次召开企业文化建设推进会，推广试点经验，促进文化融合。目前，各子公司全部成立或调整充实了企业文化建设领导小组，明确了主管领导、主管部门、工作职责和工作人员，明确了企业文化建设的责任人和工作机制。在集团文化的引领下，已有 12 家二级公司率先形成具有自身特色的企业文化理念体系。有的单位实现了"从无到有"的跨越，有的单位实现了"从有到优"的提升。轻工公司连续开展四届企业文化月，对企业文化理念进行提升，设立企业文化践行奖，推出了企业文化宣传片《中轻之光》《中轻之歌》等建设成果，被国资委命名为"中央企业企业文化示范单位"，并在中央企业政研会、《企业文明》杂志举办的"企业软实力建设和管理提升培训班"上交流经验。技术公司，中国汽车工程研究院召开了企业文化建设动员部署大会和成果发布会。集团通过组织现场观摩、座谈会、研讨会等多种形式，促进各单位加强横向联系，实现"文化搭台，业务唱戏"，不仅促进了文化交流和融合工作，同时也有力地推动了业务协同和管理对接。

三是推动文化理念融入管理、固化于制，企业文化落地迈出新步伐。集团坚持通过融入企业管理、融入生产经营活动，紧扣企业中心任务，紧密结合内部资源整合、体制机制创新、管理提升、业务协同、人才开发、科技创新等工作，统筹推进企业文化建设和文化融合工作，使企业文化理念转化为管理规范、员工行为、发展动力，推动管理质量、效率和水平的提升，进而实现文化管理。集团修订的"三重一大"决策实施细则、7项重大事项决策流程、绩效考核办法、财务管理规定、人力资源管理制度、风险管控措施等都贯彻了集团文化理念的要求，以"创新进取、和谐共赢"为核心的通用文化正在深入人心。

三、实施文化融合的初步成效

通过深入开展企业文化建设，集团的凝聚力、竞争力和文化软实力进一步增强，"通用一家人、通用一家亲"的氛围更加浓厚，推动了业务协同和文化融合，助推了集团转型升级新跨越，促进了集团各项事业的全面进步。

加盟集团后，轻工公司经营业绩增长了3倍，新兴集团两年实现了经营业绩"翻番"，中国汽车工程研究院营业收入和净利润都增长了5倍，中国纺织科学研究院增加了2倍，提前实现"三年再造一个新通用"的目标。在国资委经营业绩考核中，集团连续4年保持A级，并荣获2007—2009年任期效益进步特别奖。特别是2012年，在复杂困难的经营环境中，集团全面完成国资委下达的年度业绩考核目标，实现资产规模和营业收入双双超千亿元，在转型升级中实现了新的跨越。

（选编自：中央企业企业文化建设经验交流会材料.2013）

讨论题

1. 请结合中国通用技术集团的实践，谈谈企业在并购重组过程中文化融合的必要性。
2. 请结合中国通用技术集团的实践，谈谈重构价值观在企业文化融合中的重要作用。
3. 请结合中国通用技术集团等企业的实践，谈谈企业文化融合有哪些有效的途径。

第八章

跨文化管理

我国 2001 年加入世界贸易组织（WTO），2013 年提出"一带一路"（指"丝绸之路经济带"和"21世纪海上丝绸之路"的简称）倡议，伴随着中国与世界各国经济交往的增多，特别是中外跨国公司在地域上的相互交叉与渗透，我国企业在跨文化管理方面面临着许多亟待解决的文化建设新课题。

所谓跨文化管理（transcultural management）又称为交叉文化管理（cross-cultural management），是指涉及对不同文化背景的人、物、事的管理。跨文化管理学研究的是在跨文化条件下如何克服异质文化的冲突，进行卓有成效的管理。其目的在于研究如何在不同形态的文化氛围中，设计出切实可行的组织机构和管理机制，最合理地配置企业资源，特别是最大限度地挖掘和利用企业的潜力和价值，从而最大化地提高企业的综合效益。

第一节　跨文化整合

一、跨文化问题

许多不同国籍、不同民族的成员聚集于同一家企业共同工作，文化的冲突无疑会导致企业文化管理的错综复杂。

文化具有移动性、传递性和变迁性。文化移动导致文化交遇。当两种或更多的文化交遇时，相交文化间即会呈现一种独特的文化现象和状态，这种现象和状态即为跨文化（cross culture）。跨文化暗含了不同文化交织和混合的寓意，其涵盖面是全方位的，既涉及跨国界的不同文化交遇时的状态和现象，又涵盖了同一国度不同民族文化交遇时的状态和现象。一般而言，跨文化是指不同国家的文化交遇时的状态和现象，是跨国界的文化。

当相异文化处于交遇状态时，文化差异便会集中地表现出来。例如，在德国，除非获得允许，否则什么事情都不准许做；在英国，除非受到禁止，否则什么事都准许做。试想：如果一个遵纪守法的德国人来到英国（反之亦然），德英两种文化会出现怎样的碰撞？再假设：英国人、德国人和美国人同时进入中国，几种文化交遇又会出现怎样的局面和结果？这个例子说明的就是跨文化问题。当两种或多种不同文化交遇时，各国不同的政治体制、不同的经济发展现况和不同文化的总和所引起的文化偏差和排斥被称为跨文化问题。

跨文化问题通常呈现以下两个特点：跨文化问题必须是在两种或多种文化交遇时，才会产生；跨文化问题必须有文化参照方。当人们以母国文化为准绳对客国文化进行要求时，跨文化问题便暴露无遗。不同文化交遇时，文化的个人载体会面对各种相异的、陌生的价值观、社会规范、行为准则、物质和精神、生活方式等，群体则会面对因不同文化结构造成的来自另一种群体的压力和差距。文化作用的结果使母、客国文化特质中可融的部分相互吸收和融合，不相融部分产生相互排斥和碰撞，跨文化问题便由此产生了。

美国联合航空公司刚在亚洲开展业务时，就曾遇到东方文化的冲突。白色花朵在西方是圣洁的象征，在中国却被用来悼念死者。可以想象当美国联合航空公司航班在香港首航时，乘坐该航班的中国贵宾在看到机上空姐胸前佩戴的白色康乃馨时的恐惧和不祥之感，也可联想到美联航由于其文化失误所遭受经济损失的情形。

二、跨文化冲突的原因分析

跨文化问题对企业管理的影响是多方面的。它常常在无形中发生作用，当人们还没意识到它时，后果已经形成。很多公司在经营管理过程中忽视了文化因素的影响和作用，导致管理困难，甚至出现经营失败。文化的多国要素和多层次的差别，使跨文化冲突不可避免，通常表现为以下 11 种跨文化冲突。

1. 忽视文化传统所塑造的不同民族性格会直接导致跨文化冲突

传统文化是民族文化的深层积淀，它融入民族性格之中，使各民族表现出不同的个性。民族的责任，个性与人性的冲突，往往构成跨文化沟通的困难。民族性格是各民族文化态度不同的根源，不了解一个民族的性格，要和这个民族进行沟通必然障碍重重。

2. 不同民族的不同思维模式是导致跨文化冲突的重要原因

思维模式是民族文化的具体表征。美国人的实证主义思维模式与中国人的演绎式思维模式，常常是中美企业跨文化沟通中构成冲突的原因。思维方式的不同，造成了企业运作方式的差异，也造成了经营中的跨文化冲突。

3. 民族文化形成的处理问题的不同行为模式使跨文化冲突时有发生

行为模式是民族文化的外显形式。它以固定的结构，在相同或相似的场合为人们长期固定采用，成为群体表达认同的直接沟通方式。不同民族文化造成不同的行为模式。在相同的环境中，这种不同的行为模式会表现出很大的冲突。充分认识不同民族的行为模式，有助于调和并避免跨文化的矛盾。

4. 对文化意义符号系统的不同理解常常造成跨文化沟通冲突

符号是人的意义世界的一部分，它具有功能性的价值。不同的文化采用不同的符号表达不同的意义；或者符号虽然相同，表达的意义却迥然不同。成都的名小吃"麻婆豆腐"，中国人一想到它，就联系到又麻又烫又嫩的豆腐形象，使人产生食欲。英国人则把它译成"麻脸的老祖母做的豆腐"或者干脆译为"maps tofu"，使人一想到它就大倒胃口。这便是对符号意义的不同理解所造成的文化冲突。在跨文化沟通中，意义符号没有感情和信息，但是双方沟通效果最终依赖的信息是各自头脑中根据对方传递的信息加以自己的理解解释后的信息，而不是各自传递出的信息。所以如何解决跨文化沟通中的意义共享乃是一个大的问题。

5. 对语境的不同理解造成的跨文化沟通障碍

不仅文化意义符号成为跨文化沟通中的障碍，作为文化意义符号之一部分的语境，也会成为跨文化沟通的障碍，从而引起企业跨文化管理中的种种冲突。语境即言语环境，包括语言因素，也包括非语言因素。语境是文化意义符号得以理解的环境。语境是意义符号所包含的信息的一部分，它使意义符号处于同一语境而加以理解。由于语境的不同，企业在跨文化的沟通中，采用同样的语言指令，不同国别和民族的员工会把它放到不同的语境中去理解，从而会对不同国别和民族的员工产生不同的效果，给企业管理带来不少麻烦。

6. 政治文化的不同导向会使跨文化冲突变得十分复杂

不同国家的政治体系有其特殊性质，信奉特殊的价值观。企业产品优势会无意中冒犯某种政治价值观而受到抨击和抵制。欧洲的某软饮料公司，在制作商标时将六角形图案作为外形，与以色列国旗图案相似，这就大大激怒了一部分阿拉伯消费者。尽管公司解释说，这些六角星不过是一种简单的装饰，但这些阿拉伯人却认为，它反映了这家公司支持以色列的情感，最后这家公司不得不收回所有产品，重新制造包装。可见跨文化沟通中政治文化的不同导向，是引起冲突的一个原因。

7. 不同的宗教信仰经常成为跨文化冲突发生的重要原因

最著名的例子，莫过于东印度公司在 18 世纪时，把涂有猪油和牛油混合成的润滑油的子弹发给印度士兵，而发射这些子弹前必须先咬掉子弹上的包装。印度士兵大多数是印度教徒和伊斯兰教徒，由于印度教视牛为神灵忌食牛肉，而伊斯兰教禁食猪肉，他们认为英国政府发这种子弹给他们，是对他们宗教的严重侮辱，因而奋起反抗，掀起了印度独立斗争的序幕。而东印度公司也因为这个小小的失误，失去了在印度实行垄断贸易的权利。

8. 特定的环境文化也制约着跨文化的沟通

文化环境制约着跨文化沟通，例如美国人的交际方式放在美国环境中，会如鱼得水，运用自如，双方都会接受。但放在英国环境中，就不可理解，很不适用。在通常情况下，文化环境以环境条件而不是以内容的方式，参与了跨文化的沟通。这样的情况，在企业进行跨文化活动时，也会屡屡遇到。

9. 对关系的重要性的不同理解会导致跨文化冲突

对于亚洲人来说，建立和维护"关系"是非常重要的。亚洲人会把建立关系放在商业目的之前，认为有了关系才能达到商业的目的；甚至暂时没有商业目的也必须建立和维护关系，因为这种关系神通广大，凭借它可以创造出若干商业机会来。西方大多数企业对亚洲人及公司如此重视关系甚为不解。他们认为关系和人员是次要的，公司的商业目的和完成商业的计划才是主要的。许多中西方合资的董事长，对中方总经理每月报销大量餐饮娱乐费用大为不满，认为是花公家的钱办私人的事，是不正当的行为。中方总经理则叫苦连天，声称这是业务的重要的内容，没有这项开支，公司的业务就要停止运行。在这种事情上，中西方经营者冲突频起，很难达到认同。

10. 对待生活的态度不同会导致跨文化的冲突

中国人长期生活很艰苦，因而特别钟情喜庆。生活中沉重的时候很多，因而特别向往欢笑。喜庆欢笑被中国人视为吉祥开心。相声所以受到欢迎，就是它能逗笑，不能逗笑的相声就是没有水平，这是中国人对待生活的态度。电视连续剧《济公传》曾经风靡全国，就是因为济公是一个搞笑的好手，他使中国人笑破了肚皮。但是，这部中国人看好的电视剧拿到德国去交流，人家却把它放在儿童节目频道中去放映，这使中国人大为不解。其实，这是生活方式不同所导致的文化冲突。德国人生活方式严谨，做事理性，讲求规律，对不合规律的乱开玩笑不感兴趣。《济公传》所以不为德国人欣赏，就是因为它太缺乏理性，只是一些缺乏逻辑的人为搞笑而已。

11. 法律制度差异也会导致跨文化的冲突

和政治制度一样，不同国家的法律制度也是存在差异的，具体体现在企业经营管理方面，包括税收、环境保护、劳工保护、广告管理、出口外汇管制等。跨国公司可能面临由于与本国不同的法律政策和法律制度而带来的跨文化冲突,从而加大了跨文化管理的难度。例如在儿童广告方面,各个国家对儿童广告的限定不同。瑞典禁止播放儿童广告,意大利禁止14岁以下儿童拍摄广告,希腊禁止在早7点到晚10点之间播放玩具类的广告,而我国在2015年版的《广告法》中对儿童广告方面也有具体规定,如"不得利用不满10周岁的未成年人作为广告代言人"等。如果在跨国经营中忽视了法律制度方面的差异,就会带来跨文化冲突,甚至给公司经营带来法律风险。

三、跨文化整合的含义

企业文化不是各种文化特质的简单堆积,在同一文化共同体内,各种文化特质是趋于整合和统一的。企业并购后的文化整合,就是要以原有的优势文化为基础,通过两种异质文化之间的相互接触、交流、吸收、渗透及对其过程的管理,既吸收异质文化中的某些优质成分,同时又去掉自身和异质文化中的一些落后的特质,从而建立一种更加具有生命力和市场竞争力的新的文化体系。整合不是联合,更不是混合,而是摒弃自己文化的弱点,汲取其他文化的优点。对并购整合而言,文化整合相对于其他方面的整合更具软性化,能否成功直接关系着企业并购是否能够成功和今后的发展。

所谓跨文化整合,就是在两个文化背景完全不同的企业之间进行文化整合,除了企业的个性特色,跨文化整合往往要触动不同文化在地区层面、民族层面和国别层面上的东西,这些往往是企业核心价值观的根基,因此跨文化整合要面对价值观的巨大差异是不可避免的。跨文化整合的重点在于通过文化整合过程,建立双方相互信任、相互尊重的关系,拓展并购双方经理人能接受不同思维方式,能和不同文化背景下的人共事的跨文化能力,使双方能在未来企业的价值观、管理模式、制度等方面达成共识,以帮助并购企业更好地实现其他方面的整合,为同一目标而努力。比如联想对IBM的文化整合,TCL对汤姆逊的文化整合,都属于典型的跨文化整合。

四、跨文化整合的内容

美国人类学家爱德华·赫尔把文化分为正式规范、非正式规范和技术规范三个层次。他认为企业文化在不同结构层次上引起的冲突大小、强弱及易变程度不同,即不同层次的文化规范引起的文化冲突强弱不同。正式规范是人的基本价值观和判断是非的标准,它能抵抗来自外部企图改变它的强制力量,因此,正式规范引起的文化冲突不易改变;非正式规范主要是人们的风俗习惯,所引起的文化冲突可以通过较长时间的文化沟通和交流加以克服;技术规范是可以通过技术知识的学习获得,其所引起的文化冲突容易解决。

根据以上分析,企业跨文化整合的内容可划分为4个部分。

一是价值观念的整合。企业的价值观是企业文化的核心,也是企业在长期而独特的经营过程中形成的对生产经营行为的选择标准、判别标准和评价标准,属于正式规范层。要把原来不同文化背景下员工的不同价值取向、处世哲理统一在一个价值观念体系中,并给员工以心理上的约束和行为上的规范,是企业跨文化整合的最难点。

二是制度文化的整合。企业的制度规范,是一种约束企业及员工行为的规范性文化,包括领导体制、组织结构、企业管理制度三个方面。它属于文化的非正式规范,是企业文化的介质层，相对较易改变。在企业整合中，需要对原来各自的经营管理制度和规范，根据新企业的特点进行调整或重新制定，形成新的制度文化。

三是行为文化的整合。行为文化是指企业员工在生产经营、宣传教育、学习娱乐中产生的活动文化，它是企业精神、企业价值观的动态反映，是企业文化的外显层，所引发的冲突比较容易改变。行为文化所包括的诸如员工的着装打扮和言谈举止、习俗和利益、工作风格和工作技巧等都是可以通过学习、教育、训练加以改变的。

四是物质文化的整合。它是由企业员工所创造的产品和各种物质设施等构成的器物文化，处于企业文化的最表层，是企业文化最直接的外在体现，能引起的冲突内容较少，也最容易协调和整合。

第二节　跨文化管理的相关理论

一、六大价值取向理论

价值取向（value orientation）是价值哲学的重要范畴，它指的是一定主体基于自己的价值观在面对或处理各种矛盾、冲突关系时所持的基本价值立场、价值态度及所表现出来的基本价值倾向。价值取向具有实践品格，它的突出作用是决定、支配主体的价值选择，因而对主体自身、主体间关系、其他主体均有重大的影响。

较早提出跨文化理论的是两位美国人类学家——克拉克洪和斯多特贝克（Kluckhohn & Strodtbeck）。克拉克洪是哈佛大学的已故教授，曾参与太平洋战争时美国战争情报处（Office of War Information）组建的一个约30人的专家队伍，研究不同民族文化的价值、民心和士气。该研究小组通过对日本民族的心理和价值观的分析，向美国政府提出了不要打击和废除日本天皇的建议，并依此建议修改要求日本无条件投降的宣言。这项有关国策的建议曾遭到罗斯福总统三次严词拒绝，但是美国的学者们不折不挠地继续上书，直到获得罗斯福去世后接任的杜鲁门总统的批准。第二次世界大战后不久，哈佛大学加强了对文化价值研究的支持力度，并与洛克菲勒基金会一起资助克拉克洪等人在美国的得克萨斯州一片有5个不同的文化和种族的社区共存的方圆40英里的土地上展开了一项大规模的研究。六大价值取向理论就是研究成果之一，发表在1961年出版的《价值取向的变奏》（Variations in Value Orientations）一书中。在该书中克拉克洪沿用了她的丈夫克莱德·克拉克洪（Clyde Kluckhohn）提出的有关价值取向的定义。所谓价值取向指的是"复杂但确定的模式化原则，与解决普通的人类问题相联系，对人类行为和思想起着指示与导向作用"（Kluckhohn & Strodtbeck）。

克拉克洪与斯多特贝克的价值取向理论基于以下三个基本的假设。

① 任何时代的任何民族都必须为某些人类的共同问题提供解决的方法；
② 这些问题的解决方法不是无限的或任意的，而是在一系列的选择或价值取向中变化；
③ 每种价值取向都存在于所有的社会和个体中，但每个社会和个体对价值取向的偏好不同。

他们认为，人类共同面对六大问题，而不同文化中的人群对这六大问题的观念，价值取向和解决方法都不尽相同。正是这种不同体现出这些群体的文化特征，从而可以描绘出各个文化群体的文化轮廓图，从而将不同的文化区分开来。他们提出的这六大问题如下。

① 人性取向——人性本善（good）、人性本恶（evil）或善恶兼而有之（mixed）。
② 人与自然的关系取向——征服（mastery）、服从（submissive）或和谐（harmonious）。
③ 人与他人的关系取向——个体主义的（individualistic）、附属的（collateral）或等级的（hierarchical）。
④ 人类活动取向——存在（being）、成为（being in becoming）或做（doing）。
⑤ 人的空间观念。
⑥ 时间取向——过去（past）、现在（present）或将来（future）。

克拉克洪与斯多特贝克从自己的研究出发，指出不同民族和国家的人在这6大问题上有相当不同的观念，而在这六大问题上的不同观念则显著地影响了他们对待生活和工作的态度和行为。

（一）不同文化中的人对人性的看法有很大差异

人性取向涉及人类本质的内在特征。克拉克洪和斯多特贝克（1961）认为在回答人性取向的问题时要考虑两个方面，首先是人性是善、是恶或是善恶的混合体；其次还要考虑到人性是否可变。此外，他们进一步提出"混合"既可以指善恶兼而有之，也可指无恶无善。因此，在回答人类的本性这个问题时，我们可以有8种解决问题的方法：① 人性本恶但可变；② 人性本恶且不可变；③ 人性善恶兼而有之但可变（或变好或变坏）；④ 人性善恶兼而有之且不可变；⑤ 人性无恶无善但可变；⑥ 人性无恶无善且不可变；⑦ 人性本善但可变；⑧ 人性本善且不可变。

不同文化中的人们对人性的看法差别很大，西方人受基督教影响崇尚"原罪说"，认为"人性本恶"，而中国人受儒家学说影响，认为"人性本善"。美国文化对人性的看法比较复杂，不单纯地认为人生来善良或生性险恶，而认为人性可善可恶，是善恶混合体。他们同时认为人性的善恶有可能在出生以后发生变化。基督教的原罪说反映的是人性本恶的理念；通过忏悔和行善可以洗脱罪孽、升上天堂，反映的则是人性可变的信念。相反，有的社会对人性采取较单一的看法，比如，在中国，儒家思想占主导地位，而儒家思想最基本的理论基础就是"性善论"。孟子认为人与其他动物的根本差别，就是人的本性是善良的。人的性善就如水向下流一样，是绝无例外的。中国古代流行的教子歌《三字经》当中的第一句话也是"人之初，性本善。性相近，习相远。"也就是说，人的本性（天性）是向善的，是好的。而且，这种本性是相同相近的，带有普遍性。只因为后天生活习惯和环境的变化，才造成了各种行为的差异，导致背离"善"的现象。因此，尽管在春秋战国时代，有人性本善与人性本恶之争，但当今的中国主流文化还是持人性本善的观点。在分析具体的文化时，不能武断地将某种取向强加于该文化中的每一个人。

（二）在人们对自身与外部自然环境关系的看法上，不同文化之间也有很大的差异

根据克拉克洪与斯多特贝克的价值取向理论，人与自然之间存在三种潜在的关系，即征服自然、与自然和谐相处及服从自然。

儒家人性观从天人一体的角度阐释人与自然的关系，认为人与自然合一既是人性的必然，也是人应该追求的目的，显示出人与自然统一的思想。孟子将天与人的心性联系起来，认为尽心即能知性，知性就能知天。《孟子·离娄上》主张"诚者，天之道也；思诚者，人之道也"，指出人应顺从于天，顺天道而行，真实而无妄。人类要达到与天道的合一，将天所给予人类

的东西保存、扩充，并且最终要发扬光大。

然而，西方的人本主义提倡在生活中用理性和意志来改造环境，鼓励人们去征服自然，享受现世的物质生活。这种取向所持有的观点是所有的自然力都能并应该被征服和利用。比如，美国人愿意每年花费上亿经费从事癌症研究，因为他们相信可以找到癌症的病因，发现癌症的治疗办法，最终消除这种疾病。这种通过药物对疾病进行控制的行为就是人类改造自然的表现。

除了以上两种取向之外，有些文化认为人与自然的关系是服从自然。比如，对于东南亚海啸事件，大部分的东南亚人将此事归结于命运，认为赶上了海啸是上天的安排，虽然悲痛，但没什么可以抱怨的。也有的东南亚人认为此天灾的降临是人类冒犯自然的结果，是人类应受的报应。而美国人对此的反应则完全不同。他们认为，这是人类预测不精准，对可能的灾难准备不够的结果，如果人类能设计出更精确的科学仪器，或对可能发生的灾难提前做好防御准备，灾难就完全可以避免。

（三）不同文化中的人对自身与他人之间关系的看法也很不相同

克拉克洪和斯多特贝克在1961年提出了人类在处理人与人之间的关系时也存在三种取向，即个体主义取向、等级制取向与附属性取向。个体主义取向以个人自治为特征，个人被认为是独一无二的独立个体。在这种取向下，个人的目标与目的优于群体的目标与目的。等级制取向注重群体，群体的目标优于个人的目标。在等级制取向的国家中，群体被分成不同的层次等级，每个群体的地位保持稳定，不随时间的改变而改变。等级社会倾向于实行贵族统治。很多欧洲国家中的贵族就是这一取向的例子。附属性取向也注重群体，但并不是具有时间延续性的群体而是在时空中与个人关系最密切的群体成员。事实上，这一取向考虑的只是人们的群体成员身份而不是具体的人。例如，中国人习惯把自己看成是群体的一员，认为个人不应特立独行，而应尽量合群，与群体保持和谐的关系。当个人利益与群体利益发生冲突时，个人应牺牲自己的利益保全群体的利益。而美国人则恰好相反。他们认为每个人都是独立的个体，都应为自己负责，强调个人的独立性。所以，美国青年18岁就离家生活，即使自己的学校或工作地点离父母家很近，也一定会自己另找房子，独立生活。

（四）人的活动取向是指一个文化中的个体是否倾向于不断行动

人类的活动取向有三种，即做（doing）、存在（being）和成为（being in becoming）。美国社会是一个强调行动（"做"）的社会，人们必须不断地做事，不断地处在动之中才有意义，才会创造价值。美国人工作勤奋，并希望因为自己的成就而获得晋升、加薪及其他方式的认可。他们同时还注重活动的类型，活动通常要具有外在形式，必须是可以量化的活动类型，能够看得见、摸得着。在评估一个人时，美国人总是问"他/她做过什么"和"他/她有什么成就"。如果一个人坐着思考，他就什么也没做，因为思考不能量化，不能测量。

"存在"取向与"做"取向刚好相反。安然耐心被视为美德之一，而非无所事事的表现。中国文化便是"存在"取向，提倡"以静制动""以不变应万变"。此外，在中国，当人们想了解一个人时，总是先打听他的背景，如家庭出身、教育程度、工作单位、社会关系等，而不管这个人曾做过什么、有什么个人成就。

"成为"取向强调的是"我们是谁"，而不是我们做了什么。人类活动的中心是在自我发展的过程中努力成为更完整的自我。如禅宗的和尚，就是一个最好的例子，为了圆满自己，他们花费一生的时间进行沉思与冥想。

（五）人在关于空间的理念上表现出来的文化差异也非常显著

中国人倾向于把空间看成公共的东西，没有太多隐私可言；而美国人、德国人却倾向于把空间看成是个人的私密之处，他人不能轻易走近。中国家庭中的房间常常没有单独的门锁，家里任何人都可随意进出，包括父母的房间，孩子的房间就更不用说了。父母进入孩子的房间无须敲门，有的父母甚至擅自拆读子女的信件、翻阅子女的日记而不以为然。美国家庭的房子每一个睡房都有门锁，有的孩子还在门上贴上一个大大的交通管理标志"STOP"（停），以幽默的方式提醒别人尊重自己的隐私。在德国，办公室的门都是紧紧关着，居民区的房屋更是大门紧闭、窗户严实，连窗帘都一丝不苟地拉下。相反，日本人的工作空间是公共的，他们设计的办公室巨大，办公桌之间并无隔板，每一个人都能看见另一个人在做什么，或者另一个团队的人在聚会与否。曾经有一个案例讲的就是日本公司在美国遇到的问题，他们的办公室设计方案遭到美国员工的强烈反对，甚至引起了法律纠纷。

（六）身处不同文化中的个体对时间的看法更加表现出文化差异

对时间的看法主要涉及两个层面。一个是关于时间的导向，即一个民族和国家是注重过去、现在还是未来。另一个层面是针对时间的利用，即时间是线性的，应在一个时间里做一件事，按计划和时间表行事；还是时间是非线性的，在同一时间里可以做多件事，不应该绝对按照时间表行事，应该灵活机动。

关于时间的导向，可以分为三种：一是过去取向（past orientation），强调传统和尊重历史；二是现在取向（present oriented），通常注重短期和眼前；三是未来取向（future oriented），这种社会强调长期和变化。

过去取向主要存在于高度重视传统的文化里。这种时间取向的文化中的人们通常假定生命是遵从由传统或上帝的意志预先注定的轨道，他们崇拜祖先，强调密切的家庭关系。中国人非常重视"过去"，他们崇拜祖先，尊敬老人，尊重老师，重视年龄和经验，因为这些方面都与"过去"有关，过去取向一直影响着中国人的行为和思维方式。在中国社会，人们对未来不太感兴趣，除非是很遥远的或理想的未来。人们做事情通常要考虑这个事情过去有没有人做过，有什么成功的经验可以借鉴，有什么失败的教训应当吸取，因此循规蹈矩已成为一种社会规范。

现在取向的人们不太关注过去已经发生的事和将来可能发生的事。人们认为只有现在才是最重要的，倾向于只争朝夕的生活，几乎不做明天的打算。现在取向的人们通常只注重短期和眼前。传统的伊斯兰文化就属于现在取向的文化。他们认为将来的事是属于真主的，不为凡人所掌控。任何妄图预测未来的人都有些精神不正常，因为只有真主才知道未来的事情，凡人即使只是谈论未来的事也是过于放肆。因此，阿拉伯人在时间观念上是现在取向，不愿意对未来的事进行预测。菲律宾、拉丁美洲一些国家及美国亚利桑那州北部印第安人的文化也是属于现在取向。这些文化与其他文化相比在对时间的态度上有更多的随意性和随机性。这种对时间有些满不在乎的作风常使西方人产生误解，把它当做是懒惰、效率不高的表现。

未来取向的文化很注重变化。在这种时间取向的社会里，变化通常被认为是必要和有益的，而过去则是过时的，应当被抛弃。克拉克洪和斯多特贝克（1961）与霍尔（Hall, 1959）都认为这种时间取向存在于美国社会。在美国，新产品的种类和包装层出不穷，因为他们认为只有这样才能吸引顾客。而在过去取向的中国社会里，人们通常更相信老品牌和老字号。这种时间取向的另一个表现反映在做事的计划性上。比如，在管理中，美国人很讲究计划性。如果你去看任何一个美国经理人的日历本，或者是电子日历，上面通常都写下了未来几个月的安排：商务会议、谈判、出差计划、休假日期，以及与别人的午餐约会、晚餐约会等。远程的商业活动更是提前半年甚至一年就开始做安排了。

此外，将时间看成线性与否也是区分文化的重要方面。

美国人、德国人倾向于把时间看成是线性的，一段时间内做一件事，做完一件事后再做另一件事，一个约会完了之后紧跟下一个约会，每一个约会在事先规定的时间内完成。比如在美国看病，一定要提前预约。如果预约的时候病人说觉得胃不舒服，可是到那天去看病时突然觉得嗓子也不舒服，要医生帮忙看一下嗓子。美国医生就会要求再约一个时间过来看嗓子，因为下一个病人在等他，他得按时间表做事。相反，意大利人、中东人等其他一些国家的人则把时间看成是非线性的，一段时间内可以做多件事，不必按部就班有板有眼地按时间表行动，而必须随机应变，根据当时的情况及时调整时间安排，不让自己成为时间表的奴隶。因此，在谈生意的过程中，如果突然有朋友自远方来访，他们会让谈判停下去招待老友，或干脆让朋友坐在谈判的房间里一起参加。他们认为，有朋自远方来当然得热情接待，哪里有为了公务而放弃招待老友的道理。而且朋友也不是外人，让他/她了解自己的工作也没什么不妥。然而，这种随机应变却会让美国人目瞪口呆，觉得对方太不专业，难以信任。对时间的不同看法，还体现在不同国家的"开会文化"上。比如，阿根廷的员工热情开朗，但不习惯遵守时间和按照拟定的流程办事；香港的开会风格冷静压抑、按章办事；美国和德国开会必须有议程。

二、文化架构理论

荷兰管理学者强皮纳斯（Trompenaars）在总结了很多人的研究基础上提出文化构架理论，认为国家与民族文化的差异主要体现在七大维度上：① 普遍主义对特殊主义，前者倾向规则的制订，后者强调灵活性，不会让规则影响自己的行动；② 个人主义对共有主义；③ 关系特定与关系散漫；④ 中性对感性；⑤ 个人成就对社会等级，个人成就型文化强调人们通过自身的表现来获得地位，而社会等级文化强调个体的地位取决于其年龄、性别、社会关系等；⑥ 内在导向对外在导向；⑦ 连续时间对同步时间。

（一）普遍主义对特殊主义

实际上普遍主义与特殊主义这个概念最早不是强皮纳斯提出的，而是由社会学家帕森斯（Parsons，1951）提出的。普遍主义者强调用法律和规章指导行为，而且这些指导原则不应因人而异。"法律面前人人平等"就是普遍主义者的响亮口号。此外，普遍主义者认为对所有事务都应采取客观的态度，而且世界上只存在一个真理，只存在一种正确解决问题的方法。相反，特殊主义者却强调"具体问题具体分析"，不用同一杆秤、同一尺度去解决不同情况下的问题，而应因人而异、因地而异。另外，特殊主义者认为一切都是相对的，世间没有绝对真理，也不存在唯一正确的方法，而是有多条路可走，殊途同归。

普遍主义社会与特殊主义社会在企业管理方面表现出来的区别异常显著。在普遍主义社会中，管理强调建立制度和系统，同时制度和系统应该是能为大多数人服务并满足大多数人要求的。制度一旦建立，人人都须遵守，对所有人都一视同仁，没有人可以凌驾于制度之上。比如美国是强调普遍主义的国家，几乎所有企业都有详细的规章制度和各种内部管理系统。当个案发生时，马上就会想到如果今后类似的情况出现应该怎么应对，怎样的解决方案才有普遍的意义，怎么处理才是对所有人都公平的，等等。这成为管理者的一种思维方式。而特殊主义社会的管理特点则是"人制"。制度虽有，却大都停留在书面上。遇到问题的时候，企业中的管理人员也好，员工也好，常常想到的是怎么通过关系或熟人把问题解决，而不是通过公司正规的渠道。因此，建立个人关系网就成为很多人孜孜不倦的工作。与从个案走向普遍的思维逻辑相反，特殊主义者的思维方式更倾向如何从普遍中找出特殊，将自己的问题作为特殊情况处理。特殊待遇成为大众追求的东西。"上有政策，下有对策"就是从制度中找漏洞将自己特殊化的典型例子。

（二）个人主义对共有主义

个人主义文化的核心是"自我取向"的价值观。这种价值观将自我视为一个独立的个体，追求个体目标。共有主义文化的核心则是"群体取向"的价值观。这种价值观将自己视为群体的一部分，追求的是共同目标。

（三）关系特定与关系散漫

关系特定与关系散漫是指人们涉入别人的生活有多广。关系特定是指个体具有较大的公共空间，他们愿意与其他人分享这种公共空间，但自己的私人空间却严格限制他人进入。个人常常是开放的、外向的，并且更直接。组织中的管理者通常将工作与私人生活严格区分开来。关系散漫是指个体的公共空间与私人空间是重叠的，进入了个体的公共空间也就进入了他/她的私人空间，工作与私人生活常常是无法分开的。

（四）中性对感性

中性对感性主要指人际交往中情绪外露的程度。情绪表露含蓄微弱的文化被称为中性文化，而情绪表露鲜明夸张的文化被称为感性文化。最典型的中性文化国家为日本、中国和其他亚洲国家；最典型的感性文化国家为意大利、西班牙和其他南美国家。美国处在两极之间。在中性文化里，人与人之间很少身体的接触，人与人之间的沟通和交流也比较微妙，因为情绪表露很少，需要用心领会才行。相反，在感性文化里，人与人之间身体的接触比较公开自然，沟通交流时表情丰富，用词夸张，充满肢体语言。

（五）个人成就对社会等级

注重个人成就的文化是指在这种文化中，一个人的社会地位和他人对该人的评价是按照其最近取得的成就和业绩记录进行的。注重社会等级的文化则意味着一个人的社会地位和他人的评价是由该人的出生、血缘关系、性别或年龄决定的，或者是由该人的人际关系和教育背景决定的。这个维度的定义总体比较混乱，但是有一点是清楚的，一个人的社会地位是否应该完全由这个人的个人成就决定是区分不同国家在这个维度上看法异同的关键所在。我们知道，在有些国家，出身于贵族的人生来就具有了一定的社会地位，不管该人的个人能力如何，为国家和社会做过什么贡献。而在有的国家即使你是总统的子女，也不意味着你自然就能赢得人们的尊敬，就具有了一定的社会地位。

（六）内在导向对外在导向

内在导向对外在导向表明人们相信自己控制环境还是环境控制自己的两种不同的价值取向。控制环境的价值取向或称为"内在导向"的价值取向；适应不同环境的价值取向或称为"外在导向"的价值取向。这两种价值取向对人们如何控制日常社会及管理具有直接的影响。

（七）连续时间对同步时间

与前面克拉克洪的时间取向一致，主要是针对顺次完成任务还是同时完成多个任务及对过去、现在和未来的理解。

第三节 中外文化的差异

所谓文化差异，是指不同地域、民族和国家间文化的差别。文化差异主要体现在三个层次：第一，物质文化差异。它通过人们制作的各种实物、产品表现出来。例如，中国的传统建筑与欧洲的建筑风格迥然不同。第二，社会制度与习俗文化差异。它通过人们共同遵守的社会规范和行为准则表现出来，包括制度、法规和风俗习惯等。例如，以农垦为主的民族与游牧民族之间的习俗就存在很大差别。第三，精神文化差异。它通过人们思维活动及其形成的行为方式表现出来，包括价值观念、宗教信仰、管理理念、审美情趣等。这也是文化差异最微妙、最难以把握的一个层次。

一、典型国家的文化特征

下面选取一些典型国家介绍其主要文化特征。

（一）美国的文化特征

"大熔炉"（the melting pot）是关于美国的一个比喻，指美国可以融合世界各种不同的文化。美国是一个移民国家，美国的移民来自世界的各地。欧洲、南美洲、非洲、亚洲，等等，每个移民族群本来都有自己的文化，美国社会不排斥这些文化，不同的文化在美国开放、自由、民主、法制的环境里融合形成多元的美国文化。这就像一个大熔炉把不同文化融合在一起。

1. 强调独立、个性而又不排斥他人

作为一个从原野里创造出来的国家，美国在资源丰富亟待开发的早期，机会虽多，可是蛮荒未辟，必须奖励个人独立创造的性格，凡是围灭个性发展的各种因素都被视作当时拓殖精神的阻碍，加以贬责。同时，在艰苦开拓的过程中，每个民族都必须发挥本民族的长处，尊重并吸取其他民族的优秀品质，坚信自我、尊重他人的文化取舍态度成为他们共同的准则。正是在这一点上，也只能是在这一点上，各国移民找到了共同之处，这就是个性容于团队的价值体系，它深入民心，以各种形式得到充分发展，由此形成了美利坚民族的特殊性格：对自己深信不疑，对自己的命运深信不疑，把依靠自己作为哲学信条。

2. 冒险、开拓、富有创新精神

美国人的格言是"不冒险就不会有大的成功，胆小鬼永远不会有大作为"。从首批英国移民踏上北美大陆，到美利坚合众国成立这一个半世纪里，北美险恶的自然条件，培育了美国人顽强拼搏、艰苦奋斗的性格。北美丰富的资源等待着开发利用，培育了美国人开拓进取，敢于冒险的精神。从文化学的角度考察，北美在一定程度上曾经是一片文化真空，闯入这片真空的，不是有组织的文化单位，而是一批对于传统制度已失去好感的亡命者。他们的头脑为叛逆精神所主宰，身上绝少传统思想的保守性，再说即便有，也没有发挥的土壤，因为险峻的环境迫使他们只能确立与传统不同的生活方式，这种冒险精神成了美国人民的传统。他们把冒险探求新大陆看作寻求生活的机遇。这种冒险精神一直渗透到美国人民生活的各个方面。在硝烟弥漫的商战中，美国人勇敢地开拓创新，从各个方面体现了这种民族冒险精神。基于此，美国人特别强调创新精神，他们认为机会到处都有，主要在于主动发现和利用。除法律外，美国人认为一切传统和先例都是创新的障碍，他们乐于向传统和先例挑战。由于美国不像中国、印度、英国等有着悠久而灿烂的文明，所以美国人在接受新思想、新技术时很少先去考察这些东西是否符合某位专家、权威的理论，然后再引经据典加以注释和考证，以决定是否采用。

美国人认为，他们的国家虽没有灿烂的过去，但由于具有创新精神，因而他们拥有光明的未来。所以美国人勇于向传统和权威挑战，勇于向已有的一切挑战，"我与专家、权威、传统平等"，这是美国人的性格。

3. 自由、平等精神

美国是一个崇尚自由的国家。北美殖民地历史的一个重要的特征就是封建秩序从来没有在那里存在过，在美利坚民族的形成过程中，许多从欧洲大陆来的移民把资产阶级自由思想带到了美洲。新大陆的自由空气及大自然的艰苦环境陶冶了美利坚民族的民族性：热爱自由、珍惜自由、崇尚自由。在美国，对人的自由，除法律可以明文规定加以限制，并由执法机关及其人员执行限制外，任何机关或个人不得非法剥夺或限制他人的自由。民主自由的环境为才能和幸运开辟了道路，因此出身对美国人不起任何作用。美国人相信这样的格言："一个人富裕到什么程度，就表明他的才能实现到了什么程度。"因为在机会均等的条件下，人的才能决定富裕的程度。所以美国人一般不羡慕他人的财富，而喜欢赞美富翁的才能。

4. 实用主义

实用主义在美国不仅仅是职业哲学家的哲学，而且是美国人的哲学。由于美国没有悠久灿烂的古老文化，因此文化的创造只有在北美大陆的开发过程中才能出现。而要开发这片富庶的处女地，就必须打破一切的条条框框，服从于实际问题的解决，在这种历史背景下，美利坚民族形成了实用主义的哲学观。他们坚信，"有用、有效、有利就是真理。"在实用主义哲学观念影响下的美国人不喜欢正规的、哲学抽象的、概念游戏的思辨哲学，不喜欢形而上学的哲学思考。在美国人眼里，有用就是真理，成功就是真理。他们立足于现实生活和经验，把确定信念当作出发点，把采取行动当作主要手段，把获得效果当作最高目的，一切为了效益和成功。

5. 物质主义

美国文化是物质性的，他们认为生活舒适是理所当然的人生追求，并且怀着优越感看待那些生活水准不如他们的人。当美国人谈论一个人的价值时，主要指物质价值，而且除了这个通常标准外，不管什么别的标准。由于基督新教价值观的影响，美利坚民族至今仍以赚钱多少作为评价一个人社会地位高低的重要依据，仍然以赚钱聚财为荣。在美国社会里，人们向上进取的精神是炽热的。许多人都在拼命工作，不惜付出自己的一切辛苦与智慧来谋求事业上的发展。通过个人奋斗取得成功，从低贱者变成大富翁几乎成了美国式的信条。在这一价值观念支配下的美国社会，企业家普遍受到尊敬；人人都想办企业发家致富，人人都想个人创业。

（二）日本的文化特征

1. 集团意识

所谓集团意识，就是以无比强烈的归属感为基础，个人对所属集团竭尽忠诚、无私奉献，并作为该集团的成员与他人保持行动上的一致。美国学者埃德温·赖肖尔曾对日本人的集团意识做了个形象的比喻："日本人就像水中的一群小鱼，秩序井然地朝着一个方向游动，如有一块石子投入水中，搅乱了这个队列，它们就转变方向朝相反的方向游，但仍然队列整齐，成群游动。"

日本人很喜欢集体活动。在日本社会，参与人数最多的集体活动就是观赏樱花。樱花作为日本的国花，每年一到三月樱花开放的季节，整个日本都会沉浸在欢乐的氛围下。这时很多公司、团体都会组织全体员工参加观赏樱花的出游活动。在出游时，大家没有了等级的约束，领导和员工之间可以一起开怀畅饮，一起唱歌、跳舞。

日本人之所以极其喜爱集体活动，是由于特殊地理条件造成的。在农耕社会，由于生产力水平低下，水稻种植必须依靠集体的努力才能完成，集体劳动的生产方式逐渐形成了日本社会的集团意识。把个人融入集体中，利用群体的力量来维护个人的利益。

日本人自古就把合群视为重要的人生规范，即独来独往是不行的，要生存要发展都必须合群，既然置于群体之中，群体的事也就责无旁贷。到了现代社会，由于有终身雇用制的保障，在就业问题上企业解决了员工的后顾之忧，一旦一个员工从属于某个企业，就会把自己看成是企业的利益共同体，把自己的一切完全融入企业，对工作尽职尽责，全心全意为这个企业效忠，企业几乎成为员工的终身劳动场所。而企业也会尽力解决员工的需求和困难，即使是在企业经营困难和经营内容发生变化的情况下，也不轻易裁员，尽量通过调整企业内部的劳动力来解决。

在当今日本社会，集团意识主要表现在以下三个方面。

（1）集团内部强调"和"，不突出个性

日本人"和"的精神是日本人集团意识的黏合剂。在一个集团内部，成员之间在打交道时，总会先考虑对方的立场、观点，并且很在意对方的看法，即使意见相悖，也不会公开反对，而是采取拐弯抹角、模棱两可的方式，这样做可以避免双方的尴尬或公开对抗的情况发生。在一个企业内部，领导的决策不是独立决定的，而是通过与每个员工的权力分享来达成的。领导的任何决策都必须通知企业里的每个员工，等达成一致的意见之后，才采取行动。

（2）集团内外差别对待

在日本社会，每个人都从属于特定的集团。由于个人利益和集体利益紧紧相连，为了达到集团的利益，成员间必须通力合作来履行各自对集团承担的义务和责任，而集团也为其内部成员提供保护。对于集团以外的人，日本人往往表现出冷漠、不关心、有意疏离的态度。在外国人和日本人打交道时，总会觉得日本人很有修养，让人会有一种宾至如归的感觉，但如果外国人想要真正进入日本人生活内部，不管做出多大努力，还是会被看作外人来对待，很难融入当地社会。

（3）等级观念

日本社会的纵向社会关系表现为在集团内部，不仅成员对集团有强烈的归属感，而且成员之间也有明确的尊卑观念。在集团内部每个成员都会有相对应的位置，只有成员之间保持相对稳定的序列和位次，才能维持集团的平衡，才能起到稳定集团的作用。

日本企业普遍实行的年功序列制就是等级观念的有效例证。所谓年功序列制，就是一种把员工的工龄和工作表现结合起来的一种劳动报酬制度。一旦员工就职后，随着工龄的累积和经验的增加，相应的职位就会提升，工资也随之上涨。这样做的好处是避免了集团内成员间因为"酸葡萄"心理而引起的内耗，让员工相信不用去嫉妒高工资的同事，只要自身努力，假以时日自己也会受到同等的待遇。年功序列制激发了员工不断进取的精神，增强了集团内部的凝聚力和提高了整个集团的对外竞争力。

在日本社会中，等级观念也表现在对不同大学和企业的看法上，每个日本人心中都会对不同的大学和企业有个明确的排名。有实力的大公司在挑选大学毕业生时，不是看所挑选学生的成绩，而是看所挑选学生的毕业院校。在商务交往中，如果听到对方来自有实力的大企业，不管对方的职位怎样，也会对对方格外尊重。从某种程度上来说，一个人所属集团在社会上的地位就是这个人身份地位的象征。

2. 耻感文化

在"第二次世界大战"期间，美国著名文化人类学家鲁思·本尼迪克特完成了其经典代表著作《菊与刀》，这本书被后人认为深刻影响了此后的日本文化研究，是研究日本人和日本文化的必读之作。本尼迪克特从文化的角度，认为西方基督教文化是"罪感文化"，而日本文化是"耻感文化"。她解释道"真正的耻感文化依靠外部的强制力来做善行。真正的罪感文化则依靠罪恶感在内心的反映来做善行。羞耻是对别人批评的反应。一个人感到羞耻，是因为他或者被公开讥笑、排斥，或者他自己感觉被讥笑，不管是哪一种，羞耻感都是一种有效的强制力。但是，羞耻感要求有外人在场，至少要感觉到有外人在场。罪恶感则不是这样"。

日本人的羞耻感在儿童时代就被灌输到大脑中。由于在婴幼儿时期受到母亲的过分宠爱，导致了日本人在心理上产生很大程度的依赖性，甚至长大成人后还想从别人那里得到宠爱。为了能持续得到母亲的宠爱，孩子会在行动上讨母亲的欢心。母亲宠爱孩子，但也要管教、约束孩子。当孩子到了六七岁以后，只要遇到孩子不听话的情况，母亲就会故意嘲弄他，吓唬说要遗弃他等类似的话。这些嘲弄能够抑制孩子幼儿时期无拘无束的行为，使其转而接受严格的约束，以免被人耻笑。母亲的这种做法，使日本人从孩提时的放任自由逐渐过渡到接受家长管教，进而发展到接受所属集团乃至整个社会的约束。

根据本尼迪克特的观点，和西方的"罪感文化"相比，日本的"耻感文化"有三个特征。第一，缺乏恒定的是非标准。"罪感文化"是靠人的良心来判断是非，而"耻感文化"没有绝对的是非标准，人的行为随外部环境的改变而改变，给人一种反复无常的印象。第二，他律性道德。"罪感文化"下的道德是自主的、自律性的，而"耻感文化"下的道德不受良心约束，是靠旁人对自身行为的看法和评价来规范自身的行为。第三，名誉感。在"罪感文化"中，伦理的最高标准是"内心纯洁，行为端正"，而在"耻感文化"中，最高德行就是名誉，名誉被看得比生命、正义更重要，"为了名誉，可以不顾事实、不分善恶"。

3. 武士道

19世纪末，日本学者新渡户道造为了让西洋人转变对日本武士道的错误看法，用通俗优美的英语写成了《武士道》一书，"武士道"一词得以推而广之。根据新渡户道造的《武士道》一书，他把武士道的核心价值观念分为义、勇、仁、礼、诚、名誉、忠义 7 个核心价值观念。

4. 岛国文化

由于日本在特殊条件和地理上的特点，造成了日本独特的岛国文化，这种岛国文化包含以下两个特点。

（1）岛国根性

按照《广辞苑》的解释，岛国根性是指海岛国家因缺乏与别国交流而造成的视野狭窄，以及由此形成的小家子气的闭锁性格。

（2）危机意识

所谓危机意识，是指"人类在主观上有注视或警惕不利于自己或危及自己生存事态发生的自觉，以便及早采取相应的措施或做出反应，以此来避免这种事态的发生；即使是无力阻止事态的发生，也要尽量避免或减轻由此给造成的损失与伤害的精神活动"。

（三）德国的文化特征

有学者将德国的文化概括为 4 个特点：以人性"善""恶"相间为基础的人性观、以新教伦理为核心的工作价值观、以个人主义为特征的人文主义思想传统和以"纯粹理想""实践理性"为根本的理性主义行为取向。

还有人给去德国发展的企业就德国文化给出如下 9 个方面的建议。

1. 时间观念

与德国人打交道，守时绝对重要，迟到是无法让人接受的（除非真有特殊情况），但提前则被认为是侵犯了对方的时间。

德国的商业交易规范非常严谨。商务人士的工作日程一般都安排较满，因此如果只提前很短时间约见对方，一般很难成功。德国人一般不会通过电话安排会见。德国人希望很有把握地了解要发生的事情，以此有序地安排自己的工作日程。

德国人认为，守时也是可靠、讲信誉的表现。工作必须在一定时间内完成，一旦确定了截止日期，只有在由于环境因素而使工作无法按时完成的情况下才可更改。

2. 语言特点

准确是德语的特点之一。德语结构严谨，有很多规定句子结构的语法规则，这很自然在德语的表达模式上反映出来。

德国人经常用"不得不""必须"等词汇，容易给人留下发号施令的印象，实际上这正是德国人认真、严谨的表现。

德语中还有更多的词汇，需要外国人详细了解其使用环境和习惯用法，才能够准确地理解对方的真实意图。

3. 交流障碍

人们经常会觉得德国人冷漠疏远，难以交往，实际上并非如此。外国投资者需要较长的时间来了解德国人。德国人重视个人空间，工作和生活界限分明。对于进入他们生活的陌生人，要花一定的时间去接触和了解，然后才慢慢寻找各种方式接近对方。如果陌生人想尽快地和他们建立较紧密的关系，他们会感觉受到威胁，因此避而不理。德国人发展人际关系的方式可以比喻为菠萝，即像菠萝一样有着坚硬的外壳，要进到里面需要花一定时间,但却有着友好而丰富的内心。

幽默在德国商业中经常被视为不合时宜,对待生意一定要严肃,会议一定要正式。但工作之余,德国人和其他国家的人一样喜欢享受欢声笑语。

承认个人空间关系到礼仪和地位。办公室的门经常是关着的,这并不是说任何人不得进去,而只是表示希望自己的工作不被打扰。他人进门前要敲门。管理人员一般会让来访的客人在秘书的办公室等候。一个人在管理层的重要性可以从办公室的大小和位置来判断。

4. 身份标志

德国人对自己取得的成就引以为豪,不以展示成功为耻。最能表明身份的标志就是汽车,德国人也常用汽车来评判商业伙伴的成功程度。奔驰、宝马、奥迪是大多数成功人士首选的驾驶之车。住房的大小和所处的位置也能显示一个人的社会地位,而度假的去处就不是那么重要的标志了。

5. 服饰礼仪

德国人不喜欢服装的花哨,但都很注重衣冠的整洁,穿西装一定要系领带。在赴宴或到剧院看文艺演出时,男士经常穿深色礼服,女士则穿长裙,并略施粉黛。在东部地区,已婚者都带上金戒指。

6. 相见礼仪

德国人比较注重礼节形式。在社交场合与客人见面时,一般行握手礼。与熟人朋友和亲人相见时,一般行拥抱礼。在与客人打交道时,总乐于对方称呼他们的头衔,但他们并不喜欢听恭维话。对刚相识者不宜直呼其名。

7. 主要禁忌

德国有50%的人信奉基督教,有45%的人信奉天主教,另有少数人信奉东正教和犹太教,他们忌讳13和星期五。他们忌讳在公共场合窃窃私语,不喜欢他人过问自己私事。

8. 饮食文化

德国一日三餐冷食居多。日常饮食颇为简单,但重大宴会时则非常注重礼仪。德国人吃饭是讲究坐有坐相、吃有吃相。坐的时候身不靠椅背,不往前倾,胳膊不能放在桌子上撑的太开,以免碰到别人。德国人尤其不喜欢劝别人吃或者夹菜给别人。受宗教影响德国人不吃动物血液,不吃不洁之物,不吃无鳞的鱼类等。

9. 餐饮礼仪

德国人在宴会上和用餐时,注重以右为上的传统和女士优先的原则。德国人举办大型宴会时,一般是在两周前发出请帖,并注明宴会的目的、时间和地点。一般宴会则是在 8~10 天前发出。他们用餐讲究餐具的质量和齐备。宴请宾客时,桌上摆满酒杯、盘子等。他们有个习俗,那就是吃鱼的刀叉不能用来吃别的。

二、中外文化的冲突

有学者将中国的文化概括为以下 4 个方面。第一,富有特色的人文精神。与西方世俗人文精神不同,中国的人文精神侧重于伦理教化,强调"以仁化人,以道教人,以德立人"。第二,与西方人的分析思维方式相对照的整体思维方式。一般而言,西方人的思维方式重在分析。首先是把自然界不断地分析为各种尽可能小的部分,然后仔细地加以考察,直到一目了然。与此相反,中国人正好是一种整合的整体思维方式,研究和观察自然界时,将客观事物的整体形态作为考察的基本层面，根据事物之间的联系来把握对象，从而得出一种总体的认识。第三，强调人际关系的重要性。认为人与人之间应保持和谐的人际关系，以和为贵。第四，强调天人协调，认为人是自然的一部分，是自然的衍化产物，要服从自然界的普遍规律，但又具有超越万物的卓越地位，追求天人合一的境界。

如上所述，欧美人讲"法制"，日本人重"国策"，而中国人谈"人情"。不同的文化背景和处世哲学淋漓尽致地反映在跨文化管理中。外资企业要求员工严格遵守制度和法规，一丝不苟地执行规定和程序，却忽视了企业员工的主观能动性。法治观念薄弱的中方员工则常会以人的随意性干扰组织行为的有序性。跨文化问题使外资企业管理举步维艰。文化相异造成了企业人力资源的思维方式、价值观、社会准则及行为的大相径庭，也造成企业经营管理、组织机构、市场营销方针、财务管理方式的差异和员工行为准则及方式的差异。中西方国家行为准则比较，如表8–1所示。通过概括中外社会准则和行为差异，描绘出中外文化之间的一些显著差异。

表8–1　中西方国家行为准则比较

西方国家	中国	西方国家	中国
直接表达、外露	含蓄、不外露	重视庆贺生日	重视纪念死者
自我为中心	以家庭集体为中心	正面冲突	"曲线救国"
以任务为中心	以从业人员为中心	注重短期业绩考核	注重长期考核
自我实现	掩饰个人愿望	自由主义	社会规范
为个人幸福参加劳动	为建设国家而劳动	客观事情优先	人际关系为先
以法律为准	以道德为准	社会角色职业化	社会角色个人化
优先使用权限	优先使用协调	突出才能	平均主义
职务规定明确	职务规定暧昧	强调竞争	突出和谐
个人利益高于一切	以集体利益为重	极端、情绪波动	平和、中庸之道
重视显露出的专长	重视潜力	强国意识	文化自恋
依赖契约、规章	重视相互信赖	明确的控制	含蓄的控制
金钱万能	金钱并非最重要	拼命工作、拼命玩	工作娱乐无界限

中外文化冲突的突出表现如下。

1. 民族性问题

中国和投资国各有自己璀璨的历史和文化。中国人在相当长的历史时期内一直认为中国文化是世界的中心文化，外国被称为"夷狄""异邦""夷邦"。但中国自古以来以自我为中心的文化意识却因欧美大陆的崛起面临着严峻的挑战。近代史上的衰败和鸦片战争后外侮的屡次入侵，使中国文化从过去自大的"天朝心态"沦为自卑的弱国意识和心理。中国人虽自知要学习西洋、摆脱困境，但又放不下"天朝"的架子。洋务运动提出的"师夷长技以制夷""中学为体，西学为用"的策略就足以表露出中国人的上述心态。

不了解中国文化的外国投资者们很难理解中国民族意识中自大和自卑的双重心态。改革开放以来，来自经济发达国家的外商们，自诩是发展中国家的救世主，所流露出的民族优越感使得持"世界大国"理念的中国雇员不甚买账，外国投资者所期待的中国雇员的感激涕零也没有在现实中出现。因此，其文化优越感受到了文化自尊、自恋感的强烈冲击。

2. 文化认同

尊重实则是对文化的认同。投资国在对东道国文化缺乏了解，并对文化差异皆无思想准备的状态下进行经营和投资，就会不自觉地陷入"文化休克"的境地。投资国人员若无法超越种族，信仰，感情和行为习惯的羁绊，总以母国文化尺度来衡量东道国文化，便会产生文化不认同感，进而发展为对其文化成员人格的不尊重。例如，某些外资人员在管理中，时常对东道国员工出口不逊，自然会引起东道国员工的对立情绪。

3. 制度观念

外国投资者多来自经济发达的、有较为完善法制体系的国家。母国企业建立了规范的经营管理制度，那些从小就具有法律意识的外籍管理者自然用契约来要求中方员工。法律意识淡漠的中国雇员则对企业的法律、法规阳奉阴违。以纳税为例，中方员工常常嘲笑外籍人员依法纳税且强行替他们报税的行为；中国雇员认可的诸多"正常行为"，在外籍人员眼中却是绝对的"illegal"（违法）。

中国文化中的"社会即家庭"的模糊观念使雇员们在工作中常常"公私不分"，不少员工利用公司的设备干私活，诸如，为私事打国际长途，私下复印文件，公车私用，请客、打车时多开发票金额，办公期间接打私人电话，将公司的办公用品拿回家自用等。如此这般，他们便很快失去了外籍管理者的信任，而资方在加强监督管理时，也常常遭到中方雇员的抵制和反抗。

4. 沟通障碍

外资企业在聘用中方雇员时要求其通晓英语或投资国语言，但资方，尤其是欧美企业派来的管理者由于不通中文和不愿意学习中文，造成沟通障碍，妨碍了外国投资方对中国文化的了解和中外方人员的信息与工作交流。

5. 交际障碍

中外双方在相互交际时遇到的交际障碍远大于语言障碍。发达国家以法律为准绳的原则与东方文化的"礼"强烈冲突。中方雇员在与外籍经理对话时，总是回避与其目光对视。此举在中国是礼，在西方却是心虚。周例会上，私下抱怨甚多的中国雇员却只在不得罪人的问题上蜻蜓点水，而在关键议题上缄默不语，中国的礼在西方人看来却是不坦诚。中国文化强调榜样力量和社群团体的作用，而西方人却崇尚个性自由和我行我素。中方雇员认为外籍人士不通人情，盲目遵循规则和法则，而中国"朝中有人好办事"的关系学理论也令外籍管理者头痛不已。

6. 工作态度

中国文化中道家、儒家、佛学思想对整个中华民族思想的形成起着举足轻重的作用。清静无为，中庸之道，不敢为天下先，退一步而求生，这些思想深深影响着中国员工的工作态度。中国人谦虚、含蓄、忍耐，有10分能力却显露8分，老庄的"曲则全、枉则直、洼则盈、敝则新、少则多、多则惑"的辩证法使中方雇员谨小慎微，畏首畏尾。他们工作随大流，竞争意识不强。西方人有8分能力却显露出12分。

7. 时间观念

外方人员的时间观念强，时间就是金钱（time is money），他们对时间的比喻和计算简洁而直率；而吟诵着"寸金难买寸光阴"的中国人的时间观念却不很强，不少雇员上班不准时，工作磨洋工，并且总是在找相应的借口。

第四节 跨国并购中企业文化整合的主要模式

跨国并购文化整合必须根据跨国并购双方的不同文化特征，选择相应的文化整合模式。在跨国并购文化整合模式的选择过程中，不仅要考虑文化差异的影响和并购企业的管理能力，还要考虑并购双方企业文化的类型、优劣、强弱程度、文化引力及母公司对多元文化的容忍度等因素。全球经济已经经历了 5 次企业并购的浪潮，跨国并购也如火如荼地进行着，文化整合是每个并购企业都要面对的课题。在充分借鉴西方理论中 4 种文化整合模式的基础上，当今跨国并购企业根据自身情况分别选取了自己的文化整合模式，采取的主要模式有以下 6 种。

一、移植模式

移植模式是将并购企业文化体系的主体移植到被并购的企业中去，而较少考虑被并购企业所在地的本土文化和原有的组织文化，也称文化替代模式。这种策略适用于双方社会文化背景差异较小的跨国并购，如果并购企业文化是强势文化，而被并购企业的地域文化或原有组织文化是弱势文化，并购企业就可以通过适当的方式和手段，将本企业的精神文化、制度文化等导入目标企业，使被并购企业的弱文化受到优势文化的冲击而被替代。这种文化整合模式的优点是整合过程中有一个强力型的核心文化起主导和推动作用，整合速度较快，效果明显。思科、可口可乐和通用公司在跨国并购文化整合中，一般都采用这种模式。但由于此模式是一种自上而下的文化整合，常常带有强制性，容易受到被并购企业员工的抵制，愤怒、敌对、失望的情绪会导致很多问题的出现，有一定的文化风险。例如，松下公司为了发挥技术优势进入娱乐行业，就收买了 MCA 公司，在整合时，松下公司想把 MCA 公司注重娱乐而又无拘无束的好莱坞式文化观念归化为其本身沉稳庄重、强调实际的日本式文化观念，两者发生了强烈的文化冲突，松下公司后来只好把 MCA 公司卖给了西格拉姆公司（Seagram）。在选择这种整合模式时需要慎重，尤其是在强强联合及并购双方的民族文化差异很大时，要尽量避免完全的强制式移植模式。

二、隔离模式

随着跨国并购越来越普遍，文化冲突也随之增加了一个层次，并进一步凸显出沟通和彼此尊重文化禁忌的重要性。采取隔离模式，第一种情况是因为双方文化背景和企业文化风格迥然不同，甚至相互排斥或对立，在文化整合上的难度和代价较大的情况下，如果能保持彼此的文化独立，避免冲突，反而更有利于企业发展。如美国通用电器公司控股日本五十铃公司时，由于美日国家文化及双方企业文化都有很大的差异，通用公司并没有向五十铃公司输入自己的文化模式，而是采用了文化隔离的方式。第二种情况是因为一般并购方和被并购方不是在同一行业，并购只是母公司多元化战略的行为，这样的并购，一般不需要做任何的整合。例如美国 USX 钢铁公司并购 Marathon 石油公司，并购后两家公司没有做任何文化上的整合。这种整合方式从短期来看，可以避免文化冲突所带来的风险，但从长期来看，很多情况是行不通的。从被并购企业角度讲，由于被并购企业总是受制于并购企业的，如果两家企业文化迥然相异，被并购企业的管理层尤其是中高层管理者肯定会产生抵触感、危机感，所以他们一旦找到合适的发展机会就会离开公司，造成人才的流失。此外，从并购企业来看，在并购的过程中肯定会产生一定的剩余人力资源，对这些人员的安置与对待，两种企业文化肯定会产生矛盾。而且，并购是为了带来规模经济，如果存在文化差异，文化冲突便会抵消一部分规模经济，甚至会产生"规模负经济"的效果。

三、引进模式

在跨国并购中，并购企业虽然在经营权和所有权上具有优势地位，但其企业文化可能只处于低级阶段的水平，相反，被并购企业虽然在经营权上和所有权上的争夺中处于下风，但其文化可能已处于高阶段的水平。在这种情况下，根据利益最大化的经济原则，并购企业就应当弃"王者"思想和"家长"作风，从整个企业的大局着眼，对被并购企业的优势资源予以充分的肯定与尊重，要予以足够的重视，力争把握其文化的精髓。此外，还要将这些从被并购企业文化中抽象出来的精华部分进行一番雕琢使之系统化、理论化，然后再将其纳入自己的文化中，使之成为并购企业的文化金字塔中一个不可或缺的组成部分。通过这种方式，并购企业可以充分利用被并购企业先进的文化资源，成功实现两种企业资源的优势互补，为企业的全面整合乃至并购动机的实现迈出坚实的一步。这种整合方式的特点是虽然并购企业在并购大战中取得了决定性的胜利，但它非常尊重对方，能够放下架子，"不耻下问"，虚心向对方学习其文化的合理内核，这种做法必然也会赢得被并购企业员工普遍的尊重与好感，为企业文化的全面整合奠定坚实的情感基础。这种整合方式的最大优点是不仅能博采两家之所长，实现并购企业的并购目标，同时其挑起的文化冲突与纠纷也最小，从而使企业文化的整合风险实现软着陆。当然，这种整合模式也存在不足，若被并购文化的精华部分虽然在被并购企业中能发挥出色的作用，但不适应并购企业的文化，这样反而会阻碍并购企业的文化发展，造成优势资源的极大浪费。这种文化整合模式在以弱胜强型并购中较为常见。

四、反向整合模式

如果当并购方在行业内的地位或某领域不如被并购方，或者被并购方对并购方的战略文化调整有促进作用时，需要采取这种文化整合模式。这种模式的主要特点是并购方不整合被并购方，而是让被并购方的文化影响并购方的文化转变。

五、融合模式

企业跨国并购组成新企业后，平等地进行交流，选择各自精华的部分紧密融合；成员企业有目的地吸纳对方企业的优良文化成果或文化经验，达成文化共识，在此基础上构造新企业的文化体系。融合式文化整合模式的优点在于，以求同存异为原则，进行文化互补，容易得到并购双方的认同与欢迎，可减少文化整合的阻力，降低文化风险，形成兼容性强的文化合金。例如，上海贝尔公司是由中国邮电工业总公司、比利时阿尔卡特公司和比利时王国政府基金会合资建立的。在公司建立之初，各方就本着互惠互利的原则，加强沟通，精诚团结，逐步形成了全新的"团结、奋进、为大家"的贝尔文化。

六、创新模式

创新模式是一种新型的管理文化模式，是指在企业团体共同利益基础上，在并购双方共同经营管理过程中，经过双方相互了解、协调而达成的共识的管理文化模式。并购双方在对企业文化差异的相互了解和理解的基础上重建一个对企业团体的生存、发展有利的崭新文化。它超越了个别成员的文化模式，产生于并购双方为达到共同目标而联合努力的过程中。当并购双方都比较优秀，又属于同一个行业，这种战略模式有助于新企业真正整合双方最好的方面而形成新文化。

第五节　跨文化管理实践

一、跨文化差异识别

研究发现，进行文化维度分析，识别不同文化的差异是跨文化管理的首要条件。

首先，跨国经营企业应充分了解本国、本民族、本企业的文化特征及精髓，并通过文化识别对东道国的文化如价值观、民族、宗教信仰、社会制度、行为方式、经营理念等进行深入细致的调查了解。

其次，跨国经营企业要将母国文化与东道国文化采用之前所陈述过的一些跨文化管理的相关理论进行对比分析，抽取两种文化特征及文化精髓。

最后，跨国经营企业要在尊重文化差异、求同存异的基础上对文化差异的表现成因及可能引起的文化冲突类型或对企业的影响等进行详尽分析。

二、跨文化培训

不论是来自母国的管理人员还是东道国的经理人员在面对跨文化的工作时难免有不足之处，来自母国的管理人员不熟悉当地语言文化、做事方式，而当地的经理人员一开始也往往很难在母公司和子公司之间起桥梁作用。因此，进行文化适应性培训变得十分必要。

如同人在接受教育的过程中自然会积累知识和文化，跨文化管理的理论及技巧也是可以通过训练和学习而得到增强的。

跨文化培训从广义上来说属于培训的一种类型，但是它与传统意义上的培训又具有显著的差别。巴贾特（Bhagat）和普里恩（Prien）1996年认为传统培训着眼于知识的获取而非态度的改变，而跨文化培训则更重视对不同文化之间差异的认识和接受。跨文化培训可以帮助跨国公司的外派人员以及东道国的（去掉外籍）员工提高跨文化理解能力和文化敏感性，使得在不同的文化背景下从事生产经营的跨国公司员工在面临文化差异和由文化差异所带来的摩擦和冲突时能够正确对待和妥善处理。

跨文化培训的历史源头可以追溯到第二世界大战后的美国。1955年，爱德华·霍尔到美国外事服务学院担任华盛顿特区国务院第四培训部项目的主任。针对当时美国许多外派人员和留学生因为没有跨文化培训的策略和计划而不能有效完成任务的状况，他首先认识到对于准备到国外文化环境中去工作的人来说，仅仅学习所去国家的信息和语言是不够的，因此在他们的培训项目中，重点应该放在文化与交流交际方面，如时间、空间和非言语对人际交往的作用等方面。20世纪80年代之后，随着经济全球化的发展，跨文化培训的研究和实务在商务领域也逐渐开展起来。

跨文化管理的培训可以通过以下3种方式进行。

（一）认知的方式（给予信息）

（1）影视/文字效果

跨文化经营企业应当在人员外派之前安排一段时间让他们接触即将进入的新的文化环境，并且尽可能多地提供一些直观的资料如电影、电视录像、图片文章，也可以请专家以授课的方式介绍东道国文化的内涵与特征，指导学员阅读有关东道国文化的书籍，为他们对新的文化环境作具体的可感知的介绍。

（2）训练新的习惯

文化的吸收是多种形式的，公司安排的训练可以包括参与表演或行为体验，比如接人待物的方式、饮食起居的习惯等，以此逐步吸收新的文化素养。

（3）案例分析

这是一种极好的理论训练。也许外派人员在分析这些他们今后可能碰到的相似的案例时仅仅把它当做一项作业来完成，也许外派人员因为时间太紧而仅仅浏览了这些案例，但它们实际已经在外派人员的头脑中留下了不可磨灭的印象。在今后的工作中，一旦碰到与案例相似的情形。头脑中深藏的印象就会如闪电般出现，给他们以有效的启迪。

（4）从全球化视角分析本公司的商务机遇

这是训练中一节最有价值的课，这门课不仅训练外派人员以宽阔的胸襟来分析、认识跨文化商务活动，而且可以增强外派人员对公司的忠诚度，对本公司事业发展的信心。当外派人员在临行之前与公司高层人员或董事会成员一起讨论本公司发展规划，寻找新的商机时，他们心中就会充满自豪感："总裁是这样信任我，我一定要做出个样子来让他们看看。"他们就会竭尽全力为公司的发展寻找最佳战略机遇，也会在今后的管理工作中保持着从全公司发展的宏观角度思考自己所负责的工作。

（5）对异源文化的期盼和假设

通过培训培养外派人员对接触新的文化类型的渴望，并鼓励他们对异源文化环境中人的价值观念的假设，不论这种假设正确与否，它总是有用的，外派人员会在海外的工作实践中自觉地检验这些假设是否正确。

（二）体验的方式（情绪适应）

美国凯斯西楚大学的组织行为学家大卫·库伯（David Kolb）的体验学习圈理论（experiential learning）很好地说明了体验式学习的优势（见图8-1）。他在总结了约翰·杜威（John Dewey）、库尔特·勒温（Kurt Lewin）和皮亚杰（Jean Piaget）等人学习模式的基础之上提出自己的体验学习模式。他认为体验学习过程是由四个适应性学习阶段构成的环形结构，包括具体经验，反思性观察，抽象概念化和积极实验。具体经验是让学习者完全投入一种新的体验；反思性观察是学习者停下体验并对已经经历的体验加以思考；抽象概念化是学习者必须达到能理解所观察的内容并且吸收它们使之成为合乎逻辑的概念；到了积极实验阶段，学习者要验证这些概念并将它们运用到制定策略，解决问题之中去。他认为学习过程有两个基本结构维度，第一个称为领悟维度，包括两个对立的掌握经验的模式：一是通过直接领悟具体经验。二是通过间接理解符号代表的经验。第二个称为改造维度，包括两个对立的经验改造模式：一是通过内在的反思。二是通过外在的行动。在学习过程中两者缺一不可。体验学习过程就是不断的经验领悟和改造的过程。

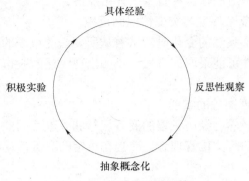

图 8-1　体验学习圈理论

体验式的跨文化培训常见类型有以下 3 种。

（1）心理适应与情绪调整训练

在感知的基础上，公司可以对外派人员增加体验训练，以加强外派人员的心理承受能力。指导者可以用受训者从未接受过的行为方式来对其加以训练。在这种工作方式下，他的心理承受能力必然会从不适应而变得有所增强。

（2）敏感性及反应能力训练

敏感性训练的目的是加强人们对不同文化环境的反应和适应能力。敏感性训练也叫做"T小组训练法"，是由美国著名心理学家勒温于 1964 年创建的一种改善人际关系和消除文化障碍的方法，其主要目的是让受训者能够学会有效地进行交流，细心地倾听以了解自己和别人的感情，从而加强人们的自我认知和对不同文化环境的适应能力，并促使来自不同文化背景的人之间进行有效沟通和理解。通常做法是把 10～15 名小组成员集中到实验室，由心理学家主持训练，训练者不再按照通常的商务逻辑与受训人员讨论问题，而是模仿所去国家的人的思维方式对受训者进行近乎不讲道理的咨询和否定。随着交谈的深入，人们开始更多地注意原来自己没有发现的文化和行为差距。实践证明，敏感性训练确实是一种能够有效改善多元文化团体人际关系的好方法。经过一段时间训练后，一般可以达到这样三个目的：一是受训者发现了平时不易察觉到的或不愿意承认的不安和愤怒的情绪，从而深入了解自己的内心世界；二是受训者能够设身处地地体察别人、理解别人，进行角色互换和换位思考；三是可有效地打破每个人心中的文化障碍，加强不同文化之间的合作意识和联系。

（3）工作与生活环境的模拟

从这种实际生活的模拟的过程中，外派人员可以感受到那种从未感受过的异域生活氛围，并且尽快熟悉东道国的习惯。可以对外派者进行当地语言的培训，增强语言交流和沟通能力是提高对不同文化的适应能力的一条有效途径。语言的掌握不仅仅要说这种语言，还要熟悉东道国文化中特有的表达和交流方式，如手势、符号、礼节和习俗等。

（三）行动的方式（模拟与实验）

（1）与来自多种文化背景的人一起工作

在这种实践性的训练中，把不同文化环境中工作和生活可能面对的情况和困难展现在学员面前，让学员学会处理这些困难的方法，并有意识地按东道国文化特点思考和行动，以提高自己的适应能力。可以学习如何与其他文化背景下的人交流沟通甚至结为朋友，也可以通过预先接触异域文化并逐步适应在这种背景下开拓业务。

（2）训练对商务世界复杂环境与突变情况的反应

当世界经济环境有一个突然的变化时，试着从所要去的市场的商人的角度去思考这个事件，以及他们应付这个事件可能采取的方式。比如出现突然的股市崩盘，外汇贬值，银行信用危机等。

（3）频繁的旅行与处理商务的实践

一个成熟的商务人员必然会经历频繁的商务旅行和处理不同业务事件的商务实践。如果有心让自己成为一个合格的跨文化管理者，应当在日常的商务活动中细心揣摩，积累与各种背景下企业打交道的经验。

（4）案例模拟

可以对即将承担的工作预先设计出一个相仿的案例，思考用什么样不同的方式来处理这个案例才能达到最佳效果。

多元文化培训的途径，如表 8-2 所示。

表 8-2　多元文化培训的途径

认知的（给予信息）	感情表达的（情绪）	行为（渗透的）
东道国历史背景	文化吸收与体验	与外国同事共同工作
东道国文化简介	心理感受	模拟案例分析
影片/图片	敏感性训练	出差与接待不同背景的人
东道国商务环境描述	情绪感受	对海外商务环境的分析
语言学习	生活模仿	制定海外工作指南
事件阅读	语言的初步使用	强化的语言应用

系统的跨文化培训虽然可以提高跨文化管理者对东道国文化的敏感性和适应能力，但并不能保证他们能够在东道国有效应付不同文化的各种冲击。外派管理者必须学会以尊重和接受的态度对待异国文化，切忌用本国的文化标准随便批评异国文化，更不能把本国文化标准强加于东道国公民。而且，在遇到挫折时要善于忍耐和克制自己，把自己当做东道国文化的承受者，灵活地处理因文化差异产生的各种摩擦和冲突，在建立良好工作关系和生活关系的过程中增强对不同文化的适应能力。

三、跨文化沟通

从 19 世纪以来，许多文化人类学家对跨文化沟通进行过论述，但作为一门独立学科却是在 20 世纪 70 年代末形成的。它以具有不同文化背景的个人、组织、国家进行信息交流与沟通的社会现象为研究对象，在近二三十年来发展十分迅速。

沟通过程是信号编码、解码的过程，包括言语信号和非言语信号，非言语信号如行为（手势）、物体等，构成沟通中非语言交际行为，一些同样的肢体语言和物体，在不同文化中有着不同的含义。沟通是把数据、信息、想法和念头从一个人传递到另一个人的过程。在沟通过程中，主动去沟通的一方称为"发送方"，接受沟通的一方称为"接受方"。信息通过所谓的"媒介"传递给接受方，这种"媒介"可以是比如面对面的会晤，抑或是通过电话、电子邮件，甚至可以是电视电话会议。接受方接收信息，将其翻译并理解。反馈过程与上述过程相似，只是此时接受方的角色变成了发送方而已。沟通的有效性是指接受方对发送方所传递信息的理解程度。在沟通过程中，一般把影响有效沟通的因素叫"噪声"，包括真正的有声噪声。但是，妨碍正常有效沟通的真正"噪声"，往往是无声的，比如各种偏见、态度、知识、沟通习惯等。在跨文化沟通中，这些"噪声"的影响尤其严重。

跨文化沟通（cross cultural communication）是指两个具有不同文化背景的人或群体之间表达思想、传递信息、交流感情、形成互动的行为过程。跨文化沟通的实质，是不同文化双方对彼此尊重和理解。

在存在文化差异的前提下，跨文化沟通的目的在于避免或减少跨文化风险，求同存异，树立发展双方的文化包容观，将由于文化上的差异带来的冲突降到最低程度，并产生文化协同效应，进而在组织中营造出相互尊重、和谐友好的氛围，建立多层次、制度化、正式及非正式沟通形式，实现组织内无缝沟通。

跨文化沟通的有效策略如下。

（一）实地文化适应

从国际化经营企业的发展历程来看，大多数跨国公司尤其是欧美等国的公司，在国际市场成功经营的经验告诉我们，利用跨文化人才管理海外企业，实施企业经营当地化，是国际企业跨文化管理的必然选择，也是国际企业进入海外市场的策略之一。IBM 中国有限公司人力资源部经理徐振芳说："人才本地化是公司目前的政策和方向，并不是虚伪的假话而已"。1992 年 IBM 中国公司成立时不到 200 人，现在已增加到 1 500 人，发展速度相当快。处在异域文化中的国际企业，经营当地化是最能适应异域文化、最能避免激烈文化冲突的跨文化管理模式。因为经营当地化能避免与东道国间贸易和投资摩擦，增加东道国的就业机会，繁荣东道国的经济，在通过生产要素当地供给降低公司风险的同时，能够使公司更加亲近当地文化，融入当地社会，也容易被当地人所接受。

（二）跨文化培训

研究发现，若想有效地进行跨文化沟通首先应进行文化维度分析，识别不同文化的差异。跨国经营企业应对本国、本民族、本企业的文化特征及精髓与其他文化特征进行比较研究，并通过文化识别对东道国的文化，如价值观、民族宗教信仰、社会制度、行为方式、经营理念等进行深入、细致的调查了解。针对文化差异，尤其是矛盾性的差异开展敏感性训练，培养跨文化认同就是一种站在其他文化的立场上，去体会、感受其他文化的价值观、思维方式、行为规范的非语言文化沟通策略。文化敏感性训练主要是训练企业员工对当地文化特征的分析能力，促进不同文化之间的沟通和理解；或让企业员工与来自不同文化背景的人相处，通过交流获取应对其他文化的技能。跨文化培训是构建跨文化沟通平台不可或缺的一步，培训内容包括：文化认识、语言学习、处理跨文化冲突的技巧、区环境模拟等。跨文化培训的地点可选择企业内部，也可通过外部培训机构如大学、咨询公司等。

（三）建立开放的双向沟通渠道

建立公平的工作环境，信息要求透明公开，已成为跨国经营管理中有效沟通的重要前提。跨国企业的管理模式在多种文化共存的前提下，不能简单地模仿和沿袭原有单方向文化的管理模式，而应建立一种有利于不同管理文化双向沟通的跨文化管理模式。不同文化背景的员工应有相同的权利和机会参与企业管理，同时为不同文化背景的员工建立正式和非正式的交流平台，有益于构建良好的工作氛围、相互沟通学习，尽力消除文化差异造成的沟通不畅和误解。消除文化差异的影响，树立包容多元文化的观念，培育全球经营的观念，实现不同文化成员的真正融合。同时，在沟通方式上应尽量减少沟通层级，通过越级沟通（leapfrog communication）来降低信息失真度，减少跨文化沟通成本。建立组织内的非正式沟通（informal communication）有助于跨文化冲突的缓解，建立以加强成员关系为目的的跨文化沟通。

总之，进行跨文化沟通，是促进相互理解与合作，使企业成功跨国运营的战略选择。一个跨国经营企业，必须尊重文化差异，回避文化冲突，融入当地文化，才能建立合适的跨文化管理模式，巩固和强化自己的竞争优势，确保企业战略目标的最终实现。

案例　北京金融街威斯汀大酒店的跨文化管理

一、北京金融街威斯汀大酒店背景介绍

1. 北京金融街威斯汀大酒店简介

北京金融街威斯汀大酒店是金融街集团所属北京金昊房地产开发有限公司投资开发的国际五星级酒店，由美国万豪国际酒店集团公司以"威斯汀"品牌经营管理。它是一家产权、管理经营权分属，即"产权归中方，管理归美方"的中外合作式企业。酒店于2006年10月开业，现有员工600多名，平均年龄约30岁，其中党员16人，团员青年将近200人。北京金融街威斯汀大酒店管理团队和员工来自世界各地，其中外籍员工20余人，多为管理人员，分别来自美、英、德、法、加、意、荷、澳、墨、印度和马来西亚等十多个国家。中国员工占绝大多数，多为普通员工，其中北京户籍员工约占59%，外地户籍员工约占41%。由于酒店经营管理权归外方且管理人员来自世界各地，因此，该酒店就成为一个类似"小联合国"而具有世界性的酒店。

北京金融街威斯汀大酒店以其独特的管理理念及服务在行业中确立了领先地位。自2007年开业至2016年，金融街威斯汀大酒店及公寓累计完成营业收入31.64亿元，上缴业主利润11.28亿元，上缴税收1.72亿元。酒店获得了"世界杰出金融区酒店"，中国饭店协会授予的最高荣誉"国际水晶奖""中国饭店协会20周年行业创新奖""中国饭店协会20周年爱心企业奖""中国优秀绿色饭店""全国十佳绿色客房"等荣誉称号。2013年，酒店工程部被中华全国总工会授予"工人先锋号"称号，酒店还获得"第二届全国饭店业劳动关系和谐企业"荣誉称号。自2007年开业至2016年，酒店荣获国内外各类专业奖项和各类表彰达到145项。

2. 万豪国际酒店集团公司概况及其企业文化

万豪国际酒店集团公司（Marriott International）是全球最大的酒店集团，总部设于美国首都华盛顿特区。2016年9月23日，喜达屋正式加入万豪国际集团，随着并购的完成，万豪在全球110多个国家和地区拥有逾5 700家物业，客房总数超过110万间。万豪国际酒店集团公司旗下品牌包括万豪（Marriott Hotels & Resorts）、JW万豪（JW Marriott Hotels & Resorts）、万丽（Renaissance Hotels & Resorts）、万怡（Courtyard）、万豪居家（Residence Inn）、

万豪费尔菲得（Fairfield Inn）、万豪唐普雷斯（TownePlace Suites）、万豪春丘（SpringHill Suites）、万豪度假俱乐部（Marriott Vacation Club）、丽思卡尔顿（Ritz-Carlton）、威斯汀（Westin）等30个领先酒店品牌。万豪国际集团的文化突出地表现为以下4个方面。

（1）我们十分包容

我们知道当我们感到被重视和尊重时，会让我们的宾客也感觉如此。在万豪，您将找到一个可以真正做回自己的环境。每个人的优势和才能都会受到重视，每个人都有机会发挥自己的潜能。我们骄傲的是我们对发展多元性和包容性的努力让我们从其他公司中脱颖而出。

（2）我们以人为本

我们群策群力，互相尊重，对待同事如同对待自己的家人和贵宾一样。我们坚守公司创始人的信念："同事之间互相关怀照顾，必定能为客人提供更周到体贴的服务。"为同事提供成长机会已成为公司重要的文化基因。

（3）我们是绿色使者

在万豪工作，我们可以带来不同。万豪是公认的环境责任领导者。我们努力将业务运营对环境造成的影响降至最低。在我们员工生活和办公的社区，我们也支持环境保护工作。

（4）我们参与其中

万豪让我们得以参加全球各地的社区服务项目和计划。作为一家企业，万豪关注全球五大社会问题：扶贫、环境、社区劳动力培养、儿童健康以及全球多元性和包容性。

二、体验中国文化

许多不同国籍、不同民族的成员聚集于同一家企业共同工作，文化的冲突无疑会导致企业管理的错综复杂。作为一家类似"小联合国"而具有世界性的酒店，北京金融街威斯汀大酒店确实面临跨文化沟通的压力。为此，酒店党支部、工会先后策划实施了"同绣一面国旗""用中国字，书中国梦""共庆中国农历小年"等跨文化体验的活动，帮助外方管理层和外籍员工了解并融入中国当地文化。

1. 同绣一面国旗

2009年9月1日下午2:00，酒店全体党员、酒店行政管理委员会成员、申请入党的积极分子和各部门代表齐聚在多功能厅内，举行了"同绣一面国旗"活动的启动仪式。这是为庆祝新中国成立60周年，北京金融街威斯汀大酒店党支部、工会举办的一次活动。

党支部成员、全体党员和各部门的代表们纷纷走到国旗前，用自己的一颗赤诚真心，在红旗上绣上了凝聚着自己对祖国母亲衷心祝福的一针。来自不同国家的酒店行政管理委员会的成员们也参与到这项活动当中，他们一边绣国旗，一边了解五星红旗的渊源历史。大家绣好自己的一针后纷纷与国旗合影，留下他们人生中难忘的一刻。

启动仪式结束后，党支部和工会在酒店员工餐厅再次将鲜艳的五星红旗挂起。员工们热烈响应，一时间，来绣国旗的员工把酒店员工餐厅门口的通道都挤满了。绣花针在每一个员工的手里传递，一针针，一线线，大家屏住呼吸，把对中国的爱贯注到这细细的针脚里。

来自马来西亚、英国、澳大利亚、印度、加拿大等国的酒店外籍员工也纷纷加入到绣国旗的行列当中。一位外籍员工说："我们也爱自己的国家，爱自己的国旗。同样，也深爱鲜艳的五星红旗。绣上一针，就像有什么扎在我的心上，意味着我和这个国家有了更深的联系。"

国庆前夕，这面由酒店 600 多位中外员工共同参与绣制的国旗终于绣好了，国旗飘起的那一刻，很多人的眼里都涌出了热泪。

2. 用中国字，书中国梦

2012 年 12 月 19 日北京金融街威斯汀大酒店党支部工会开展了中外员工"用中国字，书中国梦"硬笔书法展活动。

活动举办之初，两万八千多字的十八大报告被拆分印制成 286 份书法字帖，酒店 286 名中外员工积极参加，用硬笔书写十八大报告。未来中国的发展，不仅关系到每一位中国员工的切身利益，同样也关系到在中国工作的每一位外籍员工的切身利益。中国文字是中国文化的载体，也是中国文化的象征。学写中国字激发了外籍员工对中国文化的热情，外籍员工通过用中国字书写十八大报告，也是对中国文字和中国文化的学习过程，可以激励他们更多地学习和了解中国的文字、中国的文化，以及中国的政策。

一百字的报告抄写对于中国员工来说十分轻松，但是这可愁坏了酒店的外籍员工。方块字是世界公认的最具难度的文字，外籍员工们丝毫不敢怠慢和马虎，一笔一画写得像模像样。北京金融街威斯汀大酒店的英国籍驻店经理也参加了此次活动，他写中国字的认真劲头让中国同事十分感动，这 100 个中国字他写了足足一个小时，写好后还主动拿给中国同事看，询问书写的报告内容。酒店中来自英国、德国、法国、加拿大、荷兰、马来西亚、墨西哥等国的 8 名外籍高管及员工也参与了此次活动。

历时近一个月，由酒店 286 名中外员工用硬笔书写的十八大报告终于完成。大家将报告装订成册，同时将书法作品制作成了一块 2.5 米高、8 米长的展板进行了展出。

3. 共庆中国农历小年

2017 年 1 月 20 日，在中国传统的农历小年到来之际，为了让远离自己祖国的外籍员工能够体验中国传统过年的民俗风情，北京金融街威斯汀大酒店党支部工会举办了一次"慰问外籍员工新春团拜会"，来自英国、法国、印度、墨西哥、马来西亚、韩国等 7 个国家的外籍员工参加了活动。他们通过包饺子、贴窗花、挂吉祥物、写福字，亲身体验原汁原味的中国年的味道。外籍员工们切面剂子、擀皮、包馅儿、捏褶，有板有眼。

英国籍驻店经理默林在参与活动后说，通过包饺子感受到了中国春节的民俗和过年气氛，还学会了包饺子，回去一定要包给他太太吃。

三、以人为本

"我工作了 22 年，在很多外资酒店干过，这里是最令人难忘的。金融街威斯汀跟别的酒店很不一样，非常关爱员工，让人可以完全融入这里的工作和生活，不是一个简单的打工的地方。"谈起酒店工会，中厨房副厨师长才广民这样称赞道。

1. 我爱我岗位，我练我技能

2014 年 2 月，酒店党支部和工会会同酒店前厅部举办了"前厅部个性化服务技能大赛"。"个性化服务"是当年外方酒店集团新推出的服务标准，因此党支部和工会因时制宜，为检验员工对这个新服务标准的学习程度，策划了本次劳动竞赛。

众所周知，酒店前厅部是酒店的"窗口"，能够反映酒店的整体服务质量，因此，此次劳动竞赛通过角色扮演这一实操模式来展现员工在第一服务现场的真实情况。竞赛前夕，评委先向所有参赛选手公布了比赛的 8 个命题性场景，设置的情景均选择了前厅部日常工作中容易碰到的棘手问题，其中包括了 4 项办理入住和 4 项结账离店的内容。员工在比赛当场随机抽取序号,与一名资深的客户服务经理扮演的客人进行即兴全英文对话。竞赛的评分标准在产品知识、服务流程、沟通技巧的基础上,增加了对于"个性化服务"和应变能力的考量。

对于本次竞赛,前厅部员工参与的积极性很高,参赛选手包括了前厅部一线所有部门的代表,有员工、有主管、有本土培养的毕业生、有留学多年的海归,还有酒店的外籍管理培训生。2月28日下午,"前厅部个性化服务技能大赛"正式开始。参赛选手抽取的场景各不相同,有的抽到的场景是"金卡客人在办理入住时,要求预定6人会议室";有的抽到的场景是"客人到店时,预订的房间还未打扫完毕";有的抽到的场景是"客人结账时声称自己的房费是由公司支付的,但实际不是这样";还有的抽到的场景是"在给客人办理入住时,发现其信用卡不能刷预授权"……设置的场景五花八门,由资深客服经理扮演的客人又都极具挑战性,给参赛选手们出了不少难题,但选手们并没有被难倒,大家都一直面带微笑,用大方沉稳的态度解决着"客人"提出的问题。这其中不乏诙谐幽默的场景,逗得大家捧腹大笑,也使紧张的比赛气氛得到了有效缓解。

本次大赛在前厅部引起了强烈反响,大家在向获奖选手表示祝贺的同时,更看到了一个个鲜活的"个性化"服务楷模。无论是新员工还是老员工,都更加具体深刻地领会到集团所倡导的"个性化"服务的精髓。通过这次比赛,参赛选手们及时地发现了自身的亮点和不足,明确了以后工作中的努力方向。管理层在比赛中也发现了员工身上的闪光点,大赛桂冠获得者李翔宇也迅速地从一名普通员工晋升为主管。

培育一支素质高、技术强的员工队伍,是关爱同事的最好体现。北京金融街威斯汀大酒店党支部和工会从2011年起,会同各部门每月开展"我爱我岗位、我练我技能"系列劳动竞赛活动。很多在比赛中表现突出的员工,在工作中被提升或委以重任。每月一次的劳动竞赛在酒店已经形成制度;不断创新的竞赛项目,也为酒店的人才储备和可持续发展创造了条件。

2. "百变丝巾秀"与"趣味打领带"

2015年3月4日下午,金融街威斯汀大酒店二层聚宝厅内一派喜庆的气氛。来自酒店7个部门的35名女员工参加了酒店党支部、工会和团委庆三八"百变丝巾秀"及"趣味打领带"比赛活动。活动中,女员工们放下平时的工作压力,欢聚一堂,大家在快乐的系丝巾和打领带活动中大展身手,共同庆祝自己的节日。

"百变丝巾秀"展示女员工别样风采。本轮比赛项目分别让每组各出2名参赛队员及2名模特,在观众面前,参赛队员要将模特们打扮一新,并在T台上展现自己。裁判不仅要通过参赛队员系出的花式丝巾给予评分,还要通过各个队的模特在台上的展示加以评判。

"趣味打领带"男模特为女员工们的比赛加油助威。本轮比赛项目让每组选出1名参赛队员及1名男模特,在速度与花样上展开角逐,每个参赛的女员工分别用2种系法为男模特系领带,同样也是由模特在T台上展示自己。裁判根据台上及台下员工的表现给予评分,打领带及模特走台步各占5分。两个项目的最终得分相加,按分数高低选出前三名。

在欢快音乐的衬托下,各组队员都开足马力,拿出了自己的看家本领。在比赛过程中,主持人采访了台下的一位观众:"请问你是新来的员工吧?第一次参加我们酒店党支部、工会和团委举办的活动吧?感受如何"?这位女员工满脸笑意地回答道:"我是今年年初加入到威斯汀这个大家庭的,而且是第一次参加这种活动,我觉得仿佛又回到了学生时代。通过这个比赛，我又学到了几种系丝巾的样式，感到非常开心，觉得来参加这个活动很有意义"。

时间一分一秒地走过，转眼最后一轮的比赛也结束了，裁判们根据大家的表现分别打分。比赛结果第一名是财务部团队，他们不仅把丝巾和领带处理得认真有创意，在T台上更是表现活跃，冠军实至名归！第二名是前厅部团队，在T台上，他们表现得尤为出色；第三名的获得者是餐饮部团队，他们通过大胆的系丝巾方式，赢得了裁判们的认可。

四、绿色使者

为创建绿色酒店，在酒店深入开展"比节约"，积极推广"低碳生活"的节约理念，形成节电、节水、节油、节支的良好氛围，酒店党支部和工会带领工程部的党员、入党积极分子和员工一起，推出了以绿色环保为主题，节能减排为目的的"绿色客房"建设项目。

作为北京地区第一家进行绿色客房改造的酒店，是第一个吃螃蟹的人，没有可供参考的数据与方案。工程部经理魏健带领工程部员工针对现有客房进行房态分析，找出能够进行节能减排改造的具体项目，以节电改造作为先期试点改造项目。工程部的每一名员工都积极要求加入到绿色客房的改造项目中，各个班组同心协力，制定改造方案。电工组提出从光源入手，水工组提出可以将马桶及水龙头进行改造，弱电班组想到能否安装客房用电显示系统，让客人了解在房间内的能源消耗情况。

项目组先将照明设备进行改造，由原有的普通20瓦射灯，在不改变光效的前提下，改为4.5瓦的LED射灯；房间内所有普通的光源都更换成节能灯。改造前，每间客房的光源总功率为573 W，改造后，每间绿色客房的光源降低到总功率167 W，每一间客房节约了406 W，并在卫生间增设了人体感应开关，这样就大大降低了房间的用电量。

接下来对房间内的节水项目进行改造，项目组将原有的普通水龙头更换成低流量节水龙头过滤芯；将房间内水龙头的出水量从原来的10~12升，降低到6~8升，每间绿色客房的水龙头节水4升。利用酒店中现有的中水系统，回收面盆与浴缸的用水，经过中水系统的处理，再次给马桶冲水使用，达到了变废为宝的目的。房间内还放置了分类垃圾箱，引导客人将垃圾在客房内进行分类回收，让客人在旅途中体验环保生活。

现在绿色客房每天的用电量为4~5 kW，每天马桶的用水量约为4升，水龙头每天的用水量约为14升。小改造，大改变，绿色客房在生活的点滴中真正做到了节能减排。经初步计算，一间"绿色客房"每年能为酒店节约电费926.09元，酒店总共486间客房，全部改造完成后，每年将会为酒店节约电费约45万元。

在绿色客房的推广过程中，酒店还与松下公司合作，在控制系统添加了便于直观观察的网络操控和用电量的精确计量，用iPad可以直观地看到房间的用电负荷，而且可以看到房间中所有的灯光开启、关闭的情况，以及入住一天的用电量。酒店还相应推出了客人入住绿色房间一天，用电量不超过5度电的情况下，奖励500积分的活动，这样可以更好地让客人参与到节能减排的环保活动中来。

五、参与其中

浪堤乡曜阳托老所一共住进了40余位失能老人。北京金融街威斯汀大酒店的中外志愿者们了解到浪堤乡马上就要进入冬天，但那里却没有办法供暖，于是就为老人们准备了方便的取暖工具—电暖宝；同时也为他们准备了保暖用的围巾。

2013年11月15日一早，志愿者们驱车赶往浪堤乡曜阳托老所进行慰问活动。一路山路险恶，让人感觉一不小心就会掉进山谷里，也让志愿者们对这个贫困的地方有了更多的了解。当志愿者们顺利到达曜阳托老所后,眼前的一位位老人让客人们的心里很不是滋味。他们没有像样的衣服,没有合脚的鞋子,有的甚至身体都不健全。看到志愿者们来了他们都很高兴,脸上洋溢着幸福的微笑。

捐赠仪式后,中外志愿者拿着准备好的电暖宝和围巾来到每位老人面前,亲手教他们如何使用电暖宝,并为他们戴上围巾。

有位老人拉着志愿者的手,激动地说:"谢谢你们来看我们,你们在这儿多待会儿,听我们说说话。"听到这句话,志愿者们的心里更加不是滋味,老人们需要的不仅仅是物质的资助,更需要精神上的关怀。

墨西哥籍志愿者吉尔伯特在后来的"我在云南红河的经历"文章中写道:"真正有魔力的时刻就在我们开始给每一位爷爷奶奶戴暖手宝和围巾的时候,他们眼神里流露出来的爱与感恩是那么的让人感动。他们虽然听不懂我说的话,可他们一直握着我的手,拥抱我就像我是他们自己的孩子一样。就在那时,我明白了我们这次长途跋涉来到红河这个偏远山区的目的和意义。是的,这里的食物很棒,这里的人很热情,这里的景色很迷人,这里的鲤鱼很美味,可什么都无法与我们给予失能老人的爱、微笑和喜悦相提并论。"

北京金融街威斯汀大酒店十分注重关爱他人、关爱社会和关爱自然,常年慰问周边社区和金融街残疾人康复中心、孤老院和敬老院等。2013 年 3 月 5 日威斯汀中外志愿者服务队成立以后,慰问的区域也越来越广。2013 年 11 月 14—16 日慰问云南红河县浪堤乡曜阳敬老院就是一次伸向远方的关爱社区活动。

六、总经理对话会

2016 年 5 月 8 日下午,北京金融街威斯汀大酒店举行了一次总经理对话会。

员工代表赵娜是一位北京户籍员工,她提出:"我们员工开车来酒店上班,但酒店目前停车位不够用。"美国籍驻店总经理汤姆回答道:"请安保部尽量更加合理安排车位,我们鼓励员工上下班乘坐公共交通工具。从 6 月份起每人每月补助交通费 200 元人民币。"

员工代表钱丽是一位外地户籍员工,她谈道:"我们的宿舍太干了,是否可以加装加湿系统,或提高住宿条件?"汤姆回答道:"好的。我们后续抓紧安排购置两台加湿器,放在男女宿舍中。"

来自餐饮部的员工代表孙琳举手了,她谈道:"全日餐厅的早餐很忙,我们还要让客人签单,是否可以增加一个系统,客人只要刷房卡就可以识别房费是否包早餐。"汤姆听后连连点头回答道:"这是一个很好的想法,对于这个建议你可以先与部门主管或经理直接反映,然后与他一起跟进落实,后续我会请部门总监给予支持的。"

员工代表李强是一位资深的酒店员工,他直言道:"现在我们酒店聘用了一些外包的员工,他们的中文、英语和服务都相当的差。"汤姆听后表示认可他的观点,答复说:"你说的非常对,他们降低了我们的服务水准,这是我们当前要解决的问题。昨天,我们同客房部及人力资源部开了一个会,在会上大家提出了一些针对性的解决办法,例如寻找新的外包公司,安排英语培训等。我们今后会抓紧落实这些措施的,过一段时间你们将会看到变化的。"

通过举行总经理对话会,员工们能够和酒店的最高管理层直接对话,反映员工对酒店管理的意见和建议。总经理到场回答员工的提问,听取员工的建议。总经理也常常就酒店的经营策略和宏观经济形势分析向员工进行通报,把员工的积极性引导到共谋企业发展上来，同时也营造了"相互尊重、共谋发展"的和谐劳动关系。

工程部总监宛华涛曾评价说："通过党支部和工会提供的平台，我们员工不再只是普通的打工者，我们能够和管理层直接对话，反映对酒店管理的意见建议。"

在威斯汀酒店党支部和工会的推动下，经过与外方管理层的充分沟通和协商，酒店职工代表大会、全体员工大会、总经理对话会、员工膳食委员会等在金融街威斯汀大酒店逐步形成了相应的制度。

（资料来源：中国管理案例共享中心案例"北京金融街威斯汀大酒店的跨文化管理"）

复习思考题

1. 试举例说明什么是跨文化问题？
2. 跨文化冲突的原因主要有哪些？
3. 中外文化的差异主要有哪些？
4. 跨文化整合的模式有哪些？
5. 试查找 1 个跨文化整合的案例，并分析其启示。

案例讨论

联想集团的跨文化管理

一、联想集团并购 IBM 公司 PC 业务的背景

2004 年 12 月 8 日，中国内地最大、全球排名第八的电脑公司联想集团，宣布以总价 12.5 亿美元收购 IBM 公司的全球 PC 业务，包括台式机业务和笔记本电脑业务，以及研发、采购、客户、分销、经销和直销渠道等。具体支付方式为 6.5 亿美元现金和 6 亿美元的联想股票，并接收下 IBM PC 业务的全部 5 亿美元净负债，其中股票的支付方式为联想以每股 2.675 港元（12 月 6 日停牌前的价格），向 IBM 发行 8.21 亿股新股和 9.126 亿股无投票权的股份。收购前联想集团的股权结构为联想控股持有 57%，公众流通股占 43%；收购后 IBM 则一跃成为联想集团第二大股东，持有联想的约 19% 的股票，联想控股继续保持第一大股东地位，持有约 46% 的股份，公众流通股约为 35%。

通过上述交易，按照双方 2003 年的销售业绩计算，新联想全球的出货量达到了 1 190 万台，销售额一举升至 120 亿美元（此前联想的年销售额只有 30 亿美元左右），是联想集团当时个人电脑业绩的 4 倍。以 7.8% 的出货量成为仅次于 DELL 和 HP 的全球第三大 PC 厂商。联想实现了对 IBM 的 PC 业务的收购。不仅如此，联想还获得了 IBM 在个人电脑领域的全部知识产权、遍布全球 160 个国家的销售网络、近 1 万名员工，以及在为期 5 年内使用"IBM"和"Think pad"品牌的权利，这就使得联想的产品在全球 PC 市场上具了最广泛的品牌认知。

二、新联想面临的文化整合问题

对于这次收购，联想高层认为最大的风险在于运营风险，主要有三点：一是 IBM 以前客户的流失；二是 IBM PC 部门员工的流失；三是企业文化的磨合。

下面分析新联想面临的文化整合问题。

（一）联想公司的企业文化

联想成立于20世纪80年代，是一家由中国科学院出资20万在一个传达室中起步的民营企业。联想在并购时的企业文化是：以人为本、客户至上。联想文化的内核是责任。确立企业对社会的责任感，培养个人对企业的责任感，是联想文化的核心。柳传志说："联想集团之所以能获得一些成功。根本的一点在于联想人是用了船主的责任感在当船长，说到底就是联想负责任、有使命感。""负责任、重承诺、讲信誉"是联想企业文化的重要标志。柳传志一贯强调"办公司就是办人"。坚持对公司员工和干部灌输联想文化，进行思想培训和技术培训，培养员工对企业的责任感。通过强调客户至上的理念，把联想公司的客户责任感很好地体现了出来。

（二）联想企业文化和IBM企业文化的差异

对比两个公司的文化，我们可以发现，联想和IBM的企业价值和文化有很多相似之处。两个公司的核心价值观基本相似，都注重以人为本和客户价值，在进行商业活动时，联想和IBM都以诚信为本。只是IBM公司更为强调创新。具体来看，在客户至上方面，两家公司的价值观没有实质性区别。在以人为本方面，由于东西方文化差异的影响，存在以下4个方面的差异。

1. 经营理念差异

危机意识。联想和IBM在危机意识上存有差异，IBM的企业文化建设比联想要早80年，是一家具有百年辉煌的世界级跨国公司，具有美国文化的优势。1981年8月12日，IBM公司推出世界上第一台个人电脑5150，标志着个人电脑真正走进了人们的工作和生活之中，IBM是个人电脑的奠基人。在20世纪80年代，IBM一直垄断着全球PC市场。此后，IBM不断向IT业高端发展，其在PC业务的地位被康柏和戴尔取代。在经过了巨额亏损后，IBM决定出售制造工厂，自身只保留成长性好的设计业务。IBM之所以发展成为百年老字号企业，体现了它始终保持着危机意识，坚持不懈地追求创新和进步。联想诞生在中国改革开放的大潮下，在计算机领域以年轻有为、奋发向上、朝气蓬勃著称，有着浓厚的中国文化底蕴。联想创下了无往而不胜的记录，而缺乏危机意识。这是一种危害联想发展的意识，它使相当多的联想员工倾向于把一切都视为理所当然。认为自己无所不能，自己的一切都是正确的，而对外界的变化充耳不闻，对不同的观点不屑一顾，还会对客户、对合作伙伴产生怠慢心理和行为。

经营目标。联想和IBM由于所处国度不同、发展历史不同，以及在竞争中所处的地位和作用不同，在经营目标上也存在一定差异。联想和IBM企业文化都强调"服务顾客"，但在经营思维、经营目标上却存在较大差异。IBM追求服务顾客成为全球第一，每年都要在全球所属公司投下了大量的钱财，用于服务顾客的训练与教育，这是任何公司无法比拟的。联想也很重视发展客户关系，但有时流于形式，缺乏真正科学的调查研究。对于客户真正的需求并不了解，联想所津津乐道的很多东西其实是用户一点都不关心的。联想文化提倡高效、严格，这是典型的生产企业文化。骄傲使得联想在发展和巩固客户关系上表现为闭门造车，自以为是的决策、工作方式并不少见。

2. 管理决策上的差异

领导风格。不同的社会文化背景，使得联想与IBM的管理风格存有差异。IBM是20世纪最卓越的公司之一，多年来IBM的很多东西都根据时代的发展而变化，唯有企业信念是不变的。这套信念可以归纳为三个核心：尊重员工，帮助员工成长；企业应该为员工提供

"连续不断的晋升机会"，重要的管理职务应该提拔内部员工来担任；IBM 期待并要求员工在处理任何事情时都要有上乘的表现。联想的管理风格强调管理三要素，具体内容是搭班子、定战略和带队伍。"管理三要素"是建立在两个前提之上，一是班子里的人是最重要的，是企业的发动机。二是队伍只是而且必定是这个班子借以实现战斗任务的手段。这种文化有利于团结一群人，并且保证各种战略高效落实下去，这在联想的创业和发展过程中发挥了重要作用。但是，这种文化蕴藏着很大的消极因素，它就会演化成一种以班子为中心、唯班子是从的文化可能带来大量的业务和管理骨干的流失。

制度与效率。由于 IBM 是一个庞然大物，制度对于其运营的作用不可小觑，因此 IBM 是一个非常程序化的公司，员工都遵守各种程序化的流程。同时，蓝色巨人 IBM 的文化属于比较传统的美国文化，公司文化很注重个人，员工在工作中的授权比较大，在公司里形成空谈无益，最重要的是运用策略、采取行动、切实执行、衡量效果，重视奖赏的氛围。IBM 的制度与效率总是密切结合。联想向来以严格和强调执行力而著称，下级对于上级的命令要严格执行，而且上级对于下级的干涉也比较多。联想内部组织关系分立，汇报关系层层，等级森严，各部门间遇事推诿，互相制衡，缺乏配合。联想与 IBM 在遵守制度和执行效果之间的协调能力也有所区别，如果制度僵化将成为提高企业运营效率的严重障碍。

竞争机制。竞争机制对于企业选拔重用人才，以及企业的长远发展至关重要，联想和 IBM 在竞争机制也存在差异。IBM 是一个具有高度竞争环境的跨国公司，它所创造出来的气氛，可以培养出有用的人才。在 IBM 公司里，同辈竞相争取工作成绩，又不断地强调教育的重要，因此每个人都不可以自满，都努力争上游。每个人都认为任何有可能做到的事，都能做得到。这种态度令人振奋。有优异成绩的员工就获得表扬、晋升、奖金。联想内部员工之间缺乏一套有效的竞争机制，竞争机制的缺失使得联想过分依赖"班子"成员，而想尽一切办法来留住、笼络他们。这种趋势发展到一定阶段，会助长官僚主义和形式主义，扼杀创新。

3. 价值取向差异

工作信念。联想和 IBM 都有很强的文化意识，各自的员工都在一定的信念之下努力工作。IBM 员工对任何事物都以追求优异的最理想的观念去工作，无论是产品或服务都要永远保持完美无缺。IBM 成员无论在办公室或外出接洽业务，都以公司追求优异的信念为准则。联想的奉献精神一直被摆在一个很高的位置，在联想，当班子、战略和队伍都布置停当以后，剩下来的就是通过口号、思想动员等形式，来激发每个个体的战斗力。当企业总是面临一个接一个的挑战性的任务时，这种就像军队一样做法很有效，然而务虚和形式主义的种子就此萌芽了。

理解接受。文化背景不同会影响人们的世界观，不同的文化背景会形成不同的生产生活方式和社交礼仪，如果没有足够的尊重和接受，很难形成有效地沟通和理解。联想跨国收购 IBM 大大加深了文化整合的难度，比如中国人看重谦虚，美国人看重自信，而民族文化是很难改变的，重要的是相互理解，互相尊重。IBM 文化有许多特点，比如说尊重员工，服务客户，追求卓越，这是 IBM 的强势文化。IBM 代表着高科技，代表着美国生活方式，文化内涵和精神寄托作用强大，所以文化整合的难度也大。IBM 有 10 000 员工，分布在世界近 200 个国家和地区，用联想的 11 000 人，去合并 IBM 分布在全世界的 10 000 人，不仅要整合美国文化，而且要适应近 200 个国家的文化。理解和接受不同文化背景的员工是新联想所有员工尤其是中国员工面对的一个严峻挑战。

4. 人才观念差异

人才的价值标准差异。联想并购 IBM PC 业务,最突出的是人才理念的差异。IBM 的 PC 部门拥有 10 000 多名员工,分别来自 10 个不同的国家,拥有不同的生活特点、文化风俗、管理特色,以及法律规则。联想集团共有 11 000 多名员工,绝大部分来自中国各地,就连主管海外业务的高级副总裁,也都没有管理海外业务的经验。人才的文化背景,价值取向的不同,是联想文化整合和人才队伍建设所要面临的重大挑战。IBM 首先尊重的是人的价值,而联想看重的则是员工对公司价值观的认同。两者的人才理念显然不同。"尊重人"既是 IBM 企业文化的核心,也是全体员工的基本信念。每位员工的独特个性和潜力在 IBM 都能得到足够的尊重。联想的人才理念就是希望员工能够把个人追求融入联想长远的发展之中。人才理念不同,衡量人才的价值标准也不是同一个尺度,所以,尽管出发点是一致的,结果却不同。

人才成长环境差异。IBM 是任凭天公重抖擞,不拘一格降人才,而联想总是强调,"我们要求做高档西服,从鞋垫开始"。IBM 尊重人,并不是空洞的理念,而是从关心员工的切身利益做起,从生活上的每一个细节做起。1939 年,IBM 在美国纽约曼哈顿举办世界博览会,托马斯包下了 19 辆火车专列,把分散在全美各城市的 IBM 员工、推销员以及他们的家属请来参加盛会。在世界博览会上,IBM 收到了美国总统罗斯福的贺词。为了激励科技人员的创新欲望,IBM 制定了一系列行之有效的制度。几十年来,IBM 培养出的诺贝尔奖获得者和美国技术奖章获得者举不胜举,IBM 在美国和全世界拥有几万项专利,仅仅是这些知识产权的使用收入,就为 IBM 创造了十分可观的财富。联想也很关心员工的成长,但是,联想似乎更注重员工的销售业绩,联想的官员甚至把公司领导给员工发奖加以宣传,让人感到这种尊重缺乏真情实意。人才归属感差异。在 IBM 最黑暗的日子里,总裁与员工共渡难关,而联想随时裁员,让员工感到风雨飘摇,命运不测。1993 年 3 月 1 日,郭士纳在 IBM 生死存亡的转折关头执掌帅印,他送给每位员工的"见面礼",是一笔数额可观的奖金,人人有份。郭士纳在最困难的环境下,带领 IBM 全体员工转危为安。联想通常只是关注公司裁员目标的实现,而没有很好考虑被裁员工的实际困难,包括员工的工作、生活和心态等。

联想对 IBM PC 业务的并购,属于弱势企业(中方)对强势企业(外方)的并购。联想在全球的影响力与它并购的企业相比,要弱得多。强势文化对弱势文化具有侵略性,让 IBM 的人接受联想的文化就比较困难

三、新联想的文化整合措施

并购后,新联想整合工作一直进展比较顺利,在文化整合方面也采取了一些比较有效的措施,推动了整合的进程。

(一)并购前探索阶段进行尽职调查

从 2003 年 12 月起,联想开始着手对该项并购进行调查,聘请麦肯锡为顾问全面评估并购的可行性,其中包括了调查并购双方的文化差异和潜在风险,为并购后文化整合策略的制定和实施打下了良好基础。

(二)文化整合初期组建了过渡时期领导团队和文化融合团队

在文化整合开始,新联想首先从企业理念文化方面入手寻求突破。公司组成了过渡时期领导团队,通过不断沟通与互相了解,学习对方的优势,理解不同国家民族的文化特点。虽然两种文化之间也时常会发生碰撞,但是员工之间达成了共同而强烈的愿景,那就是顺利实现新公司的整合,把新联想做成业界的领袖。在整合过程中,杨元庆与公司 CEO Steve 先生

共同提出，要遵循三个原则，即"坦诚、尊重、妥协"。

2005年1月，由来自原联想和原IBM两家公司不同部门的专家组成了一支专门的文化融合团队，负责收集、整理和分析来自公司各部门员工的意见，对现有的公司文化，员工渴望的公司文化及两者之间的差距进行评估分析，并在此基础上对新联想的文化进行新的诠释。在请员工选择他们认为新公司最重要的十项文化观念中，原联想和原IBM的员工选择的结果，有五项是相同的，他们分别是：客户至上、诚信、创新、更有竞争力、生活与工作的平衡。最终，确定新联想的核心价值观为：成就客户、创业创新、精准求实、诚信正直。

（三）碰撞阶段积极开展跨文化培训，建立有效沟通机制

新联想对中外员工实行跨文化培训，并将英语定为全球统一的工作语言，开展中方员工"英语学习运动"，鼓励两企业员工进行文化交流。在宣布并购后6天，新联想聘请在IBM内部德高望重的原IBM高管Steve担任新联想的CEO，Steve为稳定人心、消除疑虑，亲自到IBM各个部门与员工进行沟通，探讨并购后的薪酬体系和未来公司发展方向。在整合期间，HR部门定期进行员工心态调查，掌握员工心态变化；让员工和高层直接面对面沟通，如圆桌会、午餐会议等；建立了专门的员工意见反馈通道和网上信息沟通平台。

（四）融合阶段制定了稳定的人力资源和薪酬政策

为了加速融合，新联想还启动了一个人才交流计划"knowledge exchange"，分布在全球的员工被互派到对方工作。在人事政策方面，维持"一企两薪制"，原IBM员工的薪酬在3年内（至2008年）不变，留住企业关键人才。同时新联想还在全球招聘高级人才作为高管助理，他们具备的国际经验和视野对于变革管理和文化融合将起到极大的促进作用。

（五）选择了合适的文化整合模式

文化整合包含三个层面：一是行业文化整合；二是企业个性整合；三是民族文化整合。在行业文化整合方面，由于是同一行业的兼并，联想与IBM的文化整合基本上没有什么阻力；在个性文化方面，联想可能偏向于严格和服从，而IBM则偏向于宽松和自由，但本质上这两种文化个性也并非水火不容，例如IBM的宽松和自由，更多表现在对员工个性的尊重，而不是制度不严明，因此与联想的严格没有本质上的冲突；在民族文化的整合上，尽管联想集团是兼并方，但并没有将自己的"中国模式"强力推行给IBM员工。在选择文化整合模式上，"相互坦诚、相互尊重、相互妥协"成为联想整合的指导方针，双方的高层对未来的新公司定位是："它既不是一家美国公司，也不是一家中国公司，而是一家国际化的公司，新公司文化应该是继承双方优点的具有全球化特色的新联想文化。"事实上，由于IBM文化的强势，联想采取的渐进模式，在引进和融合的基础上进行企业文化的创新。在引进阶段，联想更多地做出了适应IBM的举措，而不是简单地用一种作为主导。这样，原IBM员工逐渐从一种惊恐、失落的心态中平复下来，通过联想的沟通工作，并没有出现大规模的离职现象。采用引进模式后，新联想将进一步加强文化融合工作，进而建立和形成继承双方优点的具有全球化特色的新联想文化。由此可见，新联想采取的整合模式初见成效，成功帮助新联想渡过了并购初期的动荡与不安。

四、新联想企业文化的国际化

2007年8月，联想发布了全球新文化，包括三大方面的内容。

一是核心价值观：成就客户、创业创新、诚信正直、多元共赢。

二是我们的行为：追求绩效、赢的态度、拥抱变革、坦诚沟通。

三是要达到的成就：优秀可靠的产品；国际及业内领先的地位；不断成长的业务、不断增长的市场份额；"赢"的全球团队与文化。

2009年柳传志重新担任董事长之后，他针对联想的文化提出了新的要求，经过项目组的努力，最终确定了联想之道：

我们的基础：战略+核心价值观。

我们的原则：说到做到（想清楚再承诺、承诺就要兑现）、尽心尽力（公司利益至上、每一年每一天我们都在进步）。

我们的结果：卓越地执行（速度—纪律—效率）；成就目标（持续增长—超越界限—基业长青—个人的成功）。

（资料来源：根据邓沛然.联想并购IBM PC文化整合研究.河北师范大学学报哲学社会科学版，2009年11月第32卷第6期等资料整理）

讨论题
1. 并购IBM公司PC业务时老联想文化和IBM文化的异同点主要有哪些？
2. 联想并购IBM公司PC业务后文化融合的具体措施和启示主要有哪些？

第九章

企业文化变革

企业文化变革也可以称为企业文化重塑,是指企业为了适应环境和战略的变化,对原有的企业文化进行整体性(大范围)的革新。当企业原有的文化体系难以适应企业新的发展战略的需要而陷入困境时,就必然要通过文化变革来创建新的企业文化。我国进入了新时代,当前正是新旧体制转换、经济发展方式转变、产业结构大调整的时期,也是企业战略转型、制度创新、资产重组、管理变革和产品更新换代的加速期,还是传统价值观、道德观等文化要素受到新形势、新观念的巨大影响和冲击的时期。可以说,在这样一个大变革的时期,外部环境的变化必然会对企业的战略和文化传统提出变革的要求。

第一节 企业文化变革概述

企业文化变革是企业随着所处外部环境的变化和内部条件的改变,根据自身发展的需要,自觉改变企业文化中不利于企业发展的因素,增添有利于企业发展的文化成分,形成新的企业文化特质的过程。企业文化变革时需要根据企业发展战略等因素决定变革的内容,并遵循一定的原则进行规划与推进。

一、企业文化变革的原因

企业文化变革有很多具体原因,通常可归结为外部环境的变化和内部环境的变化。

(一)外部环境的变化

1. 政策和法律环境的变化

国家的一些关于经济发展政策的转变、法律的调整,都可能引发企业的管理变革与相应的文化变革。例如,我国市场化方向的经济改革政策,新时代转变经济发展方式的政策、国有企业股权多元化的改制政策,以及《公司法》《消费者保护法》《劳动法》《环境保护法》等一系列以市场为导向的政策和法律出台,成为企业文化变革的重要推动力量。

2. 经济环境的变化

经济高速增长可能给企业带来不断扩张的市场机遇,而整个经济的萧条则可能降低对企业产品的购买能力。国家税率、利率和汇率等方面的改变也可能通过市场对企业的管理变革和文化变革施加影响。当今时代,经济全球化和区域经济一体化的趋势日益突出,我国2001年加入世界贸易组织,2013年提出"一带一路"战略,我国企业将越来越深入地融入世界经济大舞台,这都将推动我国企业的管理变革与文化变革。

3. 技术环境的变化

科学技术的进步，深刻地影响着企业生产设备和技术的改进及企业的发展，使企业的生产率明显提高，并进而影响着人们的工作方式和生活方式。例如，随着生产自动化和办公自动化技术的发展，特别是当前以互联网技术为代表的高新技术的迅猛发展，促动了电子商务、大数据、云计算、物联网、人工智能等领域的快速发展，使企业的商业模式、经营理念和管理思想都发生了深刻变化。由于信息技术的迅速发展和普及应用，企业管理的信息化程度迅速提高，将会给传统的企业组织模式和企业的人际交往带来深刻的变革。

4. 人口环境的变化

未来的劳动力市场将呈现多元化的趋势。企业员工在年龄、教育程度、民族、技能水平、出生地等方面的差异越来越大，给企业文化的管理带来了新的挑战。用传统的"熔炉"（假设不同的人会在某种程度上自动地同化）方法来处理员工的文化差异已经不合时宜，企业不得不改变它们的管理哲学，从同样对待每个人转向承认差别和适应差别。例如，针对合资企业和跨国公司管理中的文化冲突，跨文化管理的热潮正在兴起。

5. 商业生态系统的变化

商业生态系统是一些结构松散的网络，由供应商、分销商、外包公司、相关产品的生产商或服务商，技术提供商及许许多多的其他组织所构成。这些网络影响着企业产品的制造和交付，同时后者也反过来影响前者。与自然生态系统中的物种一样，商业生态系统中的每一家企业最终都要与整个商业生态系统共命运。因此，整个商业生态系统的发展状况，必将影响企业在系统中扮演的角色和业务运作，进而可能引发企业的商业模式变革与文化变革。

（二）内部环境的变化

1. 企业面临经营危机

企业文化往往成为企业经营危机的重要根源。当企业陷入经营危机时，除少数情形的不可抗力或偶然的重大决策失误外，通常可归因于企业的旧有文化。经营危机使企业的管理者和员工经受心灵的震撼，而危机的后果使企业全体成员意识到文化变革与企业和个人的命运休戚相关，这就为新文化的形成奠定了心理基础。

2. 企业战略的转型

企业战略的制定本身就需要考虑新战略与已有文化的匹配程度，要考虑是否能成功变革与新战略不匹配的文化。战略转型确定之后，围绕新战略进行文化变革便成为当务之急。例如，兰德公司在论述战略与文化的匹配关系时指出，一旦战略制定，变革文化阻碍战略实施的部分就成为战略实施者的责任。随着中国经济步入新时代和经济全球化的发展，中国企业也进入了一个新的战略转型期。能否做好战略转型期的文化变革，使之协同企业的业务变革与管理变革，发挥文化的促进作用，是决定企业最终能否战略转型成功的关键。

3. 企业领导人的更替

企业遭遇重大挫折常常是由于企业领导人的决策失误造成的，而挽救陷入困境企业的主要方法就是更换企业的主要负责人。企业领导人往往是企业文化的缔造者或管理者，而不同类型的领导人通常会创造不同风格的企业文化。企业领导人的更替，往往预示着一场文化变革将要发生。

4. 企业出现病态文化

具有病态文化的企业，没有清晰的关于如何在它们的经营中取得成功的价值观或信念。或者企业有许多这样的信念，但企业自身对于其中哪些是重要的不能前后一致，在什么是重要的问题上没有建立共同的认识，或企业的不同部门有根本不同的信念。日常工作和仪式或是无组织的，各行其是，或是存在明显的矛盾。具有这些特征的企业已表现出某种文化的病态，这些文化病态的症状通常表现为以下几点。

（1）只注重内部

当企业不再注重外部环境的变化，特别是当企业内部开始盛行讨好上级，或经常摆谱装门面，或一味贬低其他企业的地位时，企业将难免陷入困境。这些目光短浅的行为可能表现为过分强调内部预算、财务分析、销售定额，而不顾及顾客和竞争对手的新动向。当一种文化只注重于内部时，这家公司在市场上就处于巨大的危险之中，公司发生经济业绩的滑坡通常只不过是时间迟早的问题。

（2）只注重短期

一些企业过分重视短期效益，而忽视长期发展。表现为对企业发展的定位模糊，不清楚本行业的发展趋势和本企业的未来走向，只把注意力放在眼前利益上。当一家企业把时间和注意力全都用来适应短期目标，则持久性的经营将得不到支持。

（3）企业理念模糊

企业理念模糊表现为对企业理念口号背得很熟，而对具体内涵却模糊不清，导致员工对企业理念认知的差异，无法用理念来引导规范自己的行为，使建立起来的企业理念流于形式。

（4）企业信用缺失

一些企业说的是一套，做的却是另一套，不讲信用或者没有履行承诺的意识，视契约与合同为儿戏，导致企业行为混乱，甚至粗制滥造、仿制假冒、偷税漏税、拖欠债款，扰乱了正常的市场秩序，最终造成企业的信用危机。

（5）企业士气不振

当企业员工长期不愉快时，此种文化就陷入了困境，感到不愉快的人会逐渐离开。因此，在公司内应进行密切观察的指标之一就是人员流动率。一定的人员流动率是合乎情理的，但如果人员流动率很高或趋于上升，那么在这一公司的文化中就是出了某种差错，这是由于文化不适症而滋长的士气低落问题表现出的明显信号。

二、企业文化变革的内容

企业文化变革是企业所有变革中最深层次的变革，涉及企业成员从观念到行为两个层面的改变。企业文化变革的内容主要包括以下三个方面。

1. 企业价值观的变革

这种变革既涉及对企业环境的重新认识，也涉及对企业整体的深层把握。在企业价值观中，管理哲学和管理思想往往随着企业的成长和对外部环境的不断适应发生变化。以海尔为例，在海尔全面推行其国际化战略后，在海尔的价值观中，创新或者说持续不断创新成为企业最主要的经营哲学。在海尔的价值观中，过去突出"真诚到永远"，现在更为强调"HAIER AND HIGHER"（海尔永创新高）。

2. 企业制度和行为的变革

企业制度和行为变革包括企业一些特定制度和风俗的设立与取消、员工和管理者行为规范的调整等。例如，有些企业为加强领导者与普通员工的沟通，建立起相应的沟通制度；有些企业在创建学习型组织过程中，制定了从管理层到员工的学习制度。这些变革都是为了体现价值观的变化，成为企业新价值观的重要载体。

3. 企业标识等物质层面的变革

企业标识等物质层面的变化大多是为了体现企业新的理念，并树立个性鲜明的企业形象和品牌形象而进行的。如 2003 年 4 月 28 日，联想对沿用多年的标识"LEGEND"进行了调整，切换为"lenovo"，以强调创新的内涵。

三、企业文化变革的原则

在规划和实施企业文化变革的过程中，需考虑以下重要原则。

1. 审慎原则

企业文化不同于一般的管理制度，可以采取摸着石头过河的方式来进行调整。企业文化反映了企业多数成员的思维方式，发挥着行为导向的作用。企业文化总是在相对较长的时间内保持稳定，因此企业文化的变革必须审慎进行。对哪些内容要变，如何变化，都要进行充分的思考，并要具有一定的前瞻性，这样才不会出现改来改去，让人无所适从的现象。反复频繁地对企业文化的内容进行改变，只能说明企业没能形成统一的经营管理思想体系，领导层的思路尚未清晰。

2. 持久原则

企业文化的变革不会轻易迅速地完成，在大企业中所需的时间更长。西方国家一些著名公司文化变革经历的时间如表 9-1 所示。

表 9-1　一些著名公司文化变革经历的时间

公司名称	企业规模	变革经历的时间
通用电气公司	超大型	10 年
帝国化学工业公司	超大型	6 年
尼桑公司	超大型	6 年
施乐公司	超大型	7 年
银行信托投资公司	大型	8 年
芝加哥第一银行	大型	10 年
英国航空公司	大型	4 年
康纳格拉公司	中型	4 年

因此企业领导者不要期望企业文化的变革可以很快完成，要有打持久战的思想准备，这样才不至于低估企业文化变革的难度，避免在实施过程中因为缺乏毅力导致半途而废。正是因为企业文化变革的持久性，形成的新文化才能真正改变企业成员的认知和行为。

3. 系统原则

任何组织的变革都是一个系统的过程，企业文化变革也不例外。在进行企业文化变革的时候，一定要注意其他相关制度的相应调整与配合，特别是用人制度和绩效考核制度。它们是最直接反映企业价值导向的制度，因此必须作出相应的调整。如果企业一面倡导创新，一面又不愿提拔任用勇于开拓的管理者，不愿意改变原来强调资历的薪酬制度，而且决策原则仍然突出规避风险，那么这种创新价值观的建立是很难实现的。因此企业的管理层在进行企业文化变革时，一定要对整个企业经营和管理的系统进行重新审视，并运用新的价值观决定取舍或调整，才能保障企业文化变革的最终成功。

四、企业文化变革的类型

企业文化变革有渐进性变革和突发性变革之分。

渐进性变革是一种缓慢的变革，是企业文化要素在不知不觉之中发生量变的积蓄过程，新的企业文化要素在缓慢的进程中逐步取代旧有的企业文化要素。这种变革潜移默化地渗透在企业及其成员的常规行为之中。企业文化渐变到一定程度便难以控制，产生出意外的结果，从而改变企业文化的整体结构。在这种类型的企业文化变革中，企业成员感受不到文化革新所带来的强烈冲击。

突发性变革是企业文化非常态的文化要素的飞跃，它常常使企业文化在较短的时间内改变文化结构、文化风格和文化模式。突发性变革往往是在企业文化渐变的基础上出现的，当企业文化渐变积蓄到一定程度时，便会发生巨大突破，从而引起企业文化全局性的变化。这种变化必然是企业文化深层结构的变化，即构成企业文化核心部分的价值观体系的改变，而不仅仅是人们生活方式、习惯及工作作风的表层变化。企业文化的突发性变革常常对企业成员的思想感情产生强烈的震撼和深刻的影响，迫使人们进行艰难的选择。

第二节 企业文化变革的一般模式

心理学家勒温（Lewin，1951）提出一个包含解冻、变革、再冻结等三个步骤的有计划组织变革模型，用以解释和指导如何发动、管理和稳定组织变革过程。

勒温认为组织的行为改变应经过解冻、变革和再冻结三个阶段，并针对这三个阶段提出了一系列的态度和行为改变的方法。

1. 解冻期——使员工改变旧的态度和行为

解冻的做法：把个体从他的习惯动作、知识来源和社会关系中隔离，破坏个体的社会支持力量，贬低其经验，激发其变革，奖赏改变、惩罚保守。

2. 变革期——使员工产生新的态度和行为

变革的做法：通过领导人、顾问和楷模的示范，使员工产生模仿行为，将员工放到需要变革的环境中去，使员工受到环境的同化。

3. 再冻结期——使员工新的态度和行为持久化

冻结的做法：检验和奖励单个员工正确的态度与行为，并通过群体来强化员工的态度和行为。

杰克琳·谢瑞顿和詹姆斯·斯特恩认为，企业文化变革一般包括6个必不可少的组成部分。

一、需求评估

大部分企业都不能描述出它们现存的企业文化或他们渴望具有的企业文化。有时高层管理者们认为现存的企业文化是有利于团队工作的，而员工们的感觉恰恰相反。然而，双方中的哪一方也难以明确地述说目前企业文化的现状或它应该发生如何的改变。因而企业文化变革必须从事的第一项工作便是收集数据、分析测定文化的现状和向往的状态。然后进行需求评估用来进行如下6个方面的判定。

① 企业员工对新文化构建带来的变化和感受；
② 企业目前存在的各种运作过程和制度；
③ 这些制度对于新的企业文化可能产生的有利或不利影响；
④ 目前并不具备，然而为有利于企业文化变革必须具备的运作过程和制度；
⑤ 新文化实施存在的障碍；
⑥ 目前文化中应加以保留的积极方面。

在测定员工们对新文化构建这一变化的感受时，很重要的一点是要明白他们是否认真对待文化变革。判定现存的运行流程和制度的重要性是由于在许多情形中，工作评估制度主要着眼于个人的贡献而不是团队的协作，而这样一种制度很显然需要加以改变。

二、行政指导

大部分企业需要注意的是企业在新文化引导下走向何方，以及为何要做此选择的问题。缺乏明确的目标经常会被企业员工所抱怨："我们并不明白要往哪儿去，也不明白在干什么。"

管理者必须采取确切的步骤向员工们说明一个明确一致的努力方向。当管理者对这一新方向表现一致时，这就会成为企业实施文化变革，使之有利于团队协作的原动力。

行政指导会议的文件通常是执行层的管理者们在外出进行了两三天研究后得出的结果。外出研讨的目的是使他们对企业的发展方向取得一致的看法，为企业文化变革制定工作重点。这次外出研究可用来组成一个变革执行小组，小组的成员将成为变革中的行动楷模。在这次外出研讨期间，将产生一系列文件，包括一份有关团队和团队协作的观点说明，这会成为界定对企业的新要求的依据。执行小组成员还要制定成功标准，它会反映出人们希望通过文化变革取得的成果。这些都是可衡量的结果，团队把它们当做监控和评估成功的标准。这些标准会成为按照行动规划而表现在行为和运作过程方面变化的动力，而这些行为和运作过程的变化将会导致企业贯彻实施有利于团队构建的文化变革。其他的文件可根据企业的实际需要来制定，这些文件将在以后被用于调整基础结构，提供培训内容和对模式的实施进行评估。

三、基础结构

基础结构是由驱动企业业务正常运转的运作过程和相关制度构成的，如选拔制度、工作管理制度和工作成果认可制度。所有这一切制度都必须为了有利于新的文化培育而加以改变和调整。例如，那些表示拥护团队协作而又使用或提升那些卓越出众人员的企业便会传递出错误的信息；对个人的而不是对团队的奖励和注重也会如此，因为这样做会使那些以正常的团队结构开展工作的员工们感到不可理解。

四、变革实施机构

变革实施机构是指那些有时运用于过渡时期的临时性组织结构。这些临时性组织结构有着具体的任务，它们是通过着手处理那些需要特别关注的基础结构部分中的问题来帮助实施文化变革的。变革实施机构中的成员还担当着企业内部文化变革使者的重要职责。

五、培训

任何规模的改变通常都需要进行培训。

以团队工作培训为例,培训可以有多种方法,最成功的方法是对每个参与培训的小组进行有限的干预。与其对每一个人进行普通的团队工作的训练,倒不如将人们真正组织成完整的团队进行培训,这会使这些团队学到必需的技能,而与此同时又能给予他们成功的动力。以团队结构接受训练牵涉的是整个团队及其所有围绕这一团队的方方面面的问题,而不是仅仅对团队领导者的培训。通常,从需求评估阶段获得的数据和高层管理者的工作结果即做出的决定、文件、决议及计划等都会反馈回受训者,这些信息能够成为他们自身发生变化的动力。当员工们学会了在团队环境中所需的技能后,整个培训过程就圆满地结束了。大体上,管理者和团队的领导者与员工们分开进行一段较长时间的培训,内容包括学会在新的环境中有效管理团队的技能等。

六、评价

值得注意的是,企业往往会忽略在变革过程中测定和衡量预期的成果。他们经常等待结果的发生,或者他们运用一些笼统的话语,如"提高了效率""改善了质量",而不是明确地说明具体的成果。具体的预期的效果应该能反映出实施变革的内在原因。

衡量和评价对文化变革是十分重要的。评价不仅是用作衡量成果的手段,而且它本身也是一种干预手段。衡量手段和连续传达内部进程结果可用以明确需要特别下大力气的领域。它们同样提供了反馈,使人们了解企业在通往成功的过程中取得的进步,以及企业如何不断取得进步。

在行政指导阶段制定的"成功标准"界定了特定的预期效果和衡量规则,以用来检查进步和成功的程度。这些衡量规则是以发展趋向体现的,它们应被定期向与变革有关的所有利益相关者公布。

案例 中国港湾基于战略转型的文化变革

中国港湾工程有限责任公司(以下简称中国港湾)是中国交通建设股份有限公司(以下简称中交股份)的全资子公司,代表中交股份在国际工程市场开展业务,业务范围主要集中在交通基础设施建设方面,包括海事工程、疏浚吹填、公路桥梁、轨道交通、航空枢纽及相关的成套设备供应与安装。

中国港湾的前身是交通部在1980年成立的中国港湾工程公司,主要负责国家对外经济援助项目的建设。从20世纪80年代末到90年代末,中国港湾工程公司先后与交通部一航局、交通部水运工程设计咨询中心、水规院、航务设计院等17个单位合并重组,并改制为中国港湾(集团)总公司。2005年中国港湾集团与中国路桥集团合并成立中国交通建设集团,原中国港湾集团改制为中国交通建设集团的全资子公司——中国港湾工程有限责任公司,成为负责中交股份海外业务的主体。

中国港湾加速拓展国际市场,致力于整合产业链上的相关资源,积极从过去一个单纯的施工企业向能够提供 BOT、EPC、MPC 等多种服务模式的经营管理型工程公司进行战略转型。

一、中国港湾的战略转型

中国港湾的战略转型源于国际建筑市场需求的变化、建筑施工行业市场竞争规则的变化及中国港湾自身能力的提高。

随着经济全球化步伐的加快，国际建筑市场价值链正在经历重新整合，一些大的建筑商由于拥有技术、资金、管理等方面的优势，能够为客户提供超值的一体化服务，深受客户的青睐。同时，带资承包方式日益成为国际大型工程项目中广为采用的模式。除少数国家的政府项目不需要承包商带资外，多数项目需要承包商以不同形式带资承包。在市场竞争方面，全方位嵌入价值链正成为新条件下行业内企业竞争力的核心基础。这种价值链创新模式的实质是将企业放置于一个远超出竞争对手范围的大环境，将企业的客户、供应商、金融机构，以致客户的客户都纳入企业的一个框架，通过企业自身价值链与这些密切关联的外部群体的价值链更有效地耦合，创造新的价值。这样一来，拥有一体化服务资源的大型企业在建筑行业领域就占有绝对优势。同时，由于管理科学、信息技术的蓬勃发展，行业中的一些企业依靠科学管理来降低成本并获取竞争优势，不断提高企业的管理水平成为行业内每个企业的共识。

几经改制后，中国港湾依托中交股份平台，资源整合能力大为增强，产业链逐步前伸，具备了提供一体化服务的能力。

因此，综观市场环境的变化、行业发展趋势及中国港湾自身的发展状况，只有实施一体化战略转型，逐步由一个单一的工程施工型企业向着提供一体化服务的经营管理型工程公司转型，成为中国港湾的正确发展方向，为此中国港湾制定了"成为国际海事工程及相关建筑领域一体化服务的组织者和领导者"的发展战略。其中一体化服务就是企业利用自身专业或技术的核心优势整合资源，为客户提供相关的系列服务，从而在方便客户、为客户提供超值服务的同时，企业自身也可因业务增加而提高利润。遵循新的战略，中国港湾将整合产业链上的各种资源，为客户提供全方位的一体化服务。中国港湾通过一体化服务，把产品和服务的组合镶嵌到客户的价值链中，最大限度地满足客户的需求，最终实现客户对企业的依赖与忠诚。

二、中国港湾促进战略转型的文化变革

面对战略转型的要求，中国港湾原有的企业文化和管理水平明显滞后。中国港湾由于改制后人员构成变化较小，员工中长期形成的传统思维模式、价值观念、行为规范并不能适应中国港湾战略转型的需要。第一，中国港湾的员工危机意识和竞争意识较弱，更缺乏品牌意识，要想成为国际建筑施工领域中的优势企业，高度的竞争意识、强烈的危机意识及前瞻的品牌意识是其员工尤其是管理人员的必备素质；第二，中国港湾的技术创新能力、市场开拓能力、融资能力、管理能力等与"组织者"的要求还存在着较大的差距；第三，从集团到独立公司的转制使得中国港湾的经营模式发生了很大变化，但是公司员工的思维习惯、价值观和行为方式等还大多停留在原有的模式之上。这一切都不利于中国港湾新战略的实施，为此中国港湾开始着手推动基于公司战略转型的企业文化变革。

中国港湾首先从企业生存发展的实际出发确定了企业的基本理念及使命、愿景和价值观，然后根据一体化战略转型的需要进行了一系列意识形态的假设。具体而言，其意识形

态假设主要表现在学习意识、服务意识、沟通意识、合作意识等方面,在这些方面要形成与过去不同的文化(如表9-2所示),这些文化因素的变革都是顺利实施一体化服务模式的保证,也为企业战略的转型起到支撑与促进作用。

表9-2 意识形态的比较

	过去(前)	现在(后)
学习意识	没有学习的意识,只满足于工作需要	主动创造环境,提高自身工作技能、知识水平
服务意识	只注重结果,忽略客户的真正需要	注重顾客价值创新,追求为顾客提供完善的问题解决方案
主动意识	把企业当作经济收入来源的场所,没有过多的情感投入	主动关心和了解企业发展状况,把自己当作企业大家庭的一员
沟通意识	信息传递过程中丢失现象严重	部门之间、上下级之间、同级之间形成健全的信息传递网络
合作意识	部门之间割据现象严重,利益小团体数量众多	部门之间能够团结一致,上级与下级之间形成教练式的领导风格,同级之间能够互补协作
成本意识	只注重数量,造成质量上的缺失,最后导致成本上升	讲究工作方法与效率,节约与效率意识不断增强

中国港湾还根据企业现状针对各个层级做了关于思维模式、价值观念和行为规范的一系列假设,至此中国港湾依据一体化服务模式建立起了自己的企业文化假设体系。有了这些基本假设之后,中国港湾开始采用多种方式来变革公司的企业文化。

公司首先编写印发了"中国港湾企业文化建设纲要及解读""中国港湾企业文化手册",解读公司战略转型,宣传公司战略和文化。同时,中国港湾充分利用公司内部网络,通过向员工展示世界的发展变化,不断增强员工的危机感和变革的急迫感,提高员工适应变化的心理能力。公司企业文化职能部门还制作了系列PPT、视频资料向员工展示正确的思维模式和行为方式,以逐步培养员工正确的心智模式。

此外,中国港湾还策划运用篮球、乒乓球、围棋、钓鱼等大家喜闻乐见的文体活动,有意识地加强不同部门之间的沟通,培养员工的大局观,不断熏陶与渗透新的文化要素。

中国港湾企业文化变革的实施,有效促进了公司一体化战略的转型。公司实现了跨越式的发展,新签合同额和实现营业额连年翻番,利润快速增长,海外合同额从2005年年底不到5亿美元,快速增长到2009年的40亿美元,从而成为行业内具有较强竞争力的企业。中国港湾获得"2009年度中国建筑100强",并荣获"2009年中国对外承包工程企业社会责任金奖"。

(选编自:黎群,李卫东.中央企业企业文化建设报告(2010).中国经济出版社,2010)

第三节 企业文化变革的方向

企业文化的发展变化受许多因素的影响,其中与企业所处的生命周期阶段紧密相关。企业文化能否与不同生命周期阶段的特点相匹配,关系到企业是否能够健康成长和发展。下面我们运用爱迪思的企业生命周期理论,结合竞争性文化价值模型来分析企业文化变革的方向。

一、企业生命周期

(一)企业存在生命周期性

众所周知,生物都有着被称为"生命周期"的现象。生物体都会经历一个从出生、成长到老化、死亡的生命历程,而生物体的行为模式是可以随着生命周期的变化而预知的。

美国管理学家伊查克·爱迪思指出,生命周期的概念不只适用于生命体,而且也适用于企业这样的经济组织。企业实际上就像生物体一样,也有生命周期性。在企业生命周期的每一个阶段,企业会呈现不同的文化特征。

企业生命周期的第一个阶段是孕育期。此时企业尚未诞生,孕育期关心的是创业的意图和未来能否实现的可能性。

当风险已经真正产生并有人承担时,企业开始进入被称为婴儿期的发展阶段。企业诞生后,注意力由构想与可能性转到了业务运营上,现在企业要满足顾客的需求。在婴儿期企业的个性行为呈现以下特征:机会驱动,行动导向,注重短期效果;缺乏经营方针和规章制度;易受挫折,表现不稳定;不存在授权,创业者在管理上往往唱的是独角戏。

企业生命周期的第三个阶段是学步期。此时创业的构想开始真正体现出价值,企业不但已经克服了现金入不敷出的困难局面,而且销售额节节上升。学步期的企业就像孩子刚学会到处乱爬时一样,对什么都感兴趣,什么都想碰一下,因此学步期的企业常常会因同时涉足太多的事业领域而陷入被动。

企业生命周期的第四个阶段是青春期。企业得以脱离创业者的影响而再生,从许多方面看,此时的企业就像一个正在想方设法摆脱家庭而独立的小伙子。青春期企业最为显著的行为特征是矛盾与缺乏连续性。比如,存在旧人与新人合不来的一种"我们如何如何,他们又如何如何"的情结;企业的目标缺乏连续性;薪酬与激励机制缺乏连续性。在这一阶段需要强调的内容转向了政策、制度及行政管理。如果管理制度化的过程获得成功,领导职能也制度化了,企业便能迈向下一个发展阶段,进入盛年期。

盛年期是企业生命周期中最为理想的时期,在这一时期企业的自控力和灵活性达到了平衡。盛年期的企业通常有如下一些特征:企业的制度和组织结构能够充分发挥作用;市场的开拓与创造力的发挥已制度化;企业能够满足顾客的需求,且注重成果;企业能够制定并贯彻落实计划;无论从销售还是从盈利能力来讲,企业都能承受增长所带来的压力;企业分化出新的婴儿期企业,衍生出新的事业。盛年期的企业很清楚自己在做什么,将向什么方向发展,如何发展。它具有学步期企业的远见和进取精神,同时又具备在青春期阶段所获得的对实施过程的控制力与预见力。

稳定期是企业生命周期中的第一个衰老阶段。此时企业依然强健,但开始丧失其灵活性。这是增长停止、衰退开始的转折点。整个企业开始丧失创造力、创新精神及鼓励变革的氛围。稳定期企业一般呈现以下行为特征:对成长的期望值不高;对占领新的市场、获取新技术的期望值也越来越少;开始沉醉于昔日的辉煌,而对构筑发展愿景失去了兴趣;对变革产生了疑虑;工作中肯听话的人受到表扬;对人际关系的兴趣超过了对冒险创新的兴趣。如果创造力沉睡的时间太长,就会影响到企业满足顾客需要的能力,企业将会在不知不觉中滑入下一个生命阶段——贵族期。

贵族期企业具有以下特征：钱主要花在控制系统、福利措施和一般设备上；强调的是做事的方式，而不问所做的内容和原因；在衣着和称谓方面越来越注重形式，并拘泥于传统；作为个人来讲是关心企业活力的，但就整体而言，处事的信条却是"别兴风作浪，少惹麻烦"，这成了企业中司空见惯的现象；企业内部缺乏创新，企业把并购其他企业作为获取新的产品和市场的手段，甚至试图以这种并购方式"买到"创新精神。随着市场占有率的持续下降，以及收益和利润的急速下滑，企业就进入了官僚化早期阶段。

在官僚化早期阶段，以下一些特点是企业最为典型的行为特征：强调是谁造成了问题，而不去关注该采取什么补救措施；各种冲突、背后中伤层出不穷；偏执狂束缚着企业，许多人都撂挑子不干了；注意力都集中到内部的地盘之争上去了，外部的顾客反倒受到忽视。久而久之，企业就会步入官僚化阶段。

在官僚化阶段，企业根本无法自力更生。能够证明其存在的不是企业运营良好的事实，而是它还活着这一事实。企业成了为活着而活着，只是靠人为的支持救护手段在苟延残喘。官僚化企业通常有如下特征：制度繁多，行之无效；与世隔绝，只关心自己；没有把握变化的意识；要想与企业行之有效地打交道，顾客必须想好各种方法绕过或打通层层关节。

企业生命周期各阶段如图 9-1 所示。

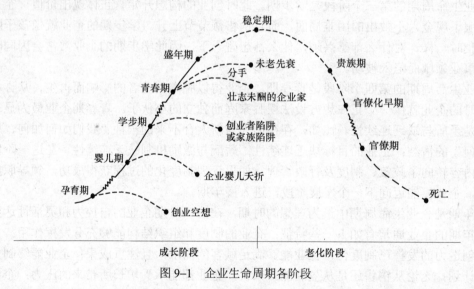

图 9-1　企业生命周期各阶段

生物体的生命周期不可逆转，区别于生物体，企业通过有效的管理和变革，可以解决特定生命周期阶段的问题，从而使老化的过程发生逆转。成功管理或变革的目的就是使企业平衡成长或返老还童，步入盛年并永葆青春。

（二）企业成长与老化的本质

企业的成长与老化同生物体一样，主要是通过灵活性与可控性这两大因素之间的关系来表现的，如图 9-2 所示。企业年轻时充满了灵活性，但控制力却不一定总是很强。企业老化时，关系变了，可控性增加了，但灵活性却减少了。这一情形就像婴儿和老年人之间存在的差别一样。婴儿灵活到可以把自己的脚趾头伸到嘴里去，但他的动作和行为却是非常不可控的。成年人没有婴儿那么灵活,但可控力要比婴儿强很多。

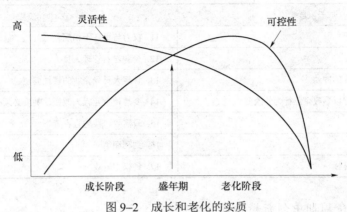

图 9-2 成长和老化的实质

年轻的企业富有灵活性。南加州一家大型高科技企业洛矶柯(Logican)公司的一位创办人曾经这样形象地描述:"过去,我们 80%的业务都是大家坐在商店的楼梯上,边吃早饭边定下来的;现在我们确实成长起来了,但哪怕是一项很小的投资都得花几个月的时间,汇集了连篇累牍的方案之后才能通过。"

值得注意的是,企业规模和企业年龄都不是引起成长和老化的原因。不要以为一家有传统的大公司就老,一家没有传统的小公司就年轻。促使企业成长与老化的既不是规模,也不是时间。"年轻"说明企业做出变革调整相对容易,但由于控制水平比较低,其行为一般难以预测。"老"则意味着企业对行为的控制力比较强,但缺乏灵活性,缺乏变革的意向。

一个企业既有灵活性又有可控性,也就是说既不过于幼稚又非老态龙钟,这个企业就同时具备了年轻和成熟的优势,表现得既具活力又具有控制力,这一阶段可称为盛年期。盛年期的企业可以根据管理者的意愿进行变革,也有能力把握自己的未来方向。

企业生命周期曲线的成长部分与老化部分存在显著的不同。一直到盛年期阶段的后期,这些差异还是含而不露的,但到了被称为稳定期的企业老化的第一个阶段,它们就开始显露出来,并逐渐增长,直至左右了整个企业文化的内容。表 9-3 对这些微妙的变化进行了比较。

表 9-3 成长阶段到老化阶段的变化

成长阶段	老化阶段
1. 个人的成功源于承担了风险	1. 个人的成功是由于避免了风险
2. 期望大于成果	2. 成果大于期望
3. 资金缺乏	3. 资金丰富
4. 强调功能重于形式	4. 强调形式重于功能
5. 从重视做事的原因和重视所做的内容	5. 到重视做事的方式,以及谁曾做过此事
6. 不管员工的个性,只要对企业有贡献就加以重用	6. 不管员工对企业的贡献有多大,得到重用是由于其个性
7. 除去明令禁止的,什么事都能做	7. 除了明文允许的,什么事都不许做
8. 问题被视为机会	8. 机会被视为问题
9. 营销和销售部门最具权威	9. 会计、财务及法律部门最有权威
10. 具体工作部门权大	10. 公司行政职能部门权大

续表

成长阶段	老化阶段
11. 责任与权力不相配	11. 权力与责任不相配
12. 管理人员左右企业	12. 企业左右管理人员
13. 管理人员驾驶企业的冲劲	13. 管理人员受企业的惯性驱使
14. 领导风格的改变可以导致企业行为的改变	14. 要想使企业行为改变，制度必须改变
15. 最需要管理顾问	15. 最需要"斗胆直言者"
16. 由销售导向	16. 到利润第一
17. 由增值（利润）目标	17. 到权力游戏

（三）企业生命周期中创新精神的演变

如图 9-3 所示，我们可以分析创新精神（entreprenearing，E）沿生命曲线演变的规律。

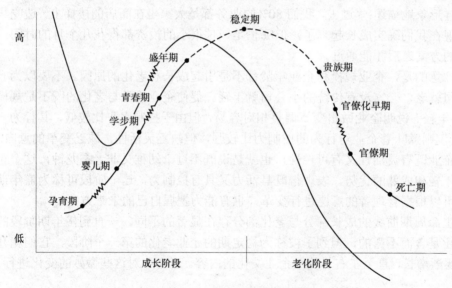

图 9-3　生命周期中的创新精神

创新精神在孕育期非常高。此时伴随着创办企业的可能性，到处都充斥着兴奋、承担风险的愿望、创造力、想象力及诱惑力。这种行为是能够发挥作用的，因为它促使企业进入了未来。如果没有创业的热情，第一个遇到的困难将是企业降生所需要的、所承担的义务不见了，创业的构想将不得不被放弃。

当企业降生、风险已经产生以后，会出现什么样的情况？只要没有风险，热情就会高涨。当风险产生时，创新精神下降得很快，因为没有时间来考虑，也没有时间去创造，现在是干事的时候。这一转折让大家变得清醒了，人们开始问到底出了什么事情："自从我们创立了这个企业之后，就不再有时间去思考，去兴奋，去跟大家聚一聚。天天就只有拼命工作。"这种现象是正常的，因为企业必须克服所面临的风险。企业必须要满足某种需求，以完成企业向市场承担的义务，这也是创业者对自己所做出的承诺，现在正是承担义务的时候了。

如果创新精神（E）沉睡的时间太长，企业就有可能死亡。管理人员要有维持创新精神的眼光，这样才能使企业安然度过婴儿期的困境。不断保持创新精神（E），至少是潜在地保持，是必不可少的，这样当企业终于摆脱了资金方面的压力，也不用再为必须满足顾客、供应商和银行迫在眉睫的要求和压力而头疼时，大家就有一定的时间去思考了，这时创新的梦想又会从企业意识中重新浮现出来。这时事实已经证明，企业能够克服婴儿期的困难生存下去。人们开始重新有梦想的时候，也就是企业进入学步期的时候。在这一阶段，企业的创新精神（E）又会上升，而企业也有时间去做一些新的尝试了。

下一步会发生什么事情？当企业规模越来越大时，所犯的错误也会更大，对行政功能（administer，A）的需要就提到议事日程上来了。当（A）角色的地位提高时，企业中的专家统治、官僚化、系统化及制度化，也就是决定"谁来做什么，什么时候做，怎么做"的企业结构，就开始冲击到创新精神了。人们会发觉，所有关于由"谁来决定什么，跟谁一起来决定，怎么决定"的新的规章、程序和形式都是一种束缚，这也是创新精神曲线在学步期和青春期之间，以及进入盛年期之前的整个青春期都是曲折拐弯、忽上忽下、飘忽不定的原因所在。这时在企业和创业者之间会存在地盘之争，创业者是既想自己做决策，又想着分权，最后所形成的就是鱼与熊掌兼得幻想症。

在青春期的企业中，行政功能与创新精神之间会产生冲突。是以系统化、秩序和效率为导向，还是以成长、不断变革和市场为导向？这两种观念产生了冲突。这实际上是数量与质量、灵活性与可预测性，功能与形式之争。行政功能所提供的是以形式、可预测性及质量为导向，而创新精神所提供的则是以数量、灵活性及功能为导向。导向之争在企业的权力结构层十分明显，创业者确实想重建企业结构，使企业达到一定程度的系统化，一切井井有条。与此同时，他又把有关制定财务、市场营销及产品发展政策的关键因素牢牢地抓在手里。

把这些决定性的权力从创业者手中拿过来，使之制度化为专业的管理决策而不是创新型的管理决策，会使创新精神和行政功能之间的冲突更加剧烈。创业者也许会说自己是在分权和授权，但实际上他做不到这一点，所以企业中的其他人往往弄不清楚他所讲的话的真实意图。

如果创新精神和行政功能的角色是分别由两个合伙人代表的，这种情况就很可能导致合伙人分手。这种情形之下，常常是行政功能型个性的人留了下来，而创新精神型个性的人则离开了企业，企业的创新精神在这一时刻会受到严重威胁。

盛年期会出现什么情况呢？如果企业在青春期存活下来了，那么在青春期和盛年期之间创新精神还会继续增长。在青春期创新精神制度化之后，到了盛年期，创新精神会融入企业的制度当中，而不再为某个人所垄断。

创新精神的制度化意味着将以专业的方式做出创新性的决策。信息被汇集在一起，按照相关的政策、方针和战略加以讨论，而决策的执行不会依赖于任何个人和其特有的风格偏好。

盛年期之后会出现什么情况呢？创新精神会逐渐丧失。在官僚化早期阶段，当创新精神所剩无几时，每个人都开始为自己寻找出路。即便是存在什么创新精神，那也不会用于给企业带来好处，而只会用于给个人谋利益，有时甚至是以牺牲企业的利益为代价的。在官僚化早期阶段，创新精神开始被排挤出企业，创新精神型个性的人开始遭到解聘。

二、企业生命周期各阶段的文化特征

要建立适应企业发展要求的企业文化，首先要对企业文化现状进行测评，从而为企业文化的变革提供依据。

卡迈隆和奎因在竞争性文化价值模型（competing values framework，CVF）的基础上构建了 OCAI 量表（organizational culture assessment instrument）。OCAI 量表提炼出 6 个判据来评价组织文化，分别为主导特征（dominant characteristics）、领导风格（organizational leadership）、员工管理（management of employees）、组织凝聚力（organizational glue）、战略重点（strategic emphases）和成功准则（criteria of success），每个判据下有 4 个陈述句，分别对应着 4 种类型的组织文化，即竞争性文化价值模型中 4 种导向的文化。

竞争性文化价值模型和它所构建的 OCAI 量表，具有直观、便捷的特点，它的实用性、可操作性、有效性已经被大量的企业所证实，尤其是在组织文化变革方面具有较大的使用价值。由于灵活性和控制性决定了企业在生命周期中所处的位置，竞争性文化价值模型恰好可以测评出企业是追求稳定性还是鼓励灵活性，所以运用竞争性文化价值模型可以提高判断企业所处生命周期阶段的准确性。因此，下面我们采用竞争性文化价值模型来判断企业现有的文化特征。根据企业生命周期各阶段的管理特征，按照竞争性文化价值模型 OCAI 量表的 6 个要素，总结归纳出企业在不同生命周期阶段具有的 6 个方面文化特征，如表 9-4 所示。

表 9-4　企业不同生命周期阶段的文化特征

	主导特征	领导风格	员工管理	组织凝聚力	战略重点	成功准则
孕育期	具有高度的灵活性，每个人都敢于冒险，承担责任	具有创业、创新精神	个人的冒险、创新，具有灵活性和独特性	缺乏必要的规章制度和方针，以创新、发展为导向	强调获取新的资源，抓住新的机会，尝试新鲜事物	创业者是否勇于承担责任，以避免创业空想
婴儿期	以产品为导向，注重短期结果	比较独断专权，不授权	同上	同上	基本同上，并注重危机管理	是否开发出最新产品，是产品的领导者和创新者
学步期	以销售为导向，比较极端，认为更多即是更好	不擅长倾听，仍独断专权	同上	同上	基本同上，并着重于更多即更好，广泛尝试新领域	是否开始逐渐注重市场份额和市场渗透
青春期	企业脱离创业者的影响	希望授权却又害怕失去权力	缺少责任和义务，员工士气低落	制定了一些政策，但还不完善	加强制度和政策的建立	制度是否逐渐健全
盛年期	企业内部达到高度整合，销售额和边际利润双增长	充分的授权，较好的管理	员工之间相互信任	规章制度有序化，组织结构更加健全、完善	具有较高的信任和参与度，强调稳定性，注重业绩和绩效	灵活性与稳定性是否达到相对平衡
稳定期	企业依然强健，但逐渐失去灵活性	同上	同上	规章制度趋向烦琐化	拒绝变革，沉醉于昔日的辉煌	灵活性降低
贵族期	对占领新市场、新领域、获取新技术没有兴趣	厌恶变革，奖励那些遵命行事的人	注重表面，统一的着装、称谓	制度较多，较强的人际关系要求	关注于做事的方法而不是内容和原因	可控性增强
后贵族期	基本没有创新，与外部隔绝	管理人员内部矛盾重重	行政人员逐渐增多	制度烦琐，行之无效，人际冲突	内部地盘之争吸引了每一个人	同上
官僚期	企业无法良好地运营	没有把握变化的意识	同上	同上	无法自力更生，靠人为支持苟延残喘	极强的控制性

"灵活性"与"控制性""外部导向"与"内部导向"对于企业来说都是必要的，它们之

间都是对立统一和相辅相成的关系,每个企业的文化在同一时期均存在以上4种导向,但是在不同生命周期阶段下企业呈现的各文化导向的强弱程度是不同的。

根据竞争性文化价值模型对文化维度的划分和定义,以及表9-4中企业在不同生命周期阶段的文化特征,我们将成长阶段、盛年期、老化阶段所具有的主导文化特征进行归纳总结,从而得到不同时期的文化导向,如图9-4所示。

图9-4　企业不同发展时期的文化特征和文化导向

三、企业文化变革方向分析

在明确了企业所处的生命周期阶段后,下面将重点分析企业处于成长阶段和老化阶段的企业文化变革方向。

进入盛年期以后,企业具有完善的制度和组织结构,并能充分发挥作用。企业的活动有章可循,无论从销售还是从盈利能力来讲,企业都能承受增长所带来的压力,企业的控制性和灵活性达到了平衡。盛年期的企业很清楚自己在做什么,将向什么方向发展,如何发展。企业既关注内部员工的需要,又关注外部顾客的需要和市场变化,此时企业发展平稳。因此盛年期是所有企业追求的理想状态,企业文化变革旨在使企业平衡成长或返老还童,步入盛年并永葆青春。

(一)企业处于成长阶段的文化变革方向

1. 领导风格

在企业创业初期,企业的领导者由于其所具有的创造力和敢于承担风险的能力,使企业得到良好的发展。企业的领导者能够勾画出未来的变化需求,并且积极为企业找到正确的定位,会对满足企业未来的需求做好准备。

随着企业的发展,领导者的注意力应该转向能够形成产出的投入上面,企业此时要想保持良好的发展状态,取得较好的效益,必须从外部确定自己是为谁而存在,谁是自己的客户,企业将会满足哪些人的需求。企业的领导者此时应注重明确企业的目标,也就是说,要细分市场,为客户提供他们想要的需求,而不再是像创业时期那样,根据自己的设想去经营企业。

盛年期的领导角色要起的作用是知人善任,整合在结构完善的企业中出现的合理的冲突,把握企业的发展方向。这就是所谓的结构合理、人尽其才。处于成长阶段的企业需要的是一个能够整合这一切的领导。

2. 组织结构

企业在初创阶段具有极强的灵活性和生产力,由于此时企业的资源有限,企业无暇顾及过多,比如规划未来的现金流需求,对销售、生产和人员需求做出预测。但是,随着组织的成长,企业应逐步建立起自己详尽的目标和方针,认清哪些事情是企业该做的,哪些是企业不能去干的,从而使企业变得更加有效率,这就需要企业花时间去加强组织建设,定义企业的组织结构图,同时还需要形成培训计划、薪酬管理制度和激励体系。如果这一切都能够做好的话,就能够避免出现在薪酬管理和招聘方面随意性大等问题。企业要形成相互信任和尊重的气氛,使企业成员有较强的团队意识。这样,企业就可将初创阶段的创新能力职能化,此时企业就可以在明确企业使命、相互信任和相互尊重的团队工作氛围中不失创新性。

3. 企业战略

当企业刚刚成立时,创始人关注更多的是用现实去调整愿景,以避免创业空想。企业为了生存,采取的战略是生产一流的产品或服务,使客户满意,从而可以使产品的市场份额持续增长,使企业有效地在市场上竞争。随着企业的发展,企业不仅要关注追求利润,而且应当注意构建企业的使命和愿景,明确企业的业务边界,思考顾客未来的需要。

4. 人员配备

初创时期的企业,往往喜欢那些精力旺盛和积极性高的员工,而不会聘用那些需要正式计划或战略去工作的人。随着企业的发展,企业应开始招聘或从内部提拔、培养行政管理类员工。企业的人员配备逐渐多样化,每个成员都应该适合其所在岗位的需求。

5. 报酬系统

在创业早期,创业者主要是用奖金和薪酬来激励员工,通过对可以衡量的目标进行考核,奖励计划与个人生产率挂钩,能够促进销售增长、生产改进、产品开发,其他一切能建立强有力的市场地位和生存能力的行为和活动都会受到一定的奖励。随着企业的发展,报酬系统也逐渐多样化,例如,不同层级的管理者获取不同类型的奖励。对一线监督者和管理者应该根据个人业绩发放基本薪金和奖金;对中层管理者应该相应降低基本薪金,提高利润分成和股票期权的比例;对高级管理者应该用更多的利润分成来取代保守的薪水。通过将员工的前途与公司的未来联系在一起,使公司顺利进入盛年期。

综上所述,企业在成长阶段的过程中,为了生存和发展,把精力主要放在抓建设质量和生产的准备工作上,包括产品的设计、流动资金的筹措、原材料的准备、人员的培训及管理组织模式的选择等等。在这一阶段,创业者满怀抱负,组织系统虽然不完善,但具有活力,创造性和冒险精神充足,创业者之间能够团结一致,凝聚力强。尽管企业资本实力弱、产品品种少、生产规模小、盈利水平低,企业形象尚未树立,但是企业具有极高的灵活性,企业员工普遍具有创新精神,而且企业有良好的内部员工关系。此时企业对生产经营活动和外部环境缺乏了解,知识和经验也不足,为了能够迅速找到适合于企业自身特点的业务方向,准确进行市场定位,企业的重心是放在外部的,更多关注顾客的需求。企业的一切活动都要求以顾客为导向,强调企业应不断地开发新产品以满足顾客的需求。

由于企业过度关注外部而忽视了内部的管理,企业的组织结构较为松散,缺乏控制力。许多企业在由小到大,实力逐步增强的过程中,由于内部管理不完善,企业急于扩张容易陷入多元化陷阱中而不能自拔。此时企业要逐渐开始建立和完善自身的组织结构，在控制权上，要求企业培养战略眼光，适当放权，在组织中形成一种民主决策的氛围，激励员工积极参与决策。其目的就是在企业中建立可以真正发挥作用的规章制度，使得企业的活动有章可循，企业的创造力和开拓精神得到制度化的保证。因此，处于成长阶段的企业要继续健康发展，达到企业的盛年期，就应该加强对内部的关注度，增强内部控制性，朝着这个方向变革自身的企业文化。

（二）企业处于老化阶段的文化变革方向

1. 领导风格

企业进入老化阶段的重要标志是逐渐丧失灵活性，对人际关系的兴趣超过了对冒险创新的兴趣。企业的注意力主要放在内部地盘之争上而忽视外部的顾客，制度繁多但无效力，对成长的期望值不高。企业对变革产生疑虑，逐渐把钱更多地花在控制系统、福利措施和一般设备上，强调形式而忽视内容和原因，拘泥于传统，缺乏创新动力。

此时企业需要的是能够阻止组织继续老化的领导人，他们应该具有很强的创新精神，必须擅长决策，而且要有眼光，企业需要明确自己处于什么行业、自己对于客户的价值是什么。企业领导者应该更多地关注做事情的原因和内容，而不应该仅仅把注意力放在做事情的方法上。领导者被要求放权，制定更好的授权制度，使员工有更大的自由发挥主观能动性。老化阶段的企业需要的是事业型的领导，他们更关心的是企业如何可以发展得更好，而不是自己如何可以连任。

2. 组织结构

企业的组织结构往往约束着企业家的创新精神，处于老化阶段的企业必须重新安排组织结构以加强创新性和灵活性。企业应该分权到新的利润中心，并且对人员结构进行合理的安排。组织结构可考虑发展为矩阵管理结构，以强调相互间的信任。

3. 企业战略

处于老化阶段的公司已经逐渐失去了它的战略重点和驱动力，因此，企业应该重新定义业务，将全部精力和注意力放在生存和发展上，通过分析判断哪一块业务是合理的，撤出不合理的业务。关注企业资源的配置，不断提升组织的灵活性。

4. 人员配备

处于老化阶段的企业需要减少冗员，但是也必须明确哪些人能对企业的成长有贡献。应把行政管理领域内的人员压缩到最少，扩充销售、生产和客户服务的力量。可以通过外部招聘或从组织内部寻找少数关键的创新者，他们相信公司未来的前景是乐观的，要激发他们的热情，共同挽救垂死的企业。

5. 报酬系统

老化阶段的企业，基本上没有什么薪水和奖金的说法，对企业的员工来说，最大的报酬便是保住工作。因此，此时企业应该重视企业的销售力量，为了激励销售，销售人员应该拿到酬金。对于管理者来说，应减少管理者的基本薪金，尽可能地将其报酬与工作业绩挂钩。

总之，当企业处于老化阶段时，企业过度关注内部的控制。此时企业有大量的制度和程序，管理机构极其庞大，他们不愿承担风险，以企业安全为导向，极端讲究形式，如衣着、称呼等。公司内部完全变得依赖于传统的能力，而无法做出适应性的调整。企业人员坐享其成，不关心企业的发展，企业的灵活性和创新性丧失，企业的稳定性是以牺牲激发灵活性和创新性的因素为代价的，企业内部弥漫着官僚式的组织文化。因此，处于老化阶段的企业要继续发展，而不是走向死亡，实现文化的变革是当务之急。此时，企业必须首先对管理理念进行变革，摒弃旧的理念，鼓励创新。尽可能调动员工的积极性，根据企业的实际情况采取有效方式，比如建立跨部门的团队，加强企业内部的信息化建设等，来迅速增强企业的灵活性，以适应外部环境的变化。只有这样，才有可能使企业重新焕发活力。

综上所述，企业文化变革方向的选择如图9-5所示。

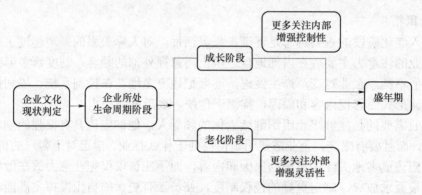

图9-5　企业文化变革方向的选择

第四节　企业文化变革的推进

要推进企业文化变革，首先要进行思想发动，使员工对未来的企业文化形成共同的认识。为了发展新的文化，必须动员一切力量。其次要善于强化行动。为了变革企业文化，必须要有指导和激励，以及对新文化予以支持的制度。

一、思想发动

1. 规划变革

当企业领导者或是管理团队认为必须变革公司的文化时，规划过程就开始了。最初可以采取非正式方式，企业领导可以先研究其他公司的情形，找出公司内对文化变革有专门知识或经验的人，也可以约请外界的专家顾问来协助。

许多公司在进行文化变革时，花很长时间才订出具有建设性的行动方案，造成延误的原因常常是因为企业领导者想要达成毫无异议的共识，或是希望所有的管理人员都能接受。其实这是徒劳之举，因为如果坚守全体无异议的原则，根本无法进行变革。企业领导者应该设法使下级的主管参与决定，对努力的方向或变革的性质达成协议，并对行动计划进行审核。他个人必须对公司的策略目标负起责任，公司的最高领导应负责促使这项变革在合理的期间内完成。

2. 让变革成为公开话题

当企业领导者开始实施企业文化变革时，他必须使变革成为企业中公开的话题。他应该与全体管理人员谈话，陈述变革的意义，解说公司的责任、个人的价值及管理人员负有的责任。并非每一个人都能体会他的良苦用心，可能会有人认为他不过5分钟热度，隔一阵子就没有事了。领导者必须坚持下去，他必须采取各种行动，把他的观念具体实践下去。这样管理人员就会逐渐开始重视他的想法，并在做法上努力符合他的变革思想。

当每一位管理人员都觉得需要用自己的方式来说明这场变革时，就是出现可贵的团队精神的迹象了，变革开始发动了。员工们也开始倾听和谈论这场变革，这样文化变革就成为企业每个员工共同的话题，企业文化变革便由此展开。当然，新观念触及老观念会造成冲突，老的观念、做法与习惯绝不会轻易地转变。毫无摩擦或冲突的公司，也是毫无改变或发展的公司。进行建设性改变的公司，必然会有冲突，但通常最终能以坦诚的方式来解决，这正是企业领导者坚持进行的"公开谈论"所促成的。

3. 开展有效的变革训练

训练是在推动变革的过程中非做不可的事，以下步骤有助于提高训练的成效。

（1）必须先明确定出应该有的做法，然后再实施训练

明确管理人员受过训练之后应该采取哪些做法。如果管理人员在受训时，清楚地知道回到工作场所后必须采取团队方式解决问题，必须设定目标，或是以某种方式进行成效评定，他们受训的态度就会截然不同，甚至连训练方式也会不同。将来要化为行动的训练，应该是具体实在的，训练者要为将来执行的成效负责。

（2）管理人员应以团队方式接受训练

管理人员应集体受训。如果派出个别管理人员受训，则其在回到工作场所实际应用新技能时，常会遭到团体的抵制。如果他不顾一切地采用新技能，就会成为"文化偏离分子"，因而在内心产生不安全感。如果整个管理团队接受训练，从众心理便会支持新的做法。

（3）训练之后应有行动

讲习过后，管理人员应采取何种行动？训练员应替每一期训练班设计出"训练规划"。每位管理人员都应订出他要改进的目标，并订出具体的改进步骤。受训者走出课堂后，如果不正式承诺采取行动，行动就不可能出现。

4. 实施强有力的领导

没有一家公司在缺乏强有力领导者的情形下，能成功变革其文化。遵循以往的做法，是一种很正常的行为形态。由于人的惰性，人们常会抗拒变革，除非背后有坚强的领导者在鞭策。

特纳在接管弗吉尼亚人寿保险公司时，坚信谋求变革是当务之急。这家保险公司当时并没有陷入困境，它顺利地经营了112年，在美国南部声誉卓著，共有1 100家保险代理公司，该公司的文化可以称作"太平的文化"。如果特纳认为外在的环境允许该公司太太平平地过日子，他会采取渐进的改进方式。然而根据他的分析，人寿保险业即将出现革命——将出现新的非传统保险方式及新的竞争者，弗吉尼亚人寿保险公司可以成为这项变革的牺牲者，也可以从中得利，他选择了后者。

如果公司的高级主管们最初能接受特纳的看法，变革的过程将容易得多，但他们的看法不同，特纳于是决定由他强力推动变革。他开始推出当时革命性的"全险保单"；他创造新的分销渠道；他发动广告攻势；他采取新的内部作业制度，使主要业务的公文往返时间从几周减到48小时；他不时向员工灌输新观念，使他们对新的方向产生热诚；他不时采用新的名词，如"紧急意识""承诺""夺标"等；他不时地到处走动来认识表现优异的员工，求新求变的

热潮开始制造出英雄。有一位女职员属于负责制定新制度的专案小组,她在工作进入紧锣密鼓阶段时住进医院,可是她不经医生的核准就擅自办理出院,深更半夜驾车到办公室加班,使专案小组如期完成任务。特纳每次谈话时,都会提到这类企业英雄人物所做的贡献。

在3年内,企业文化变革使弗吉尼亚人寿保险公司突飞猛进,发展出全国性的业务网,取得了行业的领导地位。从此以后企业士气高昂,虽然变革的热潮已渐退,但特纳开始扩大各阶层员工的参与。他一直坚信,为了迅速进行变革,绝对有必要采取强有力的领导方式。

5. 打破旧习惯

企业的文化是由广大成员的习惯积累而成的,而习惯则是多年的观察、尝试与奖赏所造成的。习惯是根深蒂固的,改变管理的习惯,亦绝非易事。

大多数企业变革企业文化的努力最后都失败了,失败的原因在于不能勇敢面对改变习惯的困难和挑战。一个公司如果不全力扭转其根深蒂固的习性,就无法培养出新的价值观。"共识"不是靠训练计划、指示、呼吁,或是其他形式的介入就可培养出来的。只有经过多年循序渐进、前后一致和百折不挠的努力,"共识"才能最终产生。

二、强化行动

一个企业若要变革企业文化,管理人员必须要表现出新的行为。行为经过强化后才能形成习惯,从而变成新文化的一部分。

1. 具体指导

训练之后的指导,以及根据行动计划所进行的指导,才能使行为产生真正的和持久的改变。例如,一位长期采取消极的、控制的及个人主义管理作风的管理人员,绝非轻易就能改为新作风,他需要别人的协助:必须有人参加他的团队会议并告诉他如何听取下属的意见;必须有人提醒他去对一位创下新质量纪录的员工说几句赞美的话;当行动计划未达到预期的成效时,必须有人协助他解决问题;当他努力改变自己的管理作风时,必须有人在旁边给他加油,告诉他干得不错。管理人员应承担起教练的角色,每位管理人员都有责任协助下属成功。

2. 及时奖赏与激励

新的行为经过实行和不断强化之后,才能变成习惯。最好的强化就是由管理人员和同事对杰出的工作成效真诚地表示赞赏,能成功建立起新文化的公司,都是乐于给予大量赞赏的公司。

管理人员有责任确保优良的成效不被忽视,可以在每周、每月、每季及每年评出表现良好的人;要善于运用多种奖励方式—奖金、礼物、奖牌,或是其他富有创意的激励方式。企业所提供的赞赏方式,必须有利于强化新的文化。在变革文化的过程中应塑造英雄人物,这些先进人物采用新的管理方式,并发挥了实效。这些人率先进行变革,整个企业会注意他们是否能因为这种冒险而得到奖赏。大家还会关注践行新文化的员工是否能得到晋升,如果晋升轮不到他们,则意味着他们所做的变革努力得不到企业的认可。

3. 形成支持变革的组织与制度

企业的行为是因为以往的学习训练、目前的人际影响、组织的影响,以及公司内的制度所造成的。如果企业文化变革要形成新的竞争精神,组织与制度就必须加以支持。信息系统如果使管理人员看不到自己的成效数据;奖励制度如果不能区分成效高与成效低的人;人事制度如果不能使优者上劣者下；组织的结构如果使人觉得不属于团队中的一分子。所有的这些弊病如果不改正过来，势必影响企业文化的变革。实施企业文化变革必须有与之相适应的组织和制度，如果没有就必须改造或重建。

案例　福特公司如何进行文化变革

提起福特公司，那真是一家充满光荣历史的企业。福特汽车确有独到的经营之处，但也有包袱存在。在开创初期，福特汽车的代表产物是T型车。这部全世界卖得最好的车子虽然写下了历史，却也因此注定了福特汽车以生产为导向的企业文化。此后，福特汽车面临来自日本汽车公司"低价高质"的大举入侵，市场占有率节节败退，于是，福特汽车公司展开了第一波的改造，除了用裁员来降低成本外，还陆续引进了多项产品质量改革计划。

经过20世纪八九十年代的改革阵痛，福特公司重新站了起来，成为一家注重品质、提供合理价格的汽车公司，而且也逐渐重拾良好的经营业绩。但是，这一切还不够完美。对福特公司来说，降低成本、提高质量只是技术性的改革。只要公司能雇用好的管理人员，运用好的管理工具并且持续追踪成本与质量，改革就会成功。但是，对于一家拥有96年历史，34万名员工，在全球200个国家运营，并且是发明全世界第一辆汽车的公司，该如何进行企业转型呢？福特公司的管理者认识到企业若要长期拥有良好的表现，必须在观念和文化上进行改革。换言之，就是所有的福特员工都必须具有顾客导向的心态，整个公司都必须真正相互合作。

面对"文化改革"的新挑战，1998年董事会决定任命在澳大利亚长大，并曾经在欧洲担任过总经理的纲瑟担任首席执行官。对这位已在福特工作31年，但大多数经历都在海外的最高主管来说，董事会所赋予的使命是：打破各分公司、各事业单位、各功能部门各自为政的心态，使福特成为一家真正注重顾客需求，并且真正紧密整合的全球企业。

于是，福特公司描绘出了新的企业文化四要素：具有全球化想法、注重顾客需求、持续追求成长及深信"领导者是老师"等4项概念。随后，福特公司发展出一套改革教学计划（the teachable point of view），通过教导、传授或对话的过程，协助组织进行改革。对福特公司如此庞大的组织而言，这的确是按部就班且具有效率的方式。

按照计划，福特公司的高层管理人员从听课与教课开始，逐步进行企业文化的改革。这主要由如下4个部分组成。

第一部分：巅峰（capstone）课程。

这是一个为期半年的学习过程，对象是企业内较高层的管理人员。首先学员必须参加一个5天的密集训练。在这5天中，由高层主管团队担任讲师，与这些学员经历团队建立的过程，讨论福特公司所面对的挑战，并且分配未来6个月所需进行的项目任务。

随后的6个月，学员必须花费1/3的时间，通过电子邮件、视频会议甚至面对面方式，讨论、分析并完成所指派的任务。在这一过程中，学员会一起与讲师，也就是高层主管团队再见一次面，讨论项目的困难和进度。

最后，学员会再参加一个密集训练，提出改革的想法，并与高层主管团队再进行分享、讨论与学习。在这次的密集训练中，会立刻决定改革计划，并且在一周之内执行。这项计划在纲瑟刚接手福特时就开展了，不仅让福特100多位高层主管成为企业内的种子讲师，也实际推动了福特的全球改革计划。

第二部分：领导者工作间（business leader initiative）。

这类似于巅峰课程，但所教育的对象扩展到了中层与基层主管，执行时间大约是100天。方式还是从3天的密集课程开始，之后分配专项任务，运用100天的时间进行学员间的讨论、分享与发展改革计划。最后，再通过密集训练，讨论与确定改革计划。

在整个领导者工作间中，有两个地方相当特别。首先，所有的学员都必须在100天之内，参加半天的社区服务。这项做法的主要目的，除了可以让这些未来领导者了解福特所强调的"企业公民"精神以外，也让他们感受到生活中有这么多更需要帮助的人，进而不再有抱怨或不满的心态。另外，所有的学员要以拍摄影带的方式，呈现"新福特"与"旧福特"，以突出新旧文化的差异性。

第三部分：伙伴课程（executive partnering）。

伙伴课程则是专为培养年轻却深具潜力的经理人成为真正的领导者而设立的。基本上，每次都是3位学员组成1个实习小组，这个实习小组必须花费8周的时间，与7位福特公司的高层主管每天一起工作、开会、讨论或拜访客户。针对一些企业问题或挑战，高层主管甚至会请实习小组提出可行的解决方案。对于实习小组而言，这是一个绝佳的观察和学习的机会。通过8周实际的工作，这些年轻主管不仅可以学习高层主管的思考观点，更可以了解公司的挑战与问题、资源分配、长短期目标及策略。

第四部分：交谈时间（let us chat about the business）。

交谈时间由纲瑟自己进行。每周五的傍晚，他会寄一封电子邮件给全世界的福特员工，分享自己经营事业的看法。同时，他也会鼓励所有的员工回寄任何的想法、观点或是建议。

纲瑟认为，福特要转变为顾客导向的文化，必须要培养每一位员工了解如何经营一家企业。因此，在每周一次的电子邮件中，他会谈全球的发展趋势，谈克莱斯勒与奔驰的合并，谈福特的亚洲市场发展等主题，让员工了解高层主管的经营观点，进而让他们也能有类似的思考角度。

纲瑟的电子邮件广受员工的好评。他运用最新的科技拉近了与员工的距离，获得了许多员工宝贵的意见与反馈。

自从福特的改革教学计划实行以后，福特公司的文化逐渐发生了一些化学变化，不仅有更多的员工参与了公司的改革，还有更多的主管承诺了自己曾经传授的观念。虽然对福特这样一家大型公司而言，改革的确需要经历一个漫长艰巨的历程。但是，运用上述模式，福特公司正逐步完成改革计划，为成为顾客导向的企业而努力。

（选编自：全国工商联民营企业文化研究会筹委会. 文化是金. 北京：中华工商联合出版社，2002.）

第五节 企业价值观管理

20世纪工作环境中不断增加的复杂性、不确定性和迅速的变化推动了组织管理的演变。传统的指令管理（MBI）理论盛行于20世纪初期，在20世纪60年代让位于现在仍然流行的目标管理（MBO）。21世纪以来，一种新型的管理理论正浮出水面，即价值观管理（MBV）。价值观管理同时也是一种有效的企业文化变革方式。

一、价值观管理的趋势

企业的外部环境已经发生了巨大的变化，因此管理者必须改变管理实践，以满足时代发展的需要。20世纪初，人们认为指令管理是管理组织的恰当方式，因为当时的社会发展速度缓慢，过去行之有效的方法可以传授给其他人。20世纪60年代，变化的步伐加快，管理者因而需要有更多的行动灵活性。目标管理的引入使管理者可以就发展方向达成一致，并选择自己的战略。随着环境变化的加速（如全球性竞争、科技的冲击等），目标管理也不足以应付这个相互联系和快速发展的世界。

依赖目标管理的组织经常发现，他们的管理者无法实现目标。在很多情况下，并不是目标太高或不现实，而仅仅是由于出现了很多没有预见或无法预测的变化。经过多年的研究，人们发现理解这种系统的行为的关键就是理解伴随这一动态系统的价值观。价值观体系是推动个人、组织和社会行为的动力，也是导致价值观管理诞生的原因。

从指令管理到目标管理再到价值观管理（management by values）的演变，是最近几十年出现的四种组织变化趋势的共同结果，这四种相互联系的趋势反过来又增加了组织的复杂性和不确定性。这四种趋势如下。

1. 质量和客户导向的要求

公司要想在日益严峻的市场上生存和竞争，必须认识到20世纪初期形成的现代工业管理模式已不再适用。今天的竞争要求在生产过程中不断增加附加值，以确保客户对价格与质量的满意。个性化作为新经济时代的一个关键竞争动态，就是这种趋势的缩影。

2. 自主权和职业责任的要求

从机器人到操作过程自动化，到数据通信和最新的管理信息系统，这一系列的技术变革使得高质量与客户服务变得越来越重要。因而，也就对员工的专业知识和技能提出了更高的要求。企业需要员工提高专业性和创造性，随之而来的是高技能员工对企业有更高的期望，即期望企业把他们看作有自己绩效标准的成熟个体。这些员工能够清楚地表述自己的价值观，并将其融入工作计划和创造活动中。他们是有自主权、灵活性和高承诺的员工。

3. 由"老板"转变为领导者/促进者的要求

员工自主权的提高反过来催生了对促进型领导的需求。在价值观管理模式下，"老板"应当是员工成功的促进者。老板的管理工具是命令，管理者的工具是目标，而促进型领导者则需要运用价值观来进行管理。

4. 更加扁平化和灵活的组织结构的要求

经济全球化的发展推动了对新型组织结构的需求，这种组织结构要求能够对变化做出更为迅速的反应；这种组织结构应该超越标准的分散化模式，以网络、项目团队或战略经营单元为基础，并逐渐取代工业化发展初期以来的等级官僚结构。要使组织结构更灵活和扁平化，实施这样的转变是非常具有挑战性的。与金字塔式的官僚化组织结构相比，扁平化的组织结构会产生很多模糊和不确定性。但如果一个组织真正拥有了清晰的和共享的价值观，就会有效地激发创造性，消除复杂性及不确定性。

指令管理、目标管理和价值观管理这三种管理方式的区别体现在 14 个方面，如表 9-5 所示。

表 9-5 指令管理、目标管理和价值观管理的区别

	指令管理	目标管理	价值观管理
最佳适应环境	程序化工作，或紧急情况	复杂性适中，相对标准化的生产	需要创造性地解决复杂问题
组织成员的平均专业水平	生产线人员管理	员工管理	专业人员管理
领导类型	传统型	偏重于资源分配	变革型
客户形象	购买者	消费者	根据自由选择来区分的客户
产品市场类型	垄断，标准化	细分化	高度多元化，动态
组织结构类型	多层次金字塔形	较少层级的金字塔形	网络型，职能联合型和项目团队
对不确定性的容忍程度	低	中等	高
对自主权和责任的要求	低	中等	高
市场类型	稳定	变化适中	不可预测，动态
社会组织	资本主义工业化	资本主义后工业化	后资本主义
控制哲学	由上到下的控制、监督	根据绩效来控制和激励	自我监督和鼓励
组织目标	保持生产力	结果最佳化	持续改进
战略愿景的时限	短期	中期	长期
核心价值观	量化生产 忠诚、服从、纪律	衡量结果 理性、激励、效率	员工参与和持续学习创造性、互信、承诺

管理者和员工拥有和谐的理念和价值观，已经成为企业获取竞争优势的重要源泉之一，价值观管理（MBV）正在迅速变为企业建立可持续、有竞争力和更人性化文化的主要动力。价值观管理既可以视为一种管理哲学，也可以视为一种管理实践，其主要作用体现在能够维护一个组织的核心价值观，并使其与组织的战略目标相结合。

二、价值观管理的含义

价值观管理认为，领导力的真正本质是关注人的价值观。领导者的工作就是在企业的发展过程中，使组织的战略方向与核心价值观协调一致。具体来说，就是创建一种共享价值观的文化，明确或隐含地指导各层次与各部门员工的日常工作。

价值观管理将组织价值观划分为以下三种类型。

1. 经济——实用价值观

经济——实用价值观对保持和集成组织的各个子系统来说是必需的，包括与效率、绩效标准和纪律相关的价值观，主要用于指导计划、质量保证和财务会计等活动。

2. 伦理——社会价值观

伦理——社会价值观指导人们在团队/群体中的行为。伦理——社会价值观是关于人们在公共场合、工作和人际关系中应当如何立身行事的一些理念，它与社会价值观，诸如诚实、

和谐、尊重和忠诚紧密联系在一起。员工按照经济——实用价值观和情感——发展价值观行事时,伦理——社会价值观会对其行为产生很大的影响。

3. 情感——发展价值观

情感——发展价值观是创造新机会所必需的,它与信任,自由和幸福联系在一起,包括创造性/思想性、生活/自我实现、自我评价/自我指导、适应性/灵活性等。

通用电气公司就是一个价值观管理的典范。该公司把共享价值观看得非常重要,所以它将共享价值观印在一张钱包大小的卡片上,让每个员工随身携带。"携带这一卡片不仅是荣誉的象征,更是对价值观的拥护。"正如公司前 CEO 杰克·韦尔奇所说,"在公司中所有人的手提包和钱包里都有公司的价值观指南。它是我们生存的根本,有着非常重要的作用。与这些价值观不符合的人,即使工作业绩再好,公司也不需要。"

三、价值观管理的实施

价值观管理作为一种文化变革过程,需要周密地计划。有计划的文化变革依赖于两大支柱:一是变革的实施过程(即将变革付诸实践);二是通过评估不断地推进变革。因此,西蒙·多伦(Simon L. Dolan)将价值观管理的实施划分为以下五个阶段。

(一)阶段零:变革的前奏

企业实施价值观管理的初始阶段需要回答以下 4 个问题。

——我们是真的想进行文化变革吗?

——我们能否长期坚持变革?我们如何定义长期?

——我们是否有合适的领导者来发起和维持变革?

——我们是否有所需的资源?我们需要哪些资源?

变革能否成功的关键在于是否有一个或几个这样的领导者:他们有强烈的变革意愿,并承诺愿意调动一切可以调动的资源来使价值观管理合法化。

1. 变革管理团队的职能

任何组织(特别是大型企业)都有一些根深蒂固的传统思维和成功方式,为了能让公司在现状和未来之间顺利过渡,领导者需要建立其支持团队,即变革管理团队,该团队的基本目的是为变革提供动力,指导和监控整个过程。其具体工作有如下 5 个方面。

① 帮助控制变革计划中的特定预算分配。

② 在变革过程中,强化和协调各种不同的角色,确保所有组织成员最大限度地参与变革。

③ 设计并跟进变革培训计划。

④ 设计和监督沟通计划的实施。在采用新价值观体系和变革实施期间,促进组织内部和外部的不同利益相关者之间进行有效的沟通,并协调项目团队完成具体工作。

⑤ 在人力资源实务与内部价值观审计方面,设计和协调第三阶段和第四阶段的工作。

2. 为整个变革项目分配预算

文化变革项目的预算主要包括以下两部分。

① 直接预算。如对新知识、新价值观和新技术进行培训;有关变革的内外传播(书面材料、视频、演讲材料等);外部咨询等。

② 间接预算。如参加相关活动,收集有关变革信息等。

3. 制定必要的变革日程表

文化变革需要较长的时间，不能急于求成，需要制定必要的变革日程表，循序渐进，分阶段地逐步推进。

（二）第一阶段：提炼价值观

一旦决定进行变革，资源分配也已经到位，价值观管理第一阶段的工作就可以开始了。这一阶段的主要任务是通过各层次员工的共同参与，重新提炼核心价值观。这一阶段包括三项连续的基本活动。

① 把大家所渴望的美好未来形象化，用文字描述出来，并与组织的愿景和使命融合在一起。

② 采用参与的方式，诊断并分析组织当前价值观体系的优缺点，以及它们是如何应对组织面临的机会和威胁的。

③ 就变革路径（构成组织主导文化的新的经营价值观）达成共识。

这三项活动都离不开组织成员的热情参与，可以看作是组织成员之间大范围的对话与交流，通过这种交流，就价值观和共享前景等方面达成共识。

经营价值观界定了组织文化及日常工作中的思维和行为方式，是实现终极价值观使命、愿景的最关键的手段。表9–6列举了优秀经营价值观的12个特点。

表9–6 优秀经营价值观的12个特点

	优秀经营价值观的特点
1	简单、数量少和易记忆
2	定义简单
3	具有重要的战略意义
4	大家参与讨论的结果
5	所有员工真正需要的重要价值观
6	通过特定沟通和培训传播价值观
7	大家认为值得投入
8	参加价值观的庆祝仪式时，大家感到很舒服
9	在各层级上，理论与实践能一致
10	能够转化成可衡量的行动目标
11	定期审查执行情况，并与报酬体系挂钩
12	随环境变化而定期回顾和修订

（三）第二阶段：项目团队的工作

当组织拥有了鼓舞人心的愿景、富有意义的使命和一套相应的价值观时，就可以认真思考长期、中期和短期的目标，并明确相应的行动原则。这项工作通常由项目团队来执行。

1. 将核心价值观转化为行动目标

在构建使命、愿景和经营价值观的过程中，要确保每个员工能够通过目标与它们联系起来，价值观管理从理论上明确了由价值观到行动目标的逻辑过程。

表9-7列举了一些将核心价值观中的关键成功要素转化为具体行动目标的例子。

表9-7 核心价值观的转化

核心价值观	标杆和标准	现状	最低目标	最高目标
销售领先	年销售额	排名第四	第三	第一
盈利	固定成本低于竞争者	固定成本高出计划20%	低于竞争者10%	低于竞争者20%
团队合作	通过具体问卷了解基本情况	在某一领域的团队开发改善50%	在某一领域的团队开发改善75%	在某一领域的团队开发改善90%
创造性	提出应用的新观点数	不知道	每季度1个	每月1个
享受工作	庆祝重要目标的实现	从未有或几乎没有	偶尔	总是
诚信	评价意见（具体问卷）	目标的50%	目标的75%	目标的100%
客户导向	每季度的客户投诉率	5%	3%	1%
灵活性	开发一种新产品的反应时间	1年	6个月	3个月
工作生活质量	问卷调查	工作自主性低，缺乏上级和同事的支持	6个月内改善20%	6个月内改善50%

确定衡量指标，以衡量当前核心价值观的构建情况。如果没有合适的，就必须创造几个出来。例如，"团队合作"是一种价值观，它只能通过监控团队成员的行为来衡量，而团队成员只有遵守某种规则才能被看作一个有效的集体。可以采用调查或问卷的形式，让每位成员记录他们相互倾听意见的程度、负面批评中建设性意见的比重，以及人际沟通中的其他关键要素。

寻找最适合的标准，通常可以创造很多对话与学习的机会。假设一家公司将"灵活性"作为核心价值观，那么应该用哪些可靠的指标来衡量公司内不同职能领域的灵活性程度呢？显然，首先要弄清楚"我们所说的灵活性到底是指什么"和"灵活性对于哪些工作领域而言最重要"。可能得到的答案是他们的灵活性是指缩短从识别市场需求到开发新产品之间的时间，关键职能领域是市场营销和研发。经过重新界定，指标的确定或许就集中在市场调研的绩效、实验室程序或试销等。

2. 组建和准备好项目团队

在短期和中期内，实施复杂目标，将共享价值观付诸实践，项目团队是一种理想的工作结构。对特定职能领域的结构、流程和政策进行真正的变革，需要许多团队的共同推动。每一个团队都应该有自己的特定使命，承担实现行动目标（由新的核心价值观转化而来）的责任。实际上，每一个团队都要根据具体的环境和实际需要，将某一个特定价值观转化为目标和行动计划。比如，应该有一个团队来负责在整个组织经营中，改善"以客户需求为导向"这一价值观的所有行动。

（四）第三阶段：基于价值观设计人力资源政策

绝大多数公司的人力资源政策（如招聘、培训、晋升、激励、评估等）普遍具有以下两个基本特点：一是与高层管理者正式确定的战略没有充分的内在联系。二是各职能间既没有恰当的表述，也没有整合为一体，形成一种模式或强有力的主导观念，结果企业的内部政策各不相干，因而也就丧失了彼此之间相互强化的能力。价值观管理恰好有助于克服人力资源政策中的这些缺陷。

1. 基于价值观的招聘和选拔

不管是职业道德方面还是工作能力方面（如诚实、创造性、尊重他人、智力等），通常很难说服他人信奉某些价值观，除非人们已经具备这种品质。根据价值观进行员工选拔，就是在实践价值观管理。通过评估应聘者的个人价值观与公司价值观是否匹配，它可以使公司在文化上保持强大，并处于良好状态。

招聘人员找不到"完美"人选时，还需要做出下面的决策：一旦应聘者融入组织及组织文化后，他在多大程度上有能力学习或接受新的价值观、能力和技巧如何？这时，可以评估他们的个人能力，如灵活性、适应性、创新性、团队合作和其他组织需要的能力。关键事件访谈及道德伦理的案例分析都可以反映出一个人的价值观。

2. 基于价值观的培训和开发

将培训及开发与价值观管理所确定的价值观结合起来，这是通过培训提高效率、凝聚力和公司利润的一种创新性方法。

在设计"培训与开发价值观"计划时，必须回答下面两个关键问题（见表9-8）。

① 为了维持和开发公司的每一项价值观，必须学习哪些新理念和忘记哪些旧理念？

② 必须开发哪些知识和技能，才会产生与公司价值观一致的行为？

表9-8 价值观开发过程可使用的目标举例

核心价值观	需要学习和忘记的理念	需要开发的技能和知识
创造性	创造力不仅是与生俱来的，而且可以通过传授和鼓励获得	理解创造、创新和变革之间的区别 开发创造力的技术（头脑风暴、自由思考、形象思维等）
团队合作	团队开发可以提高绩效和改善工作及生活质量 只有通过初始阶段的努力和大量沟通，团队合作才会产生好的结果	沟通和人际关系技巧 能够理解和诊断高效的、凝聚力强的团队的基本特点
保护环境	积极的环保形象可以带来利润回报	实施清除有害副产品的运作系统和技术 公开宣传公司对安全清洁环境的承诺
真诚	真诚为企业带来巨大的经济效益	了解其他以真诚闻名并因此获得经济成功的案例（企业） 公司的基本伦理观 明确工作环境中真诚的定义

总之，公司构建的核心价值观应该通过相应的培训计划来强化。

3. 基于价值观的绩效评价和绩效奖励

为了鼓励员工认真对待核心价值观，企业需要对员工将价值观转化为实际行动所付出的努力给予公平的奖励。

例如，企业应当努力制定能促进团队合作的人力资源政策。如为强化团队合作的文化实行个人奖励和团队奖励相结合，以认同团队与个人所做出的贡献。团队成员可以接受个人奖励，但应当由团队的其他成员来给予。团队成员可以提名那些对团队工作做出了杰出贡献或努力的同伴，这种提名过程不会破坏团队的凝聚力和协同效应。此外，还要有针对杰出团队工作的奖励机制，奖励对象是团队所有成员。

通用电气（中国）公司的考核内容包括"红"和"专"两部分。"专"是工作业绩，指硬性（客观）考核部分，通常包括能反映关键成功因素的财务及非财务量化指标，如利润率、销售增长率等。"红"是考核与公司价值观相关的不易量化的东西。通用的价值观主要包括坚持诚信、注重业绩、渴望变革、对顾客充满热忱、坚持质量标准、学习与分享等。和价值观相关的业绩通常由上级通过打分进行主观判断。工作业绩和价值观业绩这两个方面综合的结果就是考核的最终结果。当员工的综合考核结果是价值观和工作业绩都不好时,处理非常简单,让员工离开公司;当业绩一般、但价值观考核良好时,公司会保护员工,给员工第二次机会,包括换岗、培训等;如果员工的综合考核结果是业绩好但价值观考核不好时,员工不再受到公司的保护,公司依然会请员工离开;如果员工的综合考核结果是业绩考核与价值观考核都优秀,那他(她)就是公司的优秀员工,将会有晋升、加薪等发展机会。

通用电气(中国)有限公司进行年终业绩考核时,上级要在员工个人自评的基础上展开评价,而且上级填写的鉴定必须与员工进行沟通并以取得一致意见为前提。他们在相互沟通、交流时,都要用事实证明自己的观点,而不是用想象的理由。如果双方不能达成一致,将由上一级经理来处理。这样的协商程序看似增加了沟通成本,但沟通的同时往往会带来诸多的好处,如增加上下级之间的信任,增强员工的组织公平感及受其影响的工作满意度、组织认同、组织承诺等促进组织长期发展的心理状态和行为。

(五)第四阶段:通过文化审计监控经营价值观

在价值观管理中,当公司领导者认为他们成功地重建了公司的使命、愿景和经营价值观,并准备采用引人注目的方式公布于众时,往往就会出现最常犯也是最令人后悔的错误——根本没有采取任何措施来对员工吸收、同化、遵守新文化的情况进行评估和奖励。第四阶段的审计就是指对目标的衡量。

除了成功采纳一种新文化,价值观管理还可以通过下列方式来保持企业文化的活力:让所有员工致力于持续学习、不断改进、定期检查价值观和使新员工融入这种文化。这是一个动态的过程,需要一个审计流程来监控进展,确保每个员工都各司其职。这种审计流程的实现条件和企业文化变革流程基本相同。只有当你进行了衡量,而且结果与目标一致时,价值观管理才算真正完成。

文化审计的目的是:通过与愿景、使命和价值观陈述中的理想标准对比,客观地衡量某些特定关键领域中的实际行为和当前的实践。从实践角度来讲,审计不可避免地主要集中在承担管理职责的成员实际履行职责的方式上。管理者的多数决策制定和职责履行都是"无声"的,不会像财务决策那样有正式的记录或表述,所以必须从他们的行为和结果、反应和主观意见中推导出决策背后的价值观。

 复习思考题

1. 什么是企业文化变革?
2. 企业进行文化变革的原因主要有哪些?
3. 企业文化变革的一般模式是什么?
4. 试从企业生命周期的角度分析企业文化变革的方向。
5. 如何有效推进企业文化变革?
6. 企业如何实施价值观管理?

案例讨论

IBM 公司的战略转型与文化变革

20 世纪 50 年代初,IBM 走出了美国商业历史上重要的一步,它研发生产了改变人们生活方式的计算机。由于 IBM 计算机的性能优越,使得公司的年收益和利润迅速增长,奠定了它在计算机行业的领先地位。

70 年代末期,IBM 由出租大型机开始转向直接销售计算机给顾客,这一转变激发了史无前例的大型机销售,IBM 似乎想出了最佳的获取利润的方法,他们认为靠大型机推动的业务足够令公司不断发展,公司的目标就是如何可以通过大型机的销售一步一步提高销售收入。然而,尽管当时个人计算机方兴未艾,IBM 却对此熟视无睹。由于 IBM 狭隘地专注于大型机,所以它最终失去了增长的机遇。

1993 年,IBM 的年收入下降到 627.1 亿美元,较 1992 年下降 2.8%,纯收入下降到负 81 亿美元,较上一年下降了 63.1%。到 1994 年底,公司累计亏损达 150 亿美元,超过了前三年亏损之和,IBM 的市值也从 1 050 亿美元暴跌至 320 亿美元。就在 20 世纪 90 年代 IBM 陷入机构臃肿、步履蹒跚、颓势显现的局面时,1993 年 IBM 大胆启用了郭士纳,临危授命担任 IBM 首席执行官,开启了 IBM 战略转型与文化变革之旅。

一、IBM 的战略转型

(一)郭士纳时代的战略转型

来 IBM 以前,郭士纳是美国运通公司 CEO,运通公司是 IT 行业的大客户,每年在 IT 方面的花费超过 10 亿美元,IBM 自然是其主要的供应商。作为客户,郭士纳比谁都更清楚 IBM 的长处和短处。郭士纳认为,当 IT 技术越来越复杂的时候,客户已经完全无力独自掌管 IT 系统,他们需要一家公司提供全方位解决方案,而此时有能力承担这一使命的只有 IBM。

1993 年郭士纳开始了 IBM 的转型之路,将这家曾经的信息产业硬件巨头转型向客户提供产品和服务的整体解决方案提供商,并开启了信息产业的电子商务时代。1995 年,IBM 在很多人还不知道电子商务为何物的情况下,提出了"电子商务"的战略理念。IBM 所提供的"电子商务"包含硬件、软件的信息架构构建和企业流程改造,这个以网络为中心的模式不同于卖硬件的价格战,也不同于卖软件的版本升级,它的内涵是替客户进行信息架构、企业流程的重新改造。这一理念的提出驱使 IBM 实现硬件厂商到"软件+硬件"的转型。

在服务转型的历程中 IBM 开发了很多基于产品的增值服务,比如说基于 IBM 硬件产品的优化调试、系统整合、存储系统的设计,乃至互联网数据中心的设计,甚至包括互联网数据中心的机房建设、运营维护系统、安全系统等。

到 2000 年,IBM 公司 40%的利润来自服务业务,软件利润占比达到 25%,硬件业务利润下降至 24%,全球融资业务占比 11%。到 2001 年,IBM 成功转型为一家完全与众不同的 IT 解决方案提供商。

(二)彭明盛时代的战略转型

2002 年彭明盛接替郭士纳担任 IBM 的 CEO,适时提出了电子商务"随需应变"的战略。围绕"随需应变"理念,IBM 从收购普华永道的咨询业务、剥离 PC 业务,到同时收购多家软件公司,IBM 全面转向服务,力求通过打包齐全的软件产品,向客户提供从战略咨询到解决方案的一体化服务。

到 2009 年，IBM 公司 42%的利润来自于软件，另外 42%的利润来自于服务业务（包括全球业务咨询、全球技术咨询）；硬件的利润进一步降至 7%；融资租赁利润占比 9%。

二、IBM 的文化变革

（一）传统价值观的蜕变

20 世纪 80 年代是 IBM 公司风光的日子，那时候 IBM 的销售人员根本不用出去见客户，由于 IBM 大型机的垄断地位，客户会主动找上门来。IBM 销售代表要做的事，就是挨个询问客户的预算，然后优先选择预算多的客户进行洽谈，预算少的客户只能排在后面。那时的 IBM 因为长期的成功逐渐形成了一种故步自封的市场态度，开始忽视客户的需要和市场的变化，眼光只是看着自己的内部，从而一度使公司强大并且获得普遍尊重的 IBM 文化在那个时候也开始发生了蜕变。

"必须尊重个人"开始演变为封闭与保守。持续的成功使整个 IBM 充满着这样一种信念，即 IBM 对一切问题都胸有成竹。在这种情况下，对人的尊重就变味了。IBM 一位高级管理人员曾形象地描述当时的情景："对人过分的尊重会让人忘记自己的立场，即使某个人做得很差，人们出于尊重仍然会说'非常感谢，我们知道你已经尽力了。'"长此以往，对人的尊重就演化成了盲目地追求意见一致，导致 IBM 全公司的封闭与保守。对人的尊重在 IBM 还意味着另一个更致命的死结——不解雇政策，这是沃森家族在过去几十年对员工的承诺之一。这种"尊重个人"已经演化成了沃森当初并没有想到的一些含义，即它培育了一种理所应得的津贴式文化氛围，在这种文化氛围中，"个人"不需要做任何事就可以获得尊重——他仅仅因为受聘为公司工作，所以就可以想当然地获得丰厚的福利和终生的工作职位。即使是在 90 年代初连续亏损时，许多改革措施一碰到不解雇政策也就无法进行下去。

"为顾客服务"开始演变为对现实利益的满足。当 IBM 具有行业绝对权威领导地位的时候，公司与顾客之间的互动关系就成了 IBM 的单边关系，整个商业游戏变成了 IBM 的独角戏。所谓服务顾客的理念也被逐渐淡忘了，而变成了 IBM 以自我为中心的市场理念。当时流传一句话，要使 IBM 的员工有所行动，就像在沼泽地跋涉一样艰难。

"必须追求优异的工作表现"开始演变为以自我为中心。持续的成功使 IBM 充满自信。它认为自己比任何公司都了解如何把产品投放市场，比任何公司都知道如何去推销产品，也比任何公司都知道如何最大限度地发挥雇员的才能。那时，IBM 追求卓越变成了追求内部流程的复杂和完整，对于完美的固执迷恋。它导致了一种僵化的企业文化的诞生，并且是检查、批准，生效等这一系列缓慢的决策过程，以及最终导致决策流产的始作俑者。郭士纳谈道，"当我来到 IBM 的时候，每隔 4~5 年，才有新的主机产品发布。于是，我可以理解 20 世纪 90 年代初期在 IBM 流传的这样一句笑话：产品都不是在 IBM 被发布出来的，而是好不容易才从 IBM 逃离出来的"。

（二）IBM 在衰退时期的文化特征

1. 僵化和千篇一律的风格

IBM 要求员工穿正式服装。在 IBM，着装准则被事无巨细地规定好了。每件衣服都要符合 IBM 关于职业商人的形象。该准则坚持要穿黑西服、戴黑领带、穿白衬衫。IBM 的文化制约着雇员生活的几乎所有方面，从着装方式到思考方式无一遗漏。IBM 甚至鼓励员工引吭高歌，使他们变成清晨的祈祷者。员工不仅要学会爱 IBM，而且要过着 IBM 所规定的一尘不染的个人生活：公司不赞成离婚，办公时间不许饮酒……总之，会引起公司尴尬的任何事情都要避免。此时的IBM创造的是一种僵化和千篇一律风格的企业文化。

2. 客户是次要的

当其他企业逐渐认识到客户的重要性时，IBM公司里几乎没有关于客户和竞争的信息，也没有专业化的营销知识，市场份额数据分析也很有问题。正如郭士纳在其自传中所说："可以毫不夸张地说，IBM主要是根据自己的想象来界定市场的。"

3. 有害的官僚机构

有许多管理层的工作人员将时间大量地花在了无休止的争论和公司各个单位之间的讨价还价问题上，而不是用在为客户提供高品质的产品上。公司的每个部门中的各个层级都有自己的管理班子，因为没有一个管理者会相信任何一个跨部门的管理班子会把工作做好。在决定跨部门问题的会议上，会有一大群人来参加，因为每个部门都需要派代表来保护其势力范围。所有这些谋权行为的直接后果就是，IBM各个层级的官僚主义工作作风盛行，数万人都在试图保护自己的特权、资源及各自单位的利益。还有数千人则更加努力地在人群中发布命令和标准。

4. "不"文化

在IBM文化中，公司中任何人、任何团队及任何事业单位都喜欢说"不"。"尊重个人"在这里已经演化成一种对不合作行为的制度性支持。IBM公司的这种"不"文化的一个最突出的表现就是它的不赞成制度。当IBM的员工不同意同事的观点时，他们就会宣布他们将"不赞同"。通常情况下，不合作态度的表现就是保持沉默，这种沉默会在做决策的时候出现，但是，等到决策会议一结束，这些已经习惯于使用不合作哲学的事业部就会回到自己的实验室或者办公室继续做自己愿意做的事情，仿佛刚刚做过的决策根本就不存在。这种体制内足以停止体制运转的不赞同游戏，也会在事业部层面得到体现，公司内各个事业部之间的争斗，似乎要比整个公司和外部竞争对手之间的竞争还要激烈和重要。在这样一种文化中，IBM的各个部门之间充满了各种各样的矛盾，互相倾轧、互相隐瞒及互相争夺地盘等，他们不是去帮助各个部门实现协调，而是操纵着各个部门的纷争和保护各自的势力范围。

（三）郭士纳领导的文化变革

在即将离开IBM的时候，郭士纳说，过去10年IBM进行了深刻的变革转型，但IBM成功转型的真正核心是文化的转型。郭士纳在1993年接任IBM公司的CEO时，这个巨大的公司已成为一头步履蹒跚的大象，面临灭绝。郭士纳充分认识到了企业文化对企业发展的重要性，认识到当时充斥着IBM的官僚文化，他通过一系列措施改变了公司内部那种保守、封闭、呆板的文化传统。

郭士纳是怎么点燃IBM"企业文化之火"的呢？我们最好听听他是怎么说的："1993年9月，我起草了8项原则，在我看来，这8项原则应该能够成为IBM新文化的核心支柱。而且，我还把这8项原则以挂号信的形式邮寄给了IBM遍布全球的所有员工。现在，再次阅读这8项原则，我才惊讶地发现，在这些原则发布之后的10年中，IBM文化所发生的变化是多么巨大。以下就是这8项原则，以及我对它们所代表的基本观点的简要阐述。

① 市场是我们一切行为的原动力。IBM必须将关注点放在为客户服务上，并在这一过程中击败自己的竞争对手。一个公司的成功首先来自于成功的客户服务领域，而不是其他任何地方。

② 从本质上说，我们是一家科技公司，一家追求高品质的科技公司。科技将一直是我们

的最大优势所在。我们所需要做的最重要的事情,就是将知识转换成产品,以便满足客户的所有需求。全公司的各个领域都会因为这个科技优势而大获其益,包括硬件部门、软件部门以及服务部门。

③ 我们最重要的成功标准,就是客户满意和实现股东价值。如果一个公司不能让自己的客户满意,那么它就不会是一个在财务或其他任何方面获得成功的公司。

④ 我们是一家具有创新精神的公司,我们要尽量减少官僚习气,并永远关注生产力。对于我们来说,这是一个艰巨的任务,但是,快速变化的新市场却要求我们必须承担这个艰巨的任务,改变过去的经营方法。最具有创新精神的公司,都会通过扩展老业务和拓展新业务尝试创新,敢于承担风险和追求成长。这也正是我们所需求的精神状态。IBM必须迅捷地采取行动,更有效地工作,以及更明智地进行开支。

⑤ 绝不要忽视我们的战略性远景规划。要想获得事业的成功,就必须有方向感和使命感。因为方向感和使命感让你在做任何事情的时候,都知道什么是最适合你的,以及那些是最重要的。

⑥ 我们的思想和行动要有一种紧迫感。我喜欢把这称之为"建设性的不耐烦"。我们都长于调查、研究、开会及讨论,但是,在这个时代的这个行业中,速度往往比上述见解有用。并不是说不应该制定规划或者战略,而是说,这些战略和规划会延误我们现在立即就采取行动的战机。

⑦ 杰出的和有献身精神的员工将无所不能,特别是当他们的业务得以开拓时更是如此。

⑧ 我们将关注所有员工的需要,以及我们的业务得以开展的所有社区的需要。这并不是一句收买人心的客套话,我们希望我们的员工有个人发展的资源和空间,而且,我也希望我们的业务得以开展的社区,因为我们的出现而越来越好。

随后,郭士纳意识到以上内容太多,不适合迅速推广,就立即提出了更加简洁的要求。郭士纳为IBM确立了适应转型时期特点的核心价值观:赢(win)、团队(team)、执行(execute)。这三个关键词就像冲锋的号令,迅速传遍了全公司。现在市场变了,IBM大型机统治IT行业的时代已经一去不复返了。IBM公司行事的方式也不得不变了,新的IBM必须采取凌厉的手段,迅速的身姿,去迎接挑战,并且通过改变自己,从而取得生存的资格。

郭士纳提出"赢、团队、执行",重新唤醒了IBM员工对成功的渴望,并明确强调了成功执行的方向。

① 赢。

郭士纳要求IBM员工重新焕发出赢的渴望,就是眼光朝外,在市场上获取成功的那种激情,并为此建立起相应的评价体系。

② 团队。

那时的IBM因为以自身产品为导向,条块分割,彼此之间无法协同,在郭士纳手里他将IBM重新整合为以客户为导向,从而组织内部资源,并将各种产品整合成客户需要的解决方案,带向市场的模式。在这个模式下最为迫切的就是团队合作。

③ 执行。

有了赢的目标,赢的渴望和团队的支撑后,剩下的便是不折不扣地执行,把事情做成功。IBM大力倡导高绩效文化,即在组织里面建立一种氛围和共同认知,组织里面的人员要对赢得成功有发自内心的渴望,对赢得成功的行为和事件给予赞扬和正面的鼓励,而相反的行为不予接受和认同。例如，当获得成功的时候，比如获得了一个新的订单的时候，这个员工就会发出邮件告诉他的伙伴和经理，每一个接到邮件的人都会有一个回馈，发出祝贺的言语和贺词。这时，这个团队就是在塑造一种赢的氛围、高绩效的文化氛围。除了鼓励之外，在公司的薪酬制度、职业发展、职位升迁上也要为能够创造佳绩的人开辟更广阔的通道。

郭士纳清楚地认识到IBM缺少的不是卓越的产品和优秀方案，而是执行力。缺乏训练有素的组织去执行是IBM的病根之一。为此，郭士纳所做的第一件事是告诉公司员工什么是执行力的真正内涵。执行力意味着员工完成各自手头上的工作，拜访客户，运输产品，达到和超过目标。它不是一个人在工作上花费了多少时间，也不是会议持续多长，而是把时间花费在那些对市场能产生最高冲击力的事情上。在这样的指导方向下，IBM公司的全体员工必须按照新的价值观、新的评价体系和新的标准去开展自己的工作，而且在郭士纳的引领下，所有那些不能按此方向做事的人将不得不选择离开。

为了使IBM的员工能正确地执行，郭士纳觉得需要在公司上下传达一种紧迫感。他认为IBM的员工花费太长的时间来作决定；员工闲谈太多；员工在学习上面花费的时间太多。他给每位员工开出一剂良药：建设性的不耐心——工作必须在今天完成，而不是明天。

在领导IBM战略转型的过程中，郭士纳推动了以下5个方面的重要变革。

1. 拥抱客户：以客户为导向

在上任的第一个月，郭士纳即要求50名直接向他汇报的高管，每个人都要在未来的3个月内，至少要拜访公司5个最大的客户中的一个。他们的直接属下（总共大约有200名高级经理）也要做相同的事。在每一次拜访活动之后，高管们都要递交一份1~2页纸的报告给郭士纳，郭士纳与高管们一同感受客户的温度，让客户也感受到IBM的温暖。最终的目的自然是用IBM的"硬件+软件+服务"的盈利模式复制到尽量多的客户。"拥抱客户"计划只是IBM文化转型的第一步，郭士纳强调，IBM要从外至内地建设自己的公司，并且使公司所有的事情都以客户为导向。

2. 变革终身雇佣制度

IBM公司一贯奉行的终身雇佣制是自负、保守、僵化文化的缘由，终身雇佣制度导致机构越来越庞大，官僚政治丛生。因此，郭士纳通过打破终身雇佣制度，使IBM的企业用人制度发生了重大变化，人才流动有了正常的、规范的渠道，同时也能留住和吸纳不断创新进取的优秀人才，从而使企业具备了一定的灵活性和不断发展的能力。

3. 废除固定着装制度

废除固定着装制度是变革保守企业文化、营造一种创新导向的企业文化的象征性行为。废除固定着装制度这样的象征性行为能够帮助IBM的员工深入了解公司将要塑造的精神文化，即不拘一格、灵活适应、不断创新。

4. 改变传统习惯，实行有秩序授权与分权

IBM根据新的领导体制和地区子公司的改组情况，分层次有秩序地扩大授权范围和推进分级管理。

① 给总公司事业运营委员会以较大的自主权，使它能根据市场需要能动地发展风险事业。

② 允许某些事业部门扩大销售职能，如新建的信息系统组增设了地区销售部。

③ 对新编成的地区事业部门采取分散化管理原则，使他们在开发、生产和销售等方面，具有更大的经营自主权。

④ 对亚太集团的战略核心"日本 IBM",在组织上和经营上给予完全自主权,由总公司派得力的副总裁直接担任最高领导者,以便发挥亚太集团特别是日本 IBM 在实现公司战略中的重要作用。

5. 改善支持系统,提高领导体制的适应性

IBM 健全了咨询会议和董事会下的各种委员会,聘请社会名流参加咨询,担任董事,组成有威望的咨询班子、工作班子和监督班子;严格执行业务报告制度,建立评价与指导系统,一切职员必须向直属上司报告工作。上级和下级要通过定期检查和总结评价方法改进工作;实行门户开放政策,建立直言制度。

到 1996 年,IBM 在紧迫感和执行力方面就有了大幅度提高。值得郭士纳高兴的是,IBM 的文化现在开始专注于速度了。一些产业界的人士也开始注意到这种变化。比如,通信网络承建商的总裁法兰克发现,当他在下午 6 点给 IBM 打电话时,IBM 公司的员工们还在工作。他们还提供自己家里的电话号码,鼓励人们在晚上和周末打给他们,这对于过去财大气粗、一直是行业领袖的 IBM 简直是多么不可思议的转变。

经过上述一系列的变革措施,IBM 公司最终成功地实现了从保守僵化的官僚文化到一种创新导向的、灵活适应的新的企业文化的转变。新型的 IBM 公司文化在企业价值观念上表现为:十分关注顾客、股东、员工等企业构成要素,重视对企业发展有益的改革人才和改革过程;公司员工普遍密切关注公司构成要素的变化,特别是顾客要素的变化。

(四)彭明盛接力领导的文化创新

2002 年,彭明盛接替郭士纳执掌 IBM。战略的转型促使 IBM 确立新的价值观。在新的转型道路上,传统的 IBM 价值观中,哪些还适用于未来的转型战略,哪些需要重新塑造呢?2004 年,IBM 通过互联网,在全球员工中发起了一次关于企业价值观的大讨论,被称之为 valuejam。它使得 IBM 全球 30 多万员工,通过全程的参与和互动,来重新思考、重新提出这家公司新的价值观。经过 72 小时的激烈辩论、热烈讨论,最终 IBM 新的价值观被确立了,即"成就客户、创新为要、诚信负责"。

经过彭明盛一系列大刀阔斧的改革,2006 年公司盈利高达 95 亿美元,股价上涨了 18%。随后,从重新设计 IBM 产品和服务组合,到全球业务整合,甚至在全球衰退低谷推出"智慧地球"计划,彭明盛一系列清晰的战略为 IBM 注入了蓬勃的生机。

三、IBM 战略转型与文化变革的若干方法

(一)IBM 人的"童子功"

IBM 入职培训的课程设计服务于公司战略转型的战略目标。以 20 世纪 90 年代的"魔鬼训练"为例,IBM 将总结出来的最佳销售流程和模式等融入其中。第一阶段是连续一周的产品知识学习,最有挑战的是当天讲完的课程第二天早上就要进行考试,成绩低于 70 分就算不及格。第二阶段为解决方案销售培训,历时一周。所有参加培训的学员,不论是销售人员还是技术人员都要学会解决方案的销售,这也是 IBM 公司在郭士纳领导下进行从产品向解决方案销售转型之后的培训方式。除了教授解决方案的知识和销售技巧之外,还要做非常多的模拟客户拜访的练习。有的是单独个人的客户拜访,有的是团队的集体拜访。这样日复一日地练习,使得团队成员们逐渐学会了如何在接到一个有时间限制的重要任务的时候在团队里进行任务的分工,并且最有效地组合资源。在这个阶段中,大家体会到了什么是团队,懂得了在团队中如何分享彼此的领导力,如何共同协作,如何为了团队共同的目标做出妥协让步,

同时高质量地完成工作，大家更懂得了如何在压力下创造出团队的出色业绩。第三个阶段是对前面两个阶段学到的内容的回顾和进一步的使用。

这种集中体验式的培训，使得受训人员在 4 个月内建立起了一套终生难忘的思考和行为模式。在 IBM 内部有一句话叫做"不管你进来之前是什么颜色，经过这个培训都会变成蓝色"。

（二）个人业绩承诺 PBC 与评价

在郭士纳时代，"赢、团队、执行"最终演变成 IBM 新的绩效管理系统。所有 IBM 的管理者和员工每年都要围绕这 3 个方面制定他们的"个人业绩承诺"（personal business commitment，PBC），并列举出在来年中为了完成这 3 个方面的任务所需要采取的行动。

在赢的部分，IBM 每一个员工需要就赢的财务指标做量化的陈述，一般包括销售额及利润指标、市场份额，以及客户满意度。在执行方面，每个人需要写出来为实现赢的目标应该采取哪些具体执行方案，执行方案要非常清晰、具体、可操作、可检查，最好带有量化的指标和时间的期限。IBM 对团队的承诺，即团队之间合作、支持、共赢的承诺，以及相应的团队合作的详细计划，也成为 PBC 很重要的一部分。彭明盛担任 CEO 后，PBC 的系统发生了一些调整，变成业绩目标、业务计划，以及个人成长计划的内容。

IBM 公司将 PBC 的年终评定分成了 4 个等级，"1"代表非常卓越，"2"以及后来增加的"2+"代表较好地完成任务，而"3"则代表没有完成任务，"4"意味着完成得实在太差，而且在个人技能、团队合作等方面，这个人可能已经不适合 IBM 的工作，通常得"4"的人很快会离开公司。同样，对那些出现 PBC 打分为"3"的员工，经理人会要求他必须做出改进计划，如果第二年还是"3"，再经过改进无效的话，这个员工就要被解职了。

为配合每年个人业绩承诺 PBC 的设定，IBM 公司还设计了一个相应的员工技能发展体系，称为个人成长计划（individual development plan，IDP）。PBC 和 IDP 是在年初同时做的，先有 PBC，之后有 IDP。IDP 一旦得到经理的认可，员工就等于拿到了企业的支持承诺，可以获得时间的保障，以及培训预算的支持。

（三）领导力模型

在 IBM，领导力可以宽泛地称为影响力，就是带领团队影响他人，一起向一个新的转型目标前进的综合能力。

1996 年，IBM 公司发布了第一套领导力模型，包括 11 项领导素质和 62 个具体的领导特质，希望能够用这套明确的领导力模型和指标描述，来衡量 IBM 高层管理者的领导能力，指导他们的领导力开发，从而使企业的变革得到强有力的转型人才支撑。IBM 总结的这 11 项优秀素质包括以下 4 个方面。

1. 必胜的决心。必胜的决心包括洞察力，创新思想和达到目标的恒心。最重要的一点就是行业的洞察力，要了解客户，而且要使客户取得成功。

2. 快速执行能力。快速执行能力包括团队领导、直言不讳、团队精神和决断力。强调应有团队和协作的精神，以便更好地执行公司的策略，确保整个公司在 IT 行业保持领导者的地位。

3. 持续的动能。持续的动能包括培养组织能力，领导力和奉献精神。强调个人的责任和传帮带的责任，如果只在乎今天领导者的培养，不在乎未来的领导者，公司很难生存下去。

4. 核心特质。核心特质就是对业务的热忱，这方面非常重要。作为 IBM 员工，必须热爱自己的事业，要感觉事业和个人是密不可分的，即要有"蓝色的血管"。

1999 年，IBM 高层管理者希望这套模型能够用到更多的管理人员身上，于是将 62 个领导特质发展为72个。2004年,为了配合新的转型步伐,IBM将11项领导素质调整为10项。

IBM领导力模型的建立和运用,造就了一批乐观、正直、开明,具备了进取精神、实干能力和必胜信念的管理者。他们能跟人交流、沟通,能尊重人、理解人,能使员工发挥想象力与创造力,并能够共同营造出亲密、友善、互助、信任的组织气氛。

(选编自:黎群. IBM公司战略转型与文化变革的经验与启示. 企业文明,2016(5))

讨论题
1. IBM在衰退时期出现上述文化特征的原因是什么?
2. 请分析与评价IBM企业文化变革所采取的主要方法与措施。
3. 请分析与评价21世纪IBM的战略转型与文化演进。

第十章

学习型组织

　　世界政治、经济形势不断变化，科学技术发展日新月异，市场竞争日趋激烈，企业应该如何应对呢？这是一个值得管理学家，经济学家和企业家们深思的问题。20世纪90年代初，美国麻省理工学院斯隆管理学院彼得·圣吉（Peter M. Senge）教授出版了《第五项修炼》一书，提出："应变的根本之道是学习，这乃是竞争求生存的基本法则。"在他后来出版的《变革之舞》中，圣吉又强调"21世纪企业间的竞争，实质上是企业学习能力的竞争，而竞争中唯一的优势是来自比竞争对手更快的学习能力"。学习型组织理论问世以后，很快风靡全球，引起了理论界和企业界的极大关注，成为企业组织模式的一个发展方向。

第一节　学习型组织的含义

一、学习型组织理论的产生

　　学习型组织理论是在20世纪末逐步发展起来的。对于学习型组织的模式，西方众多的管理学家做了积极的探索，特别是美国麻省理工学院佛睿思特（Forrester）教授创立的"系统动力学"，为学习型组织理论的提出奠定了良好的基础。1956年佛睿思特创立了用于工业企业管理的工业动力学理论，后来超越了工业管理的范畴，形成了"系统动力学"。佛睿思特于1965年提出了组织学习的概念。从20世纪70年代开始，哈佛大学克里斯·阿吉里斯（Chris Argyris）教授对组织群体学习进行了研究，哈佛大学唐纳德·萧恩（Donald Schon）教授针对专家如何从实践中学习和怎样在实践中培养称职的专业人员（员工）进行了研究，提出了心智模式的概念。麻省理工学院的威廉·埃萨克斯（W.Isaacs）对团队如何进行有效的沟通和决策进行了深入的研究，物理学家戴维·鲍姆（David Bohm）也认为，许多社会问题是因为人们没有进行有效的沟通造成的。

　　佛睿思特的学生彼得·圣吉继承了系统动力学的理论，吸收了阿吉里斯和萧恩关于"心智模式"的概念及埃萨克斯和鲍姆关于"团队学习"的研究成果，形成了学习型组织"五项修炼"的基本架构。1990年9月他出版了《第五项修炼》一书。这位被推崇为当代杰出的顶尖管理大师的美国麻省理工学院教授，对学习型组织进行了全面深刻的分析和论述，提出了学习型组织的"圣吉模型"。在彼得·圣吉看来，一个公司或一个企业善于学习、善于从整体看待问题，这体现了东方文化的特点；同时，组织的学习愿望与能力又植根于个体之上，这又体现了西方文化的特点。因此，学习型组织理论可以说是东方文化与西方文化相互融合的思想结晶。

　　学习型组织以建立共同愿景为基础、以团队学习为特征，具有持续学习的能力，具有高于个人绩效总和的综合绩效。"五项修炼"包括自我超越、改善心智模式、建立共同愿景、团队学习和系统思考，其精髓是以个体学习为基础，强调学用结合、知行统一、共同奋斗。学习是人的生存手段，也是企业的生存手段。尤其是在新经济时代，学习将越来越成为企业生命力的源泉。学习型组织的"学习"，主要是指工作学习化、学习工作化和在所有层次上学习，以及产生变革的学习。

学习型组织理论作为一种全新的管理理论，与传统的管理理论有着本质的区别。在管理思想上，由过去的"制度+控制"（能使人更勤奋地工作，但是创造性却受到抑制），转变为今天的"学习+激励"（使人更聪明地工作，不断创新，自我超越）；在管理组织上，由过去的以等级为基础、以权力为特征转变为以共同愿景为基础、以团队学习为特征；在管理内容上，由以人的行动和生产工作标准化，转变为以增强学习力为主，使员工注意到工作的生命意义；在管理策略上，由以技术与奖励为驱动，采用量多质好的刚性策略，转变为以市场与学习为驱动，采用快变取胜的柔性策略；在管理职能上，由以职能分工论和部门制为基础，以分工和"管"为主，转变为以信息化、网络化为基础，以综合和"理"为主，强调沟通与协作；在管理者与被管理者的关系上，由过去管理者与被管理者的单向服从关系，转变为上下互动关系；在管理手段上，由应用计算机技术放大人的技能，转变为应用计算机放大人的智能；在管理对象上，由过去大量的重复简单劳动的体力型的人，转变为今天大量具有创造能力的智力型劳动者。

二、学习型组织的概念

人们关于学习型组织的定义众说纷纭，各有侧重。

彼得·圣吉教授认为学习型组织是这么一种组织，"在其中，大家得以不断突破自己的能力上限，创造真心向往的结果，培养全新、前瞻而开阔的思考方式，全力实现共同的抱负，以及不断一起学习如何共同学习"。

马恰德在他的组织学习系统理论中指出："系统地看，学习型组织是能够有力地进行集体学习，不断改善自身收集、管理与运用知识的能力，以获得成功的一种组织。"

鲍尔·沃尔纳对学习型组织所下的定义是："学习型组织就是把学习者与工作系统地、持续地结合起来，以支持组织个人、工作团队及整个组织系统这三个不同层次上的发展。"

国内学者对学习型组织的定义中，比较典型的是郭咸纲的定义：学习型组织，是指通过培养弥漫于整个组织的学习气氛，充分发挥员工的创造性思维能力而建立起来的一种有机的、高度柔性的、扁平的、符合人性的、能持续发展的组织。这种组织具有持续学习的能力，具有高于个人绩效总和的综合绩效。

综合以上观点，我们认为，学习型组织是指：在这种组织中，个人、团队和组织是学习的三个层次，他们在由组织共同愿景所统领的一系列不同层次愿景的引导和激励下，不断学习新知识和新技能，并在学习的基础上持续创新，以实现组织的可持续发展和个人的全面发展。

案例	通用电气创建学习型组织的实践

通用电气公司也许是美国纽约道琼斯工业指数自 1896 年创设以来唯一一家至今仍榜上有名的企业。通用电气公司的成功，源于一个强有力的学习型组织的创建及由此产生的

独特的学习文化。

一、创建学习型组织的由来

对于美国通用电气公司来说，组织结构、经营理念、管理模式等已经有几十年没有什么根本的变化了，在僵化的等级森严的组织体制中，员工的作用就是确保巨大的商业机器准时开动和顺利运转。韦尔奇敏锐地看到了这种装配线心理正在毁掉美国的企业，他就任公司CEO后下决心构建一个思想和智慧超越传统和层级的学习型文化，以期重塑这家"百年老店"。正是基于这样的思考，韦尔奇及其同仁坚定地发起了一场以创造出世界上最具竞争力的组织为核心的运动——创建学习型企业。韦尔奇说："一个企业变成一个学习型的组织，对于企业来说，要有这么一个核心理念，就是必须具备不断学习的欲望和能力；而且还要有以最快的速度将所学的一切转化为行为的能力，竞争力就是如此提升的。"此后，通用电气公司努力培植员工一种永不满足的学习愿望、拓展愿望，每天都要去寻找更好的主意、更好的办法。

二、创建学习型组织的主要措施

措施一：塑造共同愿景。1980年韦尔奇接手通用电气时，通用电气已是全球排名第十的大企业，不过，韦尔奇并不因此忽略共同愿景的塑造。他认为，要保持通用电气的地位并得到新的发展，就必须让公司及全体员工朝着共同的目标去努力，始终保持高昂的斗志和创新的冲动，CEO的主要职责就是要为公司勾勒愿景，并在公司内部不断制造工作压力。因此他一上任就在股东大会上表明自己的愿望和决心——"把通用电气建设成为一个独一无二、充满活力、具有开创性的企业，一个无比卓越的公司，一个世界上利润最丰厚、产品最多样化且每条产品线都成为全球质量领导者的公司"。

措施二：转换领导者的角色。韦尔奇认为领导者应该"同时作为教练、启蒙者及问题解决者来为企业增加价值，因为成败而接受奖励或承担责任，而且必须持续地评价并强化本身的领导角色"。为此通用电气在克罗顿维尔建立了领导才能开发研究所，每年有5 000名各级管理者在这里定期研修，听取企业生产、经营和管理等方面的课程。参加学习者之间没有职务的束缚，可以不拘形式地自由讨论。《财富》杂志称其为"美国企业的哈佛大学"。在韦尔奇的领导下，通用电气领导层变成了一个不断创新、富有成效的领导团体。他们能进一步推动工作，倾听周围人们的意见，信赖别人的同时也能够得到别人的信任，能够承担最终的责任。

措施三：学习和工作的整合。在通用电气，学习和工作没有矛盾，不能分离，学习就是工作，工作就是学习。通用电气职员在学习比较中发现新西兰的家电生产商实行了缩短商品周期的"快速反应"方法，并迅速应用到了加拿大的家电业务中去。这就是通用电气自信、简捷、速度原则的体现。

措施四：开展"无边界运动"，使管理层与员工互相交流学习。所谓"无边界运动"即拆除传统上挡在经理与员工、市场营销与产品制造、员工与消费者之间的墙，打破公司内部等级森严、部门之间壁垒重重，一切按照制度和惯例办事的组织行为和氛围，使员工能够跨越其本身的思维和视野，容纳各种观点，使企业成为一个"无边界运动"的组织。韦尔奇提出，任何新的想法或方案，应该因该想法或方案本身的优缺点，而不是提出想法的人的地位而得到重视或忽视。他进一步强调，那些不能共享这种价值观的人必须走人。为了推动"无边界运动"，通用电气定期发起"群策群力"活动（一般持续3天），在活动期间，工人们可以向经理们提出改进生产过程等重要工作流程的建议，经理们必须说"是""不是""我将在某某时间去找你"。当然，经理们 80%以上会说"是"。"速度、灵活性、创新"是无边界组织的三大特征，如果管理团队成员没有使用这些词语来描绘公司，那就说明公司在通用电气无边界的道路上还有距离。

措施五：让点子动起来，实现公司范围内知识共享。通用电气认为建立学习型文化的三个关键要素是：组建优秀团队，跨业务分享点子，提供把点子付诸实践所需的资源。为了实践这一思想，公司每个季度都会召开一个为期两天，有 30 名左右的经理参加的会议，在会议上，不同业务部门的经理轮流发言，提出新观点。这种交流会比其他公司同部门的会议有益得多，因为讨论的不是垂直业务，而是互补方案，大家获得的是普遍经验。公司让经理要求员工们多向联盟伙伴和竞争对手学习。公司规定，仅"有"一个好点子不能得到奖赏，只有有效地与大家分享才能得到奖赏。

这种学习型文化使通用电气各部门之间的知识获得了最大共享。有一个例子是这样的：通用电气的医疗设备部门设计了可以遥控操作的 CT 扫描仪，这种扫描仪让使用者可以在线检查并修补可能出现的障碍，甚至在客户发现问题之前，就能解决这些已经存在的问题。医疗设备部门将这一技术与通用电气其他部门分享，如喷气发动机、机车、马达和工业系统部门、电力系统部门等。通过引进这种技术，这些部门也可以监测喷气发动机、机车、马达和发电厂的运行情况了。

措施六：向竞争对手学习，"合理地剽窃"。韦尔奇鼓励经理们向竞争对手仔细搜索优秀的点子并据为己有，这就是"合理的剽窃"（legitimate plagiarism）。韦尔奇认为，借鉴是最好的学习。通用电气在向竞争对手学习方面卓有成效，他们改良克莱斯勒和佳能公司产品上市的技巧，从通用汽车和丰田学到了高效的采购技巧，从摩托罗拉和福特公司学到了品质改进体系。

三、LIG（leadership innovation growth）的行动学习项目

1. 项目背景

2001 年 9 月，杰夫·伊梅尔特接过了韦尔奇的帅印。上任伊始，正值全球范围的多事之秋，接二连三的公司丑闻加上"9·11"恐怖袭击，导致经济遭受重创，公司的经营环境发生了剧变。伊梅尔特意识到，未来市场会越来越全球化，增长会越来越受到创新的驱动，通用电器如果要延续辉煌，就必须实行变革，加强创新能力，以适应新的市场环境，实现自我持续增长。伊梅尔特的重要任务之一就是在通用电气内使创新和增长成为公司的信仰。

为配合 CEO 伊梅尔特提出的扩大现有业务及创办新业务来推动公司增长的战略思考，GE 副总裁、首席学习官苏珊·彼得斯（Susan P. Peters）和首席营销官丹尼尔·汉森（Daniel S. Henson）共同设计了"领导力 创新 增长"——LIG 的行动学习项目，并于 2006 年 9 月起在克罗顿维尔开始系列实施。LIG 项目紧紧围绕 GE 各个事业部的业务进行，每期都会安排部分事业部参加，每个事业部参加时，必须是事业部全部管理团队。

2. 项目过程

课前准备：在专家的帮助下，每个团队在前往克罗顿维尔之前，必须完成三项任务：更新三年期策略，也就是"增长计划书"；接受 360 度绩效评估，并将团队的成长特质分数列出来并做详细分析；评估团队营造创新环境的成败。

上课及研讨：在克罗顿维尔，学员会参加 4 天的学习和研讨，4 天当中安排有外部专

家来授课，有内部高层经理人演讲，也安排内部案例分享，其间大约会用到20小时组织每门课程分组研讨，学员分享上课心得体会，探讨所学内容对所属事业部和个人有哪些启发。第4天的最后阶段，每个团队要向伊梅尔特汇报团队研讨成果，包括所属事业部的增长愿景，团队成员决定在组织、文化与能力方面推动哪些变革，达成增长愿景。

课后行动：回到事业部以后，团队成员细化思路，形成一封"承诺"书报给伊梅尔特。之后团队成员按照承诺推进对应的变革实施。一年后，事业部团队成员再次向伊梅尔特做出专题汇报。

3. 项目收益

通过实施LIG项目，GE营业增长率持续达到或超过了伊梅尔特订下的目标：有机增长率达到全球GDP的3倍；同时参加人员还重新检讨和优化了事业部本身的能力、流程、组织结构和资源配置，改进了自己和团队的领导方式。2007年，伊梅尔特指出，通过实施LIG项目，"把有机增长植入了我们公司的DNA"。

四、通用电气公司学习型组织的特点

美国通用电气公司学习型文化有以下5个方面的特点。

① 信息分享的开放性。信息不是被储藏或毁灭，而是可分享和获取的，取消界限，对来自任何地方的思想进行开放。

② 强调学习以及对未来的投资。学习被置于企业的中心，从不停止谈论学习及新思想的重要性。通过投资与学习，也兑现了对组织学习和员工学习的承诺。

③ 不惩罚错误或者失败。错误及失败被认为是不可避免的，是可以接受的，关键在于从前车之鉴中学习，将教训融入整个组织中。

④ 期望人们不断地学习。学习必须要有韧性和毅力，而不是一时的事件，公司鼓励每个人学习，学习被视为是公司的血液，必须每时每刻顺畅地流动。

⑤ 通过变革举措来驱动学习。公司不断推出变革举措革新组织，提升组织获得知识的能力，增进学习。利用整个营运系统使公司的智慧"全球化"。

韦尔奇曾说："学习并迅速把学到的东西付诸实施的能力，才是企业最大的竞争优势。"无疑，他成功地贯彻了自己的思想，将通用电气打造成了一个典型的学习型组织，而这已成为通用电气最大的竞争优势。

（资料来源：刘永中，金才兵. 管理的故事. 广州：南方日报出版社，2005.）

第二节　学习型组织的特点

国内外大批优秀的企业纷纷掀起了创建学习型组织，按照学习型组织模式改造自己的热潮。美国许多著名的公司提出用"学习型组织"改进自身，并取得了明显成效，如美国的福特汽车（Ford）、通用电气（General Electronic）、科宁（Corning）、AT&T、联邦快递（Federal Express）等。日本大企业对学习型组织的理论与实践也相当重视，麻省理工学院学习中心培训的人员中有1/3来自日本企业界。在我国，"海尔""联想""中粮"等许多知名企业也在按照学习型组织模式加强企业的全面建设，打造企业的核心竞争力。

组织学习本身就是一个系统,它几乎包括了企业管理中所有重要的因素,如人、组织、决策、沟通、技术等。企业通过周密筹划的组织学习过程,不仅可以提高内部资源、知识的利用率,不断创造出新知识,而且可以从各方面学习,不断提高自身的能力,弥补缺陷与不足,构建自己的核心能力和竞争优势。相对于传统组织,学习型组织有以下8个方面的特点。

① 组织成员拥有一个共同的愿景。组织的共同愿景来源于员工个人的愿景而又高于个人的愿景。它是组织中所有员工共同愿望的景象,是他们的共同理想。它能使不同个性的人凝聚在一起,朝着组织共同的目标前进。

② 组织由多个创造性个体组成。在学习型组织中,团体是最基本的学习单位,组织的所有目标都是直接或间接地通过团体的努力来达到的。

③ 善于不断学习。这是学习型组织的本质特征。主要有4点含义:第一,强调"终身学习"。即组织中的成员均应养成终身学习的习惯,这样才能形成组织良好的学习气氛,促使其成员在工作中不断学习。第二,强调"全员学习"。即企业组织的决策层、管理层、操作层都要全心投入学习,尤其是经营管理决策层,他们是决定企业发展方向和命运的重要阶层,因而更需要学习。第三,强调"全过程学习"。即学习必须贯彻于组织系统运行的整个过程之中。不能把学习与工作分开,应边学习边准备、边学习边计划、边学习边推行。第四,强调"团体学习"。即不但重视个人学习和个人智力的开发,更强调组织成员的合作学习和群体智力(组织智力)的开发。

④ 扁平式组织结构。传统的企业组织通常是金字塔式的结构,学习型组织的组织结构则是扁平的,即从最上面的决策层到最下面的操作层,中间相隔层次极少。它尽最大可能将决策权向组织结构的下层移动,让最下层的单位拥有充分的自主权,并对产生的结果负责,从而形成扁平化组织结构,保证上下级不断沟通,在企业内部形成互相理解、互相学习、整体互动思考、协调合作的群体,从而产生巨大的、持久的创造力。

⑤ 自主管理。团队成员在"自主管理"的过程中,能形成共同愿景,能以开放求实的心态互相切磋,不断学习新知识,不断进行创新,从而增加组织快速应变、创造未来的能力。

⑥ 组织的边界被重新界定。学习型组织边界的界定,建立在组织要素与外部环境要素互动关系的基础上,超越了传统的根据职能或部门划分的"法定"边界。

⑦ 员工家庭与事业的平衡。学习型组织对员工承诺支持每位员工充分的自我发展,而员工也以承诺对组织的发展尽心尽力作为回报。这样个人与组织的界限将变得模糊,工作与家庭之间的界限也将逐渐消失,两者之间的冲突也必将大为减少。

⑧ 领导者的新角色。在学习型组织中,领导者是设计师、仆人和教师。领导者不仅要设计组织的结构和组织政策、策略,还要设计组织发展的基本理念;领导者的仆人角色表现为他对实现愿景的使命感,能自觉地接受愿景的召唤;领导者作为教师的首要任务是界定真实情况,协助人们对真实情况进行正确的把握,提高他们对组织系统的了解,促进每个人的学习。

案例 红星家具集团领导者的新角色

红星家具集团的董事长、首席执行官车建新,以600元的借资起家,引领红星企业从家具生产小作坊发展成为中国家居流通行业第一。18岁那年,他确定了自己人生的第一个目标——三年内学精木工手艺。三年后，他的这一目标变成了现实。由此，他走上了创办家具企业、创建中国名牌、打造世界品牌的三次创业之路。在此过程中，他越发认识到学习的重要性和必要性。把红星创建成学习型企业，就是他积极倡导并亲手抓的一项重点工作。他带头学习并研究战略规划，通过学习GE、海尔等世界名企，引领红星成为中国家居流通业的领头羊，成为中国家居市场第一品牌。

在红星建设学习型企业的过程中，车建新及他带领的领导群体扮演的是什么样的角色呢？

一、红星企业精神和共同愿景的设计师

红星企业精神的铸造，随着红星的发展经历了前后两个阶段，呈现出不尽相同的内涵。在1999年之前，车建新把"不断追求完美，永远开拓争先"作为自己企业的精神。当时，红星正处于企业大发展的上升期，车建新把创建中国名牌、打造中国家具市场第一品牌作为自己的目标。随着红星全国连锁品牌大卖场的成功兴建，红星也跃升为国家级家具企业集团，成为中国家居流通业的领头羊。此时的车建新，毅然走上了打造世界品牌，建设国际化企业集团的第三次创业之路。与此相应，红星的企业精神也升华为"一丝不苟，视信誉为生命；勤奋务实，视今天为落后"。此时的红星，强调诚信经营、规范管理、以德治企、以法治企。

一丝不苟——追求完美，把每一件事都当做作品来做，精雕细琢。

信誉——待人以诚，执事以信，是红星人的生命。

勤奋——今天事今天毕，明天一定比今天进步5‰。

务实——能做好千万件小事必能做大事。

红星的这一企业精神，既凝聚了人心，又预示着红星"成为什么样的企业"这一本质问题，这对于"红星"品牌的铸造，起到了举足轻重的作用。

红星的共同愿景是一系列由远及近的愿景，清晰地勾勒出红星的发展蓝图。

2001年年底——实现中国家居市场第一品牌。

2006年年底——实现年规模销售200亿元。

2008年年底——建成40个连锁市场，成为国际化的企业集团。

2020年年底——建成200家品牌连锁大卖场，成为中华民族的世界商业品牌。

2004—2020年——加速全国连锁面，打造世界商业品牌。

二、追随红星共同愿景的仆人

有一件事对车建新的刺激很大。那是2001年10月，世界500强第1位的美国沃尔玛总裁李斯阁先生考察中国的市场，他只看了法国的家乐福和德国的麦德龙，而中国的商场和卖场，他一家也没看！据统计，2001年沃尔玛在全球就有4 000多家连锁店，总营业额达2 200亿美元，而同年中国百强商业连锁企业的销售总额，加起来只有1 620亿元人民币，只是人家的一个零头。这件事让车建新下定了决心，要把红星美凯龙品牌连锁大卖场建设得更快、更出色，让李斯阁先生下次再来中国时，不得不来红星，看看中华民族的新卖场是怎样的规模和气派。

车建新认为，中国的商业若不发达，不仅将制约工业经济的发展，也会影响整个国民经济的发展。为此他将振兴民族商业视为己任，最大的理想就是把红星集团打造成像沃尔玛那样闻名世界的国际企业巨头，把红星美凯龙连锁卖场品牌打造成世界级的中华民族品

牌。这正是他第三次创业的内在动力和追求的人生目标。

三、培养红星员工学习习惯的教师

2010年12月1日，由《21世纪经济报道》、凤凰网、中央人民广播电台经济之声联合主办的"2010年度华人经济领袖盛典"在北京隆重举行，红星美凯龙董事长兼CEO车建新获选"2010年度十大华人经济领袖"。车建新在颁奖晚会上表示，学习和思考促成了红星美凯龙在20世纪90年代中期的成功转型。也正是从那时起，红星美凯龙开始创建起一种学习型的企业文化。在车建新看来，做企业首先要做战略，战略赢了，战术就事半功倍，"所以我觉得首先要学习，通过学习才能把战略做得更好，才能更强有力地加以执行"。

将红星创建成为学习型企业，是车建新最先倡议并亲手抓的一项重点工作。起初，他本人的学习主要是出于自身的需要，而后在企业学习的导入和推进阶段，他发现各级领导对学习的重视程度和投入程度对企业整体学习氛围的形成起着重要作用。于是，他以身作则身先士卒，不但自己每年要读约70本书，听60位左右专家讲课，而且要参加各类高层次的培训班，如总裁班、新形势讨论班、企业高层战略研讨班、人力资源学习班、金融学习班等，同时他还在中国人民大学系统地进修MBA课程。

车建新认为，学习力的提升需要一定的物质条件和社会条件，因此他坚持给红星的全体员工提供最好的学习条件，创造最佳的学习氛围。起初，公司的一些高层管理人员和财务管理人员有些不理解，认为他在这方面花钱太大方，为此还产生过一些小矛盾，但车建新不为所动。他采取了一系列鼓励、支持员工读书、学习的举措。比如他在红星集团总部和各大市场都设置阅览室，每年拨款数十万元购买各类岗位专业技能和经营管理书籍；每年邀请一批专家学者来红星讲课，组织员工赴知名企业参观、考察学习等。他还对凡是通过自学考试获得了学历升级的员工，一律报销一半的学习费用，并有针对性地派管理人员赴中国人民大学等院校深造。

车建新还意识到，如果要真正地把创建学习型组织引向深入，就一定要占领家庭这个学习阵地，因为家庭是人生学习的起点，也是终身学习的场所。人在家庭中生活的时间几乎是在企业工作时间的2倍。基于此，车建新做了很多鼓励员工在家学习的措施：给365位管理人员的家庭各送上一个书柜；每年为每位员工报销200元书费；由公司出资，统一为100多名中层以上管理人员的家庭聘请保姆，让他们能有更多的时间用于学习；有条件的员工家庭，要求配备电脑，要有书房等。

"红星人守则"中规定："每位员工家中的书柜至少要藏书30本以上。每位管理人员的包里，每时每刻要有一本书、一本记事本、一支笔，每人每年要写5~10份1 000~2 000字的读书心得""每位管理人员每天至少读书学习一小时"……看着这一连串的数字，可能会觉得有点"小儿科"，可红星人认为，在学习道路上一次次的"质变"都来自于这些看似枯燥的"量变"。

车建新说，他小时候吃过没有好好学习的亏，他现在已经尝到了学习的甜头，他很清楚学习对员工、对红星意味着什么，为此他不惜一切代价为红星的员工创造一个良好的学习环境，好让他们尽快成长成才。在他的影响和带动下，公司全体员工都积极投身学习，形成了自我学习、自我开发、自主管理的良好氛围。

红星的发展需要人才，人才成长要靠培养，而培育人才的最好途径就是组织企业培训和员工读书活动。

企业文化

首先，红星集团把红星员工的文化学习和思想道德品质教育放在首位。每年都要求人力资源部门做好计划，明确培训目标，通过职前培训、在职培训和远程培训的结合，全面提高红星员工的个人素养。在思想道德教育方面，红星集团除组织员工进行每天的升旗仪式外，还倡导员工进行"第六项修炼"，即以爱国为核心的集体主义教育。

其次，根据企业面临的新情况，由人力资源部门组织外部专家来企业作各种有针对性的高水平讲座，使学习内容能与时俱进，并组织员工讨论消化，使新的理念、新的方法能在工作中有所运用。此外，集团还多次组织中高层管理人员参加 MBA 研究生班培训和赴美、法、德等国学习。集团每年培训费用都在 100 万元以上。请进来和走出去相结合的方式，大大提高了学习的效果。

最后，红星集团在组织全员读书学习活动时，十分注重按公司不同层次和部门的特点，组织不同的学习内容和采用不同的读书方式，使读书活动尽可能与各部门的工作结合起来。公司不定期组织读书活动成果交流会，由学有成效的员工宣讲自己的学习体会和收获，实现成果共享。例如，举办了"怎样当领导""如何培养下属""人才开发管理""争当职业经理人"等的大讨论，分享读书学习成果，并在此基础上总结出了"培养下属60条、人才开发60条""人本管理精要12条"等，成为红星集团各级管理人员的工作指南。

通过读书活动的有效开展，并辅以适当的奖惩措施，公司全体员工现已进入较为自觉的读书学习阶段，绝大多数员工都能将"要我学"变为"我要学"，大大提高了读书活动的自觉性，并取得了很好的学习效果。员工的思想品德和业务能力不断得到提高，实现了自我超越的目标，使员工与企业实现了同步增长，为红星集团的快速发展提供了人力支持。

2015年红星集团出台了2015年度创建学习型企业实施方案，围绕集团公司的发展战略目标，建立和不断完善以知识管理为基础，企业发展为导向的学习体系，努力营造"终身学习、知识技能共享"的学习氛围，逐步把"工作学习化、学习工作化"理念贯穿于集团公司各项工作中。力争在2015年底基本建成"学习制度健全、学习氛围浓、各类人才竞相涌现、企业竞争力不断增强"的学习型企业。

（资料来源：吴之洪，钱旭东.红星模式——中国民营企业创建学习型组织典型解析.南京：江苏人民出版社，2003.）

第三节　行动学习的兴起

一、国外行动学习理论的起源与发展

行动学习理论的创始人是英国瑞文斯（Reg Revans）教授。早在1938年，他就撰文提到行动学习，但并未引起重视。后来在担任国家煤炭理事会教育与培训董事长期间，他与煤矿经理们发展了早期的行动学习形式。1965年，他在与比利时领导的一个大学与企业合作项目中第一次完整地运用了行动学习方法。在学习过程中，每个参与者都带着所在机构面临的棘手问题，每个小组所研究的问题都不同于他们日常工作的领域或专业。这些具有不同专业特长的人，组成学习团队，群策群力，互相支持，分享经验，反思质疑原有做法，形成新的行

动对策。这次尝试获得了成功。

1971 年，瑞文斯出版了《发展高效管理者》一书，正式提出了行动学习理论与方法。1975 年，瑞文斯返回英国，运用同样的方法为英国电力公司开办管理发展培训课程，再一次验证了行动学习的神奇效果。

瑞文斯教授关于行动学习的观点包括：投入行动是任何学习的基础；管理者最有效的学习是通过社会交换实现的。他的观点可用公式"L＝P＋Q"来说明，其中"P"表示"传授结构化知识"（programmed knowledge），是现代教育或培训的主要形式。我们通过接受指导，学习那些已经"成型"的思路和方法，从而帮助我们更好地理解所面对的事物，更有效地应对所在的环境，更聪明地解决所遇到的问题。但是在这个快速变革的时代，仅仅靠这种方式学习是不够的。因为我们必须学习那些"在今天看上去不必要，但明天却很有用。那些在上个星期无关紧要，但现在却很重要的"知识或技能。为此，我们需要"主动自觉地探索我们所不熟悉的领域，在未知的、冒险的和混乱的条件下提出有用的、有洞察力的问题"。瑞文斯用"Q"（questioning insight）表示这种以"询问"为主的学习方式。瑞文斯认为，只有将"指导"与"询问"结合起来，才是更完整、更有效的学习。

瑞文斯认为，传统教育背后的理论假设是，我们面临的任何问题都有一个正确答案，尽管有时寻找这一答案很困难，甚至需要专家技能。指导式学习希望帮助人们提高寻找正确答案的技能。行动学习背后的理论假设是，没有一个现成的行动课程能够帮助所有人解决他所面对的问题或是确认可能的机会。每一个管理者的价值信念、个性、经历、意愿、思维方式等都不同，这一切都会影响思考和判断问题的倾向，以及解决问题的方式。仅仅靠主要由专家开发的"P"并不能帮助管理者解决他们在现实情境中所遇到的大量问题与挑战，而在"不确定环境下提出有洞察力的问题"的能力（Q）才是更有用的学习方法。

除此以外，以询问"Q"为主的学习方式还具有以下 4 种特征。① 学习主题直接针对现实环境和任务。② 反思"做的结果"及"事情是怎样做的"。③ 学习是在小组或团队中进行的。在团队中，"每个参与者会一次又一次地发现自己陷入山谷……其他人会通过不同视角的询问、分享激发一个人更清晰地认识他所面对的"。同时，通过分享做的过程及做的原因，通过体验作为管理者的尴尬和苦恼，通过提供相互的心理支持，他们会产生瞬间的顿悟，以及正在增加的自信。在瑞文斯看来，获取新知识对改变行为的贡献是微不足道的，持续的行为改变更多是来自于人们对自己过去经历的重新认识或重新建构。④ 一个人行为的改变来自于个人希望改变的意愿和决心。

自此以后，行动学习逐渐受到理论界，尤其是学习理论研究者、教育专家的重视。各国关于行动学习理论的研究活动频频开展，相关研究成果越来越多。例如，英国部分大学及国际管理中心纷纷引入行动学习方式。随着更多人的研究与实践的深入，行动学习的内容与方法也变得逐渐丰富和多样化。

1991 年，麦克·佩德勒（Mike Pedler）出版了《实践中的行动学习》一书，对行动学习理论进行了拓展。他认为，行动学习意味着自我发展与组织发展的双赢结果，基于问题的行动既解决问题，又改变解决问题的人。行动学习的成功主要依靠询问，而不是想当然的知识或指导。

1997 年，爱伦·毛姆福特（Alarl Mumford）根据他与同事对行动学习的实践研究成果，对瑞文斯的学习公式进行了修正，将原来的"L＝P＋Q"变成"L＝Q_1＋P＋Q_2"。他指出：最有效的学习来自于迫切需要解决某个管理问题的驱动力,所以学习是以对相关问题,困惑或机会的发问开始的(Q_1)。针对特定问题,会有一些已经成型的相关知识,知晓这些知识有利于问题的解决。所以学习的第二步是获得这类知识,这时往往以"P"的方式(指导或讲授)进行学习。最初的提问引发的思考与相关知识的学习结合在一起,会引发对问题的重新定义,对过去经验的重新解释,激发出更为多样化或更具深度的见解,这一过程由团队成员共同促进(Q_2)。这一新学习公式对实施者具有更强的指导作用,初期参加行动学习的人往往还停留在传统学习模式中,他们等待着先以"P"的方式学习相关知识,然后再进行提问与反思。新公式能让参加者明确意识到,学习首先从询问开始。另外,新公式强调,学习是一个循环往复的过程,而不是线性的从"P"到"Q"的单一路径。

行动学习开始在一些组织,尤其是企业中得到尝试和发展。其中,美国 GE 公司是最早运用行动学习的企业之一。GE 公司前任 CEO 韦尔奇在总结行动学习在 GE 发展中所发挥的作用时曾经指出:"行动学习是使 GE 变成全球性公司、快速转型组织的主要策略。没有引入行动学习之前,GE 的国际性业务占 18%,实施行动学习后,这个数字是 40%,并且很快要达到 50%。"另外,西门子公司也是较早引入行动学习的企业之一,西门子公司很快就通过行动学习收获了实效。公司宣称行动学习"在最初的 18 个月里已经为其自身提供了资金,产生的经济效益超过了项目准备期间和操作期间的费用总和"。

除此以外,美国花旗银行、壳牌石油公司、霍尼韦尔公司、AT&T、IBM、强生公司、日本丰田公司等都在积极实践行动学习法,大多数尝试过行动学习的企业管理者都承认行动学习是提高组织效率的强有力手段。

二、国内引入和探索行动学习的实践

我国对行动学习的探索大约始于 1998 年。在中组部培训中心陈伟兰主任的领导下,1998 年首次将行动学习应用于甘肃省贫困地区中高级公务员的培训与发展项目,这是我国时间最早、规模最大的行动学习项目。该项目直接在我国香港和英国专家的支持和指导下进行,项目时间是 3 年,集中研究 3 个专题:第一,政府如何扶持中小企业发展;第二,生态环境保护与规划;第三,人力资源开发。

首先,在国外专家的帮助下,国内一部分专业人员接受了相关培训,以了解行动学习法的原理、项目设计及促进师促进技巧。

其次,甘肃省成立了由省委主要领导参加的项目领导小组,直接指导项目运作,并从省直机关和各地区中心城市选拔 24 名学员参加培训。这些学员承担着各自领域的政策制定和政策执行的责任,其中有 14 名高级公务员、6 名中级公务员、2 名研究人员和 2 名国有中型企业总裁。

再次,在每一年的行动学习项目设计中,首先提出要达到的主要目标:向省委省政府提交一份政策建议报告;结合学员所在机构转变政府工作职能的需要,开发出适用的工作工具;专题研究中在参与者之间建立紧密合作、互相支持的关系。

项目活动以学习小组为主,每组 8 名成员,他们大多是有丰富工作经验的中高级管理人员,每组设一名组长和一名顾问。在筹建小组时,尽量安排有相同工作专业背景但来自不同机构的学员组合在一起。在项目开始之前,每个学员都与自己的上级有一次深入的谈话。根据个人所在机构的需要,探讨并确定自己在项目中的研究方向。

学员经过 10 个月的小组研讨、回单位的实际操作和赴欧洲的调查学习后，提交第一阶段个人学习研究报告和各小组子项目的研究报告，最后两个月完成向省委提交的政策建议报告。

最后，在项目完成以后，对项目实施和学习培训情况进行评估。评估方式包括聚焦小组座谈、结构式访谈、书面资料收集和实地现场考察等。评估过程在甘肃省领导、组织者、学员和国内外协作者 4 个层面展开，保证了评估结果的客观性和全面性。

此次行动学习取得了较大成功，项目质量评估专家瑞士 St Gallen 大学的杜姆斯（Rolf Dims）教授与中国科学院心理学研究所管理学专家陈龙教授对该项目进行评估后给出了很高的评价。这证明行动学习具有独特的效果，是适合我国国情的有效方法。此外，行动学习项目的确帮助甘肃省解决了一些关键性实际问题，并建立了跨机构之间更密切的协作。

从此以后，国内大量企业纷纷开展行动学习的探索和实践，以华润集团和中粮集团最为典型。其中，华润集团是国内最早运用行动学习的企业之一。时任华润集团董事长的陈新华这样评价行动学习在华润发展中所起的作用："在华润的变革过程中，培训是重要的一环。主要办法是'行动学习'，具体说就是结合企业实际情况，从找问题、找差距入手，在行动中学习，在学习中行动，不断循环往复，促使个人和企业共同发展。行动学习是我们这样的大型国企名副其实的组织发展技术，它使企业变得富有生机和活力，这是我们做实、做强、做大、做持久的重要基础。"还有部分企业在创建学习型组织的过程中，运用了近似于行动学习的团体学习方式来解决企业存在的问题，比如江淮汽车股份有限公司等。

经过多年的研究和探索，行动学习已成功引入我国组织，在国内组织中取得了一定程度的发展。但总体而言，行动学习在我国组织中的应用还处于萌芽阶段。

三、行动学习的作用

行动学习是一种十分有效的学习方式，对提高组织绩效具有重要的作用。

1. 帮助组织解决所面临的现实问题

行动学习不是简单的培训工具，而是一种具有培训与管理双重功能的工具。行动学习尤其适合解决组织面临的重要问题。可以这样说，问题的性质越是复杂，涉及的部门越多，越适合采用行动学的方法来解决。

华润集团董事长陈新华曾经指出：实践证明，行动学习是破解难题的一个有力工具。尽管它不是唯一的，但我们发现只要行动学习搞得好，其结果都是有力地推动了领导干部管理水平的提高和组织的进步，行动学习能够较好地解决又快又好发展的难题。

2. 促进团队建设

传统的组织结构大多是金字塔形的官僚结构。这样的结构，更适合执行定义好的重复性的工作，而不适合进行创新。行动学习从一开始就要求采用团队的形式，这就在僵化的官僚结构中注入了沟通与协作的空气。随着行动学习在组织内部的深入，团队型组织的活力因子也将同步成长起来。

关于行动学习在促进团队建设中的作用，华润公司董事长陈新华深有感触地指出："行动学习依靠集体力量，凝聚集体智慧，使个人和组织共同成长。参加行动学习的人员，有领导也有下级，有一线员工也有职能部室的管理者。通过行动学习，把团队成员拉到同一个平面想问题，使大家心往一处想，劲往一处使，团队的执行力和推动力必然不断增强。"

3. 提升组织领导力

行动学习所贯彻的是一种新的领导方法。与以往的领导方法不同的是，它并不是由领导思考和决策，由群众执行，而是要求群策群力，大家一起动脑子。领导的作用主要是提出问题、引导思考和最后拍板。对于习惯了以往"独断专行"领导方式的领导者来说，这无疑是一种挑战，行动学习中一把手的心态应该是：欢迎别人超过你，鼓励别人超过你，发现别人超过你，你欣喜若狂——因为你终于可以放心地把一部分事情交给超过你的人去干，你自己终于可以干那些新产生的更需要你干的事了。一把手的这种心态，就是行动学习搞好、搞深、搞出结果的最重要的一个基础。

4. 促进个人专业成长及职业发展

在行动学习过程中，每个人都能够贡献自己的聪明才智，分享他人的聪明才智，并找到自己的不足。更重要的是，行动学习为组织成员提供了参与决策的机会，使组织成员焕发出对组织的责任心和热情，这些无疑都将促进个人专业的成长和职业的发展。

5. 凝练以学习、进取、协作、共赢等为核心理念的企业文化

解决问题，提升业绩，仅仅是行动学习的低层次成果，促进个人的成长、组织的发展、团队的融合、领导力的提升，是中间层次的成果，行动学习最高层次的产品是树立优秀的企业文化和价值观。行动学习过程体现了学习、进取、协作、共赢的价值观，通过长期的行动学习，这些价值观必然会在企业成员的思想深层沉淀下来，从而成为企业文化的构成要素。

第四节 行动学习的过程

一、行动学习的假设

行动学习提出了一系列的具体操作方法，这些操作方法的提出并非空穴来风，而是建立在对学习过程，尤其是组织学习过程的以下假设的基础上的。

① 学习的目的是提高行动的效果和效率，围绕行动中遇到的问题进行的学习才是最有利于提高组织效率和效果的学习。

② 组织所面临的大量问题和挑战具有鲜明的个性特点，不能完全依靠书本上的现成知识来解决，必须在吸收已有知识的基础上，结合组织实际情况，创造性设计解决问题的方法。

③ 大部分组织都具备设计解决组织问题所需要的大部分知识，但这些知识分散在组织内的不同部门和岗位。通过沟通和共享，将分散的知识和智慧整合在一起，是发明解决问题方法的必要手段。

④ 只有将学习所形成的方案投入到行动中，并对其效果进行反思，才能检验学习的成效如何，才能持续地改进。

二、行动学习的流程

行动学习项目是一项复杂的系统工程，它的成功实施需要由结构化方式来保证，即行动学习活动必须遵循一定的流程，流程中的任何环节都将对学习效果产生重要影响。

根据行动学习的基本原理，我们提炼出的行动学习流程，如图10-1所示。

从图10-1可以看出，行动学习过程主要包括以下4个环节。

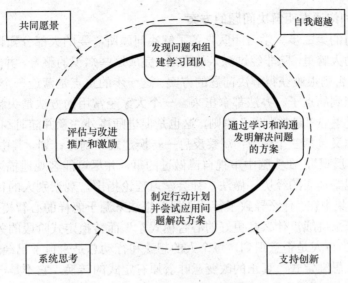

图 10-1　行动学习流程图

1. 发现问题和组建学习团队

这是行动学习的第一步。在开展行动学习之前，必须首先通过反思，定义要解决的问题是什么。所谓问题，就是企业在实现其发展目标的道路上遇到的各种障碍。问题分为两类，一类是希望弥补不足，以达到一般标准；另一类是追求卓越，以达到最佳。两类问题的共同特点是，一方面要在想达成的状态上达成共识，即"理想状态"；另一方面是在现状上形成明确意见。

组织遇到的问题，与学生在课堂上遇到的问题是不同的。其最大的区别是：课堂上的问题是结构性的，即问题被定义得很清楚，而组织遇到的问题，经常是非结构性的，即虽然我们能够感觉到有问题存在，但是对于问题到底是什么，却很难一下子说清楚。我们经常说：提出问题比解决问题更加重要，这在组织学习过程中是非常贴切的。如果一个企业不能清晰定义自己所要解决的问题，行动学习也就无从谈起。提出问题对于组建学习团队非常重要。学习团队应该由具备解决问题所需的各种知识的组织成员组成，这就要求我们根据需要解决的问题，判断谁具备相关知识，然后组建由这些人构成的学习团队。

这一环节可细分为如下几个细节：摆现象—找原因—逻辑化—定问题—组团队。与图 10-1 所示的行动学习各环节一样，这些细节不可或缺，对保障行动学习有效实施非常重要。其中，摆现象是指穷尽组织中所有让人头疼的现象，并最终聚焦于主要或生死攸关的现象。这一环节运用较多的工具是头脑风暴法，其原理将在后面介绍。找原因与摆现象类似，是指以头脑风暴的方式，将所能想到的原因如数列出，然后通过比照逐渐排除影响不大的原因，对一些有分歧的原因，进一步追溯相关事实，必要时，大家需分头搜集进一步的数据，最终在主要原因方面达成共识。在原因分析中，促进师一方面重点关注用来归因的事实依据是否真实，是否充分；另一方面重点关注分析的深度，引导相关者挖掘深层的、根本性的原因。逻辑化是指对所列现象和原因进行逻辑化，从而判断组织目前存在的问题，这一环节较为有效的工具是团队列名法。在确定问题之后，便需要根据问题及成员的知识、业务背景来组建学习团队。

2. 通过学习和沟通发明解决问题的方案

这是行动学习的第二步。学习团队具备了解决问题所需要的大部分知识，但是这些知识分散在不同成员的大脑里，除非经过深入的沟通，完成这些知识的整合，并与专家提供的"程序化知识"结合，否则很难获得解决问题的方案。这一步的重点是营造一个完全放松的氛围，鼓励大家将所能想到的点子、办法都拿出来。一个大家经常用的方法是头脑风暴法。头脑风暴法成功的关键是遵守"悬挂判断"原则，这也是促进师格外注意并随时纠正和引导的内容。

这一环节具体又包括三个细节：观察反思—转换定式—制订计划。其中，"观察"有两方面的含义，一是"反观"，在头脑中审视自己做过的事，并尽可能客观地描述过去的做法、思路和效果；二是观察别人的经历、做法。社会学习理论指出，观察别人的行为是重要的学习途径。反思更多地集中在"什么导致了行动选择？想法来源于怎样的心智模式（思维定式）？它正确吗？面对未来挑战，什么是更好的心智模式？"而转换定式阶段的关键是形成一种新的"理论"。无论当事人是否意识到，每个人的想法和行动总是来自于已经形成的特定理论，这就是心智模式或思维定式。真正的改变意味着原有定式的转换，它不是一种连续变化，而是一种"突变"、一种顿悟。这种深层转变让当事人能够以全新视角关注、接受、理解事物，从而形成全新的、更具效能的思路与对策。定式转换意味着创新。它的最佳发生时机是"混沌的边缘"，一种可控的"混乱状态"。行动学习制造了这样的状态，一旦对话开始，无人能够预测到对话会怎样发展，有哪些思想会被激发出来。但正因如此，才更可能产生出人意料的发现和灵感。紧接着，在新的思维模式指导下，形成和选择行动方案。在这一阶段，促进师主要做两件事：其一，引导大家讨论"一个好方案需要具备的硬性条件是什么？""一个好方案需要具备的软性条件是什么？每个软性条件的重要程度如何？"其二，将原始方案合并或整合成几个典型方案，将不符合硬性条件的方案去除，或将其中好的因素整合到其他方案中；引导大家比较剩余的符合硬性条件的方案，重点放在和软性标准的吻合程度及可能的风险评估上。

3. 制订行动计划并尝试应用问题解决方案

这是行动学习的第三步。学习团队所形成的问题解决方案，经领导批准，在组织内进行小范围的实施，以检验其效果，并反思方案的正确有效性。尝试应用的关键是组织的执行力。此外，学习团队在尝试应用过程中不能解散，而是要继续跟踪尝试应用中发现的问题，并提出改进措施。促进师可通过远程方式与学习者建立联系，其中的重点是提醒当事人坚持做工作日志。

4. 评估与改进、推广和激励

评估与改进、推广和激励是行动学习流程的第四步。尝试应用的解决方案如果获得成功，就要在组织范围内加以推广。对于发明解决方案的学习团队，要进行激励。对于没有获得成功的方案，或方案中存在的不足，返回第一步，进入下一个行动学习循环。

由此可见，行动学习是一个周而复始的过程，在这个过程中组织持续改进，永不休止。行动学习的优势，在于没有停留在理论思辨上，而是结合组织需要，提出了一系列的具体工具。

第五节　行动学习的方法

一、行动学习的影响因素

行动学习流程是行动学习效果的重要保证，然而行动学习的流程要良好地运转，必须要有企业深层因素的支撑。这主要包括以下 4 个方面。

1. 共同愿景

共同愿景是指组织成员对整体目标的认可程度，即发展方向是否一致。共同愿景保证了行动学习方向的正确性。没有共同愿景，大家各怀心事，团队内的沟通就会变成基于部门和个人利益的争吵，或者相互设防，而不是贡献对于解决问题所需要的知识与见解。这样，行动学习就一定会彻底失败。

2. 自我超越

自我超越是指组织成员是否有超越现状的渴望。自我超越为整个行动学习过程提供动力。如果组织成员没有自我超越的愿望，也就不会提出问题，不会真诚地投入到沟通过程中，不会将行动方案付诸实践，也不会推动方案的推广。

3. 系统思考

系统思考是指将组织中存在的问题，当作是一个因果关系体系，而不是相互独立的局部。通过对问题进行整体性思考，得到解决问题的有效方案，而不是"头痛医头，脚痛医脚"，治标不治本。

4. 支持创新

支持创新主要是指管理层对创新的态度。行动学习是一个整体创新过程。提出问题、组建团队、方案实施和方案推广，都需要领导层的大力支持。

二、行动学习的方法

在行动学习过程中准确、灵活地运用一些辅助工具，对于提高行动学习效率是至关重要的。经常被使用的工具主要包括六顶帽子法、头脑风暴法、团队列名法、深度会谈法、思维导图法和智慧墙法等。下面对这些工具的操作要点进行归纳和总结。

（一）六顶帽子法

六顶帽子法是一种在行动学习的各个阶段都可以使用的方法，旨在帮助学习者展开反思、总结、计划等工作。该方法是由著名的思维专家德·波诺发明的，是一种促进行动学习过程的有力工具。德·波诺分别用六顶不同的帽子代表六种不同的思维状态。其中，白色思考帽代表中性和客观，即让当事者描述客观事实和数据，尽力将主观推测、感情或判断排除在外；红色思考帽代表情绪、直觉和感情，即让当事人表达对一件事、一个问题的感性的、情绪化的看法；黑色思考帽代表冷静和严肃，即让当事人专注地分析某个观点或决策可能的风险或负面成分所在；黄色思考帽代表阳光和价值，即让当事人以乐观、充满希望的视角，积极思考事物可能带来的美好的或正面的结果；绿色思考帽代表丰富、肥沃和生机，即让当事人以不同于以往的、创新的视角思考问题；蓝色思考帽能够让当事人关注整体思考过程，让其他思考帽能够充分发挥作用。

需要说明的是，六顶帽子法的使用是以角色扮演为核心，主要以三种形式进行：针对一个主题，每个人自由选择帽子并发言；针对一个主题，在每个阶段要求所有人都用同一种帽子发表看法，然后统一改变帽子颜色，转入下一讨论阶段；每个人提出要求，请其他人或某个人以特定颜色的帽子发表看法。

一般而言，六顶帽子法的使用流程如图 10-2 所示。

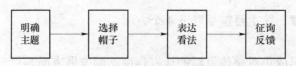

图 10–2　六顶帽子法的使用流程

众所周知，反思是行动学习的关键要素，反思让人改变看问题的视角，看到原来没有看到的事物及事物之间的联系。但改变思维视角并不是一件容易的事，六顶帽子法为我们提供了一个可操作的工具，使得转换视角变得容易和自然。六顶帽子法能够较容易地让一个人换个平时用得很少的帽子，由此产生新的顿悟。可以缓解人们改变自己或暴露自己的恐惧感，同时使参与者容易理解和接受。

六顶帽子法在使用中要注意以下几方面的问题。六顶帽子法代表的是思考的方向而不是对已经发生事件的描述。同时帽子是用来指引思考方向的，而绝不能作为"分类标签"。说"某人是用黑色思考帽的人"，或者说"某人属于绿色思考帽类型"都是错误的。使用六顶思考帽的主旨是要每个人都要观看各个方向。另外，平行思考要求任一时刻每个人都看着同一方向，但是这个方向是可以改变的。因此，在同一时间大家都应戴上某一种颜色的思考帽思考，在另一时间大家再都戴上另一种颜色的思考帽，指定某个人用这种思考帽，另一个人用那种思考帽的方法是不正确的。

（二）头脑风暴法

头脑风暴法（brain storming），又称智力激励法、BS 法，它是由美国创造学家 A. F. 奥斯本于 1939 年首次提出，1953 年正式发表的一种激发创造性思维的方法。它是一种通过小型会议的组织形式，让所有参加者在自由愉快、畅所欲言的气氛中，自由交换想法或点子，并以此激发与会者创意及灵感，使各种设想在相互碰撞中激起脑海的创造性"风暴"。它适合于解决那些比较简单、严格确定的问题，比如研究产品名称、广告口号、销售方法、产品的多样化研究等，以及需要大量的构思、创意的行业。

头脑风暴法在行动学习的"摆现象""找原因"阶段经常被使用，其基本操作有以下 6 个步骤。

1. 准备阶段

应事先对所议问题进行一定的研究，弄清问题的实质，找到问题的关键，设定解决问题所要达到的目标。同时选定参加会议的人员。然后将会议的时间、地点、所要解决的问题，可供参考的资料和设想、需要达到的目标等事宜一并提前通知与会人员，让大家做好充分的准备。

2. 热身阶段

这个阶段的目的是创造一种自由、宽松、祥和的氛围，使大家得以放松，进入一种无拘无束的状态。主持人宣布开会后，先说明会议的规则，然后随便谈点有趣的话题或问题，让大家的思维处于轻松和活跃的境界。

3. 明确问题

主持人简明扼要地介绍有待解决的问题。介绍时须简洁、明确，不可过分周全，否则，过多的信息会限制人的思维，干扰思维创新的想象力。

4. 重新表述问题

经过一段讨论后，大家对问题已经有了较深程度的理解。这时，为了使大家对问题的表述能够具有新角度，新思维，主持人或书记员要记录大家的发言，并对发言记录进行整理。通过对记录的整理和归纳，找出富有创意的见解，以及具有启发性的表述，供下一步畅谈时参考。

5. 畅谈阶段

畅谈是头脑风暴法的创意阶段。为了使大家能够畅所欲言，需要制定的规则是：第一，不要私下交谈，以免分散注意力；第二，不妨碍及评论他人发言，每人只谈自己的想法；第三，发表见解时要简单明了，一次发言只谈一种见解。主持人首先要向大家宣布这些规则，随后引导大家自由发言，自由想象，自由发挥，使彼此相互启发，相互补充，真正做到知无不言、言无不尽，然后对会议发言记录进行整理。

6. 筛选阶段

会议结束后的一两天内，主持人应向与会者了解大家会后的新想法和新思路，以此补充会议记录。然后将大家的想法整理成若干方案，再根据一般标准，诸如可识别性、创新性、可实施性等进行筛选。经过多次反复比较和优中择优，最后形成一致意见。这些意见往往是多种创意的优势组合，是大家的集体智慧综合作用的结果。

在使用头脑风暴法的过程中，为了能够取得满意的效果，需要注意以下5个方面的问题。

① 问题要明确。这是基本前提，只有明确的问题才会收到明确的效果。

② 自由畅谈。参加者不应该受任何条条框框限制，放松思想，让思维自由驰骋。从不同角度，不同层次，不同方位，大胆地展开想象，尽可能地提出独创性的想法。

③ 延迟评判。头脑风暴法的使用必须坚持当场不对任何设想做出评价的原则，既不能肯定某个设想，又不能否定某个设想，也不能对某个设想发表评论性的意见。一切评价和判断都要延迟到会议结束以后才能进行。这样做一方面是为了防止评判约束与会者的积极思维，破坏自由畅谈的有利气氛；另一方面是为了集中精力先开发设想，避免把应该在后阶段做的工作提前进行，影响创造性设想的大量产生。

④ 禁止批评。绝对禁止批评是头脑风暴法应该遵循的一条重要原则。参加头脑风暴会议的每个人都不得对别人的设想提出批评意见，因为批评对创造性思维无疑会产生抑制作用。同时，发言人的自我批评也在禁止之列。有些人习惯于用一些自谦之辞，这些自我批评性质的说法同样会破坏会场气氛，影响自由畅想。

⑤ 追求数量。头脑风暴会议的目标是获得尽可能多的设想，追求数量是它的首要任务。参加会议的每个人都要抓紧时间多思考，多提设想。至于设想的质量问题，可留到会后的设想处理阶段去解决。在某种意义上，设想的质量和数量密切相关，产生的设想越多，其中的创造性设想就可能越多。

（三）团队列名法

团队列名法是行动学习过程中经常使用的方法，特别是在摆现象、问题逻辑化阶段。这是一种最大限度收集所有成员意见，防止小组被少数人控制的较好方法。其基本操作步骤如下。

① 主持人发言。小组围坐，主持人说明议题，鼓励大家积极思考，贡献思想。

② 个人准备阶段。在限定的时间里，小组成员独自把自己的意见顺序排列，写在纸上，其间不允许相互讨论。

③ 小组发言。主持人指定一人开始发言，仅讲自己的第一条意见，然后转到下一人，也讲其意见的第一条，如自己的意见别人已讲过，不重复，只讲别人未讲过的意见。其后有人专门负责将大家的意见逐条编号写在白纸上。一轮一轮进行下去，如果某一成员没有新的意见就被越过，直到所有成员的所有意见都贡献出来为止。要特别注意的是，任何人在发言时不允许对提出的意见进行评论。

④ 小组讨论。小组成员对每一条意见进行讨论，如有不清楚的可以提问。请提出意见的人进一步澄清解释，说明含义。如有重复意见可以删除，如有新的意见可以加进去。

⑤ 小组决策。所有成员根据自己认为的重要程度和准确程度从全组所列意见中选出若干条（如5条），并排列打分（如排列第一的给5分，排列第五的给1分），全组把分数相加，得分最多的前几项即为集体的意见。

⑥ 公布小组决策的结果。

（四）深度会谈法

美国量子物理学家戴维·伯姆（David Bohm）在他的《论对话》一书中提出"深度会谈"（即英语中"dialogue"一词，《第五项修炼》中引用了"dialogue"的理念并将它翻译成"深度会谈"以区别于我们日常的"对话"）的理念。

深度会谈是在所有对话者参与的同时，分享所有对话者的意义，从而在群体和个体中获得新的理解和共识的交流活动过程。深度会谈并不是去分析解剖事物，也不是去赢得争论，或者去交换意见，而是一种集体参与和分享。伯姆认为，我们是通过"共享知识库"来感知和认识世界的，"共享知识库"是指人类经过长期进化和积累而形成的，其中包括内隐知识和外显知识，我们通过共享来感知和认识世界，并对自身的活动赋予相应意义，乃至形成我们自身的个性。深度会谈在团队学习中的价值在于它作用于我们内在的精神思维过程，通过内隐知识层次的交流来实现思维方式的改变。我们将自己的和他人的观念搁置，审视这些观念的产生根源，探究这些观念的真正意义所在。观念本身并不重要，因为它们只不过是一些思维假定，但是通过对所有人观念的意义进行识别和共享，真理就会在不知不觉中诞生。

伯姆在他的《论对话》一书中提到，深度会谈有以下三个必要的基本条件。

① 所有参与者必须将他们的思维假定悬挂在面前，也就是要说出自己对该问题的真实的内心想法，以便不断地接受询问和观察。我们的知识都是对现实的映射，是一些主观的思维假定，而不是事物的真实本质。悬挂假设并不是抛弃、压制和避免表达我们的意见，而是觉察和检验我们的假设。如果一味地为自己的意见辩护而未觉察自己的假设，或未觉察出我们的看法是以假设而非事实为依据的，就无从悬挂自己的假设。悬挂假设可以让其他成员更清楚地看见自己的假设，因此可以把自己的假设跟别人的假设对照，从中看出不同人的思维方式和看问题的角度，更加真实地向事物的本质靠近。

② 参与者必须视彼此为学习伙伴。也就是说不管身份背景如何，学术面前人人平等，大家都是学习过程中的伙伴，都将为完成某一个学习任务而共同努力。当然，学习伙伴关系并不是说要赞成和持有相同的看法，视彼此为伙伴要能真正发挥力量反而是在看法有差异的时

候。视彼此为学习伙伴，要消除因地位高而可能占优势的情况，同时也要避免因地位低而害怕陈述自己看法的情况。所有的参与者必须相互信任，以平等的姿态进行平等、开放的交流，没有任何压力（比如职位、身份、权威、个人关系等），也不受其他人观点的影响。只有这样才能建立一种成员彼此间关系良好的气氛，消除所谓学术权威带来的障碍，共同深入思考问题和进行深度会谈。

③ 对话的早期阶段必须有一位"辅导者"来掌握深度会谈的要义与架构。"辅导者"可以说是深度会谈的"主持人"，其作用是保持对话顺畅进行且有效率，如果有人在不该讨论时开始把过程转向讨论，辅导者要能及时识别并给予引导，使之转向深度会谈而不是讨论。当小组掌握了深度会谈的经验与技能后，辅导者的角色就渐渐变得不那么重要了。

深度会谈是行动学习过程中的重要反思工具，是团队学习最有效的方式。

（五）思维导图法

思维导图最初是由 20 世纪 60 年代英国的托尼·巴赞（Tony Buzan）创造的一种笔记方法。和传统的直线记录方法完全不同，它根据人脑活动的自然结构，以直观形象的图示建立起各个概念之间的联系，利用图示的方法来表达人们头脑中的概念、思想、理论等，是把人脑中的隐性知识显性化、可视化，便于人们思考、交流和表达，是提高学习和工作效率的工具。思维导图是组织大脑思维的有力工具，它的功能主要表现为显著增强使用者的记忆能力、立体思维能力和规划能力三个方面。

思维导图之所以有效，是因为它可以使知识外显，促进交流。人们在进行交流时外化知识的抽象程度不同，外化知识的情景也不尽相同，有时候使用不同的言语描述同样一个实例，有时候又以同样的词句指代不同的事物，从而导致人们交流时的困难不仅仅在于如何表达自己的思想，而更多在于如何让别人理解自己表达的思想，因此就需要一种可视化的工具将知识外化，以更直观的方式表示出来，从而加速群体的信息共享和知识建构，思维导图就是这种工具。

一般而言，思维导图法包括以下几个步骤。

① 开始就把主题摆在中央。在纸中央写出或画出主题，要注意清晰及有强烈视觉效果。

② 向外扩张分支。想象用树形格式排列题目的要点，从主题的中心向外扩张。从中心出发将有关联的要点用分支表示出来，主要的分支最好维持在 5～7 个。近中央的分支较粗，相关的主题可以用箭头连接。

③ 使用"关键词"表达各分支的内容。画思维导图的目的是要把握事实的精粹，方便记忆。不要把完整的句子写在分支上，多使用关键的动词和名词。

④ 使用符号、颜色、文字、图画或其他形象来表达内容。用不同颜色、图案、符号、数字或字形大小表示类型、次序等；图像越生动活泼越好；尽量用容易辨识的符号。

⑤ 用箭头把相关的分支连起来。以立体方式思考，将彼此间的关系显示出来。如在某项目未有新要点，可在其他分支上再继续。只要将意念写下来，保持文字的简要，不用决定对错。

⑥ 建立自己的风格。思维导图并不是艺术品，所画的东西能帮助你记忆，才是最有意义的事。

⑦ 重画能使思维导图更简洁，有助于长期记忆——同一主题可多画几次，不会花很多时

间,但你很快会把这个主题牢牢记住。

⑧ 尽量发挥视觉上的想象力,利用自己的创意来制作自己的思维导图。

(六)智慧墙法

"智慧墙"又称"大墙",是《第五项修炼》中提到的一种系统思考工具。20世纪70年代后期,系统动力学的前辈米多斯主持一个三小时的研讨会,主题为第三世界的营养不良问题。与会者以白纸贴满一面大墙,然后大家就某项正在思考解决的问题,一起绘出所有的因果回馈关系,从而实现系统思考,发现问题的开放性。现在,我们把"智慧墙"作为开展团队学习的工具,首先针对一定的议题,与会者分别匿名地、独立地写下个人的意见,然后由主持人收集、整理贴到墙上,最后大家交流讨论并由主持人作点评。它是进行信息交流共享的一种新形式,是开展团队学习的一种新方法。

一般而言,"智慧墙"的使用有以下6个步骤。

① 会议一开始首先由主持人公布讨论议题。会议规模以20人左右为宜。

② 给与会人员发一支较粗的彩色水笔和多张白纸条。

③ 每张纸条上只提一条具体意见,写一句话。

④ 收集纸条,分类,筛除个别讲空话、大话、套话的纸条后将同类意见按一列粘贴在一面洁白的大墙上。

⑤ 大家在墙边巡回阅读,并将自己的新想法写在纸上并贴到墙上。

⑥ 由会议主持人点评。必要时可请提案人自己作解说,别人也可提问题和发表评论,引发会场热烈、轻松、互动的学习气氛。

影响"智慧墙"成功的关键因素有两个。一是讨论议题的确定。讨论的议题不宜过多,最好一次一个;议题要有意义,可探讨。二是会议主持人。主持人在会议中起着非常重要的作用,所以对主持人的要求也比较高。主持人的点评是即席进行的,这就要求主持人有广博的知识和丰富的管理实践经验,通晓全局,做到厚积薄发,详略得体,深浅有度,画龙点睛,击中要害。

| 案例 | 深圳航空公司营销委员会的行动学习 |

一、行动学习的发起

"十二五"期间,民航行业运力供应保持在相对较高的增长水平,民航企业间竞争状况加剧,航空公司效益水平普遍差于预期。2017年是十三五的关键之年,无论是宏观经济还是行业发展模式,都处于转型升级的关键时点。深圳航空有限责任公司(以下简称深航)密切关注行业经营形势的变化,直面重大挑战和机遇,结合企业工作中存在的问题提出了:"双心理念"(以座公里收入为核心,以客户感知价值为中心,全面提升营销核心竞争力)及"四大目标"(电子商务行业领先;深圳枢纽建设初具雏形;网络价值再上台阶;国际业务达到行业内先进水平)。

为了落实"双心理念",实现"四大目标",深航需要对一些重大业务难题进行研究及突破。同时，诸多措施的实施落地需要一个有高度凝聚力、思想统一的队伍，以及有视野、能实践的高素质管理人才队伍。为了实现上述目标，深航人力资源部与深航营销委联合举办，聘请美国管理协会（中国）（AMA CHINA）开展了系列行动学习培训项目。

（一）深航及营销委简介

1. 深航简介

深圳航空有限责任公司成立于1992年11月，股东为中国国际航空股份有限公司和深国际全程物流（深圳）有限公司，主要经营航空客、货、邮运输业务。客货飞机165架，平均机龄5.81年，是世界上最年轻的机队之一。作为中国五大知名航空公司之一，深航属于星空联盟成员。

2. 深航营销委员会简介

深航营销委员会（以下简称营销委）成立于2010年12月22日，下设运力网络中心、产品管理中心、对外合作中心、航线销售收益中心、电子商务中心、结算中心、珠三角客运营销中心、综合办公室、规划统计室、航站及服务管理室、人力资源服务室及全国54个营业部等直属机构。

（二）咨询公司AMA（中国）

美国管理协会（American Management Association，AMA）于1996年进入中国，总部设立于上海，以实践者帮助实践者的理念成为中国培训行业的品牌企业，是第一家在中国向企业和个人提供培训和咨询服务的国际专业机构，企业内训在业内具有领军地位，同时也是国内最大的管理培训公开课提供机构之一。AMA（中国）拥有30多位内部全职顾问，50多个主题的自有培训课程，年培训人数超过40 000，每天平均有109人在接受AMA的培训，学员多来自知名跨国企业及大型国有、民营企业。

（三）行动学习目标

① 提升基层管理者个人领导力。② 营造团队学习与协作氛围。③ 推动实际业务难题的突破。④ 打造深航人才培养平台。

（四）行动学习设计思路（课题与能力双线并行）

行动学习设计思路如图10-3、图10-4所示。

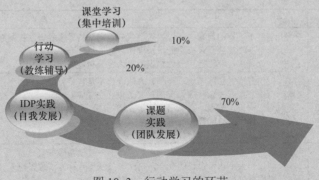

图10-3　行动学习的环节

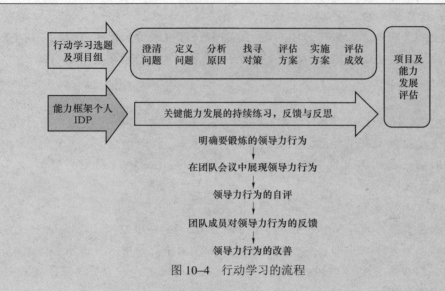

图 10-4 行动学习的流程

二、实施准备

（一）领导要求

营销委领导对本次行动学习项目提出三个挑战：挑战经验惯性、挑战业务和气、挑战经营业绩历史上限。希望大家能学以致用，坚持在行动学习项目中养成的作风，提升领导力，同时能把相关经验、落实方法带到日常工作中。希望在今后的工作中，大家能继续发扬行动学习所提倡的倾听、提问和反思的能力，不断提升业务水平和综合素质。

（二）确定选题

结合深航营销战略目标和现实工作任务分解，选定以下 4 个研究课题：如何提升国际经营能力，实现国际航线经营盈亏平衡；营销委如何完成 2017 年净增 100 000 名贵宾会员的指标；深航集团客户价值贡献持续提升方案；如何将两舱收益占比提升至 20%。（注：相关数据为虚拟值）

（三）确定高层聚集能力项

能力发展清单如表 10-1 所示。

表 10-1 能力发展清单

基础指标	行为要项
学习能力	① 遇到不了解的问题，通过请教他人或查阅资料等多种方法把问题搞清楚 ② 对于新知识或复杂概念能很快理解，并能抓住其中的关键 ③ 学以致用，善于运用理论知识或他人经验帮助解决问题
规划安排	① 工作开展之初先考虑好步骤、方法，而不是盲目行动 ② 工作安排有先后次序，保证重要工作优先完成 ③ 为工作设定节点，有节奏地逐步完成工作，不会出现前松后紧等状况 ④ 对工作所需时间预估准确 ⑤ 合理统筹资源，人尽其才，物尽其用
影响说服	① 讨论中喜欢阐述自己的立场和观点，而不仅仅是倾听 ② 即使别人不认可自己的观点，仍然会尝试用各种方法说服他人 ③ 引用数据、案例等证据支持自己的观点 ④ 根据不同对象的特点采用不同的影响策略 ⑤ 采取多种方式让他人理解、接受自己的想法和建议，比如引入有影响力的第三方 ⑥ 赢得对方的认同，而不是把观点强加于人

续表

基础指标	行为要项
高效执行	① 干脆利落地接受工作任务，不推三阻四 ② 对任务理解到位，工作结果不偏离目标 ③ 总能在规定的时间内完成工作任务，不会延期 ④ 行动力强，接受任务后马上着手推进 ⑤ 有方法、有策略地完成工作，而不是一味蛮干

（四）确定课题导师、能力导师、学员选定

1. 课题导师

由营销委高层指定，主要由营销委各大中心主任或主任助理亲自担任，主要负责：行动学习课题出题、提供课题的背景及成果期待、课题验收，参与学员的每次行动学习辅导会，必要时对课题研究方向给予反馈、为学员提供各类指导与资源、参加学员的结项汇报会。

2. 能力导师

由学员上级领导担任，负责辅导学员制订个人能力发展计划，每阶段完成对学员1对1的个人能力发展计划的反馈、为学员提供各类指导与资源。

3. 学员要求

学员要求如图10-5所示。

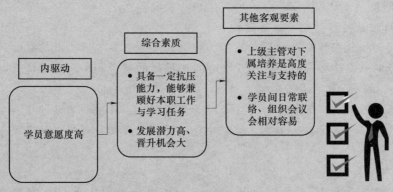

图 10-5　学员要求

三、实施概况

（一）行动学习特点

行动学习特点，如表10-2所示。

表 10-2　行动学习特点

特　点	说　明
构建清晰的人才发展能力目标	针对项目发展人群，构建清晰的人才发展目标，项目设计才能有的放矢

续表

特　点	说　明
与实际业务联系紧密的真实课题	由高层领导提出的真实、具有挑战性的业务课题，是行动学习项目实现执行落地的根本
专业教练辅导	WIAL 国际认证行动学习项目，教练设计和实施，确保整个项目的严谨
执行和检核人才发展计划	通过个人发展计划的制订、实践与定期检核，使能力发展落地、行为改变可追踪
多方参与高度关注	内部导师和上级主管参与课题与能力的指导，与 AMA 教练组成"三保险"，有效推动学习小组的成果输出
持续的学习过程管理	通过有效的过程管理工具激发学员学习意愿，保证学习的持续性

1. 公司及部门领导的关注与重视

该次行动学习是深圳航空公司级培训，因为要解决的是航线经营方面的问题，因此参加学员均为营销委中层干部和基层干部，不管从选题的层面还是学员的层次都较为重要。因此该次活动获得了公司人力资源部及营销委高层的高度重视，以及资源、精力的大量投入，甚至部分学员的能力导师由营销委一、二把手亲自担任。

2. 能力发展目标清晰、课题与业务密切相关

研究的课题均是从业务实践中来，对于 4 个课题的解析、探讨及措施的尝试，对于解决实际经营难题，以及实现经营业绩的突破极为重要。

3. 有行业经验的行动学习教练设计和实施

毫无疑问，如此兴师动众地研讨及能力提升的实践，离不开专业咨询公司，以及专业咨询专家的帮助，咨询公司的介入对于顺利推动课题的研讨和个人能力提升极为重要。

4. 持续、精细的学习过程管理

整个行动学习当中，课题导师与组长对于课题研究，各个步骤的推进和实施，尤其是组织针对性的学习、走访极为重要。过程中也运用到了咨询公司提供的各类管理工具，以及任务表单。

（二）过程简要回顾

本次学习活动总共 35 人参与，分为 4 个小组。4 个小组合计 60 次线下会议的组织与研讨（平均每两天就有一场小组会议举行）。38 次团队学习被记录，其中包括会议中邀请了课题导师或是行业专家的参与、团队内的读书分享、外出的交流与拜访，每一次学习都有心得的分享。141 次个人学习分享被记录，其中包括课外知识的分享、个人读书心得的分享。

四、实施效果

（一）课题解决方案提要介绍（以两舱收益占比课题为例）

使用鱼骨图、关联法、冰山分析法等工具，通过分析自身原因、未来形势、行业借鉴，区分近期计划、中期策略和远期目标，提出两舱项目措施及方案 30 项。

（二）团队凝聚力的演变

团队凝聚力的演变如表10-3所示。

表10-3 团队凝聚力的演变

形成期	冲突期	稳定期	高产期
目标不明晰 会议难组织 团队不聚焦 共识难促成	组员缺乏了解对目标常有争论	目标统一 团队协作 效率提升	团结信任 沟通顺畅 高效执行 凝聚力强

（三）学员能力提升测评

通过使用专业领导力测评工具进行分析，通过4个月的高强度、密集型训练，学员的领导力子项得分分值各自都有不同程度的提升。更加值得欣喜的是，部分中层管理干部在学习的过程中，已经开始把个人能力提升的方法推广到其所在中心、科室，星星之火有燎原之势。

（四）学员学习感想

部分学员学习感想如图10-6所示。

A:	B:	C:	D:
忙碌是一种幸福 充实是一种快乐 不断学习 不断进步 完善自我 超越自我	厚积而薄发 今天的充电是为了明天更好地放电	通过培训，学习了规划、执行、沟通等个人专业能力。更重要的是与战队，与战友们一同成长，收获了信任、责任、共享等品格能力	行成于思 行远升高 学以致用 学无止境

图10-6 部分学员学习感想

（资料来源：深圳航空有限责任公司内部人士提供资料整理）

复习思考题

1. 什么是学习型组织？
2. 学习型组织有哪些特点？
3. 学习型组织中领导者的新角色是什么？
4. 什么是行动学习？
5. 行动学习具有哪些重要作用？

企业文化

案例讨论

华润置地（北京）股份有限公司的行动学习实践

华润置地（北京）股份有限公司的行动学习活动较为频繁，是国内贯彻行动学习较有代表性的企业。

一、华润置地的概况

1994年12月，香港华润集团通过坚实发展有限公司正式入股北京市华远房地产股份有限公司后，公司成为当时北京市第一家合资股份制，具有建设部一级资质的大型综合性房地产开发公司。1996年11月，公司以"华润北京置地"名义在香港联交所上市（股票代码：1109）。2001年9月，华润集团及其关联公司通过协议方式收购北京市华远集团公司及其下属公司和其他部分法人股东所持有的股权，公司正式更名为"华润置地（北京）股份有限公司"。从2010年3月8日起香港恒生指数有限公司把华润置地纳入恒生指数成分股，华润置地成为香港蓝筹股之一。

2001年并购完成后，公司面对日趋激烈的市场竞争，提出了"固本以图强"的方针，在总结已有项目成功运作经验的基础上，进一步对市场战略和业务流程进行总结，对客户需求、产品类型进行细分。

华润集团的地产业务包括商业地产、住宅开发、建筑工程和室内装修等，主要分布在中国和泰国，华润置地（HK1109）是国内最具实力的综合地产开发商之一，在全国多个大中城市拥有地产项目，已形成以翡翠城为代表的近郊产品、以凤凰城和上海滩花园为代表的市区产品，以及以万象城为代表的都市综合体产品系列。同时，通过产品线的固化和不断完善，公司把握了不同客户群体需求，精准了产品定位方向，为公司赢得了市场竞争力。

二、华润置地的行动学习

华润置地前董事长和总经理在北京地产行业具有很广泛的影响力，一个被媒体称为"房地产行业的巨头"，另一个曾被称为"中国地产界第一CEO"。二人离开后，新成立的华润置地管理团队面临着巨大挑战。

首先是业绩压力。股东期望华润置地北京公司的管理团队能够通过优化管理，提升业绩，成为业界有影响力的企业。

其次是市场压力。2003年4月华润置地公布2002年业绩，纯利与营业额分别大幅下滑。2003年4月份，华润置地的股票市价创2000年6月以来的新低。

再次是团队凝聚力。华润置地（北京）公司的团队成员中有香港专业人士、海归人员，也有在北京多年从事房地产行业的资深人士，如何把这些有能力的人有效地组织起来，充分发挥每一个人的长处，这也是华润置地北京公司面临的挑战之一。

最后还有文化冲突。前两任明星企业家所倡导的个人英雄主义管理文化与华润集团所倡导的注重团队学习、共同进步的文化有着明显的冲突。面对着业绩压力、团队建设、文化冲突等诸多问题，华润置地（北京）公司的管理团队开始积极寻找更加具有创造性的解决方法，推动公司的专业化发展。

面对诸多挑战，华润置地北京公司管理团队决定运用能够创造性解决复杂问题、提升业绩的行动学习法来破解公司面临的难题。在行动学习专家的帮助下，确定了以提高公司项目运作效率为主要载体，促进华润置地（北京）公司实现业绩突破的行动学习项目（当时，华润置地从土地签约到具备销售条件，比同业较高水平慢10个月左右，到交房比同业较高水平总计慢1年左右）。

华润置地自2003年以来进行了十几次行动学习集中研讨会，对企业竞争力、员工认同度有了较大的促进作用。

华润置地（北京）公司围绕"项目开发周期低于要求的30%"的核心问题，运用PROW模型，按照从现象到原因再到解决方案的群策群力研讨思路，在催化师的催化下，行动学习参与成员通过深入思考，找到了影响项目开发周期的深层结构性原因，并最终聚焦在4个关键原因之上，分别是定位、设计周期、产品标准确定和销售。然后又将学员组成4个行动学习小组，分别研究这4个关键问题，各小组根据研究课题制订了全年行动学习计划并组织实施。华润置地的行动学习，呈现出以下4个特点。

1. 领导高度重视

在2003年11月上旬，在华润置地（北京）公司的项目管理研讨会上，陈新华董事长亲自为培训做导入，他鼓励大家"千难万难，再难也要干"，然后要求大家要有解决问题的决心和正确方法，尤其是通过这次培训能够掌握这些方法，提高团队整体解决问题的能力和水平。陈新华董事长自始至终关注研讨会的进展，倾听每个小组的讨论、发言，也会按捺不住思想的火花即兴发言。董事长的关注和期待，给了参加研讨会的每个人极大的鼓励和动力。

2003年12月中旬，继项目管理研讨会之后，华润置地举行了项目定位专题研讨会，陈新华董事长再次亲临研讨会现场并做导入，发表了"正视问题、开阔胸襟，为华润拼一个美好前程"的讲话。他要求大家继续寻找自身的问题，既要站在高处考虑问题，也要从下面脚踏实地去思考解决方案，还要搞好分工和协作；除了要求大家练好这些内功外，董事长还希望大家找出华润置地（北京）公司的好标杆，要善于学习不同标杆地产公司的长处。

华润集团副总、华润置地（北京）公司董事长王印不仅全程参加了前两次研讨会，还参加了华润置地（北京）公司2004年2月初在深圳举行的战略研讨会。

2. 注重分享

行动学习是一种不断学习和反思的过程，为了把事情做好，每一个成员都应该互相支持、互相帮助。"分享"是行动学习成功与否的重要影响因素。通过行动学习，参与者在解决真实的困难问题中，研究自己和别人的经验，与小组成员一起学习，互相学习。

在华润置地的行动学习中，大家学习并运用了科学的研讨方法，如群策群力法、六顶帽子法等；还学到了管理的理念，如关于沟通、团队、组织架构等理论。大家还掌握了关于市场竞争分析的理论和方法及客户研究的理论和方法，并运用这些理论结合公司实际案例进行深入分析。每次理论的导出都是围绕大家在研讨中遇到的问题及感兴趣的点确定的，充分体现了辅导老师在培训、研讨时以学员为中心的导向和意识。

3. 行动是行动学习的精髓

学习理论只是行动学习的一部分，行动学习的精髓就在于边学习边实践，边实践边学习，实践是必不可少的。

在华润置地的行动学习中，每次研讨会结束时要拟订行动方案，会后行动学习小组成员要带着行动任务回到工作中，继续思考、讨论、参观、交流，将任务落实到实际行动中。在华润置地的行动学习中，王印董事长、陈鹰总经理也被分配了任务，将第一次研讨会的内容及精神传达到每一名员工。华润置地（北京）公司因此召开了一次隆重的员工大会。负责市场研究的小组则忙着去跟其他地产公司座谈，搜集资料，出具调研报告。随着各行动学习小组活动的展开，各小组的活动纪要被放在公用文件夹中供所有行动学习小组成员分享和浏览。在这样的背景下，看着别人高质量的讨论成果，活动开展少的小组感到很大的压力，促使他们立即投入行动之中。尤其是2003年年底的那段时间，本来到年底工作就忙，制订计划，制定预算等，与此同时，行动学习小组成员仍带着行动的任务，投入紧张忙碌的工作之中，最后累得眼圈发黑，脸色发黄。频繁行动的结果是在第二次及第三次研讨会上各小组阶段活动成果的精彩汇报，大家从汇报题目上可见一斑，如"他们在想什么，他们在做什么，他们如何做""北京十大热销楼盘分析""公司产品市场分析"等。

4. 真正的共识来自于分享差异

行动学习鼓励大家分享差异，认为分享差异是进步的重要条件。

中国的传统文化并不鼓励大家分享差异，而是靠"压"的强制方法，靠"隐"的计谋手段来解决差异，因此无法以此得到人们发自内心深处的"忠诚"与"信服"。共识无法靠强制得到。相反，当我们终于让人们畅所欲言的时候，当我们准备好承受来自人们的反对之声的时候，更多的共识却开始形成，更多的团结开始显露。华润置地的行动学习经历正是如此。

华润置地行动学习小组的成员彼此都认识，而且平时都有过不少次沟通，但全是就事论事。这种沟通彬彬有礼，是工作中必不可少的，但也没给大家内心深处带来多大的反省和冲击。

行动学习全然不同，沟通和讨论中允许脑力激荡，允许没大没小，允许畅所欲言，还要戴帽子，戴了黑帽子不说"不"都不行。于是，在小组讨论中，争论是常有的事，即使两个人是直接的上下级，对同一问题有不同看法也很常见。在小组间交流时，被其他小组否定和质疑也是家常便饭。奇怪的是，没有人对反对意见耿耿于怀，也没有人"死守阵地，不肯悔改"，反而在被质疑和否定中，安静下来，从多角度、多层面去审视同一问题。在这种一次次的探讨和争执中，大家的相同语言反而多了，出发点渐渐一致，对问题的看法渐渐趋同，价值观得到了统一。

三、行动学习的效果

行动学习给华润置地带来了以下4个方面的直接收益。

① 缩短项目周期。从拿地到开盘，从以往的18个月缩短到了11个月。
② 提高项目利润。华润置地利润增幅达到了90%。
③ 提升资本市场影响力。媒体评论"中线吸纳""减持"评级调高至"增持"评级。
④ 明确产品定位。华润置地（北京）公司开始形成清晰的产品线——城区高密度住宅、城市边缘低密度住宅及创新商务楼盘三条产品线。

行动学习给华润置地带来了以下5个方面的间接收益。

① 打造高效团队。经过行动学习，管理团队熟悉了彼此的工作风格，团队凝聚力加强。
② 重塑企业文化。公司倡导的团队、学习、创新的文化得到高度认同，并成为公司上下共同的行为准则。
③ 改善市场形象。2004年度，华润置地（北京）公司获得了8项市场和业界荣誉。
④ 转变经营理念。由产品导向转为市场导向。
⑤ 塑造学习文化。公司管理人员领导力提升，团队凝聚力提高，工作学习化，学习工作化的学习型文化在华润置地逐渐形成。

员工普遍认为行动学习为华润置地带来了意想不到的效果，有代表的评价如下。

让我感触最深的是，通过行动学习法的推广，华润置地（北京）公司团队的凝聚力空前加强。究其原因很简单，目标明确、利益相同，自然团结一心。凝聚力有了，大家都展示出自己最大限度的能力和专业水平，分析、解决问题的思维水平也都有相应的提高；整个组织内部的关系也有了极大的改善，工作面前，被动等待的少了，主动执行的多了；推诿的少了，协作的多了；对待学习，不学无术的少了，吸收充电的多了；自大的少了，包容的多了。一个组织一旦形成自身学习发展的良性循环系统，它只会变得越来越强大。

首先，管理人员对于如何实现公司的发展战略及公司的发展方向有了更为明晰的认识和把握。就像舵手，知道如何驾驭着航船穿越暗礁和漩涡，抵达彼岸。借鉴行动学习研讨的成果，我们对2003年1月制定的公司战略作了进一步细化和补充，强调循着时空的变化主动地对内外部环境进行重新认识，确定以找差距为切入点，聚焦关键问题，分解关键问题，保障战略的总体实现。

其次，员工对公司的发展战略、计划和前景有了更深、更详细的了解和认可。全体员工大会的召开、研讨会与会者的宣讲、定位小组成员的艰苦工作，都直接或间接地起到了作用。员工们从中感受到了华润置地的信心和决心，意识到了公司的发展和自己的发展息息相关，愿意为公司的发展尽自己的力量。行动学习在华润置地（北京）公司广泛地开展，子公司和各个项目部、职能部门都把行动学习运用到工作的各个环节当中，找出问题寻求解决方案。可以说，行动学习的精神和方法已经深入人心。

集中研讨取得了很好的效果，原因是多方面的。参加集中研讨会的多是公司中层以上管理人员，平时没有时间，就利用周末，静下心来，集中精力，深入研讨。关闭手机、不得迟到……这些细节表明一点：我们不想做行动学习的表面文章。行动学习教会了我们科学的方法，"头脑风暴""六顶帽子""标杆管理"……指导我们科学地观察、科学地分析、科学地实践，形成了良好的研讨风气。针对企业管理运作的现状，找标杆、找问题、找差距，成为与会者的共识。"以人为鉴，可以明得失"，从主观上找原因，正确看待企业发展过程中产生的阻碍和暴露的不足，不自大，不自卑。正是因为拥有科学的态度和方法，使得行动学习的成果得以和实践紧密地结合，各个环节的工作也真正做到了有计划、有落实、有成果。无论是产品研发、销售，还是策划宣传、人才培养，在2004年都取得了一定的进步。

行动学习提升了我们对公司的认同感，树立了我们的主人翁形象。以前，在公司都是等待上级的指示，否则没有任何行动。长期以来，自身变得懒散，不爱动脑子，对别的部门，或者"与己无关"的事情不感兴趣，也从不发生兴趣。但自从公司推行行动学习以来，情况就变了。让我觉得公司跟自己息息相关，自己得到了公司的尊重和重视，从而工作积极性被调动，觉得公司的事就是自己的事。

行动学习让我学会了从不同角度看问题，学会听取别人的意见。我现在听得更多，对团队其他成员有了更多的信任，更容易接受别人，接受反对意见。

行动学习让我养成了对自身工作方法、工作思路、工作效果的反思。

行动学习使我成为更有效的管理者，使我的管理工作变得轻松、高效。因为我得到了下属的智力支持，也得到其他部门的帮助。我现在遇到任何管理问题，都会倡导用行动学习的方式来解决。下一步，我们准备花更大气力去推行行动学习。

行动学习拉近了我们跟领导之间的距离，改变了我们对领导层的偏见和不满，真正能够体会他们的难处,现在觉得工作环境更加和谐、舒适,比以往更喜爱公司了。

在开展行动学习后,公司的信息与沟通有了很大改进,大家对问题不再表现得那么敏感,讨论问题也不再小心翼翼,只说成绩不说问题了。现在我们讨论问题对事不对人,所有公司员工都深刻理解这一点,很难能可贵。

我们现在更喜欢学习了,觉得有一种莫大的压力在推动我们,我们私下会积极学习先进管理理论和方法,希望能对公司事务派上用场。

现在,我会细心倾听别人的心声,而不是像以前那样将别人的附和想当然地理解成真心的赞同。当你是个领导时,很容易掉入这种陷阱中,你会常常觉得下属没有什么真知灼见,所有决策只能靠你自己。但在行动学习过程中,我的看法彻底改变了,我被下属所表现出的敏锐和创见所折服。

四、行动学习向所属单位渗透

2005年6月16—18日,华润置地(北京)物业公司的30余名中高层管理人员齐聚白洋淀管理培训学院,举行2005年第一次行动学习研讨会。会议主题旨在全面深入研讨如何有效提升服务品质,逐步缩小与标杆企业的差距。

研讨会首先运用"群策群力法",从负面关键事件入手,摆现象、找问题、聚焦紧急重要问题并排序等过程。针对排序前5位的问题建立4个行动学习小组,各小组将问题转化为目标,讨论解决方案并制订本年度行动学习计划,同时提出需要公司支持的资源及考核保障。会后各行动学习小组将按照行动方案展开行动,最终落实到实际工作中,从而达到提升公司服务水平、维护公司品牌形象、维系客户资源的目的。

华润置地公司董事、华润置地物业管理委员会主任唐勇全程参加了研讨会并发表讲话。唐总在讲话中肯定了与会人员的学习热情与讨论成果,要求大家在行动学习中要关注市场、客户、组织保障几方面的问题,坚持"理解客户、尊重客户、服务客户"的理念,坚持按照行动方案落实,让行动学习研讨取得令人满意的实践成果。

本次行动学习研讨会得到了上级公司的大力支持,华润置地(北京)股份公司人力资源部经理孟欲晓全程参加了本次培训,并就相关问题提出了指导性意见。

近年来,华润置地(北京)物业公司通过行动学习集中研讨,行动学习的方式、内容、成果已经根植于公司经营管理的实际工作之中,直接指导着公司各部门的业务工作,使公司的经营管理、服务水平有了明显提升。

(资料来源:石中和.行动学习理论研究与实证检验[D].北京:北京交通大学,2007.)

讨论题

1. 请分析华润置地进行行动学习的动因。
2. 华润置地行动学习的经验与启示有哪些?

第十一章

领导者与企业文化

埃德加·沙因（Edgar Schein）教授是从组织中领导与文化的关系来阐述组织文化的。在其著作《组织文化与领导力》（*Organizational Culture and Leadership*）一书中，沙因指出，领导力是这样的一种能力，它能使领导者带领团体走出造就了这个领导者的旧文化，同时开始适应性更强的发展性变革进程。这种洞察旧有文化的局限性及发展，以使其更具适应性的能力，就是领导力的本质和最大挑战。关于领导者对组织文化的作用，他指出，领导者之所以能够区分经营管理和制度管理，其特殊的功能在于对文化的关注。领导者会创建文化，而且领导者同时也管理文化，有时甚至还会对文化进行变革。

第一节 领导者在企业文化管理中的角色

一、领导者的内涵

在汉语中，领导有两个词性，一个是动词，另一个是名词。而在英语中，领导（lead）和领导者（leader）是两个不同的单词。在探讨领导者在企业文化管理中所扮演的角色之前，有必要首先理清一下关于领导和领导者的内涵。

美国著名领导力专家约翰·科特（John Kotter）在《领导者应该做什么》（*What Leaders Really Do*）一文中指出，领导（leadership）与管理（management）不同，但是不同的原因与大多数人所认为的并不一样。领导既不玄妙也不神秘，它与"超凡魅力"（charisma）或者其他异乎寻常的个性特征没有关系。领导不是少数人的专利。领导未必优于管理，也未必可以取代管理。

确切地说，领导与管理是两种并不相同而又互为补充的行为体系，各有自己的功能和特点。在日趋复杂、变化无常的商业环境中，这两者都是取得成功的必备条件。真正的挑战是，把很强的领导能力和很强的管理能力结合起来，并使两者相互制衡。

管理与处理复杂情况有关。管理的实践和程序主要是对20世纪最重要的发展之一——大型组织的出现所做出的一个反应。如果没有好的管理，复杂的企业可能会杂乱无章，面临生存危机。好的管理给诸如产品的质量和盈利能力等关键指标带来一定的秩序和连贯性。

相比之下，领导与应对变革有关。近年来领导变得如此重要的部分原因是，现在的商业世界竞争更加激烈，更加变化无常。要在这种新的环境中生存下去并有效地进行竞争，重大变革就变得越来越有必要。更多的变革总是需要更多的领导力。

处理复杂情况和应对变革这两种不同职能，形成了管理行为和领导行为的特征。两个行为体系都涉及：决定需要做什么，建立完成一项计划所需要的员工与关系网络，努力确保这些员工各尽其职。但是，领导和管理完成这三项任务的方法各不相同。

公司管理复杂情况的第一步是做计划和做预算为将来（通常是下个月或者下一年）设定指标或目标，制订完成这些目标的具体步骤，然后分配资源来完成计划。与此形成对比的是，领导一个组织进行建设性的变革始于确定方向，即制定未来（通常是遥远的未来）的远景，并为达到远景所需要的种种变革制定相应的战略。

做计划本质上是演绎性的，目的是要产生有序的结果，而不是变化。确定方向更具归纳性，领导者广泛收集数据，从中寻找能够对事物进行解释的模式、关系和关联。

管理是通过组织和配备人员来发展完成计划的能力，具体做法是：创立组织结构，并按实现计划的要求设立一系列工作岗位；为这些工作岗位配备称职的人员；与这些人员就计划进行沟通；下放权力让员工执行计划；以及设计执行计划的监控系统。然而，领导所对应的行动则是让员工协调一致（aligning people），也就是能够创建联盟并且使这些联盟理解并致力于实现这一远景的员工了解新的方向。

最后，管理通过控制和解决问题来确保计划的完成。管理以正式的或者非正式的形式，如报告、会议和其他手段等，较为具体地比照计划对结果进行监控，然后找出结果与计划之间的偏差，最后通过计划和组织来解决问题。但是对于领导而言，实现一个远景需要激励和鼓舞员工，通过诉诸基本的但往往未被利用的人类需要、价值观和情感，使得员工即使在变革遇到巨大障碍时也能朝着正确的方向前进。

美国通用电气公司（GE）前董事长与首席执行官杰克·韦尔奇在通用的管理模式中特别强调"管理者"与"领导者"的区别，他认为领导人有办法去激励一些有才干的人，让他们把事情做得更好；而管理者，总是在复杂的细节里打转，试图去控制和抑制别人，对员工的激励和恐惧全无了解。

行为学家 R.利克特认为："所有管理工作中，对人的领导是最重要的。领导者在管理中应以职工为中心，采取参与式领导。领导者充分考虑下属的处境、想法和期望，支持他们实现目标的行动，就能激发下属对领导的信任与合作，支持领导，从而在相互支持的基础上促进生产率的提高。"利克特的支持系统理论告诉我们，一个成功的领导者，首先要善于用人，努力研究开发，激发员工的潜能，建立一个团结、向上、和谐、高效的群体；关心下属，支持下属，引导下属参与管理。

二、领导者与企业文化的相互作用

大量的理论研究和企业实践证明了领导与企业文化有着密切的关系。许多因素都影响着企业文化的创建、传播和变革，如社会文化、技术、市场、竞争、领导风格等，其中领导者是最重要的影响因素。

关于领导者与企业文化的相互作用，许多研究者从多个角度进行了探讨。

国外学者对于领导者和组织文化的关系大都是从领导者在企业文化的形成、维持和变革中所起作用的角度进行研究和阐述的。沙因（Schein）观察到，企业文化和领导是相互影响的。他通过观察一个组织生命周期背景下领导和文化之间的关系，阐述了这种相互联结的关系，提出领导者既创建了文化又反过来经过文化的塑造。他在《组织文化与领导力》一书中对领导与组织文化的关系作了系统的理论论述，对领导者在组织文化的创立、建设、维持、变革等过程中的作用进行了阐述，认为："组织创建者的假设是组织文化产生的来源之一，领导者在企业文化的形成方面起领导作用；企业的高级成员会通过日常的谈话、企业的特殊庆典、仪式反复讲述企业自身的重要价值观念；企业高级成员的更迭会削弱企业文化力量，甚至改变企业的文化；为了形成需要改革的风气，领导者会大肆宣扬存在危机或潜在危机的情况。"同时，沙因也强调："不要认为文化会像组织中其他某些事物一样完全被管理者操纵，它对管理者的约束更胜于管理者对它的影响。"约翰·科特（John Kotter）在《变革的力量》一书中阐述了企业文化与领导能力的关系，认为："领导与文化正如管理与结构一样密切相关，建立一种有用的企业文化需要强调有力的领导，同时只有通过一定种类的企业文化，企业组织上下才能发现卓越的领导才能。"撒斯特（Sashkin）在他所著的《幻想型领导》一文中认为："领导者的本质工作就是定义、构造和获得下属对一套共同的价值观、信念、变革的规范、目标和共同工作的人的认同。"关于领导者对企业文化形成的作用，亨尼西（Hennessey）通过对美国联邦公民服务领域内的企业文化的研究，认为领导在培养合适的企业文化以改善政府具体改革措施执行方面发挥着主要作用；关于领导者对于维持企业文化的作用，特赖斯（Trice）和拜尔（Beyer）强调维持文化是领导者的重要作用；关于领导者在企业文化变革中所起的作用，除了上述沙因和科特的观点外，巴斯（Bass）也明确提出了他的观点，他认为领导者起着积极文化或消极文化创建者的作用，并且促进文化的变革，他和阿华立（Avolio）共同提出了变革型领导文化（transformational leadership culture）与交易型领导文化（transactional leadership culture），并认为两种文化在本质上是不排斥的，纯粹的任何一种文化类型都不可能获得成功；布朗（Brown）也认为，好的领导者需要发展技能来使得他们能够改变现有文化的某些方面以改善他们的组织绩效。

我国许多学者和企业家都认为，企业家是企业文化的设计者、倡导者、推动者和传播者。如中振提出企业领导是企业文化的塑造者、倡导者，是企业价值观的代表；朱旭华从企业领导与企业文化之间的互动关系入手，分析了企业领导者在企业文化建设中的角色和作用，提出企业文化是领导者、员工意识、市场环境共同作用的结果；洪向华提出企业文化与企业领导是辩证统一的关系；海尔总裁张瑞敏在谈到自己的角色时说："第一是设计师，在企业发展中使组织结构适应企业发展；第二是牧师，不断地布道，使员工接受企业文化，把员工自身价值的体现和企业目标的实现结合起来。"他认为如果员工不能认同公司的文化，企业就会形成内耗，虽然每个人看起来都很有力量，但用力方向不一致，所以导致企业的合力很小，在市场竞争中就会显得很脆弱。从长期来看，没有强有力的企业文化，企业就无法形成自己的核心竞争力，在竞争日益激烈的市场中，是很难立于不败之地的。

从上述论述可以看出，领导者与企业文化之间的关系是一个双向影响的过程，一个企业的文化既是企业许多代领导者持续倡导和传播的结果，同时企业文化也会深深影响领导者的行为和方式。具体而言，从文化的形成与传播过程来看，领导者是企业文化的缔造者和诠释者，从文化的传承与革新方面来看，领导者是新文化的倡导者与设计师，是企业文化变革的执行者。以下就以上国内外学者的论述展开论述。

1. 企业领导者是企业文化的缔造者和诠释者

在企业文化建设的过程中，企业领导者起着主导的作用。由于企业领导者在组织中所处的特殊地位，对企业承担着更多的责任，相应地，对企业的理念和行为具有很大的影响，对企业的经营哲学、企业精神、企业价值观等也都能施加较大的影响。领导者将他的思想、观点、理念通过言传身教全力灌输推行，使之渗透到组织运行过程和全体员工的心中，形成一个共同愿景，让大家行为一致，思想一致，形成文化，形成力量。这种力量再通过长期的经营实践，推动共有愿景、信念、行为准则的完善，最终可以确立为企业真正的文化。文化理念的形成离不开企业领导者的总结、归纳和加工，企业领导者在整个过程中起到总设计师的作用。

2. 企业领导者是企业文化的倡导者和布道者

领导者创造和学习的优秀企业文化或文化样式，不经过一而再、再而三地倡导，是很难变为企业全体成员共同享有的文化。企业文化建设中，领导者要言传身教。领导者要在企业内部员工中宣传贯彻，同时对外弘扬，提高全社会对本企业文化的认同度。在宣传贯彻过程中领导者需要时刻提醒自己，注意把企业文化固化为日常制度，内化于员工的心理，外化为员工的行为，像一名布道师那样，不断地布道、广泛地传播。可以采取多种形式向企业员工描绘和宣传企业文化。比如，积极报道企业员工中的英雄、模范人物事迹，表彰先进典型，以企业广大员工可以实实在在接触到的先进人物和事例作为典范，通过他们的事迹引申出企业的价值观；开展或加强企业文化理念培训，举办企业价值观全员培训班，引起大家对企业文化的关注；围绕企业精神组织和策划各种习俗、仪式，借助这些形式让企业文化深入人心；开展有广泛群众基础的文体活动，将企业文化工作与群众生活联系在一起，充分发挥企业文化的凝聚作用。同时，领导者在企业文化的建设中起着示范和表率作用。因为新的企业文化的形成是一个学习的过程，在这一过程中，领导者的一言一行都将被下属有意无意地效仿，领导者本人的模范行为就是一种无声的号召和导向，会对广大员工产生强大的引导性和示范性。

3. 企业领导者是企业文化的组织者和管理者

任何一个企业文化的建设都离不开企业管理体制的支撑，企业领导应当通过多层级的立体管理制度来实践企业文化。企业文化是一种先进的管理理论，对企业文化的管理是当代企业领导者的主要职能。沙因甚至说："领导者所要做的唯一重要的事情就是创造和管理文化，领导者最重要的才能就是影响文化的能力。"杰克·韦尔奇在通用用十几年的时间建立诚信、业绩考评等企业文化，并花大量的时间和精力来管理企业文化，使得企业最终取得了巨大的成功。企业领导者若能够真正认清企业文化的巨大作用，那他就肯定会在企业文化建设上下大功夫，真正把企业文化作为一项重要的工程来抓，而不是简单地按照工作分工把企业文化工作交给副手或某个部门负责，自己就不多过问了。事实证明，凡是将企业文化工作作为"一把手工程"，由一把手亲自主持的企业，它的企业文化工作的深入程度和权威性要远远好于那些非一把手工程的企业。没有企业管理者的主导和支持，企业文化建设容易流于形式，决不会开花结果，这是由领导者在企业中的组织领导角色所决定的。领导企业文化建设，要求领导者成为企业文化建设的组织者。企业文化建设是一项错综复杂、旷日持久的系统工程。实施这项工程，必须进行认真审慎的组织工作。如果说，由于组织策划不周，一幢大楼盖歪了，可以推倒重来，而企业文化建设如果由于缺乏谨慎周密的组织策划，导致根基不稳，或方向偏差，就不是轻易可以纠正和补救的。因此，领导者应当亲自承担企业文化建设的组织工作，扮演好组织者的角色。

4. 企业领导者是企业文化的指导者和激励者

领导企业文化建设，要求领导者成为团体和职工个人从事企业文化建设的指导者。团体和职工会遇到困惑和问题、冲突和挫折，对新的文化价值规范会感到难以适应，对旧的思想观念、风俗习惯会感到难以摆脱。因此，领导者应当帮助团体和职工，给予他们及时而有力的领导。领导应该认识到，企业文化不只是领导者的文化，最终是要通过企业中每个人的一言一行体现出来的，没有员工的广泛参与和积极配合，企业文化就失去了最广泛而有效的载体。并且，员工积极参与文化建设的过程，也是自我贯彻的过程，这样一个边建设边培训的过程应当同职工从事物质生产劳动一样，受到各种方式的激励，这样领导者就能不断地激励员工，使之发挥参与企业文化建设的主动性、积极性和创造性。

5. 企业领导者是企业文化的培育者和执行者

领导企业文化建设，要求领导者成为人才的发现者、选拔者和培育者。培育文化建设骨干和英雄楷模，是领导者义不容辞的职责。骨干和英雄楷模是领导者领导企业文化建设的基本依托，没有骨干和英雄楷模，领导工作也没法实现。建设企业文化，企业领导者最终应该成为本企业文化的培育者。为企业文化骨干的成长提供尽可能优越的条件，如让他们参与有关的决策，使他们获得参与各类文化活动的机会等，以扩大他们的文化视野，提高他们的文化素质。如此一来，企业领导者与企业，以及企业员工之间必然会经过时间的积淀建立起深厚的文化情怀，而这种深厚的文化情怀才可以真正地融入企业健康发展的血液里。

案例　苹果公司的精神领袖乔布斯

史蒂夫·乔布斯（Steve Jobs）是苹果公司的创办人之一，同时也是前 Pixar 动画公司的董事长及行政总裁（Pixar 已在 2006 年被迪士尼收购）。他被认为是计算机业界与娱乐业界的标志性人物，同时人们也把他视作麦金塔计算机、iPod、iTunes Store、iPad、iPhone 等知名数字产品的缔造者。作为一个精神型领导者，乔布斯不计前嫌，力挽狂澜，带领苹果渡过危机，超越微软，吸引了全世界媒体的镁光灯。回首其走过的 30 年历程，能使苹果成为 IT 界的传奇，乔布斯功不可没。

2010 年大部分电子消费类产品利润都呈现下滑的趋势，而苹果公司推出的 iPad、iPhone 4 这些跨时代科技产品一经上市，不仅受到用户的追捧，还带动了周边产品的研发和热销。众多用户对苹果系列产品犹如宗教般的追捧归结于苹果公司对产品外观设计近乎苛刻的要求，这种强调产品外观设计也逐渐成为苹果市场营销活动的有力手段，而设立这样严苛标准的人就是苹果公司的掌门人——乔布斯。

1977 年，乔布斯带着他和他的团队最新研发的苹果电脑在美国第一届计算机展览会上进行参展。这个机器外表美观、小巧轻便、操作简单，紧紧抓住了所有参会人员的心，此后订单如雪片般飞来。1980 年，苹果公司正式上市，股票在一天之内被抢购一空。乔布斯在 1985 年获得了由里根总统授予的国家级技术勋章。

1996 年，苹果公司重新聘请乔布斯作为其兼职顾问。此时苹果经历了高层领导的频繁更迭和经营不善，其营运情况每况愈下，财务收入不断萎缩。1997 年 9 月，乔布斯重返该公司任首席执行官，他对奄奄一息的苹果公司进行大刀阔斧的改组和一连串新产品降价促销的措施，终于在 1998 年第 4 个财政季度创造了一亿零九百万美元的利润，让"苹果"重新"红"了起来。

从 1998 年到 2000 年间，乔布斯稳定了 Mac 业务，并力挽狂澜让苹果重新开始盈利。

他对苹果做了大规模的重组，大幅度地砍掉一些生产线，集中市场优势，提高产品质量，将生产部门外包出去，并向市场投放了一款成功的产品 iMac。乔布斯给苹果带来了他的创新源泉和卓越的运营管理方式，并投入巨资开发了新的操作系统 Mac OS X。

2001 年，乔布斯开始将苹果定位为打造数字化生活方式的核心公司，并推出了万众瞩目的 Mac OS X 操作系统，此后还有一系列诸如 iMovie、iPhoto 和 iDVD 这样的产品，同时还开发了 iPod 产品和与之配套的苹果 iTunes 软件，并开设了苹果的第一家零售商店。苹果借此华丽转身，从一家传统的 PC 公司转型为一家电子消费品公司，而且借助其卓越的软件和设计优势，推出了 iPod、iPhone 和 iPad 等创意非凡的产品，由此开始进入新的产品领域。因此，在过去 10 年里，苹果已经为消费者源源不断地带来了深受人们喜闻乐见的创新产品，并成为美国最有价值的企业之一。

乔布斯是个偏执狂。在打造第一款 Mac 计算机的时候，设计人员希望在其中添加扩张槽，以便用户可以订制他们的机器，但这个想法遭到了乔布斯的拒绝。他希望这个机器是一款封闭而又完美的"乔布斯产品"。后来依然坚持这一理念——在最新的苹果笔记本电脑上，用户甚至不能更换电池。不过在 iPhone 手机上他改变了态度，允许外部公司开发应用软件，从 Grindr 到"莎士比亚"无奇不有。这些应用取得的成功令苹果公司惊讶不已。

乔布斯同时也是个艺术家，这得益于他对艺术的技术本质的深刻理解，对于艺术追求创新和差异化的深度认同。20 世纪 80 年代，乔布斯相信鼠标和图形界面才是个人电脑的未来，为了强迫软件开发商和用户使用鼠标，于是第一代麦金塔电脑没有设置上、下、左、右方向键；2007 年初，乔布斯相信触屏才是智能手机的未来，iPhone 手机上没有设置实体键盘，引导用户习惯使用软键盘输入文字。乔布斯对美有着苛刻的迷恋，即使用户看不到，苹果产品的内部也要美观。他认为美可以存在于意想不到的地方，电脑也可以是美的、好玩的。

乔布斯的著名语录有以下 11 条。

① 领袖和跟风者的区别就在于创新。

创新无极限！只要敢想，没有什么不可能，立即跳出思维的框框吧。如果你正处于一个上升的朝阳行业，那么尝试去寻找更有效的解决方案：更招消费者喜爱、更简洁的商业模式。如果你处于一个日渐萎缩的行业，那么赶紧在自己变得跟不上时代之前抽身而出，去换个工作或者转换行业。不要拖延，立刻开始创新！

② 成为卓越的代名词，很多人并不能适合需要杰出素质的环境。

成功没有捷径。你必须把卓越转变成你身上的一个特质。最大限度地发挥你的天赋、才能、技巧，把其他所有人甩在你后面。高标准严格自己，把注意力集中在那些将会改变一切的细节上。变得卓越并不艰难，从现在开始尽自己最大能力去做，你会发现生活将给你惊人的回报。

③ 成就一番伟业的唯一途径就是热爱自己的事业。如果你还没能找到让自己热爱的事业，继续寻找，不要放弃。跟随自己的心，总有一天你会找到的。

这段话可浓缩为："做我所爱。"去寻找一个能给你的生命带来意义、价值和让你感觉充实的事业。拥有使命感和目标感才能给生命带来意义、价值和充实。这不仅对你的健康和寿命有益处，而且即使在你处于困境的时候你也会感觉良好。在每周一的早上，你能不能利索地爬起来并且对工作日充满期待？如果不能，那么你得重新去寻找。你会感觉得到你是不是真的找到了。

④ 并不是每个人都需要种植自己的粮食，也不是每个人都需要做自己穿的衣服，我们说着别人发明的语言，使用别人发明的数学……我们一直在使用别人的成果。使用人类的已有经验和知识来进行发明创造是一件很了不起的事情。

带着责任感生活，尝试为这个世界带来点有意义的事情，为更高尚的事情做点贡献。这样你会发现生活更加有意义，生命不再枯燥。需要我们去做的事情很多。告诉其他人你的计划，不要鼓吹，也不要自以为是，更不能盲目狂热，那样只会把人们吓跑，当然，你也不要害怕成为榜样，要抓住出头的机会让人们知道你的所作所为。

⑤ 佛教中有一句话：初学者的心态；拥有初学者的心态是件了不起的事情。

不要迷惑于表象而要洞察事务的本质，初学者的心态是行动派的禅宗。所谓初学者的心态是指，不要无端猜测、不要期望、不要武断也不要偏见。初学者的心态正如一个新生儿面对这个世界一样，永远充满好奇、求知欲、赞叹。

⑥ 我们认为看电视的时候，人的大脑基本停止工作，打开电脑的时候，大脑才开始运转。

过去10年中，大量的理论研究表明，电视对人的精神和心智是有害的。大多数电视观众都知道这个坏习惯，会浪费时间并且使大脑变得迟钝，但是他们还是选择待在电视机前面。关掉电视吧，给自己省点脑细胞。还有，电脑也会让你的大脑秀逗，不信的话你去跟那些一天花8小时玩第一视角射击游戏、汽车拉力游戏、角色扮演游戏的人聊聊看，你也会得出这个结论的。

⑦ 我是我所知唯一一个在一年中失去2.5亿美元的人……这对我的成长很有帮助。

犯错误不等于错误。从来没有哪个成功的人没有失败过或者犯过错误；相反，成功的人都是犯了错误之后，做出改正，然后下次就不会再错了，他们把错误当成一个警告而不是万劫不复的失败。从不犯错意味着从来没有真正活过。

⑧ 我愿意把我所有的科技去换取和苏格拉底相处的一个下午。

十几年来，世界各地的书店里涌现出海量的关于历史人物的书籍。这些人物包括苏格拉底、达·芬奇、哥白尼、达尔文及爱因斯坦成为人们灵感的灯塔，而苏格拉底排在第一位。西塞罗评价苏格拉底说："他把哲学从高山仰止高高在上的学科变得与人休戚相关。"把苏格拉底的原则运用到你的生活、工作、学习及人际关系上吧，这不是关于苏格拉底，这是关于你自己，以及关于你如何给你每天的生活带来更多的真善美。

⑨ 活着就是为了改变世界，难道还有其他原因吗？

你是否知道在你的生命中，有什么使命是一定要达成的？你知不知道在你喝一杯咖啡或者做些无意义事情的时候，这些使命又蒙上了一层灰尘？我们生来就随身带着一件东西，这件东西指示着我们的渴望、兴趣、热情及好奇心，这就是使命。你不需要任何权威来评断你的使命，没有任何老板、老师、父母、牧师及任何权威可以帮你来决定。你需要靠你自己来寻找这个独特的使命。

⑩ 你的时间有限，所以不要为别人而活。不要被教条所限，不要活在别人的观念里。不要让别人的意见左右自己内心的声音。最重要的是，勇敢地去追随自己的心灵和直觉，只有自己的心灵和直觉才知道你自己的真实想法，其他一切都是次要。

你是否已经厌倦了为别人而活？不要犹豫，这是你的生活，你拥有绝对的自主权来决定如何生活，不要被其他人的所作所为所束缚。给自己一个培养自己创造力的机会，不要害怕，不要担心。过自己选择的生活，做自己的老板！

⑪ 不要被教条所限，要听从自己内心的声音，去做自己想做的事。

乔布斯总是不断地给人惊喜。他天才的设计天赋，绝妙的创意理念，还有不计前嫌的心态，处变不惊的领导风范铸就了苹果企业文化的核心内容。苹果公司的雇员对乔布斯有一种宗教般的狂热信仰，而其在苹果的用户中更有着教父式的地位。不止一个苹果的雇员自豪地对外界宣布：我为乔布斯工作。

第二节 领导者与人本管理

一、人本主义价值观和人本管理的内涵

管理理念从根本上说是人类对管理活动的"自我理解"，它在最深刻的层面上决定着管理理论的建构与发展，它是隐匿在管理理论中的理论前提或逻辑支点。自以泰罗为代表的科学管理理论产生以来，"管理就是效率""效率至上"的管理理念已成为管理理论中不自觉的或无条件的理论前提。建构在这一前提下的各种管理理论，无论把人看得多高、多重要，其实质都是对人的"物化"。以人为本的管理，从根本上说并不是管理方法的变革，而是人类管理理念的深刻变革，它是在对传统管理理念进行批判与反思的基础上，重新确认人在管理中的本体地位，并为当代管理理论构筑新的逻辑支点。

人本主义价值观在管理中信奉以人为本的基本信条，这一基本的信条统率其他的管理原则、技巧。人本主义价值观认为，关心员工，尊重人才，高效率地利用人力资源是组织成功第一位和最重要的因素。

"人是目的而不是手段"是人本管理理论的前提，是人本管理理论对人的本质的理解，是人本管理理论建构的逻辑起点。"人是目的"这一理论预设标志着对人的认识的巨大进步。过去以人为手段，对人进行控制、管理和支配，对人进行塑造、制约，让人依附于资本、生产工具，只能导致人性的压抑，人的积极性遭到扼杀，人就只会表现出一种"复制力"，而不会发挥创造力。随着社会的发展，人的主体性作用越来越突出。传统的人性假设理论无法适应知识经济时代价值增值的过程机制，依据这样的人性假设前提而提出的管理模式必然在新的社会环境中处于困境。"人是目的"这种预设就成了管理创新和发展的前提。"人是目的"这一理论预设标志着组织管理性质上的革命。它促使着传统以物为中心的生产管理向以人为中心的人本管理的变革。它决定和制约着人本管理的模式和目标；规定和影响着人本管理理论的主要内容和运作方式。"人是目的"要求在管理活动中遵循以人为本的模式，充分挖掘人的主体潜能，充分发挥人的积极性，来达到组织目标。

对人本管理的理论内涵的理解，每个管理者和学者可能都有自己的观点，但总体上不外乎以下这5个方面。

① 重新认识人，树立"人的管理第一"的新理念。随着知识经济时代的到来，人已经成为对组织存亡起决定作用的因素，人力资本成为组织的首要资本。因此，组织管理从根本上

说是对人的管理，即调动组织成员工作的主动性、积极性和创造性。

② 依据激励理论，采取多种激励方式。激励是指管理者针对下属的需要，采取外部诱因进行刺激，并使之内化为按照管理要求自觉行动的过程。首先，建立物质激励与精神激励相结合的机制。其次，建立情感激励机制。人本管理则更要强调"治心"，注重情感与理性的统一，以心意感通为原理，赋予被管理者更大的权力和责任，发挥他们的自觉性、主动性和创造性，以实现他们自己的人生价值。最后，建立竞争性激励机制。通过市场公开公平竞争，形成优胜劣汰机制，使组织要素达到最优化配置。

③ 建立和谐的组织内部关系。和谐的组织内部关系对组织和成员的发展有着相当重要的作用。作为组织必须在成员间建立起亲密的情感关系，形成一种彼此依赖、相互信赖的人际关系。在此基础上，组织还应通过价值观念和群体目标的内化，形成和谐统一的价值观念和群体目标，建立起成员与组织之间健康的关系。

④ 积极开发人力资源。人力资源开发是一个组织和个人共同发展的过程，其核心是开发人的潜能，提高人的能力和素质。

⑤ 创建优良组织文化。组织文化是指组织在长期的实践活动中所形成的，并且为组织成员普遍认可和遵循的具有本组织特色的价值观念、团体意识、行为规范和思维模式的总和。

有人对日本企业管理的成功进行了总结，认为它们很大程度上得益于人本管理，具体在人力调配最优化、工作效能最优化、产品和销售最优化、人的积极性激励、参与管理最优化这5个方面。

① 人力调配的最优化。日本的大企业近年来为获得富有新思想、具有开拓性的人才，以便进可"抢人"，退可"留人"，对原来刻板的人事制度进行了大幅度的改革。以职位的平等竞争来推动企业的发展。利用竞争机制促使企业内部管理人员选拔的创新。为了防止业务分类过于繁杂，组织机构过于庞大的"大企业病"，许多大企业相继撤除了组织间的壁垒，以使人员流动更为顺畅，这可使每个人的个性和创造性得到充分的发挥。

② 工作效能最优化。许多企业家都着手在企业内部开发部门试行自由时间制和弹性工作时间制。职能型的管理部门及其岗位上的一部分职员，可根据工作需要和生活习惯，完全自由地安排工作时间，使一部分"宝贵人才"有一个宽松的工作环境，在最佳时间内发挥最佳创造效能和工作效能。这种模式有利于发挥人的主观能动性，最大限度地挖掘人的创造潜能。

③ 产品和销售最优化。为了适应国际和国内市场的需求，许多大公司采取满足各种人需求的产品和销售最优化策略，以反映各种人的需求。

④ 人的积极性激励。许多大企业十分强调对企业员工的积极性激励。法人持股大于私人持股是日本股份制企业区别于欧美企业的一大特点。淡化所有权后，企业的命运掌握在经营者手中，而企业经营者又通过诸如从职工中提拔经营管理人员等方法，让员工参与企业管理，共同分担经营风险，在员工中宣传"企业是大家"的思想，这样就形成了经营者、员工和企业的"命运共同体"。

⑤ 参与管理最优化。人本管理文化模式强调让员工共同参与管理，强调企业发展与员工的关系，以命运共同体的形式调动员工参与管理的积极性。

二、领导者与人本管理

人本管理的企业文化要求领导者在与被领导者的互动中，要将下属的全面发展作为重要的标准，即领导者的效用须考虑是否有利于下属的全面发展，而不仅仅只考虑符合下属的特征。有效的领导必须是在很好契合企业目标和个人目标的基础上，实现企业和员工的共同发展。有学者归纳出的人本管理企业文化的领导者特征有以下 3 种。

1. 领导者地位的变化

领导环境主要包括领导者与被领导者所处的具体企业内外环境。树立人本管理的企业文化是企业经营理念的变化，这一企业内部环境变量的变化导致企业组织结构发生变化，如组织权力的分散化、组织结构的扁平化、网络化、团队的建立。企业管理方式也随之发生巨大变化，如柔性化管理、爱心管理、知识管理等。组织结构的变化使得传统领导理论中将领导者置于组织中心地位的领导环境已不复存在。被领导者的特征也发生了变化。知识经济时代，知识员工在对组织关系的认识上、对需要满足的手段上，都呈现出与传统企业员工不同的特点。知识员工是追求平等、自主化、个性化、多样化的创新精神的群体。环境和被领导者特征的变化将导致领导权威地位受到挑战，传统的领导理论都是将领导者放在权力的中心，通过职位赋予的权力对下属进行指挥、控制和监督，领导与员工的关系是下级服从上级，人本管理企业文化下的领导者则从指挥、监督、控制的权力中心变成了为员工发展的服务中心，即领导者将从群体的中心位置移到群体边缘。旧式领导者需要控制他们为之负责的整个过程，人本管理的领导者则在工作中给予员工更多的职责和权力，为员工的全面发展提供指导、帮助和服务。传统理论认为，从生理学意义上把领导比作头脑，而把组织比作身体，现在我们有时看到把领导比作自然界的颗粒，自然界是没有等级制度的观念的。

2. 领导者角色的变化

领导者地位从群体中心到群体边缘的变化带来其职能和角色的变化。领导者的角色将从传统的组织者、指挥者、监督者、控制者转变为促进者、评估者、预测者、指导者和最终帮助者。促进者的作用在于帮助下属明确自己的职业价值、工作兴趣及技术能力，认识到长期工作计划的重要性，营造一种公开、坦诚的气氛，有助于人们讨论各自工作中遇到的疑问，帮助人们理解和弄清楚他们从工作中到底需要得到什么。评估者的责任是把每个人的成绩和名誉真实地反馈给每一个组织成员，使每个成员清楚评估成就的标准和期望值，留心听取人们的想法，以便知道关于他们目前的工作，什么东西是最重要的和他们想怎样改善它，指出人们的成就、名誉和工作目标间存在的关系，对于个人如何提高自己的成就和名誉提供具体的行动建议。预测者的责任是提供组织、职业和产业信息，帮助人们发现并使用补充信息源，指出可能影响人们职业前景的新趋势和新变化，帮助人们理解组织的文化和行政现状，把组织的战略目标传达给每一个组织成员。指导者的责任在于帮助人们分析各种各样的有用的工作目标，选择符合实际的工作目标，把个人工作目标和组织的需要和战略意图联系起来，分析个人在实现工作目标的过程中可能遇到的有利和不利条件。最终帮助者的责任是帮助个人开发详细的行动计划去实现各自的工作目标，通过安排组织成员同其他行业和组织的人们进行有益的交流来帮助成员实现各自的目标，同能够提供潜在机遇的人讨论组织成员的能力和工作目标，帮助人们同实施工作计划所需要的资源建立联系。领导者的五种角色无一不是围绕着如何有利于人的发展，是对传统领导理论中领导者角色的一个巨大挑战。

3. 对领导者能力要求的变化

尽管特质理论并没有得出令人信服的有效领导的模式，不可否认，领导者本身的特质依然是探询有效领导者必须关注的一个重要变量。Beckhard 概括了 20 世纪领导界巨人们的特征：很强的自我意识、战略思考的能力；面向未来的能力；对人类行为的基本原则的信仰；有很强的自信心；知道毫不犹豫地展示自己的才能；知道如何有效地利用权力。他们也是一个感情投入的领导者，这样他们就有能力进入与他们有关的其他人的内心深处。他们的管理方式可以归结为高度自治的、家长式作风的、协商的和团队导向型的。在人本管理的企业文化下，领导者的地位和角色都发生了巨大的变化，对领导者特质中的基本要素和能力的要求也相应发生了变化。以领导者对下属影响力为例来说，领导者所应具备的一种重要能力是对下属的影响力。传统领导理论认为，领导者的影响力来自于领导者的权力和权威。来自权威的影响力表现为领导者主要依靠专家性权力来影响下属。因此，这类领导者主要注重自我专长能力的培养。布雷德福和科恩将这类领导者称为师傅型领导，如聪明的工程师、大胆的创业者、富有想象力的营销专家等。师傅型的领导有时也被称为技术专家，他们往往独自解决所有富有挑战性的问题，导致下属因工作乏味而丧失工作积极性，有些员工甚至选择离开。来自权力的影响力表现为领导者主要依靠组织所赋予的职位权力对下属进行指挥、协调和控制，故而领导者主要注重于培育自我运用权力的能力，这类领导者被称为指挥型领导者。指挥型领导者总是思考如何才能使下属顺从他，使下属接受自己的看法。在这样的领导方式下，论及员工的全面发展也是不可能的。因此，领导者依靠专业技术能力和运用权力的能力来领导员工，对员工的全面发展不是有效的方式。有利于员工全面发展的领导者应将如何培养员工的才能作为其工作的重点。因此，领导者应注重建立培养人才的能力，即做育才型的领导。育才型的领导者主要关注怎样才能使下属的才能充分发挥，并且使下属在问题出现时能主动解决。育才型领导者的能力表现为激发员工的使命感，建立有效的团队，充分运用下属的才能去取得卓越的组织绩效，而不是采用英雄主义作风提供一切答案和独自承担责任。因此，领导者需培养自己如何识别员工的才能，如何挖掘员工的才能，如何将各种人才有效地结合在一起使之产生总体才能大于个体才能之和的能力。

案例 心力管理　众心成城——记江苏黑松林粘合剂厂有限公司董事长刘鹏凯

近年来，地处江苏泰兴黄桥的江苏黑松林粘合剂厂有限公司在业界声名鹊起，其主要原因不是经济规模的扩大，而在于公司董事长刘鹏凯潜心探索的企业文化和企业管理，尤其是他首创的"心力管理"的传播与影响，有报道称其为中国企业尤其是民营企业树立了一面中国式管理的旗帜。那么，黑松林究竟是家什么样的企业？刘鹏凯又是个怎样的老板？他的心力管理又有何特点呢？

一、兰心蕙性　飘逸沁人文香

1951年出生的刘鹏凯，中等身材，栗子肤色，慈善的脸上是一双不大的眼睛，普通话中带着浓重的黄桥方言。特定的历史原因，断送了刘鹏凯上大学的梦想。15岁时他便跟随母亲练摊挣钱贴补家用。然而，文学的梦想一直在他脑海中萦绕，在他的体内生长。19岁高中毕业，刘鹏凯被招工进了黄桥机械厂当车工，工作之余便笔耕不辍，先后在《机械工艺师》《机械工人》《机械制造》等全国性专业杂志上发表了40多篇车工技术革新论文，并与中国机械工业出版社达成了出版一本30万字的《车工技巧》专著的意向。如不是此后他的职业生涯变更，在中国机械行业很可能会增加一位从基层成长起来的专家，而中国化工行业可能会少了一位企业家。

刘鹏凯从机械厂通过考试被招聘为政府工作人员，后来又从镇工业公司副总经理的位置上"下海"执掌了黑松林，从此他便有了企业文化和企业管理理论的实践平台。据黑松林总经理助理胡宏介绍，刘鹏凯起初做企业文化，有着他的"小九九"，怎么才能少花钱却能扩大企业知名度呢？打硬广告没有那么多钱，效果也不一定好，于是他想到了通过拜名师、写故事、出专著、办活动来宣传黑松林，同时扩大知名度。

刘鹏凯20多年前就立下了"三泡三不泡"（即在家泡工厂，在外泡市场，晚上泡书房；不泡歌舞厅，不泡澡堂，不泡赌场）的铁规。他常说，自己是"盘子吃饭，底子太浅"，因此要靠勤奋来弥补。刘鹏凯成长在特殊岁月，高中毕业就离开了学校，后来通过在职学习才取得了大专学历。学历不高并没有影响他对知识的追求和对理论的研究。他像高尔基那样，在没有围墙的社会大学撷菁撷华、上下探索。相对于学院派，他多了一块理论联系实际的试验田，相对于企业老板，他则多了一份勤奋。

笔者有幸走进刘鹏凯的办公室和家中书房，见证了他的几千册藏书和部分书稿。这些静躺着的藏书和书稿仿佛在讲述着春夏秋冬的故事，看着这些藏书和书稿使笔者有理由相信这棵植根于黑松林沃土上的文化大树根深叶茂，可以经受狂风暴雨、酷暑严寒。天道酬勤，功夫不负有心人。刘鹏凯先后出版了《黑松林，我的太阳》《细节的响声》《漫话企业细节管理》《漫话企业文化管理》《心力管理》等多部管理专著。

刘鹏凯不是为了写作而写作的写手，他是一个用生命思考的人。经过多年探索实践及长期与专家教授深入探讨交流，在专家教授的支持和指导下，刘鹏凯首创了"心力管理"理论，并经过不断完善使"心力管理"理论日臻完善，随着《心力管理》一书的出版发行，其影响也与日俱增。

黑松林的智慧不仅传遍华夏，而且传到了海外。刘鹏凯曾专程赴日本向著名的"企业管理教父"稻盛和夫介绍"心力管理"，后又在国内与其进行了多次交流。稻盛和夫对"心力管理"理论给予了充分肯定。无锡市稻盛企业经营哲学研究会的30多名企业家会员来到黑松林，围绕"稻盛哲学与心力管理"展开了研习活动。他们认为，稻盛哲学与心力管理一脉相承，同溯于中国优秀的传统文化，讲求以心为本。据刘鹏凯介绍，确定"心力管理"概念的灵感源于北宋欧阳修，欧阳修说："万事以心为本，未有心至，而力不能至者"。意思是：心，是人和万物的主宰，心之所及，力之所达。人心深处，某种力量往往会起决定作用。刘鹏凯将"心力管理"比作"盐巴"，即便宜、管用、长久。笔者在研读"心力管理"理论之后，认为"心力管理"是中国传统"五常"（仁、义、礼、智、信）的现代诠释，蕴含了中华民族的大智慧。

走进黑松林，不像是进入化工厂，仿佛是进入了公园，又如到了博物馆。在这里闻不到任何不适的气味，看不到不干净的地方。这里绿草如茵、树木成行、道路整洁、窗明几净、员工快乐。石羊、古狮沉淀了历史云烟；一块块看似不起眼的石头上却留下了诸多著名书法家的墨宝；融传统与现代为一炉的展览馆记载了黑松林的昨天与今天；路旁排立的共产党员格言墙奏响了中国民企的主旋律；重达7吨的非洲花梨木条桌镌刻着走向世界的步伐……

黑松林，浓缩了中华民族文化的精华，散发着现代文明的气息，飘逸着沁人肺腑的文香。

二、仁心博爱 营造和谐环境

有研究表明，一个人的工作有3种境界：一种叫尽职，在其位，干其活，到点下班。第二种叫尽责，带着责任感工作，除做好本职工作外，还能够承担分外工作。第三种叫尽心，把工作作为人生价值来追求，敢于担当、勇于负责、善于创新。实践证明，境界不同，结果各异，尽心属于最高境界。

如何才能让员工达到尽心的境界呢？刘鹏凯认为不在于给予其名誉利益，而是施以老板的仁心博爱、知心融心。仁爱是中国传统文化的重要内容。刘鹏凯在《心力管理》理论中对传统仁爱做出了现代诠释，注入了新的内涵。刘鹏凯常说，老板与员工之间要以心换心。做企业如两人拉锯，同心协力则效率高，否则力量相抵、效率低下。如果把自己当老板而颐指气使、居高临下，员工就会躲着你，只有用心才能敲开心门。刘鹏凯这个老板从不以老板自居，而是与员工平等相待。在刘鹏凯的倡导和践行下，仁爱已在黑松林蔚然成风、和风荡漾。有关仁爱的故事有口皆碑、广为流传。

在黑松林，只要员工购买了摩托车，刘鹏凯就会送上头盔，并送上"请注意安全，家人盼着您平安回家"的话语。员工孩子考上大学，公司会颁发奖学金。黑松林还为员工设立了洗衣房，安排专人兼职为员工清洗工作服；设立了情绪气象台，对情绪有波动的员工进行心理疏导……黑松林的员工都有一种归属感，生活中遇到的任何难题都愿意向刘鹏凯倾诉，都能得到公司的帮助，员工的许多难事刘鹏凯会提前做出排解。刘鹏凯常对员工说："我的工作是你的，你的生活是我的。"

有章可循、违章必究，早已成为人们熟知的管理常规。实践证明，常规仅能取得"常效"，而真正能够取得奇效的是那些具有仁心和创意的企业家。刘鹏凯就是制度无情，执行有情，跳出窠臼，善于权变的企业家。一个典型的例子是"今天迟到不罚款"的故事。一天早上，大雨倾盆，上班时间到了，近一半员工却未能到岗，劳资员小朱按照惯例，将迟到罚款的员工名字一一公布在黑板上。刘鹏凯看到被大雨淋湿的员工，赶忙安排行政科长熬姜汤分送到车间，预防员工受凉感冒。接着，他走到黑板前，叫小朱停止公布，并将已经公布的人员名单全部擦掉，重新写一份"今天迟到不罚款"的安民告示。员工看到这份以人为本的告示后，在姜汤驱去了寒气的同时，更温暖了整个心扉。

从管理学角度来讲，对违规者依规处罚是一件比较容易的事情，而如何使员工遵章守纪，不发生违规现象则是管理的高境界。刘鹏凯就是一位用仁心博爱提升管理境界的企业家。笔者在黑松林采访时还听到一个给老孙头送酒的故事，或可以对此做出诠释。

刘鹏凯准备出台工作期间中午不许喝酒的制度，但他最担心的是司炉车间的老孙头。老孙头是公司元老，技术过硬，勤奋敬业，却有嗜酒之好，几乎每天两顿酒。怎样才能让老孙头中午不喝酒呢？着实让刘鹏凯颇费思量。他认为不能简单地用违规处罚的方法来解决问题，这样容易激化矛盾、事与愿违。刘鹏凯想出了一个妙招，在禁酒制度颁发的头天晚上，他特意安排副厂长殷萍拎着几瓶好酒前去看望老孙头。殷萍说："您老德高望重，请您带头执行厂里的禁酒制度，因为咱们是易燃易爆化工企业，工作期间喝酒容易误事，可能危害自身安全。您老晚上和星期天在家多喝几杯，您的酒刘厂长包了"。这番有情有理的话说得老孙头乐开了怀，从此告别了上班时吃午饭喝酒的嗜好，为黑松林禁酒制度的顺利实施发挥了示范作用。刘鹏凯的送酒法犹如一阵阵春风，将难题化解于无形，将仁爱播撒到心田。

三、琴心剑胆　勇立市场潮头

胆识与创新是事业成功的重要因素，刘鹏凯的成功在很大程度上得益于他的胆识与创新。如果说今日的黑松林是只美丽的天鹅，那么它也曾有过丑小鸭的昨天。

黑松林的前身——泰兴县胶粘剂二厂。这家始建于1986年的工厂，1991年的现状是：租来的一块地、11个人、12间房、两台反应釜、外加一屁股外债。号称工厂其实只能算作一个小作坊，无品牌、无技术、产品单一、时开时停、管理混乱、人心涣散，有的员工闲得无聊竟在杂草丛生的院子里养了几只羊，当时企业年产值才20多万元。为了拯救胶粘剂厂，1991年毅然接受了组织的安排，镇工业公司副总经理刘鹏凯前往胶粘剂厂走马上任，从此他与胶粘剂行业结下了不解之缘，开启了企业家搏击商海的征程……

刘鹏凯面对低落的士气、锈蚀的设备、混乱的管理、萎靡的市场、愤怒的债主，经过一番调研后，工厂的问题水落石出、治厂之策逐渐清晰。他开始胸有成竹地对症下药，拉开了改革发展的大幕，他开始在这个小舞台上演一出精彩的大戏。宣传动员、鼓舞士气，点亮百年企业梦想；健全制度、强化管理，不断提高产品质量；加强营销、开拓市场，不断扩大市场份额；创新技术、升级换代，不断提高科技含量；打造品牌、扩大影响，不断扩大行业影响；建设文化、筑魂奠基，不断培育长青基因……企业发生了质的变化。刘鹏凯懂得品牌的价值，经过一番论证后，他又将企业更名为"江苏黑松林粘合剂厂"，将前辈的智慧注入自己的企业，从此开始致力于打造胶粘剂行业的一棵常青树。

随着"苏南模式"的终结，刘鹏凯顺应潮流，根据上级安排对企业进行了体制改革，将集体企业改造成为了"产权清晰、权责明确、政企分开、管理科学"的现代民营企业，将"江苏黑松林粘合剂厂"更名为"江苏黑松林粘合剂厂有限公司"，完成了新的跳跃，刘鹏凯成了黑松林真正的老板。

斗转星移、冬去春来。变化的不仅是刘鹏凯皱纹的增加、头发的稀少，而且还有厂房的扩建、规模的扩大、产品的丰富、效益的提升、知名度的扩大。他还带领科研人员不断开发环保新产品，由单一的万能胶发展到5大系列100多个规格的系列产品，使企业成为数十项胶粘剂国家标准的主持与参与制订单位，先后获得专利20多项。在全国水基白胶同行中，黑松林第一个打出"本产品用离子水生产"的口号，引领技术创新和绿色环保之风骚。黑松林的产品不仅在国内名声远播，而且受到国际市场的青睐。美国、德国等国际知名世界500强企业纷纷向黑松林伸出橄榄枝，成为业务合作伙伴。

四、冰心一片　开启诚信绿灯

黑松林并非地处大城市，刘鹏凯的企业也不算大，但各地的客人接踵而至。这种吸引力不仅来自他的优质胶粘剂产品，而且还来自他的诚信和他的人格魅力。刘鹏凯常对员工说："我们任何时候都不要忘记曾经帮助过我们的人，滴水之恩要涌泉相报""今天的质量，是明天的口粮""做人要有良心，人无良心一世穷"。他不仅是布道者，而且还是践行者。

黑松林的诚信美名不仅在国内有口皆碑，而且在海外美名远扬。笔者在黑松林听到一个"50与5 000"的故事。一家海外知名企业订购了黑松林50桶环保型装饰胶，外方技术员拜格来到厂里对生产全过程跟踪审定。在碰头会上，拜格说通过对黑松林的实地考察及样胶的测试，今天又通过了产品的审查，建议现在就可以灌装交货了，但总质检员小朱却没有同意。拜格睁大眼睛不知其中原因。小朱解释说："产品虽然已经加工结束，黏度、固含几个指标也检测过关，但它的剥离强度检测需要固化48小时后才能出结果，在检测结果没有出来之前,我们是不会让产品出厂的"。听完小朱的解释,拜格伸出拇指连声说:"OK,OK,OK!"随即递上了第二批订单:5 000桶。由50桶到5 000桶,这就是诚信的力量,这就是心力管理。

有关黑松林诚信的故事有很多很多。一叶知秋、一斑窥豹。诚信是支撑黑松林不断开疆拓土、扩大市场份额的基础,是度过金融危机,稳健发展的法宝,是托起美丽冰山的冰基。

五、匠心独运　打造民企盆景

近年来,不断有专家慕名走进黑松林,无不被公司里的历史文物、厂史展览、整洁地面、如茵草坪,员工笑容所震撼、所惊喜、所欣慰。

这里党的建设得到了加强。在黑松林,能成为一名共产党员是莫大的光荣,加入党组织成为员工的向往,党旗在黑松林高高飘扬。

这里喊出了"不争500强,要干500年"的口号。刘鹏凯曾对"不争500强,要干500年"的口号有过一番浪漫形象的诠释:我宁愿将自己当作一颗种子,在适合自己的土壤生长,让金灿灿的麦穗结出沉甸甸的麦子,让它种了收,收了再种,生长500年。大也是美,小也是美,由小到大才是真正的美。刘鹏凯为当今争相跻身"几强几大"行列的浮躁企业界吹入了一股清风。放慢脚步、和谐发展、观赏风景将是越来越多有识有慧之士的明智选择。

这里鄙视奢侈、崇尚节俭。"办事摆阔气,大手大脚手头松"是黑松林的"六戒"之一。刘鹏凯常对员工说:"面子是给别人看的,里子是给自己用的。"刘鹏凯的办公室不到20平方米,除了书橱和办公桌外,多进去几个人就转不过身来了,好在刘鹏凯在办公室的时间不多,他更多的时间是在生产和市场一线。

这里干群关系融洽,员工享有尊严。刘鹏凯心直口快,有时脾气急躁,批评人比较严厉,但大家都知道他是好心,不留成见过夜。刘鹏凯一旦知道自己错了,就会主动道歉认错。他在早操时向全体员工作检讨屡见不鲜并习以为常。与那些好面子、讲威严的老板相比,员工们说他非常诚挚可爱。

这里文化气息浓厚,名人纷至沓来。刘鹏凯在生产优质胶粘剂产品的同时还努力生产文化产品,并将授权管理运用到了极致。他大部分时间外出拜师访友,从事企业文化、企业管理研究。他将兄弟单位的好经验、好管理及时引进到黑松林。黑松林企业文化产品与胶粘剂产品一样成为国内外具有影响力的品牌,两者之间相得益彰、相互促进。

刘鹏凯栽培了中国胶粘剂行业绿洲中的一片黑松林,又将黑松林打造成为社会主义市场经济的美丽盆景,营造了一个心心相印的和谐企业。

六、众心成城　点亮长青梦想

刘鹏凯是企业家中的理论家,理论家中的企业家。在我们的现实生活中身为"一家"者较多,融"两家"为一身者在企业界尤其是民营企业中则凤毛麟角。刘鹏凯推出崭新的"心力管理"的经营管理理论,对其理论与案例结合的特征,专家认为"心力管理"对于研究中国经济的崛起之路,研究中国中小企业的振兴之路,无疑提供了一把文化钥匙。

综观世界现代管理理论与实践,无论西方的战略管理、流程再造、学习型组织、世界级制造,还是东方的精益管理、正己管理、人本管理、无为管理都离不开"人"这个管理主体,而人的积极性、主动性、创造性取决于人心。因此,心力管理的意义将会越来越重要，人们对心力管理的认识将会越来越深化。

理论是灰色的，而实践之树长青。黑松林作为"心力管理"的发源地，让我们来看看这里的"心力管理"风景。黑松林是个胶粘剂化工产品生产企业，刘鹏凯向社会展示的是呼吸无异味、厂区无废物、地面无滴胶、桶内无积胶、桶外无挂胶的"五无"形象和花园式工厂。

"五无"形象和花园式工厂非一日之功。这里曾经胶水粘住鞋子、河渠臭不可闻、管理松散混乱。这种改观源于员工积极性的发挥，主动性的释放，创造性的激励。一线员工创造的"防滴漏保护阀""防滴漏保护裙"等发明和实用新型专利不断问世；利用业余时间养护草坪包干区和下班前领好第二天的材料已成员工的习惯。例如司炉班班长石军一年四季都是每天 6 点半提前到岗，在干好司炉工作的同时，把锅炉房像厨房一样打理，做到窗明几净，沟见底、轴见光、设备见本色。石军说："环境卫生不搞好心里不舒服。环境卫生整好了，心情才舒畅。"

刘鹏凯的以心换心、仁心博爱赢得了员工的以厂为家、真心回报。这就是黑松林的独特文化和心力磁场的具体表现。

（资料来源：叶建华.中国品牌报告.中国商网。）

第三节 变革型领导者

一、变革型领导理论

变革型领导首先是由唐顿（Downton）在《反叛领导》（*Rebel Leadership*）一书中提出，接着伯恩斯（Burns）于 1978 年在《领导》（*Leadership*）中将其概念化，经过伯恩斯和巴斯等人的不断发展，形成了变革型领导理论。

唐顿认为领导者对员工的影响力是建立在交易或是承诺等不同层次上，并提出影响员工心理层面的领导行为，其研究可以视为变革型领导源头。

伯恩斯在其经典著作《领导》中对变革型领导进行了明确的概念界定。伯恩斯将变革型领导定义为领导者通过让员工意识到所承担任务的重要意义和责任，扩展员工的需要和愿望，激发员工的高层次需要，使员工为团队、组织或更大的政治利益超越个人利益。伯恩斯认为变革型领导者通过提出更高的理想和价值，唤起员工的自觉，进而帮助他们满足较高层次的内在需要，使员工能有从"平凡自我"（everyday selves）提升到"更佳自我"（better selves）的感觉。变革型领导者借由提出更高的理想和价值唤起组织成员的自觉，并强调变革型领导的 4 项要点，即授权（empowerment）、决策参与（decision making）、凝聚共识（consensual）与塑造有力文化（strong culture）。

巴斯在伯恩斯的基础上认为，应该根据领导对员工的影响方式和内容来定义变革型领导行为，即变革型领导通过使员工意识到任务结果的价值和重要性，从而激发员工追求较高层次的需要，建立相互信任的氛围，引导他们超越自私自利的狭隘思想，自愿为完成组织的目标而工作。

巴斯等人最初将变革型领导划分为 6 个维度，后来又归纳为三个关键性因素（1988），即魅力领导（charisma or idealized influence）、个性化关怀（Individualized considerations）和智力激发（intellectual stimulation）。魅力领导即向员工提供观念，解释任务的意义，引发自豪感，获得尊重和信任。魅力领导是变革型领导者最主要的特征，也是变革型领导的核心要素。魅力领导首先应当具有自信和自尊（self confidence, self esteem），领导者以此建立良好的形象，维持员工对领导者的信心；其次，领导者要具有超凡的自主能力（self determination ability）并以此掌握自己的命运；再次，变革的能力（transformational abilities），即领导者要能够了解员工的需求、愿望和价值观，并且可以用具有说服力的语言和行动唤起下属对领导者期望的满足；最后，解决内在冲突（resolution of internal conflict），即领导者对自己所认同的价值观要有确定的认知，这样的话，领导者产生内在冲突与感情冲突的情形较少。个性化关怀不仅仅包括给员工以个别的关心，区别对待每一个员工，给予员工培育和指导，赋予他们责任，还包括领导者要关心每一位员工的发展需求，帮助员工开发出最大的潜能。与传统的关怀因素不同，个性化关怀更多地思考员工的发展，较少涉及参与决策。领导者要能充分尊重员工的个体差异，理解每个员工都是完整的个体，减少对员工的操控与命令，耐心聆听并适当满足员工的个别需求。个性化关怀可通过不同的形式表现出来，比如，领导者可通过实施一些足以运用员工特殊才能、提供员工学习机会、提升员工信心的特别计划，来表现对员工的关怀。智力激发是指鼓励下属创新、挑战自我，包括向下属灌输新观念，启发下属发表新见解和鼓励下属用新手段、新方法解决工作中遇到的问题。通过智力激发领导者可以使下属在意识、信念及价值观的形成上产生激发作用并使之发生变化。

二、企业文化与变革型领导关系研究

近 20 年来，人们开始关注领导者与企业文化之间的关系，早期，国内外对此研究主要集中在领导者与企业文化的相互影响及以企业文化作为中介或调节变量的领导效能研究方面。而近几年，部分学者开始关注企业文化与领导行为的适配性。

在企业文化与领导行为的适配性研究方面研究比较多的国外学者是巴斯（Bass）。如前所述，他和合作者阿华立（Avolio）提出了变革型领导文化与交易型领导文化的概念，他们指出了在这两种企业文化下领导者各自的行为趋向：变革型领导者通常按照他们的构想不断改变现有的企业文化，能够通过授权和创造支持创新的企业文化来影响组织创新，并对组织的开放性和员工组织承诺具有放大的效应；交易型文化与变革型文化的适当组合可能是依组织需求的不同而有区别。他们在公共行政部门的研究中发现，最好的企业文化的形成可能表现为高度的变革型特质和中度的交易型特质。巴斯后来的研究指出，交易型领导者倾向于在现有文化的限定和限制下进行工作，而变革型领导则通常按照他们的构想不断改变现有的企业文化。

国内也有很多相关的研究。姚艳虹、江繁锦的研究发现，不同的企业文化情境下，变革型领导和交易型领导所产生的效能有所差别。在革新导向型和支持导向型企业文化中，变革型领导与员工的领导满意度、组织承诺和工作满意度有较高的相关性，且对这些效能指标有显著的预测力，较之交易型领导，变革型领导能产生更高的效能；在规则导向型和目标导向型企业文化中，交易型领导行为与员工组织承诺、工作满意度和领导满意度的相关性更高，交易型领导者对效能指标有明显的预测力，即在规则导向和目标导向型企业文化情境下，交易型领导较之变革型领导的效能更高。这表明，领导行为和企业文化存在适配性，其中，变革型领导与革新导向型、支持导向型企业文化存在适配性，交易型领导与规则导向型和目标导向型企业文化具有适配性，并且在某种特定的文化情境下，采用与之匹配的领导行为能实现更高的效能；王扬眉研究了转化型领导风格与企业文化之间的关系，讨论了转化型领导的领导风格和其形成的特定情境，从客观情境——企业转型和领导者的个人魅力这两个角度分析了转化型领导对企业文化的形成所产生的直接影响，解释了转化型领导有助于企业文化产生的原因；孙建国和田宝着重研究了变革型领导对创新文化的影响，他们发现，变革型领导与创新文化总体上呈正相关，并且，变革型领导的功能在中、美、澳三国间有文化差异；黄孝俊发现不同体制的企业中的企业文化存在着差异性，企业文化对企业的领导效能有着直接的影响关系。他提出了组织体制——企业文化——领导效能的关系模型；宋合义和刘阿娜以领导理论研究为基础，以组织文化为控制变量，以领导者的绩效为因变量，以领导者的性格特征为自变量，对来自六家不同企业的118名中层管理者为研究对象进行了问卷研究，发现在不同的组织文化中，对有效领导者所需要具备的性格特征的要求是不同的；宋合义和朱丹以领导理论研究为基础，以企业文化为情景变量，研究得出的结论表明在不同的企业文化中，对领导者所需要具备的素质特征的要求也是不同的；姚艳虹、陈丹等研究了交易型领导行为与变革型领导行为的权变适应性，认为交易型领导行为在结构稳定、规则导向的组织结构中更有效，而变革型领导行为则更适应有机式、弹性化的组织结构。

另外，国内还有部分学者对领导与企业文化的协同性进行了研究，中科院心理研究所的时勘与徐长江构建了领导者——组织文化匹配模式，并指出领导者与组织文化的不同匹配方式对组织文化及其变革的作用是不同的。陈维政等则对交易型/变革型领导与企业文化的协同性进行了实证研究，得出了五个方面的结论：就领导风格而言，领导风格的变革维度和交易维度具有一定的相关性，交易型领导和变革型领导是领导风格的两个方面，而不是同一连续体的两个极端。同一个领导既具有交易性特征又具有变革性特征，而且领导的两个方面有同时增强或减弱趋势。变革型领导是以交易型领导为基础，是交易型领导的一种特殊情况；企业文化发展导向维度与经济导向维度是企业文化的两个方面，而不是同一连续体的两个极端。而且两个企业文化维度之间存在一定的相关性，相对于领导风格的两个维度的相关性而言，企业文化两个维度的相关性明显较弱，这种相关性受领导风格相关性的影响。一个企业既具有经济导向企业文化方面特征，又具有发展导向企业文化方面的特征，而且两方面的特征也有同时增强或减弱的趋势；领导风格与企业文化具有协同性。一方面领导风格的变革维度会对企业文化的发展导向维度产生影响，领导风格的变革维度增强时，企业文化的发展导向维度会增强，即变革型领导可能导致较强的发展导向企业文化。另一方面领导风格的交易维度会影响企业文化经济导向维度，领导风格的交易维度增强时，企业文化的经济导向维度会增强，即交易型领导可能导致较强的经济导向企业文化；企业文化与领导风格的协同性对企业员工的满意度产生正相关影响，协同性越好，员工的满意度越高；企业文化与领导风格的协同性与企业绩效指标相关，企业文化与领导风格的协同性会影响到企业的绩效。企业文化的发展导向维度与领导风格的变革维度的协同性对企业绩效的发展指标影响显著，而对企业绩效的利润指标影响不显著。企业文化经济导向维度与领导风格的交易维度的协同性对企业绩效的利润指标和发展指标同时产生影响。企业文化与领导风格的协同性较好时，企业的绩效较好。

三、变革型领导推动企业的管理变革与文化变革

美国管理学家阿·德赫斯在《有生命的公司》一书中透露过一个秘密:《财富》杂志评选出的全球 500 强企业平均寿命不到 50 年,那些存活下来的企业中有 45%的企业每 10 年会遭遇一次毁灭性的打击。壳牌公司的研究结果:跨国公司的平均寿命是 40~50 年,一般公司的平均寿命只有 12.5 年。我国企业寿命还要短得多,中小企业一般为 3~4 年,大企业集团为 7~8 年。企业不能基业常青的原因非常多,其中,企业不能成功变革是重要原因之一。

变革一直是近些年来企业最为关注的话题。随着扁平化时代呼啸而来,消费者行为、技术、世代差异、渠道等环境因素的变化速度比历史上任何一个时期都要快。在复杂多变的环境面前,企业唯有适应环境,主动进行变革,才能够生存和发展。变革是知识经济时代的主题。哈佛大学著名学者汤姆·彼德斯指出:"企业只有两条路:变革和死亡。"

德鲁克认为"组织变革就是当组织成长迟缓,内部不良问题产生,无法适应经营环境的变化时,企业所做出的组织调整,即将组织结构、内部层级、工作流程、沟通方式及企业文化等,进行必要的调整与改善,同时及时改变领导者及员工的观念及行为方式,以促使企业顺利转型"。变革大师约翰·科特(John Kotter)认为,变革不是管理问题,而是领导问题,变革的关键是理念上的变革。沙因认为组织战略和结构都归属于文化范畴,也就是说组织变革的实质就是文化变革,任何组织都不能保证变革组织而其文化却保持不变。管理组织变革,最终意味着管理组织的行为和文化,使文化能够与外部环境相匹配并获得竞争优势,使组织成功。

每当在变革的紧急转折关头,领导者就有机会更好地发挥他们的特殊能力。帝奇(Diqi)和德瓦那(Devanna)认为企业家是变革的代言人,他们能够明确表述变革的新观念、新的价值取向和变革的方式方法,减少变革阻力,进而打通一条平坦的变革之路。

企业不变革就不能成功。变革的成功由许多因素构成,领导者和文化是其中两个重要的不可或缺的要素。在这个过程中,领导者起着至关重要的作用,领导者不仅对变革具有推动或阻碍的作用,同时对文化也具有深远的影响,而文化反过来又对变革造成影响。企业中每个成员对文化形成的地位和作用是不同的,所以说从变革的主体来看,组织的变革也是高度个人化的。其中,领导者在企业的运转中起着举足轻重的作用。科斯(R. Coase)看到了企业家在企业中独特而至关重要的作用。他曾说过,如果组织中的首脑不是变革的积极支持者,就不可能发生重大变革,并建议建立强有力的领导联盟来领导变革,建构愿景规划并沟通这种愿景规划,消除员工的心理压力或焦虑,确保变革的顺利进行。在这种情况下,领导者必须赢得每个员工的认同,使每个员工自愿成为变革的主力军。在变革期间,领导者的真正贡献在于管理整个动态系统,而不是处理各个片断。领导者的重要工作是处理变革的动态过程,使变革所释放的力量和谐一致,从而使公司具有更强大的力量。

在变革当中,领导者扮演的两个角色是别人无法替代的。一是最高统帅,所有的压力集中到他这里时,他要用超乎常人的坚韧承受一切,并将变革推行下去;二是富有魅力的布道者,领导者要用有感染力的语言,以及对事物的独特理解,影响和统一人们的看法。

杰克·韦尔奇推动 GE 变革时,很少直接指导下属,而是花费大量的时间宣讲 GE 变革的意义和未来,以争取广大员工的理解和支持。

华为的领路人——任正非创作无数美文,如著名的《华为的冬天》。他撰写这些文章的目

的只有一个，就是竭尽所能地影响所有的华为员工，将他对环境、对变革、对未来的看法灌输给所有的华为员工。

2006年9月，TCL的当家人李东生发表了《鹰的重生》一文。文中，李东生检讨和反思了自己与TCL在管理上的失误，并以"鹰的重生"的例子来说明TCL集团文化变革创新的必要性和紧迫性，声称："我们在企业文化变革创新、创建一个国际化企业方面并没有达到预期的目标，我认为，这也是近几年我们企业竞争力相对下降、国际化经营推进艰难的主要内部因素。"李东生期望通过新一轮的变革创新，使TCL能够实现"鹰的重生"。在文章中，李东生多次谈到了领导者在文化变革中应当承担的责任。

领导者是变革的领路人，具体来说，领导者可以通过重新思考企业的定位和提出新愿景来引领下属进行变革。

企业的定位往往基于对环境和自身资源的认知。新经济来临之前，环境的变化基本上是线性的。企业可以通过对环境的理性预测及不断地修正这种预测来适应环境。然而，随着网络经济的蓬勃发展，金融风险和产业风险与日俱增，环境在很多时候呈现非线性的剧烈变化。管理大师德鲁克曾经提出著名的事业理论，他告诫企业要时时思考：自己从哪里来，又要到哪里去？纵观商业史上那些成功的变革，无不是以对事业的重新理解和界定为前提的。郭士纳接手IBM之前，IBM是一只"迷失方向的巨兽"。到IBM之后，他立即对公司重新定位，使IBM成为一家提供全方位解决方案的服务型企业。正如推动飞利浦成功转型的CEO柯慈雷所说："如果把飞利浦百年来的历史看成一部小说，那么我所在的这个章节的题目就是重新定位。"

任何变革的成功都离不开一个诱人的愿景。一个清晰、可信的愿景能够极大地激发人们的热情，让人们愿意为此付出自己的努力和心血。在管理变革过程中，人们最容易因为各种烦恼和不适丧失耐心和信心。一个让人无限憧憬的美好未来，往往是医治心浮气躁的最好良药。2007年9月，飞利浦提出了全新的"愿景2010"战略规划，以"健康舒适、优质生活"作为公司新阶段的发展主题，将公司架构精简为医疗保健、照明和优质生活3大业务部门。正是这个新的愿景，使飞利浦这个老牌企业焕发新的活力。

此外，领导者要将企业文化变革纳入到企业变革中精心管理，控制好变革的全过程。任何变革都是错综复杂的系统工程。文化变革要经过"实践—总结—提炼—修改—充实—提高—再确定"的不断往复循环，直到目标文化进入一个稳定状态。这期间，充分调动员工的主动性、积极性、创造性，说服他们与领导者一道改变自我，以适应新的文化理念，这需要企业领导者有控制全局的能力和引导组织渡过影响广泛的变革时期和迅速地完成新旧转化的能力，此时切入点和节奏是很重要的。要动态地、分节奏、分阶段地进行，必要时要用一种渗透的方式，对旧的文化施加影响，绝不能急于求成、急功近利，领导人要带领员工一道完成企业文化变革的伟大使命，使每个人都有成就感。

麦肯锡多伦多分公司咨询顾问卡洛琳·艾肯（Carolyn B. Aiken）和麦肯锡芝加哥分公司董事斯科特·凯勒（Scott P. Keller）2007年根据自己在十多项大型变革项目上的经验及十多年来开展的研究认为，有以下4个方面的工作综合起来可以为CEO在变革中的成功角色进行定义。

1. 让变革变得有意义

人们对于自己所坚信的事业会尽心竭力，而一个具有强大说服力的公司变革的故事将促使人们参与变革并提高其参与度。这个故事产生的最终效应取决于 CEO 是否愿意在变革工作加入个性化的元素、是否愿意公开鼓励他人的参与，以及是否愿意大张旗鼓地宣传变革中取得的成功。

2. 从思想和行为两方面以身作则

成功的 CEO 通常从自身做起，开展变革工作。他们的行为能够鼓励员工支持并采取新的行为方式。

3. 组建一个强有力并专注的高层管理团队

为保证这一团队的变革力量，CEO 必须要做出一些艰难的决定，决定谁有能力及能动性地来参与公司变革。

4. 不断追求自身对变革的影响力

当变革涉及重大的财务及象征性的利益时，没有什么比 CEO 身先士卒、身体力行更有效果的了。

总体而言，在企业文化变革中，领导者要能够做好榜样、注重沟通和持续激励。领导者是管理人员和一般员工仿效的榜样，他们的模范行为是一种无声的号召力。"身教重于言教"，领导者光是口头上讲"价值观"是不够的，要千方百计让新的价值观深入到企业中去，领导者本身就应该成为企业核心价值观的化身。在认识到自身模范作用的重要性后，要坚持身体力行，信守价值观，用其自身的言行意识塑造自己倡导的企业文化；在每一项工作中体现这种文化的魅力，尽量避免因自身的因素给企业带来负面影响；领导者要充分理解员工对变革的情绪反应以及新的制度、政策可能会在员工中引起的焦虑，通过沟通取得他们的信任和认同。必要时要经常向员工灌输激情和信念，激发他们的成就感，最终使领导者个人的理想信念成为组织的理想信念；企业文化的形成是一种缓慢的累积过程，这不仅需要很长的时间，而且需要给予不断的强化。人们的合理行为只有经过强化加以肯定，这种行为才能再现，进而形成习惯、稳定下来，从而使指导这种行为的价值观念转化为行为主体的价值观念。同时还要对优秀的员工及时地、有针对性地进行鼓励、激励。要坚持精神与物质奖励相结合，不断强化和稳定这种良好的企业文化，从而调动大多数人的积极性，去积极地效仿正确的东西。同时，在变革中难免会遇到挫折和挑战，甚至会发生短暂的退步，在这种时候，领导者一定要持续不断地激励员工向着新的目标前进。

案例　　　　　　**杰克·韦尔奇领导 GE 的企业文化变革**

通用电气公司（GE）是一家集技术、制造和服务业为一体的多元化公司，其创始人是著名的美国发明家托马斯·爱迪生，他于 1878 年创立了爱迪生电灯公司。1892 年，爱迪生通用电气公司和汤姆森休斯敦电气公司合并，成立了通用电气公司。

通用电气公司是自道琼斯工业指数 1896 年设立以来唯一至今仍在指数榜上的公司。在全球拥有员工近 313 000 人，目前是世界上市值最高的公司之一，连续数年被世界著名财经日报英国《金融时报》评为"世界最受尊敬的公司"，其董事长兼首席执行官杰克·韦尔奇也多次被评为世界最佳首席执行官称号。

韦尔奇不仅在通用电气公司拥有至高无上的个人魅力，更是商界的传奇人物。韦尔奇

1981年担任该公司历史上最年轻的董事长兼首席执行官,在随后的20年中,他一天都没有停止变革,他不仅为GE的股东创造了巨大财富,使GE成为全球第一大公司,还塑造了一个最优秀的企业文化,把一个历史悠久的工业帝国,转变成为一个富有朝气与活力,善于变中求胜,发展潜力无穷的公司楷模。他的成就重新定义了现代企业管理,在20世纪结束的时候,他因此获得了"世纪经理"的美誉,成为几乎所有CEO效仿的典范。韦尔奇对通用乃至世界所作出的最大贡献之一就是塑造了一个最优秀的企业文化。

一、通用电气的企业文化

在韦尔奇的价值观中,企业成功最重要的就是企业文化,他的管理理论中认为企业的根本是战略,而战略的本质就是企业文化。通用永远推崇三个传统,即:坚持诚信,注重业绩,渴望变革。诚信是人之本,也是企业立身之本,作为世界上首屈一指的大公司,通用不因为规模而害怕变革,而是主动出击,利用企业规模优势,勇于冒险并尝试新事物。

对不断变革的承诺使得通用100年来一直愿意尝试新事物,总愿意进行变革。有成功的事情,但那是过去的成功,通用并不感到满足,而总是从新、从头做起,这就是通用电气对变革的承诺。通用电气大力对人才进行投入,而且有着良好的、以业绩为主的文化。大胆抓住每个机会,应对每个挑战,不懈追求更快、更好。这些就是通用电气的文化精髓。

通用电气认为,推动公司不断高速发展的两大法宝就是其独特的价值观和营运系统。

这个营运系统是通用电气不断学习的文化的实际体现——从本质上说,就是公司的操作软件。公司营运系统的重心永远放在提高公司的业绩水平上,其采用的手段就是从通用电气在全公司范围内推行的重大举措中吸取最佳的创意和做法,分享这些创意和做法并将它们付诸实施。

这个营运系统的推动力就是通用电气的软性价值观——信任、不拘形式、简化、无边界的行为和乐于变革。这个体系将使通用电气的各行各业取得它们在单兵作战的情况下所无法取得业绩水平和速度。

二、韦尔奇的企业价值观

韦尔奇认为任何企业都有两类问题:硬性问题和软性问题。硬性问题包括财务、营销、技术和生产等,而软性问题是关于价值观、士气和沟通等。硬性问题通常会影响到企业的底线——利润线;而软性问题则会影响企业的上线——营业收入总额。

韦尔奇认为每个组织都需要有价值观,精干的组织尤其必要,你必须在众人面前挺身而出,坚持不懈地传达你的价值观,价值观的形成是长远的挑战。韦尔奇从1985年开始,在公司年报中增加了价值观的声明一项就是他这一看法的体现。

韦尔奇通过群策群力的方法开放了通用电气的企业文化,使之能够接受来自每一个人和每一个地方的创意;消除了官僚主义;使无边界行为成为公司文化中固有的一部分。所有这一切创造了一种乐于学习的文化,而这种文化最终促成了通用电气高速发展的奇迹。

三、韦尔奇的经营理念

韦尔奇的经营理念给人最深刻的印象是:竞争,竞争,再竞争;沟通,沟通,再沟通。可以说,韦尔奇在通用电气的变革都是围绕着"竞争"与"沟通"的指导思想展开的。

竞争,对韦尔奇而言,已不只是获取成功的必由之路,它更是一种每天持续不断的工作状态。竞争越激烈,他的生活就越是充实。他认为:"我们每天都在全球竞争战场的刀光剑影中工作。而且在每一回合的打斗之间,甚至没有片刻时间休息"。对于竞争的价值,韦尔奇曾表示：美国最繁荣的时刻正是它竞争得最残酷的时刻。"最残酷的竞争时刻同时却是最令人兴奋、最有犒赏价值、最感到充实的时刻，因为它是公司拓展疆域的契机"。

没有竞争，就不会有发展。不仅仅国家经济是这样，一个行业、一个企业乃至一个人都是如此。美国人正是认清了这一点，因而对"竞争"不仅不畏惧，反而有一种近乎执着的追求：谁想消灭竞争，他们的法律就先消灭谁。有了竞争，大家才有机会。才有更快的发展。

什么能确保我们在竞争中不断进取？韦尔奇的理念中认为是"顺畅地沟通"。企业的成败最终都要基于企业能否构建一种利于"沟通"的机制。

企业界都已认识到"应变"在今天的重要，而我们在应变上之所以做得不好很大程度上就是企业缺少沟通甚至有意阻碍沟通所致。没有顺畅的沟通就谈不上机敏的应变。而"沟通"在韦尔奇眼中又是多面性的，它包括：企业内部的上下级之间的沟通、企业各部门之间的沟通；企业与客户之间的沟通和企业与供应商之间的沟通等。

一位通用电气的经理曾这样生动地描述韦尔奇："他会追着你满屋子团团转，不断地和你争论，反对你的想法。而你必须要不断地反击，直到说服他同意你的思路为止。而这时，你可以确信这件事你一定能成功。"这就是沟通的价值。韦尔奇自己说："我们希望人们勇于表达反对的意见，呈现出所有的事实面，并尊重不同的观点。这是我们化解矛盾的方法。""良好的沟通就是让每个人对事实都有相同的意见，进而能够为他们的组织制订计划。真实的沟通是一种就是让每一个人对事实都有相同的意见，进而能够为他们的组织制订计划。真实的沟通是一种态度与环境，它是所有过程中最具互动性的，其目的在于创造一致性。"沟通就是为了达成共识，而现实沟通的前提就是让所有人一起面对现实。

韦尔奇认为，真正的沟通不是演讲、文件和报告，而是一种态度，一种文化环境，是站在平等地位上开诚布公地、面对面地交流，是双向的互动。只要花时间做面对面的沟通，大家总能取得共识。GE有一个培训中心，每年可以培训1万名企业骨干，在这个培训中心，企业员工可以和总裁进行面对面的辩论，也可以抒发不满、提出问题和建议，目的是培养员工自信、坦率和面对现实的勇气。对于员工提出的问题，主管必须采取行动，组织员工目标小组提出解决方案，到目前已经有20多万人参与了这项活动。

公司还抓了以下4项工作。① 建立信赖，每个GE人都要坦率直言，不必担心因提意见而影响到自己的前途。② 赋予员工权力，第一线的员工掌握的信息往往比一些顶头上司更多，公司要求管理者给予第一线工人以更多的权力与责任。③ 清除不必要的工作，缓解员工过度的负荷。④ 建立GE新范例，把公司塑造成不分彼此的新组织——消除公司各职能部门的障碍，除去阻碍人们彼此合作的"管理阶层""职员""工人"之类的标签，铲除公司对外联系的高墙，进一步搞好服务顾客、满足顾客的工作。

四、GE的企业文化变革

为了使企业能更具竞争力、能更好地沟通，在"硬件"上，韦尔奇大力裁减规模，进而构建扁平化结构、重组通用电气；在"软件"上，则尽力试图改变整个企业。因为他看到了："如果你想让列车再快10公里，只需要加一加马力；而若想使车速增加一倍，你就必须要更换钢轨了。资产重组可以一时提高公司的生产力，但若没有文化上的改变，就无法维持高增长"。

通用电气的文化变革理念，表现为GE善于"掌握自己的命运"，善于掌握企业中人的情况和潜能，善于聘用和选拔优秀的管理者，其核心则是通过领导者言行将所确定的企业发展战略、企业目标、企业精神传达给公众，争取全体员工的合作并形成影响力，使相信远景目标和战略的人们形成联盟，得到他们的支持。

GE在1981年时，生产增长远远低于日本的同类企业，技术方面的领先地位已经丧失，公司利润在5亿美元左右徘徊。当时的总裁琼斯任命韦尔奇接替他的位置。韦尔奇上任后，从文化变革入手创建了一整套企业文化管理模式。韦尔奇指出，世界在不断变化，我们也必须不断变革，我们拥有的最大力量就是认识自己命运的能力，认清形势、认清市场和顾客、认清自我，从而改变自我，掌握命运。这个阶段企业确立的目标是"使组织觉醒，让全体员工感到变革的必要性"。韦尔奇提出了著名的"煮青蛙"理论：如果你将一只青蛙丢进滚烫的热水中，它会立即跳出来以免一死。但是，你将青蛙放进冷水锅中逐渐加热，则青蛙不挣扎，直到死亡，因为到水烫得实在受不了时，青蛙已无力挣扎。韦尔奇告诫员工，GE决不能像冷水中的青蛙那样，面临危险而得过且过，否则不出10年企业必定衰败。

这个改革过程经历了5年，在这5年中韦尔奇顶住了来自各方面的压力。当时员工关心的是自己的晋升和职业保障而不关心企业的改革和文化的变革。韦尔奇启发大家：公司必须在竞争中获胜，必须赢得顾客才可能提供职业保障，企业发展了，职工才有晋升的机会。一句话，是市场和顾客提供了职业保障和职位，企业必须面对现实、面对市场、满足顾客的要求，这样企业才可能保障员工的基本需求和所有福利。他努力使GE人感到GE是自己的事业，是实现理想和自身价值的场所，并应以此心态经营企业。

韦尔奇认为，管理的关键并非找出更好的控制员工的方法，而是营造可以快速适应市场动态和团队合作的文化机制，给员工更多的权力与责任，让员工与管理者实现互动。美国康柏电脑公司董事长本杰明·罗森指出，正是由于韦尔奇对该公司的企业文化作了成功的改革，创立了快速适应市场动态和团队合作的文化机制，使GE成为企业界的奇迹。

1. 变革文化之一：减少工作，做真正该做的事

韦尔奇在谈到企业领导的"忙碌"与"闲适"时说："有人告诉我他一周工作90个小时，我会说：'你完全错了'。写下20件每周让你忙碌90个小时的工作，仔细审视后，你将会发现其中至少有10项工作是没有意义的，或是可以请人代劳的"。

韦尔奇认为，"勤奋"对于成功是必要的，但它只有在"做正确的事"与"必须亲自操作"时才有正面意义。那么抽出时间与精力后我们该干什么呢？韦尔奇的选择是寻找合适的经理人员并激发他们的工作动机。

"有想法的人就是英雄。我主要的工作就是去发掘出一些很棒的想法，扩张它们，并且以光速般的速度将它们扩展到每一个角落。我坚信自己的工作是一手拿着水罐，一手拿着化学肥料，让所有的事情变得枝繁叶茂"。

韦尔奇虽然说的只是他自己，但这也应该是企业各个层级、部门努力的方向。只有想明白自己最该做什么，才能提高自己的办事效率；也只有放开那些本不需要自己操心的工作，才能调动别人的工作热情，从而改善整个企业的运转效能。

2. 变革文化之二：不断超越自我

韦尔奇提出了一个"扩展"的概念。它的内涵是不断向员工提出似乎过高的要求。"'扩展'的意念为：当我们想要达成这些看似不可能的目标时，自己往往就会使出浑身解数，展现出一些非凡的能力；而且，即使到最后我们仍然没有成功，我们的表现也会比过去更

加出色"。

在通用电气,"扩展性目标,只是一种激励的手段,而并非考核的标准,年终时,我们所衡量的并非是是否实现了目标,而是与前一年的成绩相比,在排除环境变因的情况下是否有显著的成长与进步。当员工遭受挫折时,我会以正面的酬赏来鼓舞他们,因为他们至少已经开始改变。若是因为失败而受到处罚,大家就不敢轻举妄动了"。

3. 变革文化之三:更精简、更迅捷、更自信

"精简、迅捷、自信"在韦尔奇眼中是现代企业走向成功的三个必备条件。

一是精简。精简的内涵首先是内心思维的集中。韦尔奇要求所有经理人员必须用书面形式回答他设定的5个策略性问题。这些问题主要涉及我们的过去、现在和未来,以及对手的过去、现在和未来。我们不难理解这样做的好处:扼要的问题使你明白自己真正该花时间去思考的到底是什么;而书面的形式则强迫你必须把自己的思绪整理得更清晰、更有条理。

二是迅捷。韦尔奇坚称:只有速度足够的企业才能继续生存下去。他认为,世界正变得越来越不可预测,而唯一可以肯定的就是,我们必须先发制人来适应环境的变化。同时,新产品的开发速度也必须加快,因为现在市场变化的速度不断加快、产品的生命周期在不断缩短。

而"精简"的目的,正是更好地实现"迅捷"。简明的信息流传得更快,精巧的设计更易入大市场,而扁平的组织则利于更果断地决策。

三是自信。韦尔奇给予了极大的重视,他甚至把"永远自信"列入了美国能够领先于世界的三大法宝之一。他看到:迅捷源于精简,精简的基础则是自信。而培养企业员工自信心的办法就是放权与尊重。

(资料来源:根据百度文库《GE韦尔奇的企业文化》改编)

复习思考题

1. 如何定义领导者?领导者与管理者有何区别与联系?
2. 领导者与企业文化之间是如何相互作用的?
3. 倡导人本管理的领导者有什么特点?
4. 什么是变革型领导者?其构成要素有哪些?
5. 领导者如何引领企业的文化变革?

案例讨论

阿里巴巴创始人马云和他的魔咒

2007年11月6日,马云与他的团队将阿里巴巴推到了公开资本市场的洞口,随着"芝麻,开门吧"的咒语,阿里巴巴B2B业务在香港证券市场上市,股票代码HK1688。上市当天,开盘价30港元,较发行价13.5港元涨122%,融资15亿美元,创下中国互联网公司融

资规模之最。在次债危机中，阿里巴巴仍然创造了 260 亿美元总市值的奇迹，成为中国规模最大的互联网上市公司。

对于一个仅仅只有 8 岁，目标是要做 102 年公司的企业来说，这无疑是值得庆贺的成绩。

所有伟大的公司都是"务实的理想主义者"，它们都有"利润之上的追求"。《基业常青》中写道：利润之上的追求在伟大的公司里，是被"教派般的文化"所灌输的。而柯林斯研究发现，"18 家伟大的公司在总共长达 1 700 年的历史中，只有 4 位 CEO 来自于外部"，所以"自家长成的经理人"更是一个公司能够成功甚至"基业常青"的一个重要特征。阿里巴巴芝麻开门的成功奥秘也在于此。"教派般的文化"指的是伟大的公司必须有很强的共同价值观。毫无疑问，阿里巴巴的传奇应归功于一大群优秀的阿里巴巴人，而这群一度叱咤风云又特立独行的阿里巴巴人聚拢在一起，又自应归功于马云创建的独特价值观。阿里巴巴充满武侠情结的企业文化在集团生根并个性化地渗透到各个子业务群组中，从而让阿里巴巴一路从泥泞走上了坦途。

究竟马云施了什么魔咒，使那么多优秀的人能心甘情愿地甚至是降身份、降收入去跟他捕捉一个在当时还非常遥远的未来？阿里巴巴有个流传很广的管理理念，就是"东方的智慧，西方的运作"，马云认为，东方人有深厚的智慧积淀，但在商业运作能力上有所欠缺。家族作风、小本本主义、小心眼，这些东西都不行。西方很多东西用制度来保证，而中国是用人来保证。因此，在公司的管理、资本的运作、全球化的操作上，马云均毫不含糊地"全盘西化"。沉迷于武侠江湖，曾在自己名片上只留下"风清扬"三个字的马云，究竟是如何将自己的价值观咒语般深植于阿里巴巴员工的脑子里？

一、从整风到开荒

金庸的小说《天龙八部》中，苏星问在活死人墓前布下珍珑棋局，难倒了无数英雄好汉。却被虚竹——一个少林寺中名不见经传的小和尚所破解。而这个法名叫虚竹的小和尚能够成功，靠的是心无旁骛、意志坚定，以及破釜沉舟的勇气。

马云曾经在回忆创立阿里巴巴之时，认为自己是受到了珍珑棋局的启发，"我从珍珑棋局中学到了一招——置之死地而后生"。

1999 年年初，在北京互联网界没有折腾出太大响动的马云，带着十几个年轻人和 50 万元砸锅卖铁换来的创业资本，回到杭州创办了阿里巴巴。在这些人当中，一部分是当初和他一起从杭州北上创业的伙伴，一部分是从北京拐来的。

之所以说是拐来的，是因为阿里巴巴的十八罗汉走到一起非常偶然。有人是因为在广告公司上班，去马云那里拉生意，生意没拉成，自己却入伙了。有人是记者，对马云的公司作过一些报道。有人喜欢泡聊天室，认识了几个马云在北京公司的人，对方邀请来杭州创业，就来了。

但是，就是这样一群"乌合之众"，却在杭州用自己的方式画出了一个电子商务的大饼。简单地说，阿里巴巴要做的只是一个平台，用互联网的力量减少商务成本，撮合生意成交。从所有企业减少的商务成本中，阿里巴巴分享到其中的一块，成为它营业收入和利润的来源。仓库？配送？采购成本？见它的鬼去吧，这些困扰电子商务人的问题统统跟阿里巴巴没有任何关系，这不是它所要解决的问题，也绝不会成为它的负担。当时，在 B2C 市场可以学亚马逊；在 C2C 市场，eBay 已经颇具规模；而 B2B 即使是在美国都没有成功的先例。

"如果一个方案有 90%的人说好，我一定要把它扔到垃圾桶里去。因为这么多人说好的方案，必然有很多人在做了，机会肯定不会是我们的了。"马云有些独断的性格和他在这个团队中的绝对威望，让他们一开始就选择了一条异常艰难的道路。

公司规模的快速扩张，让马云开始觉得管理起来力不从心。过去那种简单的管理方式面临严峻挑战。2001年第一届西湖论剑之后，马云提出阿里巴巴处于高度危机状态。

在这一年，阿里巴巴为了保证原有企业文化的延续性，特意推出了师徒制，新进入的员工都会得到指定师傅的帮助。师傅的言传身教，让新员工能够更快地融入阿里巴巴。

从2000年下半年到2001年西湖论剑召开，阿里巴巴做了三件大事："延安整风运动""抗日军政大学""南泥湾开荒"。马云说："公司要价值观和使命感，第一要统一思想，就像在延安小知识分子觉得这样革命是对的，农家子弟觉得那样革命是对的，什么是阿里巴巴共同的目标？三大点：要做80年持续发展的企业、成为世界十大网站、只要是商人都要用阿里巴巴。我们告诉员工，如果认为我们是疯子请你离开，如果你专等上市请你离开，我们要做80年的企业，在当时环境浮躁很严重的时候，大家心里一下子就安静下来了"。

阿里巴巴投资上百万元成立了"军政大学"，从员工队伍中寻找符合要求的干部，请专家培训这些管理人才。"南泥湾开荒"则培养销售人员面对客户应有的观念、方法和技巧。

"今天很残酷，明天更残酷，后天很美好，但绝大部分人是死在明天晚上"。在"延安整风运动"期间，马云创造了这句经典名言。

由于抢先进行了价值观的灌输，阿里巴巴的员工已经与其他互联网企业不一样了。也正因为如此，马云和他的阿里巴巴才得以熬过了"明天晚上"。

二、独孤九剑

2001年年底，马云提出要在2002年盈利一块钱。对于创业以后一直在烧钱的阿里巴巴来说，这一块钱的盈利具有决定性的意义。在互联网的寒冬中，活下来尚且艰难，盈利从何谈起？

2001年，在GE工作了16年的关明生加入阿里巴巴，就任COO（首席运营官）。有一天，他问马云："阿里巴巴有没有价值观"？马云说有，他说写下来没有？马云说没写过。

在当时的阿里巴巴，口口相传的师徒制，已经无法保持阿里巴巴企业文化及价值观的统一和延续。何况是一群哈佛、耶鲁的毕业生在听一群杭州师范学院的毕业生讲呢？在关明生的建议下，阿里巴巴总结出了9条：群策群力、教学相长、质量、简易、激情、开放、创新、专注、服务与尊重。

这是阿里巴巴第一次将自己的价值观明确提出来，马云称之为"独孤九剑"。马云说："中国的企业都会面临一个从少林小子到太极宗师的过程。少林小子每个都会打几下，太极宗师有章有法，有阴有阳"。

这套价值观总结出来以后，阿里巴巴在全国各地的公司墙上都贴上了"独孤九剑"。马云告诉新来的同事，谁违背这九条，立即走人没有别的话说。在这种环境下，阿里巴巴拥有了一个良好的工作氛围。

2002年年底，阿里巴巴如愿盈利。

三、六脉神剑

2003年5月10日，淘宝网在"非典"期间正式上线。5个月后，支付宝应运而生。2005年，雅虎中国又被收入到阿里巴巴旗下，后更名为中国雅虎。2007年1月，阿里巴巴最年轻的子公司——阿里软件正式成立。

企业文化

这一阶段是阿里巴巴夯实基础的重要时期。但遗憾的是，当员工在短短几年间从几百人变成几千人时，马云的个人魅力显然无法再普照到每一个员工身上。

同时，当马云带领阿里巴巴成功实现盈利后，就像打开了四十大盗的藏宝洞，短信业务、网游业务，甚至是房地产业务都曾吸引过阿里巴巴的目光。阿里巴巴该赚什么钱，应该怎样赚，这是马云必须回答的问题。

2004年7月，邓康明来到了阿里巴巴，出任集团副总裁，负责整个阿里巴巴的人力资源管理。加入阿里巴巴后，邓康明的第一刀就切向了"独孤九剑"："这一套价值观的描述，没有完全展现出阿里巴巴的个性。我们正在从几百人变成几千人，甚至未来有可能要扩大到数万人，'独孤九剑'并不便于大面积地推广"。

要让数千人朗朗上口，"独孤九剑"必须简单化。

经过与集团高层反复讨论，2004年9月，邓康明组织了一个300人规模的专题会议。与会人员除了集团高层，还包括各个层次的员工代表。

这次讨论进行了整整一天，所有参会人员都谈了价值观实施中的个人感受……反反复复地，在邓康明的引导下，议题渐渐向价值观是不是可以改变，应该怎么变转移。会议结束时，"独孤九剑"已经渐渐集中到了6个方向上。

2004年10月，马云最终拍板，原来的"独孤九剑"精炼成了"六脉神剑"：客户第一、团队合作、拥抱变化、诚信、激情、敬业。

对一个年轻的公司来说，空洞的说教并不能改变人的思想。改变人的思想，必须先改变人的行动。阿里巴巴的"六脉神剑"就从改变员工的行动上面入手，将每一条价值观都细分出了5个行为指南。而这30项指标，就成为价值观考核的全部内容。

阿里巴巴的"六脉神剑"从一个抽象的概念变成了30个具体的行动指南，但这依然无法保证每一个员工的行动都能按照价值观的指引进行。这时，阿里巴巴又抓住典型案例，在全公司范围内进行了无数次反复的传播与讨论，最终才形成了一个高度透明、行动整齐划一的团队。

四、九阳真经

2008年3月28日、29日两天，马云将当时阿里巴巴组织部的88人拉到郊外开会，第一天的内容是分成红蓝两队进行真人CS。

第二天，在播放了头一天战斗的视频剪辑后，这些人被分成8个小组，分头讨论大家认为的阿里巴巴的管理者需要具备的特质。从讨论一开始，马云被告知"不能参加到任何一桌的讨论，而是坐在后面，像观察员"。这是因为害怕他的意见会影响其他人的思维。

从早上9点钟开始一直到下午4点钟，这群人讨论出一个雏形，最后才由马云来发言。这一天的成果被总结成为"九阳真经"：客户第一；团队合作；拥抱变化——唯一不变的就是变化；诚信——对客户、团队、股东坚守承诺；激情——永不放弃；敬业——执子之手与子偕老；眼光；胸怀；超越伯乐。这9条准则成为阿里巴巴高管信守的企业文化，并被纳入360度考核。

从"独孤九剑"到"六脉神剑"，再到"九阳真经"，不是简单的数字游戏，而是意味着阿里巴巴的价值观逐渐走向规范和标准化。

五、深耕价值观

一般来说，每到年底，公司在业务成长上的压力都会很大，管理层不自觉地更关注业务和适应新的管理体制，价值观文化层面自然精力分配要小一些。

这显然不是马云愿意看到的。

在马云的过问下，阿里巴巴不再过分强调业绩指标，而是强调公司的文化和价值观，强调谈业务流程的改善和效率的提高。其中"六脉神剑"是考核管理级别 M4（总监）以下阿里人的，每月一次。而从 M4 往上的高管，则用"九阳真经"来考核，半年一次。"九阳真经"是在"六脉神剑"的基础上，增加了对领导力的特殊要求。为了防止价值观考核流于形式，阿里巴巴要求员工自评或主管评价下级时，打分过高（总共 5 分，打 3 分以上）或过低（2 分以下），都要给出说明实例。

阿里巴巴将所有的员工分成了三种类型：有业绩没团队合作精神的，是"野狗"；和事佬、老好人，没有业绩的，是"小白兔"；有业绩也有团队精神的，则是"猎犬"。按照马云的原则，对于"野狗"，无论其业绩多好，都要坚决清除；而业绩不好的"小白兔"，如果不能提升，也要逐渐淘汰掉；只有"猎犬"才是阿里巴巴需要的。

"在阿里巴巴我们可能花三个月时间来培养这些人，其中有一个月真的是关起来，封闭起来培训的，这个投入很大。而且是从全国各地飞到杭州，一定来到杭州，哪怕你是新疆招的人也要飞到杭州参加一个月封闭的培训，培训完之后再回当地去。"邓康明说。

根据阿里巴巴的招聘程序，一般新员工都要经过主管业务部门、人力资源部门、主管副总裁等几道面试才能正式入职。这几道面试最核心的问题就是"看人"。

阿里巴巴在招聘时特地设计一些考察价值观的问题，比如：是否了解阿里巴巴的文化、如何看待团队与个人的关系、如何看待客户等。另外，不少招聘官还会故意夸大文化。比如说，开会开到一半就会让你跳个舞、唱个歌，你能接受吗？进阿里巴巴半年之内没有自己生活的时间和空间，因为学习工作的强度很大，能接受吗？通过对这些问题的考察，把初步符合阿里巴巴文化和价值观的人招进来。

"招聘新员工时，我们主要看他们本身是否诚信，是否能融入企业，能否接受企业的使命感和价值观。业务问题并不是最重要的。"邓康明说。这正是阿里巴巴"投机取巧"的地方：一开始就尽量寻找与阿里巴巴价值观相近的人才，这样可以有效提高"存活率"。阿里巴巴的员工入职后除了"百年系列"培训外，还有三个月的"师傅带徒弟"的"关怀期"，入职 6—12 月后还可以选择"回炉"接受再培训。

马云还在阿里巴巴中引进了"政委体系"，从组织结构上分三层，最基层的称为"小政委"，分布在具体的城市区域，与区域经理搭档；往上一层是与高级区域经理搭档；再往上直接到了阿里巴巴网站的人力资源总监。像神经网络一样延伸到诸多功能细胞中的阿里巴巴政委体系，隶属于阿里巴巴人力资源部门。阿里巴巴 B2B 超过半数的政委都是由具有丰富一线实战经验、懂得业务运作的人担任的。按照马云的说法，他们就是各个功能部门的 2 号人物，在文化建设和组织保证方面具有很大话语权和决策权。准确地说，各个功能部门的个性化运作方式，就是由各自的 1 号人物与政委一起决定的。政委是业务的合作伙伴，使命就是保证道德大方向、传承价值观、建设好所匹配的队伍。

在政委体系的末端，是一个个充满个性的敏捷组织，而把这个体系一拎，整个阿里巴巴的整合优势就显现出来。凭借这样的政委神经系统，阿里巴巴可以实现组织既像 18 个人那样的敏捷，又有 18 000 人那样的强大。

要让上万人的组织翩然起舞，需要所有人心往一处想，劲往一处使。阿里巴巴用使命的

> 感召力量,吸引一批又一批优秀人才加盟;以透明的治理环境,营造信任的企业氛围;用共同的价值观,塑造统一的思维模式;用特有的政委体系,促进使命愿景的达成,保障价值观的传承。阿里巴巴的管理体系,赋予上万个个体挥洒的能力,意愿和舞台,使阿里巴巴作为一个整体所拥有的力量,远远超过了这群体人个体的力量之和。于是,我们看到庞大如大象的阿里巴巴,在互联网市场上,迅捷地腾挪转移,攻城略地。
>
> 2013年5月10日起,马云卸任阿里巴巴集团CEO一职。卸任后,马云担任了大自然保护协会中国主席等职务,在另外一个舞台扮演自己的角色,但是,马云作为创始人带给阿里巴巴的影响,并未随着他的卸任而减小,反而继续影响着阿里巴巴。
>
> (资料来源:根据互联网资料改编)

讨论题

1. 请结合阿里巴巴等企业的实践谈谈领导者在企业文化管理中的重要作用。
2. 请结合本案例谈谈领导者的价值观与企业价值观的关系。
3. 阿里巴巴在贯彻价值观方面有哪些值得其他企业学习的地方?

第十二章

企业文化建设评价

作为对事物发展过程和结果的有效反馈和控制，评价属于管理基本流程中不可缺少的关键环节。同样，企业文化建设评价工作也是贯穿于企业文化建设全过程的一项基本工作，对于企业文化建设工作有着重要的意义。

第一节 企业文化建设评价的意义与目的

评价是评价主体按照预定的评价目的对特定评价客体进行评价性认识与事实性认识的过程，它通常需要针对评价方案确定评价内容，选择评价指标并按照一定评价标准进行评价。评价活动还包括确定指标权重，并选用恰当的评价方法，运用评价准则进行综合分析等内容。

评价体系一般包括以下 8 个部分内容。

① 评价目的：直接决定评价方向。
② 评价主体：指参与评价的群体。
③ 评价客体：分析、判断、评价的对象。
④ 评价原则：反映评价决策者的偏好。
⑤ 评价标准：衡量评价结果的尺度。
⑥ 评价指标：评价具体实施的关键，每项评价指标都是从不同的侧面刻画系统所具有的某种特征度量。
⑦ 指标权重：决定了评价指标之间的相对重要性。
⑧ 评分标准：确定评价结果的等级状况。

企业文化建设评价是指根据一定的原理和标准，对企业文化建设的内容、过程、结果等进行综合比较、分析，发现优点，查找不足，从而使企业能够及时对企业文化建设的方向、内容和对象进行相应的调整和改进，以促进企业文化建设工作有效推进。

一、企业文化建设评价的意义

一般来说，企业文化建设评价的意义主要体现在以下三个方面。

1. 有助于解决企业文化建设中遇到的难点问题

企业文化建设评价的缺失，一方面容易导致部分管理者对企业文化价值、企业文化建设的重要性的理解和认识不到位；另一方面，也将直接造成企业文化建设过程难以监控，进而导致企业文化建设效果不理想。

2. 直接关系到企业文化建设的目的能否顺利实现

企业文化建设是一个长期、复杂的过程，需要持续改进，而改进的前提和基础是对企文化建设进展进行科学的分析、评估，找出差距和不足。没有分析、评价和反馈，也就无从谈起改进和调整，最终也就无法实现企业文化建设的预期目的。

3. 有利于系统提升企业文化建设工作的水平

企业文化建设工作本身也是一种管理行为，遵循着管理的基本规律。从企业文化调研开始，到企业文化建设规划，文化体系的梳理设计，经过企业新文化的导入，最后通过企业文化建设的评价产生反馈和调整，形成持续改进的管理闭环。缺少评价，既谈不上文化管理，也提升不了文化建设工作的水平。

二、企业文化建设评价的目的

企业文化建设评价的目的，主要包括如下三点。

① 企业文化建设评价的终极目的是促进企业长远发展，这是企业文化建设评价中始终要把握的基本方向。

② 企业文化建设评价的根本目的是促进和改进企业文化建设工作。为此，需要我们坚持评价的全面性、有效性、针对性，以免拘泥于细枝末节。

③ 企业文化建设评价的直接目的是发现企业文化建设中可能出现的关键问题和不足。既不是为评价而评价，也不是为问题而问题，要避免陷入各种形式的指标、数据之中，规避形式主义的误区。

第二节　企业文化建设评价的内容

我们将企业文化建设评价的内容划分为如下三个部分。

一、对企业文化建设工作的评价

从企业文化与企业发展的角度而言，企业文化建设工作评价，实质是对企业文化管理过程、手段、方法的评价，属于过程评价，主要包括以下4个内容。

1. 对组织保障建设的评价

如建立企业文化建设领导机构；设立企业文化职能部门与人员；制定企业文化建设规划；进行企业文化建设经费投入等工作的评价。

2. 对活动载体建设的评价

如对企业文化职能工作者进行业务培训；开展员工企业文化培训、专题教育；开展企业文化主题活动；利用企业媒体（包括报刊、网络、新媒体等）传播企业文化；开展专项文化建设与子文化建设等工作的评价。

3. 对考核评价与激励工作的评价

如进行企业文化建设工作的业绩考核；开展企业文化建设评优表彰活动；进行经验典型推广活动等工作的评价。

4. 对企业文化建设队伍的评价

企业文化建设队伍是关系到企业文化建设成效的基础，没有一支高素质的专业队伍，企业文化建设的目的就难以实现。对企业文化建设队伍的评价主要包括对队伍的专业水平、人员结构、工作制度等的评价。

二、对企业文化建设主体内容的评价

一般来说，企业文化可以划分为 4 个层次，包括企业理念文化体系、制度文化体系、行为文化体系和物质文化体系。一方面，需要对企业文化整体结构的完善程度、系统性和一致性等进行全面评价；另一方面也需要对各个层次进行分项评价。

1. 对理念文化进行评价

首先要重点评价理念的科学性，即理念的理论和实践的基础及其科学合理程度；其次，要评价理念的功能性，即理念体系的针对性和实效性；最后要评价理念体系结构的系统性，即理念内容是否有缺失或重复。

2. 对制度文化进行评价

一方面要评价制度对理念的承接程度；另一方面要评价制度文化与理念文化的一致性和协调性。重点包括企业产权制度、组织结构、人力资源制度、财务制度、生产管理制度、质量管理制度、行政管理制度等。

3. 对行为文化进行评价

重点评价企业中的法人行为和个人行为体现文化理念的程度，以及行为文化与理念文化及制度文化的一致性。企业法人行为主要包括决策行为、投资行为、广告行为等，个人行为包括个人岗位行为和公共行为等。

4. 对物质文化进行评价

主要评价企业 VI 手册、企业工作环境、厂房车间或办公区域、设备、产品造型包装、标牌、着装等。

三、对企业文化建设的成效进行评价

对企业文化建设的成效进行评价主要包括：对企业新文化宣传贯彻的效果进行评价；对企业经营管理水平提升和业绩提升的评价。

（一）对企业新文化宣传贯彻的效果进行评价

1. 企业文化形成的心理过程

文化形成是"这样的观念和规则"为企业员工普遍认同并最终产生自觉行为的过程，这一过程大致可分为三个阶段，即熟悉、认知与认同。文化是一个逐渐觉悟的过程，是循序渐进的。

（1）熟悉"这样的"一种文化

企业可通过一整套文化信息传播网络，如企业内刊、内部网、BBS、新媒体、标语、制度文本、培训等多种方式，让员工接触到这些新文化的信息，感受到文化是"这样的"，从而逐步了解、熟悉企业的文化语言、符号、方式、过程、观念和规则。

（2）认知"这样的"一种文化

熟悉是认知的基础和前提。认知"这样的"一种文化，即让员工了解为什么必须有这样的一种文化，是对"这样的"一种文化的领悟。领悟不仅意味着对信息的大量记忆、了解，而且意味着对文化理念和价值观的理解和深刻把握，员工从接触的大量信息中真正悟出了文化的真谛。

（3）认同"这样的"一种文化

认知是认同的基础和前提。认同"这样的"一种文化，即员工已经对这样的文化有了自觉。员工不但认识到文化的意义和重要作用，领悟到文化的精髓，而且对文化有了情感体验，对它形成了积极的态度，愿意按照文化的指引行动。

综上所述，企业文化的形成首先要使员工达成普遍共识，即熟悉企业所倡导的文化，并能够认知新文化的意义所在；其次，在达成共识的基础上，还要进一步认同企业的文化主张，自觉按照新文化的要求行事。

2. 企业文化认知度

（1）企业文化要素认知度

企业文化要素，是指企业中某一项重要的理念、价值观、目标，或某一项制度、某一种行为方式、某一种物质文化现象。

企业文化要素认知度＝（企业中认知该文化要素的员工数/企业员工总数）×100%

（2）企业文化体系认知度

企业文化体系，是指企业的整个文化系统，通常包括企业的理念文化体系、制度文化体系、行为文化体系和物质文化体系。

企业文化体系认知度＝（企业中认知该文化体系的员工数/企业员工总数）×100%

虽然在一个企业中存在广大员工共有的文化，但由于企业中各个部门的人员和具体工作内容各不相同，这样，各种工作群体就会在各自的环境中形成一些独特的文化。琼斯（Jones G.）曾经最早用交易成本分析方法在理论上区分了三种理想型的企业文化：渗透在企业具体生产过程中的"生产文化"，在管理层体现的"官僚文化"，以及技术领域反映出的"专家文化"。后来霍夫斯坦德（Hofstede）通过研究一家大型保险公司分布在131个工作群体中的3 400名雇员，最终通过多层次聚类分析发现了三个亚文化群体："专家亚文化、管理亚文化、顾客服务界面亚文化"，从而很好地印证了琼斯的观点。沙因（Schein）也根据企业成员不同的基本假定，将企业文化分为：操作者文化、工程师文化和管理者文化，他认为企业内部这三个亚文化群体之间存在差异。如管理人员通常会关注秩序、信息和利润；工程师通常会关注机制、知识和生产力；而操作人员通常只是关注那些有助于顺利运作的价值，如参与、团队精神和协作等，也就是与完成工作和增强企业凝聚力有关的价值。可见，文化总是相对于一定范围而言的。我们所指的企业文化通常是企业员工所普遍认同的部分。如果只是企业领导层认同，那么它只能称为领导文化；如果只是企业中某个部门的员工普遍认同，那么它只能称为该部门的文化。依据认同的范围不同，企业中的文化通常可以分为领导文化、中层管理者文化、基层管理者文化，或部门文化、分公司文化、子公司文化等。基于企业文化在企业不同群体之间存在的差异性，提出分群体的企业文化认知度。

（3）分群体企业文化要素认知度

分群体企业文化要素认知度＝（群体中认知该文化要素的员工数/该群体员工总数）×100%

（4）分群体企业文化体系认知度

分群体企业文化体系认知度＝（群体中认知该文化体系的员工数/该群体员工总数）×100%

认知度的数值范围通常在1%～100%之间，1%代表新文化是由企业家个人或某一先进人物首先独自提出。

3. 企业文化认同度

以此类推,提出以下 4 个测度企业及其不同群体文化认同度的指标。

(1) 企业文化要素认同度

企业文化要素认同度=(企业中认同该文化要素的员工数/企业员工总数)×100%

(2) 企业文化体系认同度

企业文化体系认同度=(企业中认同该文化体系的员工数/企业员工总数)×100%

(3) 分群体企业文化要素认同度

分群体企业文化要素认同度=(群体中认同该文化要素的员工数/该群体员工总数)×100%

(4) 分群体企业文化体系认同度

分群体企业文化体系认同度=(群体中认同该文化体系的员工数/该群体员工总数)×100%

认同度的数值范围通常也在 1%~100%之间,1%代表新文化是由企业家个人或某一先进人物首先独自提出。

(二) 对企业经营管理水平提升和业绩提升的评价

企业文化无时无刻不在影响着企业的发展,因此需要将企业文化对企业价值创造促进或阻碍的影响纳入评价内容。例如企业文化对技术研发、生产制造、市场营销、售后服务,对企业决策、执行、监督、反馈等管理流程的渗透和影响效果等。

对企业文化建设成效的评价是整个评价体系中的重要内容,这是由企业文化建设和企业文化建设评价的最终目的所决定的。

第三节 企业文化建设整体评价举例

以中央企业企业文化建设评价为例说明对企业文化建设的整体评价。

一、中央企业企业文化建设评价体系建立的目的

2003 年以来,国务院国有资产监督管理委员会(以下简称国资委)采取一系列措施,大力推动中央企业加强企业文化建设。2005 年 3 月国资委发布《关于加强中央企业企业文化建设的指导意见》(国资发宣传〔2005〕62 号)(以下简称《指导意见》),标志着中央企业的企业文化建设已进入到有统一组织领导、明确目标导向和具体工作要求的发展阶段。为进一步加强对企业文化建设的管理,2007 年 4 月国资委立项《中央企业企业文化建设评价体系研究》软课题。该课题研究旨在通过学习国内外有关研究成果,吸收借鉴中央企业进行企业文化建设评价的实践经验,在进一步明确中央企业企业文化建设的基本内容和工作要求的基础上,提出具有中央企业特点的企业文化建设评价指标体系,为在中央企业开展企业文化建设评价提供科学依据。该课题研究于 2007 年 10 月全面启动,由国资委宣传工作局具体组织实施,

中国石油天然气集团公司、国家电网公司及所属山东电力集团公司、中国电信集团公司、中国海洋石油总公司、中国南方电网有限公司、中国铁路工程总公司、东方电气集团公司、中国航空工业第一集团公司、中国远洋运输（集团）总公司、东风汽车公司、北京有色研究总院等企业参与了课题研究工作。经过半年多的深入调查研究，课题研究工作基本完成。2008年6月，国资委宣传工作局召开"中央企业企业文化建设评价体系研究"课题评审会，邀请10余名国内企业文化专家和有关领导组成专家评审组对课题报告进行了评审。专家评审组对这项课题研究给予充分肯定和评价，认为该课题研究定位于企业文化建设工作评价，既具有一般性指导意义，又有具体工作要求，具有开创意义。

建立中央企业企业文化建设评价体系的目的在于以下3个方面。

① 通过评价，进一步深刻把握企业文化建设的基本规律，正确理解和把握企业文化建设的基本内容和要求。

② 通过评价，检查贯彻落实《指导意见》的情况，看看各项工作要求是否得到落实，措施是否到位，企业文化体系是否完善，取得的效果如何。

③ 通过评价，及时查找工作中存在的问题和不足，认真分析原因，有针对性地采取切实有效措施，进一步改进工作，以取得更好的效果。

二、中央企业企业文化建设评价体系的构成与操作要求

1. 评价指标体系

企业文化建设评价指标体系由企业文化建设工作评价、企业文化建设状况评价和企业文化建设效果评价三部分构成。每部分均包括评价指标、分值、计分方法和评价方法等内容。

2. 评价方法

企业文化建设评价依据企业文化建设评价体系，实行定量评价与定性评价相结合，对指标进行评价打分。

① 企业文化建设评价总分为1 000分，其中企业文化建设工作评价部分300分，企业文化建设状况评价部分300分，企业文化建设效果评价部分400分。

② 对可以直接量化打分的指标，通过查阅资料和实地考察的方法，直接进行评判打分。

③ 对不能直接量化打分的指标，通过问卷调查的方法，进行定性评价，再将定性评价结果转化为量化分值。评价结果分为4个等级如"好、较好、一般、差"，与之对应的是4个等级分值。问卷调查中评价"好"占90%及以上的记一等级分值，80%～89%的记二等级分值，60%～79%的记三等级分值，60%以下的记4等级分值。

3. 问卷调查的要求

① 合理确定调查样本数量。员工问卷调查，1万人以下的企业调查样本不少于员工总数2%，其他企业按员工总数1%确定，调查样本的选取由企业根据员工构成比例合理确定。客户问卷调查样本数量由企业根据实际情况确定。调查采用无记名方式。

② 问卷调查按照统一设计的调查问卷进行。各企业也可在确保获得相关指标评价信息的前提下，根据自身实际进行适当调整。

4. 计分方法

企业文化建设评价最终得分为企业文化建设工作评价、企业文化建设状况评价、企业文化建设效果评价三部分实际得分之和。

《中央企业企业文化建设评价体系》有关具体内容如表 12-1、表 12-2、表 12-3 所示。

表 12-1 企业文化建设工作评价体系（总分 300 分）

一级指标	二级指标	分值	计分方法	评价方法	评价得分	备注
组织保障（100）	1. 明确企业文化建设领导体制	20	有=20 分 无=0 分	查阅资料		
	2. 企业领导定期听取工作汇报，研究解决有关重大问题	20	定期听取工作汇报记 10 分，及时研究解决重大问题过 10 分	查阅资料		
	3. 明确企业文化主管部门与人员	20	有=20 分 无=0 分	查阅资料		
	4. 相关部门企业文化建设职责分工明确	20	有=20 分 无=0 分	查阅资料		
	5. 对本系统企业文化工作人员进行业务培训	10	脱产培训人数占总人数每增加 10%记 1 分	查阅资料		
	6. 广泛发动员工参与企业文化建设	10	有=10 分 无=0 分	查阅资料		
工作指导与载体支撑（150）	7. 企业文化建设纳入企业发展战略	20	有=20 分 无=0 分	查阅资料		
	8. 制定企业文化建设规划（纲要）	15	有=15 分 无=0 分	查阅资料		
	9. 年度工作有计划、有落实、有检查	15	有计划=5 分 有落实=5 分 有检查=5 分	查阅资料		
	10. 组织开展课题研究和专题研讨	10	有课题研究=5 分 有专题研讨=5 分	查阅资料		
	11. 开展企业文化主题活动	15	每开展一项记 5 分，总分不超过 15 分	查阅资料		
	12. 开展员工企业文化培训、专题教育	20	集中培训教育员工人数占员工总数每增加 10%记 2 分。	查阅资料		
	13. 充分利用企业媒体（包括报刊、电视、网络）	15	一等级 15 分 二等级 10 分	员工问卷调查		
	14. 完善企业文化设施（如：传统教育基地、企业文化展室、职工文体活动场所等）	10	一等级 10 分 二等级 6 分 三等级 3 分 四等级 0 分	员工问卷调查		
	15. 开展子文化建设（如：廉洁文化、服务文化、质量文化、安全文化等）	20	每开展一项记 5 分，总分不超过 20 分	查阅资料		
	16. 经费有保障并纳入预算管理	10	有保障记 5 分，纳入预算管理记 5 分	查阅资料		
考核评价与激励措施（50）	17. 对企业文化建设工作有考核	15	有=15 分 无=0 分	查阅资料		
	18. 总结推广企业文化典型经验	15	有=15 分 无=0 分	查阅资料		
	19. 开展企业文化建设评优表彰活动	20	有=20 分 无=0 分	查阅资料		
本部分评价得分合计						

表 12–2　企业文化建设状况评价体系（总分 300 分）

一级指标	二级指标	分值	计分方法	评价方法	评价得分	备注
精神文化（100）	1. 确立企业使命（或企业宗旨）	25	有＝25 分 无＝0 分	查阅资料		
	2. 确立企业愿景（或企业战略目标）	25	有＝25 分 无＝0 分	查阅资料		
	3. 确立企业价值观（或核心价值观、经营理念）	25	有＝25 分 无＝0 分	查阅资料		
	4. 确立企业精神	25	有＝25 分 无＝0 分	查阅资料		
制度文化（100）	5. 企业规章制度健全	20	一等级 20 分，二等级 15 分，三等级 10 分，四等级 0 分	员工问卷调查		
	6. 企业文化理念融入企业规章制度	20	一等级 20 分，二等级 15 分，三等级 10 分，四等级 0 分	员工问卷调查		
	7. 建立员工岗位责任制	20	有＝20 分 无＝0 分	查阅资料		
	8. 印发员工手册（或企业文化手册）	20	有＝20 分 无＝0 分	查阅资料		
	9. 制定新闻危机处理应急预案	10	有＝10 分 无＝0 分	查阅资料		
	10. 建立新闻发布制度	10	有＝10 分 无＝0 分	查阅资料		
物质文化（100）	11. 建立视觉识别系统（企业标识、标准色、标准字、司旗和司歌）	20	有一项记 4 分，总分不超过 20 分	查阅资料		
	12. 制定视觉识别系统的使用规定	15	有＝15 分 无＝0 分	查阅资料		
	13. 全系统企业标识使用规范	20	有＝20 分 无＝0 分	实地考察		
	14. 制定员工行为规范	15	有＝15 分 无＝0 分	查阅资料		
	15. 在本系统开展文明单位创建活动	20	有＝20 分 无＝0 分	查阅资料		
	16. 发布企业社会责任报告	10	有＝10 分 无＝0 分	查阅资料		
本部分评价得分合计						

表 12–3　企业文化建设效果评价体系（总分 400）

一级指标	二级指标	分值	计分方法	评价方法	评价得分	备注
企业凝聚力（110）	1. 员工对企业价值理念的认同度	20	一等级 20 分，二级 15 分，三级 10 分，四等级 0 分	员工问卷调查		
	2. 员工对企业发展战略的认知度	20	一等级 20 分，二级 15 分，三级 10 分，四等级 0 分	员工问卷调查		

续表

一级指标	二级指标	分值	计分方法	评价方法	评价得分	备注
企业凝聚力（110）	3. 员工对与本职工作相关的企业规章制度的认可度	20	一等级20分，二等级15分，三等级10分，四等级0分	员工问卷调查		
	4. 企业维护员工合法权益情况	15	一等级15分，二等级10分，三等级5分，四等级0分	员工问卷调查		
	5. 员工对在企业中实现自身价值的满意度	15	一等级15分，二等级10分，三等级5分，四等级0分	员工问卷调查		
	6. 近三年企业职工到上级机关上访等群体性事件情况	20	未发生的得20分。发生5～49人的群体性事件一次扣5分；发生50～99人的群体性事件并造成较大影响一次扣10分；发生100～499人的群体性事件并造成重大社会影响一次扣15分；发生500人以上的群体性事件并造成特别重大社会影响一次扣20分，扣分累计不超过20分	查阅资料		
企业执行力（90）	7. 员工遵守企业规章制度情况	20	一等级20分，二等级15分，三等级10分，四等级0分	员工问卷调查		
	8. 员工在工作中形成良好行为习惯	20	一等级20分，二等级15分，三等级10分，四等级0分	员工问卷调查		
	9. 员工爱岗敬业的精神状态	20	一等级20分，二等级15分，三等级10分，四等级0分	员工问卷调查		
	10. 近三年企业领导班子成员中违规违纪情况	30	未发生违规违纪的得30分。受党内或行政严重警告处分的每人次扣5分；受撤销党内职务或行政职务处分的每人次扣10分；受开除党籍或公职处分的每人次扣15分；受刑事处分的每人次扣20分，扣分累计不超过30分	查阅资料		
企业形象（95）	11. 客户对企业产品或服务的满意度	30	一等级30分，二等级20分，三等级10分，四等级0分	客户问卷调查		
	12. 近三年企业在"四好班子"建设、党的建设、思想政治工作、企业文化和精神文明建设方面获得党政机关授予的全国或省部级荣誉称号	35	国家级荣誉一项记10分，省部级荣誉一项记5分，同一类荣誉不重复计算，累计不超过35分	查阅资料		

续表

一级指标	二级指标	分值	计分方法	评价方法	评价得分	备注
企业形象（95）	13. 近三年企业先进典型情况（包括集体和个人先进典型）	30	全国先进典型每个记15分，省部级先进典型每个记10分，企业选树典型每个5分，同一典型不重复计算，累计不超过30分	查阅资料		
生产经营（105）	14. 近三年企业守法、诚信经营情况	30	经营未发生违法、失信事件记30分。发生违法、失信事件每次扣10分，扣分累计不超过30分	查阅资料		
	15. 近三年企业经营业绩情况	75	国资委对企业经营业绩年度考核等级： A级=25分， B级=20分， C级=15分， D级=0分。 该项得分为三个年度实际得分之和	查阅资料		
本部分评价得分合计						

三、2010年中央企业企业文化建设评价概况

为总结中央企业贯彻国资委《关于加强中央企业企业文化建设的指导意见》推进企业文化建设的情况，进一步推动中央企业企业文化建设，国资委宣传工作局发布《关于开展企业文化建设评价工作的通知》（宣传函〔2010〕9号），决定开展企业文化建设评价工作，对评价工作的目的、范围、依据及方式进行了说明，并提出了相关工作要求。

首先，此次评价目的在于总结企业文化建设的成绩与经验，查找差距与不足，进一步研究部署企业文化建设工作，为推动企业文化建设深入发展提供重要依据。此次评价不是评优，其结果也不作为今后评优的根据。其次，此次评价工作在中央企业集团公司（总公司）一级进行，评价的依据是《中央企业企业文化建设评价体系》，评价的方式是企业自查自评。各企业的企业文化主管部门负责自查自评工作的组织实施，根据《中央企业企业文化建设评价体系》及有关要求，开展评价工作，逐项对指标进行评价打分，撰写自查自评报告，报送有关资料。

通知要求，第一，各企业要高度重视，加强组织领导。此次评价工作是贯彻国资委《指导意见》，推进企业文化建设的重要举措，重在企业自我检查、自我评价。各企业要加强领导，精心组织，抓好落实。第二，严格要求，做好评价工作。要认真按照此次评价工作的要求，本着实事求是的原则，开展评价工作，做到信息资料真实可靠、评价客观公正。第三，以评促改，务求实效。要把评价与加强改进工作结合起来，在总结成绩和经验的同时，着力查找和分析存在的问题与不足，明确努力方向，提出改进措施，确保取得好的效果。

根据国资委对中央企业企业文化建设评价工作的通知要求，共有70家中央企业在规定的时间内提交了自评自查报告，并有68家中央企业提交了调查数据。以下部分的分析就是以

68家中央企业的问卷调查结果为基础进行的。根据通知要求,各企业于2010年6月底完成本次问卷调查,因此,分析所依据的数据截止时间为2010年6月,数据反映的状况也只是这个时间之前的。

根据中央企业企业文化建设评价体系,按照各企业的评价得分情况,以下将68家企业分为两类:高得分企业和一般得分企业。分类标准是平均分,高于平均分的企业为高得分企业,低于平均分的企业为一般得分企业。结合调查数据,按照总体情况、一级指标和二级指标分别对中央企业企业文化建设情况进行相应评价。需要说明的是,在以下各指标折线图中,纵轴代表各指标的评价得分情况,横轴代表68家提交调查数据中央企业的序号。

1. 2010年中央企业企业文化建设评价总体情况

通过对68家中央企业的企业文化建设评价体系调查数据的统计分析,得到了表12–4和图12–1。

表12–4 2010年中央企业企业文化建设评价总体情况(总分值1 000分)

企业	最高得分	最低得分	平均分	方差	标准差	高得分企业比例	一般得分企业比例
中央企业	985	577	871.25	7 680.61	87.639	64.71%	35.29%

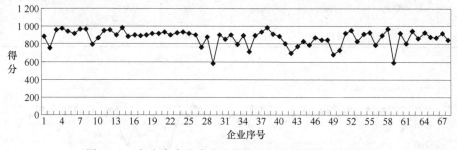

图12–1 各中央企业企业文化建设评价总体情况折线图

由表12–4和图12–1可以看出,中央企业企业文化建设评价体系最高得分为985分,最低得分为577分,平均分为871.25分。按照企业分类标准,高得分企业的比例为64.71%,一般得分企业的比例为35.29%,标准差为87.64。结果表明,中央企业企业文化建设情况总体不错,评价得分相对集中在均值附近。

从雷达图(图12–2)中可以看出,高得分企业在文化建设工作评价、状况评价、效果评价三方面的平均得分均高于一般得分企业。一般得分企业与高得分企业在企业文化效果评价方面的差距最大,其次是在工作评价方面,最后是在建设状况评价方面。这表明高得分企业在企业文化建设方面取得了一定成效,对企业的发展起到了良好的推动作用,一般得分企业在企业文化建设方面还有较大的发展空间。部分中央企业在一些评价指标上尚存在较为明显的差距,今后需要进一步加强企业文化建设工作。

2. 中央企业企业文化建设工作评价情况

中央企业企业文化建设工作评价体系具体分为组织保障、工作指导与载体支撑和考核评价与激励措施三个一级指标。通过对68家中央企业的企业文化建设工作评价体系得分进行分析,得到表12–5和图12–3。

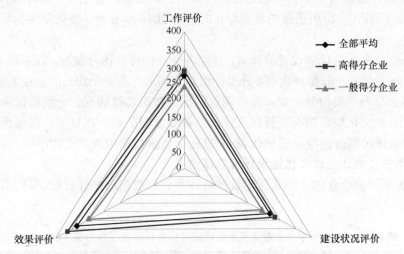

图 12-2　中央企业企业文化建设总体评价雷达图

表 12-5　中央企业企业文化建设工作评价情况（总分值 300 分）

企业	最高得分	最低得分	平均分	方差	标准差	高得分企业比例	一般得分企业比例
中央企业	300	178	267.75	864.40	29.40	64.71%	35.29%

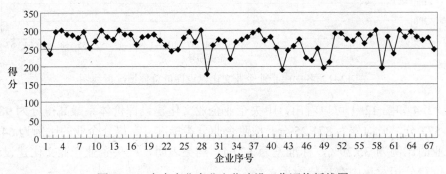

图 12-3　中央企业企业文化建设工作评价折线图

由表 12-5 和图 12-3 可以看出，企业文化建设工作评价最高得分为 300 分，最低得分为 178 分，平均分为 267.75 分。按照企业分类标准，高得分企业的比例为 64.71%，一般得分企业的比例为 35.29%，标准差为 29.40。由数据和折线图可以看出，有些企业的文化建设工作评价体系得了满分 300 分，并且平均分为 267.75 分是比较高的，说明总体上中央企业企业文化建设工作比较到位，各中央企业重视自身企业文化建设工作的开展和实施。

3. 中央企业企业文化建设状况评价情况

中央企业企业文化建设状况评价体系分为精神文化、制度文化和物质文化三个一级指标。通过对 68 家中央企业的企业文化建设状况评价体系得分进行分析，得到表 12-6 和图 12-4。

表 12-6　中央企业企业文化建设状况评价情况（总分值 300 分）

企业	最高得分	最低得分	平均分	方差	标准差	高得分企业比例	一般得分企业比例
中央企业	300	164	268.11	885.66	29.76	63.24%	36.76%

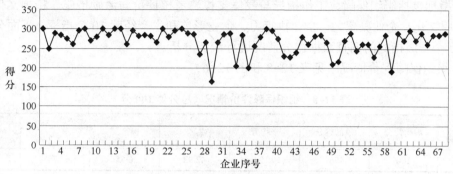

图 12-4　中央企业企业文化建设状况评价折线图

由表 12-6 和图 12-4 可以看出，企业文化建设状况评价最高得分为 300 分，最低得分为 164 分，平均分为 268.11 分。按照企业分类标准，高得分企业的比例为 63.24%，一般得分企业的比例为 36.76%，标准差为 29.76。由调查数据和折线图可以看出，有些企业的文化建设状况评价体系得了满分 300 分，并且平均分为 268.11 分，得分较高，说明中央企业基本都有自己一套比较完整的企业文化体系，且重视对自身精神文化、制度文化和物质文化的提炼和宣贯工作。

4. 中央企业企业文化建设效果评价情况

中央企业企业文化建设效果评价体系从企业凝聚力、企业执行力、企业形象和生产经营这四个方面对企业文化建设效果进行评价，结果如表 12-7 和图 12-5 所示。

表 12-7　中央企业企业文化建设效果评价情况（总分值 400 分）

企业	最高得分	最低得分	平均分	方差	标准差	高得分企业比例	一般得分企业比例
中央企业	395	205	333.99	1 846.76	42.97	58.82%	41.18%

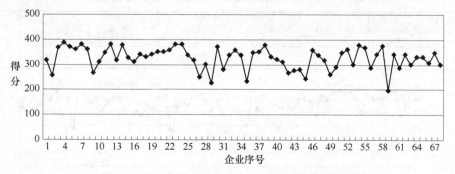

图 12-5　中央企业企业文化建设效果评价折线图

由表 12-7 和图 12-5 可以看出，企业文化建设效果评价最高得分为 395 分，最低得分为 205 分，平均分为 333.99 分。按照企业分类标准，高得分企业的比例为 58.82%，一般得分企业的比例为41.18%，标准差为42.97。由数据和折线图可以看出，多数企业的效果评价体系得分较高，说明多数中央企业的企业文化建设效果不错，多数中央企业十分重视对企业文化的宣传贯彻工作，企业文化得到了公司员工的认知和认同。

5. 一级指标得分情况分析

一级指标包括组织保障、工作指导与载体支撑、考核评价与激励措施、精神文化、制度文化、物质文化、企业凝聚力、企业执行力、企业形象和生产经营10个指标。下面分别用图表对这10个一级指标的调查数据得分情况进行统计分析。

（1）组织保障评价情况（见表12-8和图12-6）

表12-8　组织保障评价情况（总分值100分）

企业	最高得分	最低得分	平均分	方差	标准差	高得分企业比例	一般得分企业比例
中央企业	100	56	95.94	42.92	6.55	61.76%	38.24%

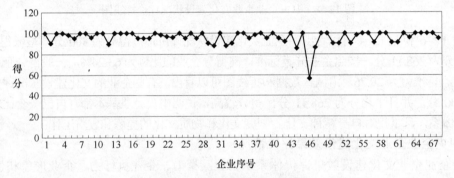

图12-6　组织保障评价折线图

在组织保障评价方面，各中央企业做得很好，大部分企业的得分在90分以上，而且超过平均分的企业所占比例达到了61.76%，只有极少数中央企业的组织保障工作需要进一步改善。

（2）工作指导与载体支撑评价情况（见表12-9和图12-7）

表12-9　工作指导与载体支撑评价情况（总分值150分）

企业	最高得分	最低得分	平均分	方差	标准差	高得分企业比例	一般得分企业比例
中央企业	150	83	132.44	228.49	15.12	57.35%	42.65%

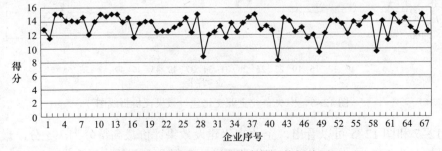

图12-7　工作指导与载体支撑评价折线图

由表 12-9 和图 12-7 可知，在工作指导与载体支撑评价方面，大部分中央企业做得不错，但是还有少数中央企业需要进一步改善。

（3）考核评价与激励措施评价情况（见表 12-10 和图 12-8）

表 12-10　考核评价与激励措施评价情况（总分值 50 分）

企业	最高得分	最低得分	平均分	方差	标准差	高得分企业比例	一般得分企业比例
中央企业	50	0	39.66	243.15	15.59	64.71%	35.29%

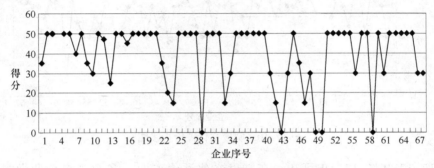

图 12-8　考核评价与激励措施评价折线图

在考核评价与激励措施评价方面，大部分中央企业能够对工作情况进行有效的考核，并且能很好地激励员工，少数中央企业在这方面需要进一步改善。

（4）精神文化评价情况（见表 12-11 和图 12-9）

表 12-11　精神文化评价情况（总分值 100 分）

企业	最高得分	最低得分	平均分	方差	标准差	高得分企业比例	一般得分企业比例
中央企业	100	50	97.72	69.73	8.35	91.18%	8.82%

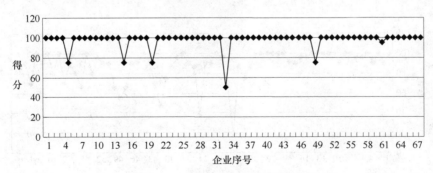

图 12-9　精神文化评价折线图

由表 12-11 和图 12-9 可知，在精神文化评价方面，绝大多数中央企业确立了自己的精神文化，只有极少数中央企业在这方面还需加强，需要尽快提炼和确立自己的精神文化。

（5）制度文化评价情况（见表12-12和图12-10）

表12-12　制度文化评价情况（总分值100分）

企业	最高得分	最低得分	平均分	方差	标准差	高得分企业比例	一般得分企业比例
中央企业	100	20	83.97	279.52	16.72	63.24%	36.76%

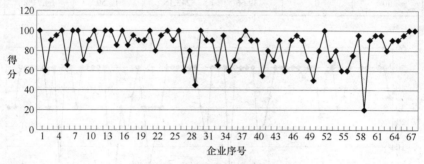

图12-10　制度文化评价折线图

由表12-12和图12-10可知，在制度文化评价方面，多数中央企业做得比较好，确立了自己的制度文化，但也有少数中央企业在这方面还有欠缺，制度文化建设尚存在差距。

（6）物质文化评价情况（见表12-13和图12-11）

表12-13　物质文化评价情况（总分值100分）

企业	最高得分	最低得分	平均分	方差	标准差	高得分企业比例	一般得分企业比例
中央企业	100	19	87.60	256.18	16.01	69.12%	30.88%

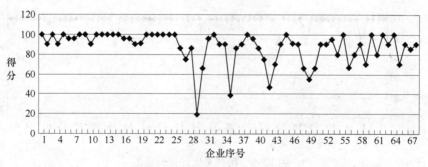

图12-11　物质文化评价折线图

由表12-13和图12-11可知，在物质文化评价方面，大部分中央企业物质文化建设状况良好，但是还有一部分中央企业在这方面需要进一步加强。

（7）企业凝聚力评价情况（见表12-14和图12-12）

表12-14　企业凝聚力评价情况（总分值110分）

企业	最高得分	最低得分	平均分	方差	标准差	高得分企业比例	一般得分企业比例
中央企业	110	25	88.10	381.77	19.54	60.29%	39.71%

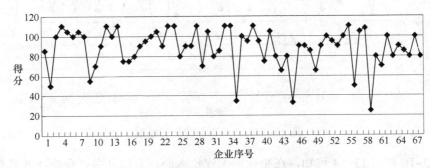

图12-12　企业凝聚力评价折线图

由表12-14和图12-12可知，在企业凝聚力评价方面，大多数中央企业的企业凝聚力强，能够很好地把员工凝聚在一起，但是还有一部分中央企业的凝聚力不够，需要进一步提高。

（8）企业执行力评价情况（见表12-15和图12-13）

表12-15　企业执行力评价情况（总分值90分）

企业	最高得分	最低得分	平均分	方差	标准差	高得分企业比例	一般得分企业比例
中央企业	90	20	76.47	239.60	15.48	54.41%	45.59%

由表12-15和图12-13可知，在企业执行力评价方面，多数中央企业的企业执行力很好，制订的计划能够很好地得到实施和执行，但是还有少数中央企业的企业执行力不够强，需要进一步加强。

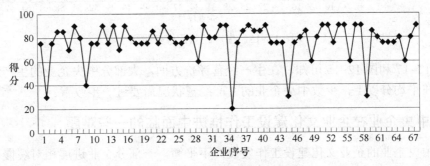

图12-13　企业执行力评价折线图

（9）企业形象评价情况（见表12-16和图12-14）

表12-16　企业形象评价情况（总分值95分）

企业	最高得分	最低得分	平均分	方差	标准差	高得分企业比例	一般得分企业比例
中央企业	95	30	80.96	235.27	15.34	66.18%	33.82%

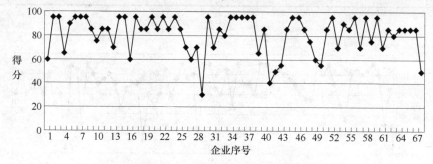

图12-14　企业形象评价折线图

由表12-16和图12-14可知，在企业形象评价方面，大部分中央企业在外界都树立了良好的企业形象，在树立企业形象方面做了很多工作和努力，但是还有少部分中央企业在此方面尚存在差距。

（10）生产经营评价情况（见表12-17和图12-15）

表12-17　生产经营评价情况（总分值105分）

企业	最高得分	最低得分	平均分	方差	标准差	高得分企业比例	一般得分企业比例
中央企业	105	30	88.01	219.51	14.82	66.18%	33.82%

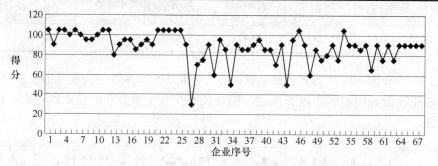

图12-15　生产经营评价折线图

由表12-17和图12-15可知，在生产经营评价方面，大部分中央企业的生产经营状况评价较高，在平均分以上，少数中央企业的生产经营状况需要进一步改善。

四、中央企业在企业文化建设工作推进中面临的一些难题

当前中央企业的企业文化建设工作发展尚不平衡，一部分企业进展相对缓慢，对企业文化建设的理论学习和实践推进相对滞后。

根据中央企业企业文化建设评价工作的自评自查报告反映的情况，一些中央企业在企业文化建设工作推进中面临如下一些难题。

① 企业文化体系建设有待丰富和发展，集团理念文化体系还有待健全。由于缺乏对企业文化理论层面的深入思考，迫切需要根据企业的新形势、新任务、新情况对企业文化建设进行相关课题研究。

② 集团文化在全集团实现普遍认同和自觉遵循仍存在较大差距。集团文化宣传贯彻的深度、广度、力度有待加强，年轻员工对集团业已形成的历史优秀文化的理解、继承与发扬还需要继续推进。企业价值观并未成为经营管理的"内核"，还未在员工中广泛形成"自觉"。

③ 集团文化与所属成员单位文化之间的关系、母子文化融合机制建设等问题迫切需要加以研究探索。

④ 集团所属各成员单位企业文化建设发展程度不平衡。有的集团公司所属单位主业各不相同，成立时间长短不一，领导认识程度不一，重视程度有高有低，造成工作开展不平衡，工作成效差别大；一些集团公司成员单位在集团文化共性之下挖掘本单位个性文化不够，对如何通过针对自身特点开展企业文化建设缺少分析研究，工作针对性不强，载体建设缺位，企业文化如何融入生产经营实践问题没有很好解决，工作流于表面和形式。

⑤ 理念文化与制度文化的融合不够。企业文化建设在实际操作中尚未与人力资源管理紧密结合，未从人力资源管理的角度对文化的激励和约束机制进行落实。

⑥ 企业文化专职人员队伍建设仍需加强。一些单位的文化建设没有具体的部门和人员，"专家"型人才稀缺，文化建设力量薄弱。基层文化建设专业人才更为匮乏，不可避免地造成一些企业企业文化建设"止步不前"的被动局面。

⑦ 企业文化建设的体制、机制、组织保证措施还需进一步完善。有些集团公司虽然已经成立了企业文化部门，但各成员企业的企业文化建设工作分设在宣传部，专职性不强，人员日常性工作以宣传为主，兼顾企业文化建设，工作力度不够。

⑧ 多元文化融合与跨文化管理问题日益突出。基于中央企业重组并购后的文化建设，文化整合的方式方法有待进一步改进。实施"走出去"战略的企业，与海外公司的文化融合尚缺乏足够的经验。

⑨ 一些集团公司对于企业文化建设专题调研的广度、深度不够，对于企业文化典型经验的挖掘力度不够。

⑩ 许多集团公司针对企业文化建设工作始终未建立起较为完善、系统的考核体系与相应的激励机制，削弱了企业文化建设工作的执行力。企业文化建设的考核评价与激励机制有待尽快建立。

第四节　专项文化建设评价举例

下面以铁路安全文化建设评估体系的构建为例说明对专项文化建设的评价。

一、建立铁路安全文化建设评估体系的重要意义

建立铁路安全文化建设评估体系，是确保铁路运输长治久安，强化铁路运输安全基础的重要举措。铁路安全文化是铁路企业文化的一个子系统，是指现阶段为铁路运输企业广大职工所普遍

认同并自觉遵循的安全理念和安全行为方式的总和，是企业在长期安全生产和经营活动中，逐步形成并有意识塑造的，包括安全理念文化、安全制度文化、安全行为文化和安全物质文化4个层次。其中安全理念文化是核心，起着支配和决定其他层次文化的作用，而安全制度文化、安全行为文化和安全物质文化的建设也将促进和推动安全理念文化的形成，4个层次有机统一、相辅相成、不可分割，渗透于企业的各个层面、各个角落。建立铁路安全文化建设评估体系，可以很好地将铁路安全文化建设的目标和要求转化成可操作的具体指标，使铁路安全文化建设落到实处。建立铁路安全文化评估体系就是要探索把安全文化建设的内容尽可能具体化，并将目标和要求尽可能量化，使铁路安全文化建设评估具有较为客观的标准和依据。

铁路安全文化建设评估体系的建立和完善，将在以下几个方面发挥其积极的作用。

1. 价值导向

通过建立铁路安全文化建设评估体系，倡导全体铁路员工树立正确的安全理念，增强"安全第一、预防为主、综合治理"的意识，从而有效防止"违章、违纪、违规"现象的发生，正确处理安全与生产、安全与效益的关系，有利于铁路运输安全的持续稳定。

2. 实践引导

铁路安全文化建设评估体系是在铁路安全文化建设实践总结和理论研究的基础上制定出来的，因此对于实践工作有较强的针对性和引导作用。

3. 规范工作

在铁路安全文化建设评估体系中，设立了一些对安全文化建设工作的具体要求和指标，如一级指标中"组织管理"和"物质文化"等指标，这些指标具有很好的规范安全文化建设工作的作用。

4. 评估激励

评估体系的一个重要功能，就是对铁路安全文化建设工作进行科学、全面的评估，以总结经验，发现问题，表彰激励先进，促进职工间的比学赶超，使铁路安全文化建设工作不断迈上新的台阶。

二、建立铁路安全文化建设评估体系的基本原则

1. 科学性原则

评估体系既要符合铁路安全文化建设的要求，又要符合安全文化发展的一般规律和铁路安全文化建设的实际。评估体系所涵盖的指标力求具有代表性，权重关系合理，能有效地促进铁路安全文化建设的推进。

2. 系统性原则

评估体系的指标之间要互相联系，互为补充，互相结合，互相作用，能从不同的关键层面和角度揭示铁路安全文化建设的水平。

3. 规范性原则

评估体系中各指标的概念与定义要规范，不同级别指标之间的逻辑关系要规范。

4. 可操作性原则

评估体系要体现出铁路运输行业的特点，使各路局及站段以此为依据加强安全文化建设时便于把握，中国铁路总公司运用评估体系对路局进行安全文化建设评估时便于操作。评估指标以可直接获得的客观数据为主，同时由于安全文化建设内容的多样性和动态性，少量指

标的数据通过评估组评估获得。

5. 引导性原则

评估体系在落实铁路安全文化建设目标与要求的同时，还要进一步通过科学的指标体系的设立，引导各铁路局及站段的安全文化建设。

6. 阶段性原则

安全文化建设是一个长期、渐进的过程，因此，在建立铁路安全文化建设评估体系时，应该符合当前铁路安全文化建设的水平现状，不应该一蹴而就，而是要循序渐进，这样才有利于铁路安全文化建设分阶段逐步深入和推进。

三、铁路安全文化建设评估体系的主体思路和结构

铁路安全文化建设评估体系共设立了6个一级指标，11个二级指标，27个三级指标。

1. 制定评估指标体系时对几个关系的思考

（1）安全文化与安全管理

安全管理是针对人们生产过程中的安全问题，运用有效的资源所进行的有关决策、计划、组织和控制等实践活动，以实现生产过程中人、机、物、环的和谐，达到安全生产的目标。安全管理是安全文化的一种表现形式，是安全文化在安全生产中的某些经验理性升华不断发展和优化的体现，科学的安全管理也属于安全文化建设的范畴。安全文化的氛围或特定的安全文化人文环境也会促进形成企业特定的安全管理模式。企业的决策层、管理层、执行（操作）层的安全价值观和他们自身的安全意识与态度，他们所处的安全物质环境及各自具有的安全知识和操作技能都是企业安全管理的基础。企业安全文化不仅在安全的物质领域，还在人对安全的心理、道德、观念等无形的精神领域，为现代企业安全管理提供了思想保障。因此，安全文化也直接影响到安全管理的机制和方法。

安全管理既与安全文化息息相关，又与安全文化有所区别。企业安全管理是企业管理全过程中的子系统，而安全文化是企业文化的一个子系统，铁路安全文化是指现阶段为铁路运输企业职工所普遍认同并自觉遵循的安全理念和安全行为方式的总和。安全文化与安全管理相互促进，是不可互相取代的。

（2）安全认知与安全行为

人的认知影响人的行为，因此，在评估指标体系中检查对安全的认知是非常重要的。但是考虑到实践中安全认知与安全行为可能出现不一致或不完全一致，因此在铁路安全文化建设评估体系中既有"理念文化的认知度""制度文化的认知度"等对铁路干部职工关于安全文化认知的评估，也包括"安全作业行为养成"等对铁路干部职工安全行为的评估。

2. 设立一级指标的依据

铁路安全文化建设评估体系的6个一级指标为："组织管理，理念文化，制度文化，行为文化，物质文化，安全绩效。"

铁路安全文化建设是一项系统工程，组织管理是其中非常重要的一个关键环节。因此，铁路安全文化建设评估体系设立了一级指标——"组织管理"。

安全理念文化、安全制度文化、安全行为文化、安全物质文化是铁路安全文化的主体内容，因此，铁路安全文化建设评估体系将其列为4个一级指标。

铁路安全文化建设的目的就是为铁路发展提供安全保障，因此铁路安全文化建设评估体

系除了在安全文化建设的过程方面考核铁路局的建设情况外,还注重对铁路安全生产的结果进行考核。因此,铁路安全文化建设评估体系设立了一级指标——"安全绩效"。

3. 二级指标与三级指标的选择

一级指标的确定决定了二级指标和三级指标的选取范围。二级指标和三级指标中,需要选取那些对于安全文化建设工作必不可少、代表性强,而且能够取得数据的指标。

(1) 组织管理:领导工作、跟踪推进

"组织管理"是由"领导工作"和"跟踪推进"两部分组成。

"领导工作"需要建立"安全文化建设领导机构",制定"安全文化建设规划",需要"安全文化建设经费投入"。铁路的安全文化建设需要各级领导的重视和参与,这就需要设立相应的领导机构来开展安全文化建设活动,制定符合实际的安全文化建设规划,并保证适当的经费投入。

铁路安全文化建设是一个较为长期的过程,因此需要建立长效机制来"跟踪推进"。"跟踪推进"由"考核评比""奖励机制""经验典型推广活动"3项三级指标来体现。

(2) 安全理念文化:理念体系构建、理念文化宣传

铁路安全理念文化是铁路在长期的生产经营过程中形成的安全文化观念,是一种深层次的安全文化现象,在铁路的整个安全文化系统中处于核心地位。"安全理念文化"建设最重要的是"理念体系构建"和"理念文化宣传"。

"理念体系构建"包括"安全理念征集"与"安全理念提炼"。"安全理念征集"有利于发动广大职工参与,"安全理念提炼"有利于集中智慧,达成共识。

"理念体系构建"完成后,就需要对其进行广泛宣传。采用多种"理念文化宣传活动",最终达到提高干部职工的"理念文化的认知度"的目标。

(3) 安全制度文化:安全管理制度修订、安全管理制度宣传

铁路"安全制度文化"是指得到广大铁路职工认同并自觉遵循的,由企业的安全领导机制、组织形态和安全管理形态构成的外显文化。"安全制度文化"下设"安全管理制度修订"和"安全管理制度宣传"两个二级指标。

安全管理制度要与时俱进,随着科技进步和环境的变化需要进行相应的完善与修订,因此评估体系设立了"安全管理制度修订"这项二级指标,它包括"规章、标准、纪律的修订"和"奖惩制度修订"两个三级指标。当然,"安全制度文化"同样需要宣传,因此评估体系设立了"安全管理制度宣传"这项二级指标,其三级指标包括"制度文化宣传活动"和"制度文化的认知度"。

(4) 安全行为文化:人员安全素质、安全作业行为养成

铁路"安全行为文化"是指铁路干部职工在安全生产过程中产生的活动文化,它是铁路安全作风、安全氛围的动态体现,也是铁路安全理念的折射。评估安全行为文化的二级指标包括"人员安全素质"和"安全作业行为养成"。

"人员安全素质"是"安全行为文化"建设的重中之重。"人员安全素质"的高低反映了一个企业安全文化建设的好坏,是检验安全文化建设成果的重要指标。可通过"学习教育"达到提高干部职工人员安全素质的要求,包括学习职业道德、安全科学文化、规章制度、安全技术业务等知识。

"安全行为文化"建设的成果就是员工"安全作业行为养成"。"安全作业行为养成"由"安

全行为宣传教育"和"'违章、违纪、违标'率"两个三级指标构成。先进典型的示范、警示教育等都是"安全行为宣传教育"的良好方式,"'违章、违纪、违标'率"从反面可测量安全行为文化建设的最终效果。

(5) 安全物质文化：环境建设、载体建设

安全文化建设最明显的效果就是"安全物质文化"建设。安全物质文化是安全文化系统的表层文化,是由安全物质设施和安全生产氛围等构成的安全文化现象。"安全物质文化"建设最重要的就是"环境建设"和"载体建设"。

"环境建设"是基础,它包括"生产环境""教育设施""宣传手段"。"生产环境"是保障安全生产的外在条件,"教育设施"为干部职工接受安全教育提供了设施保障,"宣传手段"是利用丰富多彩、形式多样的宣传形式来营造一个安全文化氛围。

"载体建设"包括"安全文化手册制定"和"职场安全文化的展示"两项三级指标。

(6) 安全绩效：安全指标

安全文化建设评估既要注重过程导向,也要注重安全生产的结果。"安全绩效"可用"安全指标"来衡量,"安全指标"下设"安全事故苗子的减少率""设备故障率""事故率""人身安全率""安全天数"5个三级指标。

铁路安全文化建设评估指标体系如表12-18所示。

表12-18 铁路安全文化建设评估指标体系

一级指标	二级指标	三级指标
一 组织管理	(一) 领导工作	1. 安全文化建设领导机构
		2. 安全文化建设规划
		3. 安全文化建设经费投入
	(二) 跟踪推进	4. 考核评比
		5. 奖励机制
		6. 经验典型推广活动
二 理念文化	(三) 理念体系构建	7. 安全理念征集
		8. 安全理念提炼
	(四) 理念文化宣传	9. 理念文化的宣传活动
		10. 理念文化的认知度
三 制度文化	(五) 安全管理制度修订	11. 规章、标准、纪律的修订
		12. 奖惩制度修订
	(六) 安全管理制度宣传	13. 制度文化的宣传活动
		14. 制度文化的认知度
四 行为文化	(七) 人员安全素质	15. 学习教育
	(八) 安全作业行为养成	16. 安全行为的宣传教育
		17. "违章、违纪、违标"率
五 物质文化	(九) 环境建设	18. 生产环境
		19. 教育设施
		20. 宣传手段
	(十) 载体建设	21. 安全文化手册制定
		22. 职场安全文化的展示

续表

一级指标	二级指标	三级指标
六 安全绩效	（十一）安全指标	23. 安全事故苗子的减少率
		24. 设备故障率
		25. 事故率
		26. 人身安全率
		27. 安全天数

四、铁路安全文化建设评估体系的指标及计算说明

（一）组织管理

1. 领导工作

（1）安全文化建设领导机构

定义：铁路局设有主要行政领导参与的负责安全文化建设的委员会或其他类似工作机构，配备有分管领导及工作人员，职责明确。

说明：安全文化建设委员会或其他类似工作机构负责制定铁路局安全文化建设的规划，指导铁路局安全文化建设的工作，同时监督检查各站段安全文化建设的工作，推动铁路局安全文化建设的顺利进行。

得分计算方法：检查相关资料。安全文化建设委员会或其他类似工作机构健全（设有相应的职能部门并配备有相关的工作人员）、职责明确、主要行政领导参与其中的，满分。机构不健全的扣30%分值；职责不明确的扣30%分值；主要行政领导未参与的扣40%分值。

资料来源：调查表、实地调查。

（2）安全文化建设规划

定义：铁路局制定安全文化建设规划及实施计划。

得分计算方法：检查规划及实施计划。有规划及实施计划的，满分。无规划的扣50%分值；无实施计划的扣50%分值。

资料来源：调查表。

（3）安全文化建设经费投入

定义：铁路局在安全文化建设方面的人均经费投入量。安全文化建设经费包括安全文化宣传费、安全生产及沿线环境改善费、安全文化学习教育设施费、安全文化活动费、安全文化奖励费等与安全文化建设相关的费用。

得分计算方法：参评铁路局排序。1～3名，满分；4～12名，扣25%的分值；13～18名，扣50%的分值。

资料来源：调查表。

2. 跟踪推进

（1）考核评比

定义：铁路局开展安全文化建设考核评比工作的情况。

得分计算方法：检查铁路局工作纪要。有安全文化建设考核评比制度并遵照实施的，满

分。有安全文化建设考核评比制度但未遵照实施的，扣50%分值；无安全文化建设考核评比制度的，零分。

资料来源：调查表。

（2）激励机制

定义：铁路局建立安全文化建设激励制度并付诸实施。

得分计算方法：检查相关激励制度。有相关激励制度并遵照实施的，满分。有相关激励制度但未遵照实施的，扣50%分值；无相关激励制度的，零分。

资料来源：调查表。

（3）经验典型推广活动

定义：铁路局开展安全文化建设经验典型推广活动的次数。经验典型推广活动包括安全文化建设现场会、安全文化建设推进会、安全标兵表彰、安全管理经验交流会等。

得分计算方法：参评铁路局排序。1～3名，满分；4～12名，扣25%的分值；13～18名，扣50%的分值。

资料来源：调查表。

（二）理念文化

1. 理念体系构建

（1）安全理念征集

定义：铁路局对其安全理念进行征集的情况。

得分计算方法：检查相关材料。在全铁路局范围内开展安全理念征集活动的，满分。无安全理念征集活动的，零分。

资料来源：调查表。

（2）安全理念提炼

定义：铁路局对安全理念提炼和设计的情况。

得分计算方法：检查相关材料。有安全文化理念体系提炼与设计的，满分。无安全文化理念体系的提炼与设计的，零分。

资料来源：调查表。

2. 理念文化宣传

（1）理念文化宣传活动

定义：理念文化宣传活动的多样性、经常性、创新性。

得分计算方法：检查相关资料。评估人员根据参评铁路局开展理念文化宣传活动的情况，参照全国铁路局总体状况酌情评分，其中多样性占分值的30%，经常性占分值的30%，创新性占分值的40%。

资料来源：调查表。

（2）理念文化的认知度

定义：员工知晓铁路局安全理念的比率。

得分计算方法：抽样调查（抽样方式：对参评的路局随机抽3个站段，再从每个站段中随机抽1%的人员）。参评路局排序。1～3名，满分；4～12名，扣25%的分值；13～18名，扣50%的分值。

资料来源：调查问卷。

（三）制度文化

1. 安全管理制度修订

（1）规章、标准、纪律的修订

定义：铁路局根据需要对安全管理的相关规章、标准、纪律进行审查和修订。

得分计算方法：检查铁路局对安全管理的相关规章、标准、纪律进行审查和修订的相关材料。根据安全理念和安全科技进步对规章、标准、纪律都进行审查修订的，满分。只对其中两项进行审查修订的扣 30%分值；只对其中一项进行审查修订的扣 70%分值；无审查修订的，零分。

资料来源：调查表。

（2）奖惩制度修订

定义：铁路局对奖惩制度进行审查修订，奖惩制度中体现了安全行为与安全绩效在晋升和薪酬分配中的作用。

得分计算方法：检查铁路局奖惩制度资料。对奖惩制度进行审查修订，并体现了安全行为与安全绩效在晋升和薪酬分配中的作用的，满分。对奖惩制度进行审查修订，但未体现安全行为与安全绩效在晋升和薪酬分配中的作用的，扣 50%；对奖惩制度无审查修订，且未体现安全行为与安全绩效在晋升和薪酬分配中的作用的，零分。

资料来源：调查表。

2. 安全管理制度宣传

（1）制度文化宣传活动

定义：制度文化宣传活动的多样性、经常性、创新性。

得分计算方法：检查工作纪要。评估人员根据参评铁路局开展制度文化宣传活动的状况，参照全国铁路局总体状况酌情打分，其中多样性占分值的 30%，经常性占分值的 30%，创新性占分值的 40%。

资料来源：调查表。

（2）制度文化的认知度

定义：员工知晓安全管理制度的比率。

得分计算方法：抽样调查（抽样方式：对参评的铁路局随机抽 3 个站段，再从每个站段中随机抽取 1%的人员）。参评铁路局排序。1～3 名，满分；4～12 名，扣 25%的分值；13～18 名，扣 50%的分值。

资料来源：调查问卷。

（四）行为文化

1. 人员安全素质学习教育

定义：铁路局对员工开展职业道德、安全科学文化、安全技术业务等知识学习的状况。

得分计算方法：检查工作纪要。评估人员根据参评铁路局人员开展职业道德、安全科学文化、安全技术业务学习的状况，参照全路总体状况酌情评分，其中职业道德教育占分值的 30%，安全科学文化教育占分值的 30%，安全技术业务教育占分值的 40%。

资料来源：调查表。

2. 安全作业行为养成

（1）安全行为宣传教育

定义：铁路局对员工安全行为的宣传教育活动，包括先进典型示范、警示教育、参观学习等。

得分计算方法：检查相关材料，参照全国铁路局总体状况酌情评分。经常开展安全行为宣传教育的，满分。开展过安全行为的宣传教育活动，但针对性或普及性不高的，扣50%分值；未曾开展过安全行为的宣传教育活动的，零分。

资料来源：调查表。

（2）"违章、违纪、违标"率

定义：员工"违章、违纪、违标"的比率。

得分计算方法：检查相关资料。参评铁路局排序。1～3名，满分；4～12名，扣25%的分值；13～18名，扣50%的分值。

资料来源：调查表。

（五）物质文化

1. 环境建设

（1）生产环境

定义：员工工作环境的建设情况，包括生产及沿线环境卫生、岗位安全提示、职场生活条件改善、科技设备运用等。

得分计算方法：评估人员对参评铁路局随机抽取3个站段进行实地考察、召开座谈会，参考相关评估结果，酌情评分。

资料来源：实地调查。

（2）教育设施

定义：具有安全文化建设相应的教育设施，如安全警示室、图书室等。

得分计算方法：评估人员对参评铁路局随机抽取3个站段进行实地考察，酌情评分。

资料来源：实地调查。

（3）宣传手段

定义：宣传手段的多样性、经常性、创新性，如采用宣传栏、电视、刊物、局域网等媒体宣传，采用家属保安全等有效手段或方式。

得分计算方法：评估人员对参评铁路局随机抽取3个站段，根据参评铁路局开展宣传活动的总体状况酌情评分，其中多样性占分值的30%，经常性占分值的30%，创新性占分值的40%。

资料来源：实地调查。

2. 载体建设

（1）安全文化手册制定

定义：制定了安全文化手册。

得分计算方法：从参评铁路局中随机抽取3个站段，检查其安全文化手册。三个站段均有安全文化手册的，满分。只有两个站段有安全文化手册的，扣25%的分值；只有一个站段有安全文化手册的，扣50%的分值；三个站段都无安全文化手册的，零分。

资料来源：实地调查。

（2）职场安全文化的展示

定义：有职场安全文化的展示，如安全理念或标语张贴布置、安全雕塑、利用宣传牌、石碑等进行安全文化理念现场布置。

得分计算方法：评估人员对参评铁路局随机抽取3个站段进行实地考察，酌情评分。

资料来源：实地调查。

（六）安全绩效

安全指标的设计。

1. 安全事故苗子的减少率

定义：路局安全事故苗子的减少比率。

得分计算方法：参评铁路局排序。1～3名，满分；4～12名，扣25%的分值；13～18名，扣50%的分值。

资料来源：调查表。

2. 设备故障率

定义：由于设备质量引发故障的比率。

得分计算方法：参评铁路局排序。1～3名，满分；4～12名，扣25%的分值；13～18名，扣50%的分值。

资料来源：调查表。

3. 事故率

定义：安全事故发生的比率。

得分计算方法：参评铁路局排序。1～3名，满分；4～12名，扣25%的分值；13～18名，扣50%的分值。

$$事故加权计算总件数=特大事故件数\times 4+重大事故件数\times 3+大事故件数\times 2+一般事故件数\times 1$$

$$事故率=事故加权计算总件数/路局换算吨公里$$

资料来源：调查表。

4. 人身安全率

定义：员工受伤、死亡的比率。

得分计算方法：参评铁路局排序。1～3名，满分；4～12名，扣25%的分值；13～18名，扣50%的分值。

$$人身伤亡加权计算总人数=死亡人数\times 3+重伤人数\times 2+轻伤人数\times 1$$

$$人身安全率=人身伤亡加权计算总人数/路局换算吨公里$$

资料来源：调查表。

5. 安全天数

定义：距离最近一次发生重大事故或特大事故的天数。

得分计算方法：参评铁路局排序。1～3名，满分；4～12名，扣25%的分值；13～18名，扣50%的分值。

资料来源：调查表。

五、评估体系指标权重的确定

权重是指在指标体系中某一指标相对于其他指标的重要程度。对于安全文化评价指标体系，可以证明指标间的关系是存在且较稳定的，这样就可以采用适当的方法按指标的重要程度进行评价，进而界定各指标在指标体系中的权重。

在确定指标权重的过程中，应用最广泛的是层次分析法（analytic hierarchy process，AHP）。层次分析法是美国运筹学家萨蒂（T. L. Saaty）于20世纪70年代中期提出的，该方法是对非定量事件做定量分析的一种有效方法。特别是在目标因素结构复杂且缺少必要数据的情况下，需要将决策者的经验判断定量化时，该方法非常实用。层次分析法的主要特点是分析思路清晰，可将系统人员的思维过程系统化、数字化、模型化；分析中所需要的定量数据不多，但要求问题所包含的因素及其相互关系具体而明确。这种方法适用于多准则、多目标的复杂问题的决策分析。

（一）层次分析法的原理

层次分析法是一种把定性分析与定量分析相结合的多目标决策方法，它把决策问题按总目标、各层子目标、评价准则直至具体的备选方案的顺序分解为不同的层次结构，然后利用求判断矩阵特征向量的方法，求得每一层次的各元素对上一层次某元素的优先权重，最后再用加权求和的方法逐阶归并出各备选方案对总目标的最终权重，此最终权重值最大者即为最优方案。以下采用层次分析法，组织若干名专家根据铁路安全文化建设的特性分别进行评判，并对专家评判产生的若干组指标权重进行整理，最终得出安全文化各指标在各层次的权重。要对安全文化进行综合评价，就要确定最底层中各指标在整个体系中的权重，对此通过上述方法求出各指标在各自层面的权重后，只要将最底层的指标权重同对应的上层指标权重累积相乘，即可求得最底层指标相对总目标的权重。

（二）层次分析法的步骤

1. 建立递阶层次结构模型，即评价的指标体系

在对目标问题进行系统分析的基础上将问题划分为不同的层次，若某一层次包含的因素较多，可进一步细分为若干个子层次。通常的模型最简单的结构有顶、中、底3层，顶层通常是决策的目标和目的，是唯一的，底层是可供选择的不同方案，中层是分析评价影响方案好坏的因素。

2. 构造两两比较判断矩阵

判断矩阵元素的值反映了人们对各元素相对重要程度（或优劣、偏好、强度等）的认识，我们采用数字1～9的标度方法（见表12-19）。

表12-19 判断基准表

标度	定义	说 明
1	同等重要	两要素对某个性质重要程度相同
3	稍微重要	从经验判断，要素 B_i 稍微重要于 B_j
5	比较重要	从经验判断，要素 B_i 比较重要于 B_j
7	明显重要	从经验判断，要素 B_i 明显重要于 B_j
9	极其重要	从经验判断，要素 B_i 极其重要于 B_j

标度 2，4，6，8 为上述两判断级的中间值。

判断矩阵的一般形式为：

$$
\begin{array}{c|ccccc}
A_k & B_1 & \cdots & B_j & \cdots & B_n \\
\hline
B_1 & b_{11} & \cdots & b_{1j} & \cdots & b_{1n} \\
\vdots & \vdots & & \vdots & & \vdots \\
B_i & b_{i1} & \cdots & b_{ij} & \cdots & b_{in} \\
\vdots & \vdots & & \vdots & & \vdots \\
B_n & b_{n1} & \cdots & b_{nj} & \cdots & b_{nn}
\end{array}
$$

式中 A_k 表示 A 层次中第 k 个因素，$B_1,B_2,\cdots,B_n$ 表示与 A_k 因素有关的下一个层次 B 中的因素；b_{ij} 表示 B 层因素 i 与因素 j 两两比较对于 A_k 因素的重要性程度的标度值；n 表示判断矩阵的阶数。

3. 计算权重

权重计算方法可采用平均数法、方根法或特征根法等，我们采用方根法的计算公式：

$$M_i = \prod_{j=1}^{n} b_{ji} \tag{12-1}$$

再将 W_i 归一化：

$$W_i = \frac{\overline{W_i}}{\sum_{i=1}^{n} \overline{W_i}} \tag{12-2}$$

则 $W_i\,(i=1,2,\cdots,n)$ 就是相应因素的权重向量。

4. 一致性检验

（1）计算一致性指标 C.I.

$$\text{C.I.} = \frac{\lambda_{\max} - n}{n-1} \tag{12-3}$$

式中，$\lambda_{\max}$ 为判断矩阵的最大特征根，可用下面公式计算：

$$\lambda_{\max} = \frac{1}{n}\sum_{i=1}^{n} \frac{(AW)_i}{W_i} \tag{12-4}$$

$$(AW)_i = \sum_{j=1}^{n} b_{ij} W_j \tag{12-5}$$

（2）查找相应的平均随机一致性指标 R.I.（见表 12-20）

表 12-20 R.I. 阶数对照表

阶数	1	2	3	4	5	6	7	8	9	10	11
R.I.	0.00	0.00	0.58	0.90	1.12	1.24	1.32	1.41	1.45	1.49	1.51

(3) 计算一致性比例 C.R.

$$\text{C.R.} = \frac{\text{C.I.}}{\text{R.I.}} \quad (12-6)$$

当 C.R. <0.1 时，认为判断矩阵的一致性可以接受，否则应调整矩阵中的元素，直到具有满意的一致性为止。

（三）层次总排序

利用同一层次中所有单排序的结果，就可以计算出对于上层次而言的本层次所有元素相对重要性的权值，这就是层次总排序。层次总排序需要从上到下逐层按顺序计算，对于最高层下面的第二层，其层次单排序即为总排序。

假定上一层所有元素 A_1，A_2，…，A_m 的总排序已完成，得到的权值 a_1，a_2，…，a_m 与 A_i 对应的本层次元素 B_1，B_2，…，B_m，单排序的结果为 b_{i1}，b_{i2}，…，b_{im}。若 B_j 与 A_i 无关，即 $b_{ij}=0$，则总排序计算结果如表 12-21 所示。

表 12-21　总排序计算表

层次 B	层次 A				B 层次总排序
	A_1	A_2	…	A_m	
	a_1	a_2	…	a_m	
B_1	b_{11}	b_{21}	…	b_{m1}	$\sum a_i b_{1i}$
B_2	b_{12}	b_{22}	…	b_{m2}	$\sum a_i b_{2i}$
⋮	⋮	⋮	⋮	⋮	⋮
B_m	b_{1m}	b_{2m}	…	b_{mm}	$\sum a_i b_{mi}$

显然，$\sum_{i=1}^{m}\sum_{j=1}^{m} a_i b_{ji} = 1$，即层次总排序仍然是归一化正规向量。

层次分析法具有系统、简明、实用的特点，有效地把定量分析与定性分析结合起来，从而将人的主观经验判断用数量形式加以表达和处理。

遵循上述方法，我们邀请了铁路行业内外安全文化建设领域内的 15 位专家（其中铁路内部专家 12 人，企业文化与安全文化专家 3 人），通过专家调查表请他们运用层次分析法，结合铁路安全文化的特点对指标间的重要程度进行评判，再对评判结果进行数据处理，最终得到安全文化各层次指标间的权重，如表 12-22 所示。

表 12-22　铁路安全文化建设评估指标权重

一级指标	二级指标	三级指标
一 组织管理 （0.14）	（一）领导工作 0.67	1. 安全文化建设领导机构　0.46
		2. 安全文化建设规划　0.40
		3. 安全文化建设经费投入　0.14
	（二）跟踪推进 0.33	4. 考核评比　0.57
		5. 奖励机制　0.29
		6. 经验典型推广活动　0.14

续表

一级指标	二级指标	三级指标
二 理念文化 (0.29)	（三）理念体系构建 0.69	7. 安全理念征集 0.28
		8. 安全理念提炼 0.72
	（四）理念文化宣传 0.31	9. 理念文化的宣传活动 0.28
		10. 理念文化的认知度 0.72
三 制度文化 (0.18)	（五）安全管理制度修订 0.69	11. 规章、标准、纪律的修订 0.61
		12. 奖惩制度修订 0.39
	（六）安全管理制度宣传 0.31	13. 制度文化的宣传活动 0.28
		14. 制度文化的认知度 0.72
四 行为文化 (0.11)	（七）人员安全素质 0.39	15. 学习教育 1.00
	（八）安全作业行为养成 0.61	16. 安全行为的宣传教育 0.66
		17. "违章、违纪、违标"率 0.34
五 物质文化 (0.13)	（九）环境建设 0.65	18. 生产环境 0.61
		19. 教育设施 0.22
		20. 宣传手段 0.17
	（十）载体建设 0.35	21. 安全文化手册制定 0.44
		22. 职场安全文化的展示 0.56
六 安全绩效 (0.15)	（十一）安全指标 1.00	23. 安全事故苗子的减少率 0.15
		24. 设备故障率 0.49
		25. 事故率 0.08
		26. 人身安全率 0.16
		27. 安全天数 0.12

六、铁路安全文化建设评估工作的组织实施

中国铁路总公司主持对全国各铁路局安全文化建设工作进行评估，各铁路局根据中国铁路总公司的总体安排，协助中国铁路总公司成立安全文化建设评估组，并配合评估进程完成相应的资料准备和其他相关准备工作。评估对象为各铁路局，评估组采用的评估方式包括听取汇报、用调查表采集数据、实地调查、问卷调查。各铁路局及所属部分抽样站段负责提供相关材料和数据。具体实施过程如下。

（一）中国铁路总公司的组织工作

① 组织成立安全文化评估组。中国铁路总公司从部分铁路局抽调相关人员组成安全文化评估组。

② 确定待评估的铁路局和时间安排。每个路局现场评估时间一般控制在3~4天。

③ 将评估调查表、评估组拟定的调查问卷及抽取的站段名称（每个路局抽取3个站段）发送到参评铁路局。参评铁路局按要求做相应的准备和安排。

④ 评估组进驻参评铁路局，听取参评铁路局汇报，并获取相关资料。

⑤ 评估组查阅、核实相关资料，实地考察，并参照相关标准评分。

⑥ 评估组向参评铁路局反馈评估意见。

⑦ 评估组将各参评铁路局数据汇总至中国铁路总公司，并形成铁路安全文化建设评估调查表和安全文化建设评估汇总表（见表12-23和表12-24）。

⑧ 根据各参评铁路局的总体状况，中国铁路总公司和评估组最终确定各参评铁路局的评估结果。

（二）铁路局的配合工作

① 根据本铁路局评估时间安排，做好相应的资料准备和其他相关准备工作。

② 铁路局从中国铁路总公司抽取的3个站段员工中随机抽取1%的员工，由站段组织这些员工填写调查问卷。

③ 铁路局回收并统计调查问卷。

④ 铁路局向评估组提交评估材料，进行工作汇报，并积极配合评估组工作。

⑤ 听取评估组的反馈意见。

⑥ 根据评估组反馈意见和自身实际，进一步改善和加强自身的安全文化建设工作。

表12-23 铁路安全文化建设评估调查表

路局名称_____ 填表人_____ 电话_____ 日期：_____年___月___日

序号	指标名称	调查内容	单位	数量	调查内容	单位	数量	统计结果
1	安全文化建设领导机构	检查相关材料						
2	安全规划	检查规划和实施计划						
3	安全文化建设经费投入	安全文化建设经费投入总额	元		路局员工总人数	人		人均
4	考核评比	检查工作纪要						
5	奖励机制	检查相关激励制度						
6	经验典型推广活动	检查相关材料	次数					
7	安全理念征集	检查相关材料						
8	安全理念提炼	检查相关材料						
9	理念文化的宣传活动	检查相关材料						
10	理念文化认知度	调查问卷	份数		调查合格的总人数	人		%
11	规章、标准、纪律的修订	检查相关材料						
12	奖惩制度修订	检查相关材料						
13	制度文化的宣传活动	检查相关材料						
14	制度文化认知度	调查问卷	份数		调查合格总人数	人		%
15	学习教育	检查相关材料						

续表

序号	指标名称	调查内容	单位	数量	调查内容	单位	数量	统计结果
16	安全行为的宣传教育	检查相关材料						
17	"违章、违纪、违标"率	违反相关规章制度的总人次数	人次		路局员工总人数	人		%
18	生产及沿线环境	实地考察						
19	教育设施	实地考察						
20	宣传手段	实地考察						
21	手册制定	检查相关手册						
22	职场安全文化的展示	实地考察						
23	安全事故苗子的减少率	检查相关材料						%
24	设备质量故障率	检查相关材料						%
25	事故率	事故加权计算总件数	件数		路局换算吨公里	吨公里		%
26	人身安全率	人身伤亡加权计算总人数	人数		路局换算吨公里	吨公里		%
27	安全天数	检查相关材料						%

表12-24 安全文化建设评估汇总表

填表日期： 年 月 日

编号	路局名称	组织管理（权重：）	理念文化（权重：）	制度文化（权重：）	行为文化（权重：）	物质文化（权重：）	安全绩效（权重：）	加权总分
1	哈尔滨铁路局							
2	沈阳铁路局							
3	北京铁路局							
4	太原铁路局							
5	呼和浩特铁路局							
6	郑州局							
7	武汉铁路局							
8	西安铁路局							
9	济南铁路局							
10	上海铁路局							
11	南昌铁路局							
12	广铁集团							
13	南宁铁路局							
14	成都铁路局							
15	昆明铁路局							
16	兰州铁路局							
17	乌鲁木齐铁路局							
18	青藏公司							
	平均分							

复习思考题

1. 企业文化建设评价的意义是什么？
2. 企业文化建设评价的目的有哪些？
3. 请谈谈企业文化建设评价主要包括哪些内容。

案例讨论

红宝丽集团股份有限公司的年度文化评审

1994年6月，南京红宝丽股份有限公司成立。2007年9月13日，红宝丽A股在深圳证券交易所挂牌上市。2015年更名为红宝丽集团股份有限公司（以下简称红宝丽），目前拥有9家子公司。自创立以来，公司始终坚持创新驱动，聚焦发展，稳步成长为国内名列前茅的硬泡组合聚醚生产商和全球领先的异丙醇胺生产企业，正在打造国际最具竞争力的环氧丙烷及衍生物产品基地，是全国第二批制造单项冠军示范企业。

红宝丽的文化管理卓有成效，按照"内化于心、外化于行、固化于制、显化于视、优化于效"的建设方针，三十多年来培育形成了安全文化、质量文化、创新文化、专精特优的发展战略文化、注重环保的绿色文化、以问题动态管理为特色的红宝丽管理模式、以人为中心的人本文化、管家式的服务文化等优良文化，集团还十分注重通过年度文化评审，用企业文化认同度指标进行测量，对企业文化建设进行持续改进。集团先后荣获中国企业联合会、中国企业家协会颁发的全国企业文化成果奖、全国企业文化优秀案例奖，被授予"全国企业文化示范基地"，董事长芮敬功被评为"全国企业文化建设突出贡献人物"。

企业文化建设是一个永不停步、持续改进的过程。公司多年来每年组织相关职能部门对股东、顾客、员工等利益相关方开展企业文化满意度调查，评价企业文化建设效果，并寻找改进空间。以下为2014—2016年公司企业文化满意度调查概况。

一、2014年度企业文化满意度调查

为了更好地了解企业文化的建设与宣传贯彻情况，完善企业文化体系建设，把握相关方的期望和需求，明确需要改善的空间，本年度对企业文化满意度进行测评。

本次测评对象分别为股东、顾客、员工，他们为红宝丽企业文化直接或者间接的接触人，因此，调查结果具有一定的价值，可以为企业文化的持续改进提供可靠的依据和方向。本次测评对企业形象、企业文化认同度、企业文化交流、员工行为评价等方面内容进行了调查，以期发现改进点。

1. 股东对企业文化满意度

每一项得分均在8.5分以上，总体8.84分。总体而言，股东对红宝丽企业文化的认可度处于较高水平。

最高分表现在红宝丽履行"提供绿色产品和服务，让世界变得更加美好"这一企业使命的表现上，分数为9.46分。

2. 员工满意度

员工满意度指数各变量得分，如表12-25～表12-27所示。

表 12-25 员工满意度指数各变量得分

指标（操作层）	得分
您比较了解公司的企业文化	75
您比较认同公司的企业文化	76
你能对公司的发展比较有信心	75
平均分	75.33
受调查人数	442

表 12-26 员工满意度指数各变量得分

指标（行政层）	得分
您比较认同公司的企业文化	86
您对企业文化与战略、实际工作的匹配性比较满意	81
您对公司的发展比较有信心	86
平均分	84.33
受调查人数	294

表 12-27 员工满意度指数各变量得分

指标（中高层）	得分
您比较认同公司的企业文化	84
您对企业文化与战略、实际工作的匹配性比较满意	85
您对公司的发展比较有信心	86
平均分	85
受调查人数	29

3. 顾客对企业文化满意度（聚氨酯客户）

企业形象和企业相互关系具体指标评价，如表 12-28 所示。

表 12-28 企业形象和企业相互关系具体指标评价

企业形象和企业相互关系评价	样本量	均值	最小值	最大值	众数	标准差	算术平均数
1. 企业形象总体评价	$N=19$	9.21	8	10	9	0.69	企业形象类 9.14
1.1 品牌知名度	$N=19$	9.00	7	10	10	0.92	
1.2 品牌美誉度	$N=19$	8.95	8	10	8	0.89	
1.3 企业的行业地位	$N=19$	9.21	8	10	9	0.69	
1.4 企业诚信度	$N=19$	9.37	8	10	9	0.58	
1.5 服务领先	$N=19$	9.26	8	10	10	0.71	
1.6 不断创新	$N=19$	8.95	7	10	9	0.89	

续表

企业形象和企业相互关系评价	样本量	均值	最小值	最大值	众数	标准差	算术平均数
2. 企业相互关系总体评价	N=19	9.00	8	10	9	0.56	企业相互关系类 8.58
2.1 高层领导交流与拜访	N=19	8.42	6	10	9	0.99	
2.2 企业文化交流	N=19	8.16	6	10	9	1.04	
2.3 未来长期合作关系建立和保障	N=19	8.84	7	10	9	0.67	
2.4 到红宝丽实地考察与评价	N=19	8.47	6	10	9	0.94	

4. 分析与评估

调查显示：

顾客对红宝丽总体形象的评价为 9.14 分；

股东的满意度为 8.84 分；

员工满意度分为三个层次，其中操作层的认可度较低，仅有 75.33（442 人）；行政层达到 84.33（294 人）；中高层为 85（29 人）；综合结果为 79.16。

顾客、股东、员工权重 1:1:1，红宝丽 2014 年度企业文化满意度数据为 86.32。

5. 整改方案

整改方案一：加强一线操作工的企业文化认同度

① 加强技能、知识等相关培训，增强一线操作工的综合素质。

② 在组织各种企业文化活动时，加强一线操作工的参与度。

③ 增强对一线操作工的关注度，对他们的工作、思想状态持续关注。

整改方案二：进一步完善企业文化评估制度

① 增加供应商的企业文化满意度调查。

② 增加异丙醇胺客户企业文化满意度调查。

③ 加强企业文化评估的科学性。

二、2015 年度企业文化满意度调查

为了更好地了解企业文化的优势与不足，明确需要改善的空间，更好地为企业生产经营服务，红宝丽开展企业文化满意度测评。本次调查的对象包括大股东、聚氨酯客户、异丙醇胺客户、全体员工。

1. 员工满意度

（1）中高层

企业文化得分为 79.6 分，位于中段，在企业管理维度中，名列倒数第二，且低于整体满意度 81.4，有待进一步提升。

（2）执行层

在执行层（主要为行政人员）中，企业文化得分为 83.1 分，为所有指标中的最高分，说明集团企业文化在执行中得到了较高的认可。

（3）操作层

在问卷中，操作层的总体满意度为69.7，分数较低，其中企业文化达到76.3，排名第二。

（4）2014—2015年对比分析

2014—2015年员工企业文化满意度对比分析，如表12-29所示。

表12-29　2014—2015年员工企业文化满意度对比分析

	中高层	执行层	操作层	平均值	
2015年	79.6	83.1	76.3	79.02	根据人数比例取权重（中高层32人，执行层302人，操作层453人）
2014年	80	84.33	75.33		

由表12-29可知，2015年中高层、执行层、操作层的分数分布与2014年相似，总体没有太大变化。其中，中高层、执行层的满意度有略微下降，而操作层的满意度提升了1个百分点。一直以来，操作层对企业文化的认同度相比其他层面的员工略低，自2015年开始，公司更加注重扩大企业文化的灌输面，由此可见取得了一定的效果。

2. 股东对企业文化满意度

红宝丽企业文化总体评价部分，如表12-30所示。

表12-30　红宝丽企业文化总体评价部分

序号	项目	平均分	最高分	最低分
1.1	对企业文化的了解程度	9.5	10	8
1.2	对系统性进行评价	9.3	10	8
1.3	对先进性进行评价	9.4	10	8
1.4	对有效性进行评价	9.2	10	8
1.5	履行企业使命的表现评价	9.7	10	9
1.6	对贯彻核心价值观的表现评价	9.6	10	9
总平均分		9.45		

3. 客户对企业文化满意度

客户对企业文化总满意度，如表12-31所示。

表12-31　客户对企业文化总满意度

聚氨酯客户	异丙醇胺客户	平均值
9.14	8.58	8.86

4. 2015年度企业文化总满意度

2015年度企业文化总满意度，如表12-32所示。

表12-32 2015年度企业文化总满意度

年度	员工满意度	股东满意度	客户满意度	平均值
2015	79.02	94.5	88.6	87.37

5. 整改方案

显著问题：由表12-32可知，中高层企业文化满意度为79.6，而股东满意度为94.5，这两个群体中，均包含了高管，但是分数差距较大，分析原因有两个：一是员工满意度调查满分为100分计算，股东满意度调查以10分值计算，不同分值的设定会影响受调查者的选择；二是中层的企业文化满意度有待加强。

整改方案一：
① 最好将每一份调查问卷的满分值统一设定，减少客观因素影响。
② 密切关注中层对企业文化建设，以及满意度的认识。

整改方案二：进一步完善企业文化评估制度。
① 增加供应商的企业文化满意度调查。
② 加强企业文化评估的科学性。
③ 适时引进第三方咨询机构。

三、2016年度企业文化满意度调查

本次调查的对象包括大股东、聚氨酯客户、异丙醇胺客户及全体员工，新增供应商群体、新材料客户群分散、不稳定，暂不考虑。

1. 员工企业文化满意度调查

（1）中高层

在11个二级维度中，企业文化满意度为77.5，名列第三，高于平均值75分。2015年名列倒数第二，相比之下有了较大的提升。

（2）执行层

在15个二级维度中，最高的是企业文化和团队氛围，均高于82。依旧名列前茅。说明企业文化对团队氛围起到了较大的影响作用。

（3）操作层

从维度排名上来看，排名和2015年一样，位居第二。从分数上来看，在问卷中，分数高达79.1，比2015年76.3提高了2.8分。这充分说明，这两年来公司将企业文化触角延伸到基层、到子公司的措施已经有所成效。

2. 股东对企业文化满意度调查

红宝丽企业文化总体评价部分，如表12-33所示。

表 12-33 红宝丽企业文化总体评价部分

序号	项目	平均分
1.1	对企业文化的了解程度	9.2
1.2	对系统性进行评价	8.8
1.3	对先进性进行评价	9.0
1.4	对有效性进行评价	8.6
1.5	履行企业使命的表现评价	9.2
1.6	对贯彻核心价值观的表现评价	9.3
总平均分		9.02

3. 客户对企业文化满意度调查

客户对企业文化总满意度，如表 12-34 所示。

表 12-34 客户对企业文化总满意度

年份	聚氨酯客户	异丙醇胺客户	平均值
2016	9.14	8.66	8.9

4. 供应商对企业文化满意度调查

供应商对企业文化总满意度，如图 12-16 所示。

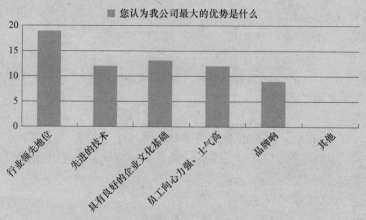

图 12-16 供应商对企业文化总满意度

5. 整改

整改方向一：加强评估方法的科学性。

计分方法：员工调研采用的是百分制，客户、股东采用的是 10 分制，供应商采用的是开放型，相较之下无法统一，也会造成一定的误差。

整改：2017 年对计分方法实行统一制度，减少误差，促使调查结果更加真实、有效。

整改方向二：在扩展企业文化覆盖面时，适时考虑高层文化建设

① 从员工对企业文化满意度调查的数据看，中高层的企业文化满意度较执行层、操作层低。

② 从股东对企业文化满意度调查的数据看，2016 年的分数低于 2015 年，而股东调研的对象大部分为集团中高层。

因此得出结论，在兼顾企业文化辐射面的同时，也要从一定的战略高度来完善企业文化的有效性和系统性，持续进行企业文化更新和改进。

具体整改方案：

① 实行薪酬改革，增加薪酬的竞争力，提升员工满意度；

② 完善员工福利，体现对员工的关爱。例如可考虑新增新婚、生育、子女考大学等福利慰问等；

③ 增强企业文化的系统性、科学性，申报企业文化示范基地，开展企业文化课题研究，形成企业文化诊断报告和案例成果；

④ 完善评估方法。

（资料来源：红宝丽集团公司提供资料整理）

讨论题

1. 请分析红宝丽集团进行年度文化评审的动因。
2. 红宝丽集团年度文化评审的实践经验与启示有哪些？

参考文献

[1] 黎群. 企业文化建设100问. 北京：经济科学出版社，2004.
[2] 王成荣，周建波. 企业文化学. 北京：经济管理出版社，2007.
[3] 石伟. 组织文化. 上海：复旦大学出版社，2006.
[4] 陈维政，张丽华，忻榕. 转型时期的中国企业文化研究. 大连：大连理工大学出版社，2005.
[5] 黎群，李卫东. 中央企业企业文化建设报告（2010）. 北京：中国经济出版社，2010.
[6] 迪尔，肯尼迪. 企业文化：企业生活中的礼仪与仪式. 北京：中国人民大学出版社，2008.
[7] 柯林斯，波勒斯. 基业长青. 北京：中信出版社，2002.
[8] 茨威尔. 创造基于能力的企业文化. 北京：华夏出版社，2002.
[9] 罗长海. 企业文化学. 北京：中国人民大学出版社，1999.
[10] 曹世潮. 文化战略：成为世界一流或第一的竞争战略. 上海：上海文化出版社，2001.
[11] 科特，赫斯克特. 企业文化与经营业绩. 北京：华夏出版社，1997.
[12] 黎群. 试论企业文化与战略管理的关系. 中国企业文化，2004（5）.
[13] 黎群，汤小华，魏炜. 战略管理教程. 2版. 北京：清华大学出版社、北京交通大学出版社，2017.
[14] 黎群. 从新制度经济学论企业文化的功能. 中外企业文化，1999（6）.
[15] 张仁德，霍洪喜. 企业文化概论. 天津：南开大学出版社，2001.
[16] 黎群. 如何定义企业使命. 中国电力企业管理，2004（3）.
[17] 黎群. 如何构建企业共同愿景. 中国电力企业管理，2004（4）.
[18] 卡梅隆，奎因. 组织文化诊断与变革. 北京：中国人民大学出版社，2006.
[19] 张勉，张德. 组织文化测量研究述评. 外国经济与管理，2004，26（8）.
[20] 唐艳. 对企业文化测评的研究. 北京：北京交通大学，2006.
[21] 陈洪涛. 企业文化形成的内在动因与过程研究. 北京：北京交通大学，2005.
[22] 黎群. 试论企业文化的形成机制与建设. 北方交通大学学报，2001（5）.
[23] 戴航. 企业培育人本文化的管理制度研究. 北京：北京交通大学，2010.
[24] 黎群. 企业文化难以速成. 中国邮政，2010（5）.
[25] 水谷雅一. 经营伦理理论与实践. 北京：经济管理出版社，1999.
[26] 李林波. 营销决策的伦理判断研究. 北京：北京交通大学，2007.
[27] 昆得. 公司精神. 昆明：云南大学出版社，2002.
[28] 刘邦根. 品牌文化研究. 北京：北京交通大学，2006.
[29] 黎群. 提升品牌的情感与文化价值. 现代企业文化，2009（11）.
[30] 刘海燕. 基于消费者行为的品牌文化研究. 北京：北京交通大学，2008.
[31] 陈晓萍. 跨文化管理：全球化领袖书架. 北京：清华大学出版社，2005.
[32] 张海瑞. 我国企业跨国并购中的文化整合研究. 北京：北京交通大学，2007.
[33] 张琦. 浅谈日本文化的特征. 东京文学，2010（2）.

[34] 朱轶杰. 中德文化特点简论. 青岛大学师范学院学报，2003（3）.
[35] 邓沛然. 联想并购IBM PC文化整合研究. 河北师范大学学报：哲学社会科学版，2009（6）.
[36] 颜垒，黄静. 中国企业海外管理研究之一：中国企业海外文化冲突问题研究. 河南社会科学，2017（3）.
[37] 黎群，李海燕. 基于企业生命周期的企业文化变革方向研究. 中国行政管理，2007（7）.
[38] 爱迪思. 企业生命周期. 北京：中国社会科学出版社，1997.
[39] 谢瑞顿，斯特恩. 企业文化：排除企业成功的潜在障碍. 上海：上海人民出版社，1998.
[40] 张德. 企业文化建设. 北京：清华大学出版社，2009.
[41] 陈春花，曹洲涛，曾昊. 企业文化. 北京：机械工业出版社，2010.
[42] 李继先. 企业文化变革理论与实务. 北京：经济管理出版社，2009.
[43] 多伦，加西亚. 价值观管理：21世纪企业生存之道. 北京：中国人民大学出版社，2009.
[44] 李海燕. 企业文化变革研究. 北京：北京交通大学，2006.
[45] 黎群，杨志民. 我国公用事业国有企业转型期文化变革的方向. 北京交通大学学报：社会科学版，2009（3）.
[46] 圣吉. 第五项修炼. 上海：上海三联书店，1998.
[47] 石中和. 行动学习理论研究与实证检验. 北京：北京交通大学，2007.
[48] 金小军. 试论领导者在企业文化变革中的地位和角色. 北京市经济管理干部学院学报，2004（4）.
[49] 石春生，张春风. 领导者的文化角色. 企业管理，2004（4）.
[50] 黄静，游士兵. 基于以人为本企业文化的领导特征研究. 武汉大学学报（社会科学版），2003（5）.
[51] 陈维政，忻蓉，王安逸. 企业文化与领导风格的协同性实证研究. 管理世界，2004（2）.
[52] 徐长江，时勘. 变革型领导与交易型领导的权变分析. 心理科学进展，2005（5）.
[53] 樊耘，邵芳，李纪花. 企业家对组织文化和组织变革影响的实证研究：基于组织文化四层次模型. 管理评论，2009（8）.
[54] 姚艳虹，江繁锦. 领导行为与企业文化的适配性研究. 华东经济管理，2009（1）.
[55] 叶建华. 众心成城：江苏黑松林粘合剂厂有限公司董事长刘鹏凯心力管理掠影. 化工管理，2013（19）.
[56] 黎群，李卫东. 中央企业企业文化建设报告：2011. 北京：中国经济出版社，2011.
[57] 黎群，王莉，张莉莉. 铁路安全文化建设评估指标体系的构建. 综合运输，2008（3）.
[58] 宋贵伦. 量化职业道德：职业道德建设综合评价指标体系. 北京：同心出版社，2005.
[59] 黎群. 怎样提高企业文化的共识度与认同度. 中外企业文化，2008（7）.
[60] 黎永泰. 企业文化管理初探. 管理世界，2001（4）.
[61] 范广垠. 企业文化的新界定与企业文化管理模型. 华东经济管理，2009，23（2）.
[62] 李宝生，卢德湖. 企业文化管理概念辨析及其工具初探. 商业经济研究，2015（32）.
[63] 杜晶. 宁波G律师事务所文化建设：基于洋葱模型的分析. 宁波：宁波大学，2015.
[64] 黎群，金思宇. 中央企业企业文化建设报告：2014–2015. 北京：中国经济出版社，2016.
[65] 黎群，汤小华. 领导者培育企业文化的机制. 现代管理，2015（3）.
[66] 黎群. 潍柴集团文化管理实践透析. 中外企业文化，2012（8）.

[67] 黎群. 企业制度与企业文化的相互渗透. 中国电力企业管理，2004（12）.

[68] 黎群. IBM 公司战略转型与文化变革的经验与启示. 企业文明，2016（5）.

[69] BUSKIRK W V, MCGRATH D. Organizational cultures as holding environments: a psychodynamic look at organizational symbolism. Human relations, 1999(6).

[70] BLISS W G. Why is corporate culture important?Workforce, 1999(2).

[71] MORGAN C D.Culture change/culture shock. Management review, 1998(10).

[72] JONES O.Scientific management, culture and control: a first hand account of Taylorism in practice. Human relations, 2000(5).

[73] FLIGSTEIN N.Pattern in corporation evolution. Administrative science quarterly, 1998(9).

[74] DETERT J, SCHROEDER R G, MAURIEL J J. A framework for linking culture and improvement initiatives in organizations. The academy of management review, 2000(10).

[75] POPPER M, LIPSHITZ R. Organizational learning mechanisms: a structural and cultural approach to organizational learning. The journal of applied behavioral science, 1998(6).

[76] HOFSTEDE G. Measuring organizational cultures: a qualitative and quantitative study across twenty cases. Administrative science quarterly, 1990(35).

[77] DANIEL R D. Corporate culture and organizational effectiveness: is there a similar pattern around the world?. Organizational dynamics, 2004(33): 98–109.

[78] SCHEIN E H. Organizational culture and leadership. San Francisco: Jossey Bass Publishers, 1992.

[79] SCHEIN E H. The corporate culture survival guide: sense and nonsense about culture change. San Francisco: Jossey Bass Publishers, 1999.

[80] HOFSTEDE G H. Culture's consequences: comparing values, behaviors, institutions, and organizations across nations. Thousand Oaks: Sage Publications, 2001.

[81] BATMAN T S, ORGAN D W. Job satisfaction and the good soldier: the relationship between affect and employee "citizenship".Academy of management journal, 1983(26).

[82] TURNLEY W H, BOLINO M C, LESTER S W, et al. The impact of psychological contract fulfillment on the performance of in role and organizational citizenship behaviors.Journal of management, 2003(29).

[83] KONO T, CLEGG S R.Transformations of corporate culture: experiences of Japanese enterprises . New York: Walter de Gruyter, 1998.

[84] CAMERON K S, QUINN R E.Diagnosing and changing organizational culture: based on the competing values frame work. New York: Addison Wesley Press, 1998.

[85] DONOVAN G O. The corporate culture handbook: how to plan, implement and measure a successful culture change programme. Dublin: The Liffey Press, 2006.

[86] SCHABRACQ M J.Changing organizational culture: the change agent's guidebook. New York: John Wiley&Sons, Ltd., 2007.

[87] F D, P M, L D et al. Managing emotions: a case study exploring the relationship between experiential learning, emotions, and student performance. International journal of management education, 2015, 13(1).

[88] BHATTI W A, LARIMO J, COUDOUNARIS D N. The effect of experiential learning on subsidiary knowledge and performance. Journal of business research, 2016, 69(5).